中华法系

教育部人文社会科学重点研究基地
中国政法大学法律史学研究院　主办

第十二卷

法律出版社
LAW PRESS · CHINA

目　　录

学术研究

学术聚焦

法治人物

学术新人

学术动态

学术研究

【编者按】 本卷《中华法系》“学术研究”专栏部分刊载有十七篇研究论文。第一篇是一位研究艺术的作者谈美术中的法律史，可谓跳出“三界”看法史，别开生面。第二篇泛论中华法系的核心思想，第三、四两篇侧重于从汉代法律中观察中华法系的特色，第五、六、七这三篇是关于唐宋法律制度史的研究，其中第六篇还涉及了与同时期外国的比较。第八、九、十、十一这四篇都是关于清代法制史的研究，内容侧重于制度的流变。第十二篇则论述民国监察群体，亦有新意。第十三、十四、十五这三篇则是与中华法系相关的理论研究。总之，这十七篇文章虽然关注的对象差异较大，但都可作为我们认识中华法系的有益参考。

美术世界中的法律史

马　莉*

【摘要】 美术作为艺术的主要门类，源于生活又高于生活，当中虽然存在艺术加工的成分，但本质上仍然是社会生活的反映。而法律，尽管带有很强的抽象性，却依旧是社会生活的直接反映。从这一点来看，美术和法律之间天然存在某种交叉。古今美术观念必定存在差别，且某一美术作品创作之始，未必存在明确的记录或者宣传法律的观念，但是客观上却不可避免地涉及人类的法律生活。所以通过美术作品本身的载体及其所反映的内容，我们依然能够从中获得直观而丰富的法律史信息。所以这些有意或无意间记录法律的美术作品，如今构成了我们理解和研究法律史的不可或缺的珍贵材料。

【关键词】 美术世界；载体；内容；法律史

一、美术世界与法律的关联性

美术的概念可谓人言人殊，很难精确地界定其内涵和外延。[1]

---

* 作者系北京科技大学讲师，东京艺术大学博士候选人。

〔1〕 相关的界定主要可参见：[美]布洛克：《现代艺术哲学》，滕守尧译，四川人民出版社 1998 年版；彭吉象：《艺术学概论》，北京大学出版社 2015 年版；洪再新编著：《中国美术史》，中国美术学院出版社 2000 年版；薛永年、罗世平主编：《中国美术简史》，中国青年出版社 2002 年版。

按照最一般的通说,所谓美术,就是指借助于一定的物质载体,通过造型的手段,塑造出来的具有静态的平面或空间,且具有审美价值的视觉艺术。按照其所体现的功能价值来分类,美术可以分为观赏美术和实用美术两大类。前者主要包括绘画和雕塑,而后者主要包括工艺美术和建筑艺术。绘画一般是指在某一平面上塑造视觉形象,而雕塑则是在可雕刻和塑造的物质材料上制作出立体形象,这两者都服务于人们精神方面的审美需求。至于工艺美术,则是在制作日常应用器具的同时,进行艺术的创造,使器具兼具实用和审美价值,且以后者为主的艺术形态。因所用材料和工艺的不同,工艺美术又可分为陶艺、染织、金工、漆艺、木竹工等门类。而建筑艺术,则是创造出强烈美感,且主要服务于人类居住和活动目的的空间造型艺术。无论是工艺美术还是建筑艺术,往往会用到绘画和雕塑的地方,比如漆艺中的镂金戗银,就同时要运用绘画和雕刻技法,[1]其他如建筑设计中的室内装潢,亦是如此,故而实用美术总体上是一种综合性的美术形态。

而法律同样是一个宽泛的概念,广义的法律不仅包括由国家制定或认可并由国家强制力保证实施的行为规范,还包括通过规范形成的某种秩序。规范显然具有很强的抽象性,往往难以成为美术的对象。仅仅记录法律规范条款的物质载体,也很难被称为美术品。[2] 但是通过规范形成的某种秩序,则往往会以形象的方式表现出来,在某一空间或时间定格成为美术表达的一部分。比如用绘画的方式描绘人们日常行为秩序、司法审判场景以及法律人物的形象,用富有审美价值的雕塑来表达法律的内容,在工艺美术作品中刻画法律适用图景,在建筑艺术中体现国家的法律观念,等等,都是这方面的典型例子。

---

〔1〕 如明人黄成所著漆艺之作《髹饰录》中有云:“镂金戗银,朱地黑质共可饰。细钩纤钦,运刀要流畅而忌结节。物象细钩之间,一一划刷丝为妙。”就反映了漆艺的综合运用绘画和雕刻造型的综合色彩。参见王世襄:《髹饰录解说》,三联书店2017年版,第106页。

〔2〕 当然,如果这个载体本身具有工艺美术价值,仍然属于美术品,也就是说其内容体现不出美术色彩,但载体本身是美术品。

我们需要明白的是,在今天被我们视为艺术珍品的古美术作品,在其制作之始,其作者未必明确带有类似今天我们所称的艺术理念或者艺术动机,而是带有强烈的实用色彩。但有可能只是出自原始的审美本能,或者希图达到某种装饰的效果,就使这些作品具有了不朽的艺术价值。艺术的自觉,应该是随着时代的发展而逐渐由无意到有意,由肤浅到深刻的。譬如到汉代,人们在制作画像石或砖之初,就已经对所画的内容有一个明确的设计或把握了。至于在作品中体现法律意味,最初时作者也许压根就没有考虑过。原来单纯记载法律条款和命令的简牍、纸张或者书籍,是很难被称为艺术品的,绝大多数都得排除在艺术世界之外。也就是说,最早恰恰是古人在实用的基础上用作装饰的这类艺术"边角料",无意间记录了许多法律的情形,构成了法律史的绝好材料。当然,在美术中刻画法律的情形,也是从不自觉到自觉。如同下文将要谈到的那样,先秦之后,许多美术作品一开始就以法律为主题,明确地表达出了作者的法观念,这方面尤以衙门建筑艺术为典范。

总之,美术和法律都是对社会生活的反映,只是相比之下,美术是更为直接而具象的表达,而法律则是相对抽象的体现,这就导致了两者不可避免地产生交叉,美术世界中多有记录法律历史的作品,不要说我们不可能将含有法律内涵的作品做靡有孑遗的叙述和评论,即便就笔者所经眼的美术作品来看,也没有办法一网打尽。所以笔者拟采取经典作品举隅的方式,在各个品类的美术作品中分别择一二典型例子,来讨论美术作品中的法律史。

二、体现法律历史的经典美术作品举隅

(一)绘画中体现的法律史

《尚书》载"象以典刑,流宥五刑"。[1] 这就是中国法律史上著

〔1〕《尚书·尧典》。

名的"象刑"一词的来源,关于象刑的解释,至今众说纷纭,其中一种较有影响的说法,认为"象刑"就是画象之刑,不同的犯人穿戴不同的服饰,并且在衣服上画上不同的图形,以示惩罚,如《白虎通》谓:"五帝画象者,其衣服象五刑也。犯墨者蒙巾,犯劓者赭其衣,犯髌者以墨蒙其髌处而画之,犯宫者履杂屦,犯大辟者布衣无领。"[1]至于所画的图形究竟是什么,是不是就是传统墨、劓、刖、宫、辟五刑的刑具或执行方法,现在已经不可考。唯一可以确定的是,如果这一象刑概念成立,那么这一司法的方式便是以绘画的形态表现出来的,且所绘的内容必定与法律相关。由此可见,在遥远的初民社会,绘画中已经出现了法律方面的内容。

如果说体现"象刑"的绘画作品没有留下来,因此不能断定其有无,那么至晚到汉代,绘画中表现法律的主题,则断无疑问,这可从各地出土的汉墓壁画、画像石、画像砖中得到证明。其中完整地再现法律方面的绘画作品,以山东省济宁市嘉祥县武氏祠"齐义继母"的画像石最为典型,见图一。

图一　山东嘉祥县武氏祠汉画像石"齐义继母"

〔1〕《白虎通·五刑》。

此像绘于东汉年间，而画中的故事源自西汉刘向《列女传》，故事大意就是说在春秋齐宣王时代，路中出现一个死者，官吏逮捕了两个嫌疑人，为一对兄弟，兄弟俩都承认自己杀人，争相赴死。吏不能决，则问其母。其母愁肠百结，答道若必欲死一人，但请留兄而死弟，原因她是哥哥的继母，弟弟的生母，在其夫死前，她曾经承诺要对前妻之子善养视之。她说："今既受人之托，许人以诺，岂可以忘人之托而不信其诺邪！且杀兄活弟，是以私爱废公义也；背言忘信，是欺死者也。夫言不约束，已诺不分，何以居于世哉！子虽痛乎，独谓行何！"[1]这话被齐宣王闻听，感佩该继母义薄云天，最终赦免了二子之罪。

图中最右侧骑马者为问案的官吏，马首左侧下跪者为二子的母亲，其下为死者，齐母左侧两人为其二子。该绘画表现的内容是一个审判的场景，表达的主题则是赞美齐义继母据信行义的事迹，宣扬儒家的信义教条。从中可见传统司法中渗透的儒家道德观，甚至以礼义作为司法审判的标准。这实在可以作为汉代"春秋决狱"这一司法方式的一个佐证。考虑到西汉中期之后，儒家文化成为正统，所以汉画像中自然多有类似的主题。[2]

除审判场景之外，行政、经济等法律制度也能在汉画中得到体现。如 1952 年发掘的河北望都一号汉墓中，其墓前室四壁上都有壁画，绘有诸多人物形象，各个人物旁边还用隶书标明其身份，如"门下功曹""门下游徼""门下贼曹""门下小吏""辟车伍佰"等，[3]古人向有视死如视生的传统，很显然，以上这些形象，都是仿照其生前门下诸吏的现实画的。由此可判断墓主人身份比较高贵，也可以由此佐证汉代官制的某些问题。而 1959 年发掘的河南密县打虎亭汉

[1] 《列女传·节义》。

[2] 相关的情形参见唐建：《汉画蕴涵的儒家文化思想》，载《兰州大学学报》（社会科学版）2016 年第 6 期。

[3] 相关的介绍和图版参见天津艺术学院美术理论教研组编著：《中国古代绘画百图》，人民美术出版社 1978 年版，第九帧。

墓中的“地主收租图”汉画像石中，则叙述了地主收租和农民交租的全过程，且透露出东汉度量衡的某些情形，同样真实地反映了汉代经济法律秩序。[1]

至于壁画艺术的高峰敦煌壁画，虽然最大的主题是宣扬佛教思想，但从诸多供养人和其他人物的形象上，同样可以一觇当时法制的某些风貌，尤其是诸多巨幅《涅经变》主题壁画中，更是描绘了许多民间法制的情形，如婚姻、丧葬、交易等习惯法场景。[2]

至于汉代之后，因为纸张的盛行和文人画的兴起，凸显法律内容的绘画作品更是层出不穷，许多绘画以中国法律史上著名的司法人物为主题，诸如皋陶、萧何、包拯、狄仁杰(见图二)等像，所绘形象大都正义凛然，从中可体现法律的一秉至公的色彩。

图二 明代《历代古人像赞》中的狄仁杰画像

---

〔1〕 相关的介绍和图版参见天津艺术学院美术理论教研组编著:《中国古代绘画百图》,人民美术出版社1978年版,第十三帧。

〔2〕 关于敦煌壁画展示的民间法思想,参见乔薇:《敦煌壁画中的民间法律思想研究》,载《法制与社会》2015年第4期。

有的绘画则绘有“甘棠听讼”“约法三章”“缇萦救父”等著名的法律典故，这些绘画主要服务于传统伦理道德的宣扬，但无疑亦是法律史的形象再现，这在一些诸如《诗经》《明刻历代列女传》《二十四孝》的绣像本中历历可见，往往以插图的形式表现出来，是为配合文字宣传而作。此外，还有一些叙述更宏阔题材的作品中，往往也蕴含了丰富的法律史信息。比如唐代著名画家阎立本所绘《步辇图》（见图三），主要描绘了唐太宗接见受吐蕃国主松赞干布派遣前来大唐提亲的使臣禄东赞一行的场面。虽然表达的主题是大唐的辉煌，然而从太宗身边仕女们所持的器物如“屏风扇”“旌旗”“步辇”等，可以看出大唐文物典章之胜；而从吐蕃译官谨小慎微和大唐仕女们仪态万方的神情比较，又能看出唐蕃之间的实力对比；再从出场人物的站立位置，坐立姿态，以及所着各式服饰，又不难看出外交礼法之谨严。这些其实都是广义上的法律史，至少可以作为说明唐律的某种辅助材料。

图三　唐代阎立本所绘《步辇图》局部

当然，绘画毕竟是艺术作品，而艺术通常是源于生活又高于生活的，如果认为任何涉及法律的绘画艺术作品，描绘的都是百分之百的现实法律情形，那也有可能造成误解。艺术带有夸张的成分，若此类作品在另外一个空间内得以传播,则有可能给该空间的观众带来某些误会。这方面最为典型的事例就是西方早期传教士及军人对清代刑法的描绘。比如,英国的梅森少校在1801年出版了一本铜版画集,名为《中国酷刑》,[1]绘有凌迟、腰斩、绞刑、杖刑等执行的画面,每一幅画描绘一种刑罚,其后用英、法两种文字进行简短的解释。虽然人物描绘得不类华人,但所述刑罚基本属实。不过除此之外,他还描述了其他的刑罚,如挑脚筋(见图四)、"荡秋千"、灼眼等,而这类刑罚基本上属于私刑之列,征诸清代司法裁判记录和相关历史记载,都很难看到。梅森所绘,也许是道听途说,或者纯粹是他的想象。但是此书出版之后,光凭借其内容,的确会让西方读者产生中国刑罚异常酷暴之感。这里就存在艺术作品对现实情形进行夸张反映的问题,提醒我们在识图之际,还需要寻找其他的相关材料,对照阅读,从而求得法律的信史。

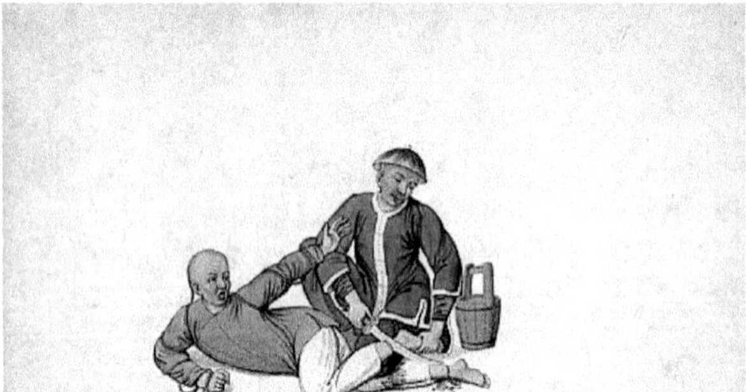

图四　亨利·梅森所绘《中国酷刑》之"挑脚筋"

〔1〕 Henry Mason, *The punishments of China: illustrated by twenty-two engravings*, (London) Printed for William Miller by William Bulmer and Co. ,1804.

（二）雕塑中体现的法律史

雕塑，是指使用刻刀及钻凿等一定的工具，作用于各类物质载体，如竹、木、石、金属等材料，将之塑造成特定立体形象的造型艺术。主要技法包括雕、刻、塑等，这些技法如前所述，在工艺美术和建筑艺术中同样运用得到。我们这里讲的雕塑，乃取其狭义概念，特指主要服务于审美的、带有独立色彩的造型艺术。

雕塑作为一种美术形式，在中国同样源远流长，古代雕塑的遗存也比比皆是。然而遗憾的是，雕塑在中国古代，基本没有作为一种独立的艺术形式而存在，多是附庸于建筑艺术，很少作为一种纯粹的审美对象，而主要是出于丧葬或者宗教活动的需要，主要集中于陵园和祠、庙、寺、观等带有宗教意味的场所中。且雕塑者一般都是地位低下的“百工”“匠人”乃至“贱役”，所以即便雕塑的艺术水准很高，我们也无从知道其作者的名字。从这个角度上讲，中国古代的雕塑家与创造出“大卫”“思想者”这类名闻遐迩的雕塑作品的米开朗基罗、罗丹们，根本无法相提并论，也由此原因，绝大多数雕塑，我们是无从考证其确切的创作年代的。总之，雕塑在中国古代，更多呈现出某种封闭性、民间性的色彩。

虽然存在以上诸多遗憾，但因为雕塑作为具有特定寓意、象征或象形的观赏物或纪念物，还是能够传达出社会的关注点和价值观的。在中国古代，与法律联系最为紧密的雕塑作品，莫过于狱神皋陶和法兽獬豸的形象了。

首先来看狱神皋陶，皋陶相传为尧舜时代主持司法的官员，与尧、舜、禹并称为“上古四圣”。其最早何时被奉为狱神，殊难考证，但是至晚到东汉时代，皋陶已经作为司法之神，而受到广泛祭祀。如《后汉书》就载：“滂坐系黄门北寺狱。狱吏谓曰：‘凡坐系皆祭皋陶。’滂曰：‘皋陶，贤者，古之直臣。知滂无罪，将理之于帝，如其有罪,祭之何益。'"[1]说明东汉时,监狱犯人祭祀皋陶,已经成为普遍的习俗。后世沿袭了此种传统,至宋代"今州、县狱皆立皋陶庙,以时祠之。……皋陶大理善用刑,故后享之。"[2]"今州、县皆立皋陶庙,以时祀之。盖皋陶,理官也,州、县狱所当祀者。"[3]以皋陶为狱神的情形在文学作品中也有所反映,如《水浒传》第40回,在江州牢,宋江和戴宗在受刑前被"驱至青面圣者神案前,各与了一碗长休饭、永别酒"。这个青面圣者,就是皋陶。[4]到了明清,皋陶祭祀仍旧继续,保留至今的清代内乡县衙中,位于西南角的县衙监狱的正北,就有一个小小的狱神庙,里面供奉的正是皋陶。无独有偶,山西平遥县衙、河南开封府衙等古代衙门狱神庙(见图五)都供有皋陶塑像,虽然这些衙门乃至雕像都是复建的,并非传统古物,但是从中仍可见皋陶狱神信仰的深厚。当然,在传统时代,也有个别时期是以汉代萧何为狱神的,如传统戏剧《玉堂春》和小说《红楼梦》中提到的狱神庙,里面供奉的都是萧何,不过时间短暂,且远不及皋陶影响大。

---

〔1〕《后汉书·范滂传》。

〔2〕(宋)方勺:《泊宅编》。

〔3〕(宋)袁文:《瓮牖闲评》卷二。

〔4〕皋陶的相貌无法考证,但是基本上经历了一个"由神到人"的转化,按照《荀子》《淮南子》《牟子理惑论》等典籍的记载,皋陶马脸、长脖、尖嘴、铁青肤色,外表骇人,考虑到其为司法之官,民间构想出这个相貌,大概是为了让犯人感到震慑而胆寒,便于审判的进行。但是在塑造雕像时,则基本按照心目中圣贤的形象塑造,而非骇人之相,目前留存的狱神庙中皋陶的形象大都呈现"温而厉"的色彩。关于皋陶的形象及其法律史学的意义,参见陈煜:《皋陶的历史形象及其法制意义》,载朱勇主编:《中华法系》(第七卷),法律出版社2016年版,第34~48页。

图五　今河南省开封市“开封府”狱神庙前皋陶雕塑

再来看法兽獬豸，獬豸即我们所称的“独角兽”，传说为龙生九子之一，其状似羊，独角，能决断疑狱。为皋陶重要的助手。当皋陶审案有疑问无法判断时，就会召出獬豸，若嫌疑人有罪，獬豸就会用独角去触碰，无罪则不触。此所谓：“……一角之羊也，情知有罪，皋陶治狱，其罪疑者，令羊触之。有罪则触，无罪则不触，斯盖天生一角圣兽，助狱为验。”[1]

因为这个缘故，獬豸也就成为法律的象征，同时代表了公正不阿、英明睿智的形象。且因其属于龙生九子之列，所以常常和麒麟、辟邪、貔貅等其他龙子瑞兽同时出现，为皇家所青睐，所以皇陵的神道和皇家园囿中，多塑有此雕像。我们在北京故宫和明十三陵内，都可以找到獬豸的雕塑，如下图六，就是位于故宫御花园天一门外的鎏金铜獬豸像。

〔1〕《论衡·是应》。

图六　位于今北京故宫御花园天一门外的獬豸雕塑

当然,獬豸实际上和龙一样,并非现实生活中实际存在的事物,所以不同的雕塑家塑造的獬豸形象有时会有巨大的差异,有的侧重于羊的形象,有的侧重于鹿的形象,还有的侧重于狮子的形象。但额头上有一独角,则是共同的特征。图六所示的獬豸偏重于狮子型,狮毛刚硬,似乎头上有很多角,而实质上最前面的,才是獬豸的独角。这大概是由于其身处御苑,表达狮虎之威皇室之瑞的意蕴,要强于公正不阿的品性使然吧。当然,獬豸主要的动能还是帮助皋陶决狱,所以在许多塑有皋陶像的场合,也常常可以看到獬豸的雕像。

獬豸这种艺术形象,因其鲜明的寓意和超越意识形态的地位(如皋陶是作为传统时代的圣人,但不具有现代性),转而较之皋陶,获得了更大的生命力,同时成为现代法治的某种象征。如今在国内许多法院和大学法学院,都能看到獬豸的雕像。从这个角度来讲,这些与法律相关的雕塑,反映的似乎是历史,但是关照的却是现实。

除此之外,尚有其他雕塑作品,诸如李悝及其《法经》的塑像,子产铸刑书像等雕塑作品,就不一一叙述了。总之,雕塑作品,较之一般绘画,更具立体性,所以对于“凝固”法律史片段来说,其效果显然更好。当然,其同样存在很大局限性,关于此点,容后相叙。

(三)工艺美术中体现的法律史

工艺美术是因人们的实际生活要求而产生的,与人们的日常生活有极密切的关系,这是它和单纯偏向于审美的绘画和雕塑这样两类美术种类最大的不同。与法律相关的内容作为装饰的题材显然不是一个好的选择,至少在审美上的确如此,然而由于工艺美术强调实用性,连带着其器型或纹饰也常常能贴合现实中存在的真实事物,所以我们在工艺美术作品中,也能寻找到法律史的身影,尽管数量也是有限的,但其较之于绘画和雕塑这两种美术品类,来得更为真实。

我们首先来看工艺美术中的陶瓷工艺。陶瓷工艺起源甚早,在旧石器时代,先民已经能够用陶土烧制成粗陶制品,而到了新石器时代,则已经能烧制相对精美的彩陶制品。陶器上通常绘有各种图案和纹饰,有的就自然而然和法律与秩序相关,这其中最为著名的陶器就是1955年出土于陕西半坡仰韶文化遗址、今藏于国家博物馆的人面鱼纹彩陶盆(见图七)。

图七　今藏于国家博物馆的半坡仰韶人面鱼纹路彩陶盆,下部为人面鱼纹细部

此盆高16.5厘米,直径39.8厘米,由细泥红陶土烧制而成,内壁以黑彩绘出两组对称人面鱼纹。这件精美的陶器对中国法律史最大的意义,就在于图七中的那人面鱼纹画。这人面鱼纹究竟代表了什么,要向世人传达何种意义,至今仍旧存在争议。笔者比较同意"图腾+巫师"这样一类说法。如同韩鉴堂先生所认为的那样:"因为动物图腾崇拜曾经广泛存在于史前氏族之中,考古成果已经证明,大约百分之八十以上的陶器纹饰是氏族图腾标志,半坡人可能认为鱼与它们氏族关系密切,他们的生活离不开它,甚至把它看作自己的祖先。也可能,半坡人看到鱼有大量繁殖后代的能力,于是崇拜它,祈求它的保护和祝福本氏族人员兴旺。"[1]认为鱼是该氏族的图腾,当无疑义,因为内壁除了人面鱼纹外,尚绘有两条单独的鱼,可见鱼始终是这个陶器装饰中要表达的主题。

那么人和鱼组合而成的人面鱼纹究竟代表什么呢?吴锐先生有一个解释,他认为这表达的是一种"神鱼"或者"天鱼"观念,因为当时没有文字,只好用这种图画来表示。仰韶文化人面鱼纹的人面到了有文字的时代,固定为"天"字,字形还是人站立之形;仰韶文化的鱼纹到了有文字的时代,固定为"鱼"字。这种形态,在夏商都留有深刻的影响。[2]

由此推断,这个人面鱼纹的形象,可能是当时氏族部落中巫师的形象,这个部落以鱼为图腾,所以巫师的装扮上饰满了鱼的形象,类似于后世的"萨满",其作用是沟通天人。这样的巫师因为能沟通天人,所以在世俗社会中也就拥有了某种权力,这个权力的终极来源,可视为天意。所以这一人面鱼纹,对于我们研究先民的天命观念、图腾崇拜以及最初权力的来源,都有重要的启示意义,是研究中国

---

〔1〕 韩鉴堂:《走近中国传统艺术》,华语教学出版社2001年版,第44~46页。

〔2〕 参见吴锐:《从仰韶文化的神秘主义到土家族的端公》,载《湖北民族学院学报》2006年第4期。

法律思想史的一个非常重要的材料。

再来看金属工艺。金属工艺晚于陶瓷工艺，但是发展速度非常快。到商周时期，工艺已经臻于成熟，尤其是青铜器，几乎已达致美轮美奂的地步，涌现出大量的传世珍品，如商朝的司母戊鼎、四羊方尊等，西周继承了商朝青铜器的技艺，但在功能上更强调了其宣示和教化色彩。商朝青铜器上几乎没有铭文，而周朝青铜器上常常刻有铭文，内容主要是记录制器的由来，可作为产权的证明，里面有许多与法律相关，甚至有一些记录的就是一个相对完整的案件。不过这些青铜器铭文应该属于书法艺术之列，不属于本文所述的“美术世界”，所以我们暂时不考虑青铜器上的铭文。我们就从工艺美术的角度，主要是从青铜器上铸有的图案和雕刻，来看看里面所藏的法律史信息。

这方面最为直观的例子，就是各地出土的西周时期的刖刑鼎、鬲、盘等青铜器。它们证明了前五刑“刖刑”的存在，而且表明了行刑的部位，甚至可以证实传统古籍中原来认为理想化的刑余人利用制度，确有可能真实存在。我们来看两件著名的青铜器。

第一件是 1988 年 11 月 7 日在宝鸡市南郊茹家庄西周遗址区出土的“刖刑奴隶守门方鬲”（见图八），现藏于宝鸡市青铜器博物院。鬲为古代炊器，用于烧煮或烹炒食物。上部为盛放等待加工食物的容器，下部为加热的炉膛。宝鸡出土的此鬲通高 18.7 厘米、口纵 22 厘米、口横 14 厘米，重 4.3 公斤。器分上下两部分，上部为器身，下部为炉身。炉前中部有双扇门扉，左门关闭，右门敞开，门外靠门站立一缺左足、断右臂的奴隶。该奴隶一手把着炉门，认真守卫。联系到《周礼》有云：“墨者使守门，劓者使守关，宫者使守内，刖者使守囿，髡者使守积。”[1]这就是如何发挥刑余犯人的价值，使之“再社会化”的一种方案。此前因为《周礼》成书较晚，一般人都认为其所述制度不过是后世儒家的一种理想主义构想，并非是周代制度的写

〔1〕《周礼·秋官·掌戮》。

实。但是这件“刖刑奴隶守门方鬲”,却能直接证明两点:第一,刖刑是存在的;第二,刖刑人承担守囿的职责。如果把炉膛看作一个封闭的苑囿,那么刖刑人所守之门,就是不折不扣的苑囿门,这不就合乎“刖者使守囿”记载了吗?我们可以推测,如果现实中丝毫不存在刖者守囿门的情形,那么要让青铜器铸工仅凭想象,是很难创造出这样的工艺形象的。

图八 今藏于陕西省宝鸡市青铜器博物院的刖刑奴隶守门方鬲,下部为刖刑人细部

第二件是1963年出土于陕西扶风县齐家村,今藏于陕西省博物院的“它盘”(见图九)。从图中可以看到圈足下有四个裸体跽式男童,两手扶膝,眉眼俱全。四人均为受过刖刑的犯人,双脚都被砍掉了。从这件青铜器和上述“刖刑奴隶守门方鬲”中,可以确认,当时刖刑的执行方法,都是砍脚,小腿还都保留着。可能在西周时,执行刖刑就是用刀锯砍掉双脚或单脚,而不砍掉小腿或者挖掉犯人的膝盖骨(“膑”)。

当然,它盘之于法律史的意义,不仅在于证实刖刑的存在及其施行办法,还让我们了解到,对刖刑徒的刑后安排,并不是绝对的。它盘中,四个刖刑徒拖着盘子,这显然不是生活的记录,而是艺术的加工。但是从这个艺术加工中,我们可以得知,对刑余犯人,怎么安排,并不以《周礼》所述为限,除了守门外,还可以承担其他的工作,即便身体伤残,依然得为奴隶主服务。它盘用一种艺术化的语言说明了刖刑的存在,以及当时奴隶主和奴隶地位差别之大。对于我们理解奴隶制社会的法律秩序,也是一个很好的物证。

图九　今藏于陕西省博物院的它盘,下部为刖刑人细部

除以上两器外,全国范围内有刖人造型的青铜器目前还有三件,分别为北京故宫博物院的刖人守门鬲式鼎、刖刑奴隶守门青铜方鼎和山西博物院的刖人守囿车。国外同样不乏其例,哈佛大学的福格博物馆就藏有一件刖刑人守门方鬲。这些器物出土地点相距遥远,但刻画的情形基本一致,这更可以证明当时刖刑及刖刑人守门服役的广泛存在,实为不可多得的法律史学珍贵资料。

至于其他工艺美术种类和法律史相关者,在漆艺、竹木工艺中,甚为罕见。但是在织染布艺中,同样能找到,其中最有代表性的就是明清时期官袍上的"补服"衣饰。所谓补服,又称补褂、外褂。指在官袍胸前背后处各缀上一块补子,用以区别官职差别的服装装饰。

根据《明会典》的记载,补服:“文官绣禽,以示文明:一品仙鹤,二品锦鸡,三品孔雀,四品云雁,五品白鹇,六品鹭鸶,七品鸂鶒,八品黄鹂,九品鹌鹑;武官绣兽,以示威猛:一品、二品狮子,三品、四品虎豹,五品熊罴,六品、七品彪,八品犀牛,九品海马;杂职:练鹊;风宪官:獬豸。”

我们需要特别注意的是,代表法律的“獬豸”,又一次出现在了布艺当中。事实上,不限于明清的补服,早在先秦时代,獬豸形象就与官员服饰相结合了。相传在春秋战国时期,楚文王曾获一獬豸,遂照其形制成冠戴于头上,这就是后世“獬豸冠”的来源。最初不过是普通的装饰,但至秦汉之后,獬豸冠就成了法冠的代名词,为司法人员所佩戴。如“侍御史冠獬豸冠”,[1]“法冠,一名獬豸冠,铁为柱,其上施珠两枚,为獬豸角形。法官服之。”[2]

到了明清,为了显示司法公正和刚强不阿,更是专门将獬豸图形定位为监察官员专用的补服图形,其情形如图十所示,补服当中绣着一只站立的獬豸,双目圆睁,炯炯有神,四周是带有装饰色彩的各类花卉、云纹,獬豸所站脚下,似乎绣着云海和波涛,象征着獬豸在波诡云谲的监察系统,需要立定脚跟,刚正不阿。富有深厚的寓意。

当然,这种织染布艺,仅限于官方的场合,这就多少意味着,布艺中的法律史信息,其实也是局限在一定的范围之内的。

---

〔1〕《秦会要订补》卷一四。

〔2〕《隋书·礼仪志七》。

图十　中国嘉德拍卖行于2005年5月在北京昆仑饭店拍出的清代藏青缎打籽绣獬豸纹补子

(四)建筑艺术中体现的法律史

建筑艺术是人们用砖、石、瓦、木、铁等建筑材料在固定的地点修建或构筑内外空间、用来满足人们居住和活动等功能,是兼具实用性和审美性的艺术门类。建筑艺术的首要价值固然是实用,但是随着人们物质需要得到满足后,服务于精神需要的审美价值在建筑中的重要性就会日益凸显。且人们越来越会通过建筑本体及其内外装饰,来传达某种带有象征或宣示色彩的内涵。因此,在建筑艺术中,我们同样可以发现法律的影子。尤其是保留至今的传统衙门建筑群,更是一部鲜活的法律史。这些衙门建筑群按其衙门级别由高到低,以北京故宫、河北保定直隶总督署、山西霍州衙署、河南南阳内乡县衙为典型代表,分别对应着中央、省、道府、州县这四级衙门体系。这些衙门建筑群虽然级别有高低,规模有大小,但是所表达的传统治理秩序和法律理念,却都是相同的,所以各级衙门存在“同质化”的构造。我们下面就以位于河南南阳的内乡县衙建筑群为例,来探讨传统衙门建筑艺术中渗透的法律历史。

内乡县衙,位于内乡县城东大街,是国内第一座衙门博物馆,占地面积47,000多平方米,有大小院落18进,房舍260余间。是中国唯一保存最完整的帝制时代县级官署衙门,其建筑布局严格地按照《清会典》所载的“坐北朝南、左文右武、前堂后邸、监狱居南”的衙署体制来设计,当中贯彻着传统奉行的天人合一和阴阳五行观念。我们且根据内乡县衙博物馆研究员刘鹏九先生绘制的“内乡县衙全图”(见图十一),[1]来交代内乡县衙的建筑格局及其特色,并以此为据简要揭示建筑艺术中蕴含的法律史。

由图十一我们可知,内乡县衙建筑群最南侧是照壁,照壁上绘有一类似麒麟模样的壁画,此兽名“贪”,为传说中的怪兽,意在警示对面衙门中的官吏要廉洁奉公、切莫贪婪。照壁正北,是一座四柱三门庑殿式木牌楼,名为“宣化坊”,“宣化”乃“宣讲教化”之意,古时知县负有教化百姓之责,每每会在每月朔望之日在此宣讲圣谕,教化百姓。传统官衙建筑群中,一般都建有此宣化坊。穿过宣化坊,就来到了县衙的大门,进入此门,就进入县衙的内部了。整个衙门以甬道为中央,两边呈对称状态。甬道有点类似于中央大道的意思,从大门到仪门这段空间中,东侧最南部为寅宾馆,相当于衙门接待处,东侧中部为衙神庙和土地祠,分别供奉衙神萧何(与狱神皋陶相对)和土地神,这是祈求衙门平安无事的。这不是衙门必备建筑,有的衙门未设。东侧北部为三班院,所谓“三班”,即皂班、壮班和快班,他们承担衙内执役及外出缉捕等工作,所以三班院就是衙役所在的部门。西侧由南到北则是膳房和监狱,膳房就是伙房,监狱容

[1] 关于内乡县衙建筑与所存文物、楹联等的系统介绍,参见刘鹏九:《内乡县衙与衙门文化》,中州古籍出版社2001年版。

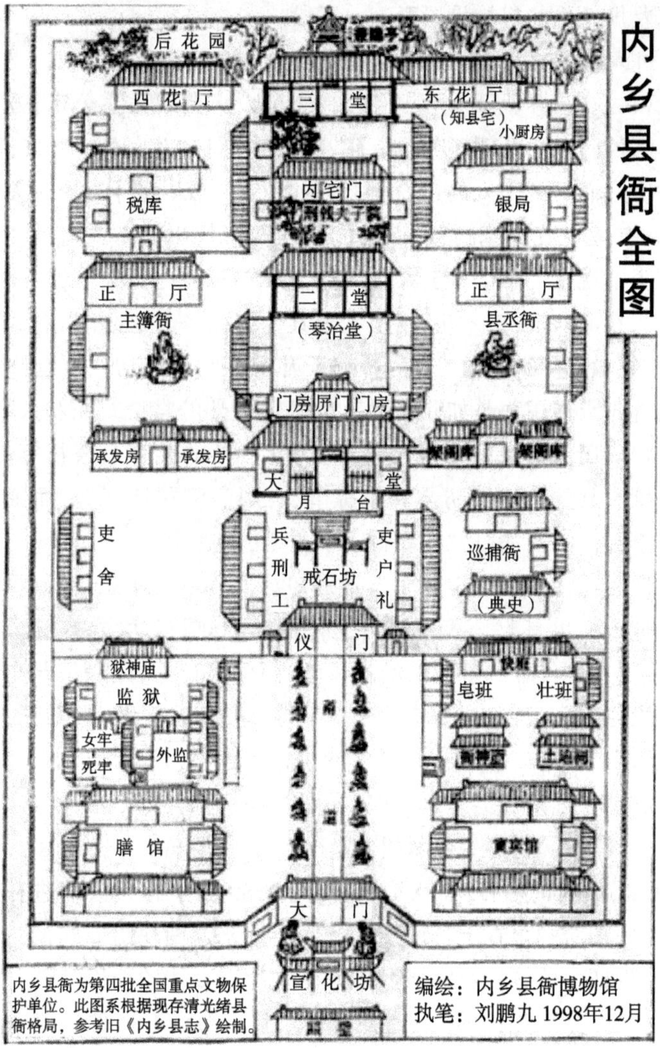

图十一　内乡县衙全图

后叙述。总之，从大门到仪门这段，更多是吏卒和犯人的活动区域。中国的建筑格局崇尚坐北朝南，卑者对尊者须“北面侍之”，故而将这些差役性质的机构设置于这一区段。

进入仪门之后,至二堂止,则是县衙核心办公区域。仪门是县衙的礼仪之门。平时关闭不开,只有逢重大庆典或大案公审,方开仪门。从仪门东西两侧还分设一道小门,东门称“生门”或“人门”,过去是供人们日常出入的;西门则称为“死门”或“鬼门”,平时关闭不开,只有案犯在大堂被宣判时,方可从西门拉出去送去监狱。这和传统阴阳观念一致,东方属木,主生;西方属金,主杀。仪门两侧为吏、户、礼、兵、刑、工六房,承担着全县主要政务,按照左文右武的规矩,左侧设有吏、户、礼三房,右侧设有兵、刑、工三房。所有州县衙门到省一级衙门都是如此布局。吏房管一县的官吏组织和人事,户房管户口田土财政赋税等民事,礼房管一县的教育及祭祀等活动,兵房管一县的治安城防与驿站等事务,刑房管司法事务,而工房管工程事务。一县的日常主要行政事务尽出这六房。

仪门再往北就是正堂。正堂是知县公开审理案犯,举行重大典礼的地方。也是整个衙门单体面积最大的建筑。大堂东侧为堂事房,主要用于典礼和审判的准备事务;西侧为招房,用来记录犯人口供。大堂面阔五间,进深三间九架,堂中央置一暖阁,设知县公堂,上悬“明镜高悬”匾额,三尺公案摆放文房四宝、惊堂木、法令签等审案用物。正面屏风绘有“海水朝日图”,象征知县办事必须如海清如日明。阁前地坪上设有两块“跪石”,东为原告石,长 0. 87 米,宽 0. 80 米,西为被告石,长 0. 135 米,宽 0. 80 米。古代县衙进行诉讼活动时,知府端坐在上,诉讼双方跪于堂下,这两块跪石连同气派的正堂,见证了传统社会“贱讼”的法律文化和森严的身份等级。

大堂之后,穿过屏门往北,则是二堂。内乡县衙的二堂取名为“琴治堂”,较之于正堂,形制规模略小。面阔五间,总长 20. 30 米,进深三间七架,它是知县审理一般民事案件、预审大案要案的地方,同时也是大堂审案时退思、小憩的场所。事实上,知县绝大多数公务是在此堂完成的,“琴治”一名,也寄寓了作为父母官的知县的为政理想,乃"抚琴而治"。官员从政,并不以案牍劳形为骄傲,相反,讼简刑清,才是其所追求的目标,是以二堂的布置,较之于大堂,显得更为亲民。

二堂之后,就进入了具有私人色彩的衙门区域了。在这个区域中,建有作为知县私人行政顾问即刑名、钱谷等幕友的夫子院,以及账房、眷属所居房舍。相当于官衙中的"内庭",内庭中同样有主体建筑,即三堂。三堂的建筑规制仿大堂、二堂,陈设更加私人化一点。内乡县衙的三堂名为"三省堂",当取《论语》"每日三省吾身"之句,寓知县公事之余,退而自省之意。当然,这并不是说内庭和外衙能够截然分开,知县同样能在三堂处理政务,只要不需要仪式化或者确实涉及隐私不便在大堂、二堂处理的,那么三堂就是最好的办公地点。

除此之外,县衙内尚有承发房、架阁库、银局、税库等一些办事机构和库房,我们就不再一一赘言。最后需要再提一笔的就是前面所提到的衙门中的监狱。内乡县衙的监狱设在大堂西南,仪门之外。传统中国的监狱,大都置于衙门的西南位置,这是合乎周易"后天八卦图"的方位秩序的,西南为后天坤位,为死门,故监狱设于此位。监狱大门往北开,正北置狱神庙,供奉皋陶。监舍分内监和外监,外监关押普通男犯,内监关押女犯和死囚犯。死囚牢墙上有一小洞,平日密闭,若死囚瘐毙狱中,则由此洞将尸体拖出。整个监狱空间狭隘,阴森可怖,堪称"鬼门关",看这建筑的布局和设置,就能明了古代社会对刑的一般观念。

以上,即是从衙门建筑布局艺术方面来揭示其法律内涵。除了整体布局,可以让我们领略传统法律文化之外,建筑内部的装潢、雕刻、壁画、楹联,都能体现丰富的法律内涵,比如上述正堂"明镜高悬"牌匾、"海水朝日图"壁画便是如此。而且,在某些细节方面,更可以看出衙门建筑设计的匠心独具,比如正对着二堂的屏门庑檐下,置有一匾(见图十二),上书"天理、国法、人情"六个字,意在随时提醒知县,在处理公务、审理案件时,时时秉天理、据国法、合人情,做到三者统一,而不要机械执法。类似的细节所在多有,随处彰显古人的治世理念和法律思想。

图十二　内乡县衙二堂屏门

我们需要知道,传统官衙只是集中反映法律文化的建筑艺术之一,除此以外,我们在宫殿、祠社、陵墓、苑囿等传统建筑艺术中,在在都能发现蕴含在当中的法律文化。可见,以官衙为代表的建筑艺术,不啻为一部凝固的法律史。

三、美与真:美术世界中的法律史省思

以上我们从不同门类的美术作品中,选择了若干有代表性的例子,来阐述美术世界中凸显的法律图景,阐释美术之于法律史学的意义。在介绍美术作品时,对之有相关的揭示。现再缀上数语,来对此意义做一个总结。

首先,美术作品通过平面或立体形象的创造,定格了法律生活的片段,再现了法律史图景。从而使我们在文字记录之外,能够直观

地感受到传统法律生活场景和法律制度背景。如古人所绘制的诉讼现场、刑具刑罚等,对于我们理解那段法律历史,显然裨益无穷。即便内容有限,也能佐证文献记录或者弥补文字的不足。

其次,美术毕竟是一种艺术,不可能完全是现实图景的复制,可能会高于生活。但是按照马克思主义的观念,人不能凭空创造历史,“人们自己创造自己的历史,但是他们并不是随心所欲地创造,并不是在他们所选定的条件下创造,而是在直接碰到的、既定的、从过去承继下来的条件下创造。”[1]美术创作同样如此,作者也不能凭空创造,必有所凭据。即便作品中出现一定程度的夸张与变形,也是作者对相应法律世界的主观理解,即便与真实的法律图景有所暌违,但至少表达了作者的法律观念及心态。就这个意义而言,这样的美术作品,对于我们理解古人的法律观,无疑是一道津梁。

最后,美术作品,尤其是实用性较强的工艺美术和建筑艺术,因为在审美的同时,要照顾到实际应用,所以能够更为真实地反映客观世界的情形。在这种情况下,流传至今的工艺美术品和建筑遗存,不啻为法律史上的一个物证。刖刑鬲和内乡县衙,就是最为典型的法律史物证。

当然,美术作品除了具有佐证文献、反映观念、提供物证这三大意义外,尚有其他价值,就不再赘述。不过因为美术属艺术与美学的范畴,而法学或者法律偏于科学的色彩;一个重在求“美”,一个立足求“真”,那么以美术世界中的材料,来复原或佐证法律的历史,是否存在方法上致命伤?这个问题实则是美学与科学关系上长期争讼的问题。换言之,我们在美术世界中找到法律史学身影的同时,得反躬自问这样的问题:通过美术世界复原法律史,是否可能,如何可能?换言之,终归归结为一个问题:美与真,如何协调?

---

〔1〕[德]马克思:《路易波拿巴的雾月十八日》,载《马克思恩格斯选集》(第一卷),人民出版社1995年版,第117页。

西谚每每有云:可爱的不可信,可信的不可爱。这句话常常用在信仰与真理纠缠不休之时。可见,美与真的确会存在冲突。“美术”顾名思义当以“美”为第一位,即便是工艺美术和建筑艺术,也要强调其审美价值。而在纯美术领域中,更有为了追求美不惜超越现实真实的例子。美术史上一个经典的事例就是齐白石画虾,虾本具有六节,而齐白石通常只画五节,并不是齐白石不注意观察,而恰恰是在进行反复研究中,他发现虾画五节比六节更美观有力,在这里,艺术的表现力就超越了客观真实。对于客观存在的虾,我们可以说齐白石如此画法是为了美而牺牲了真。但是对于国画艺术本身而言,这恰恰是寻求“真”的艺术表现力的做法。在美术世界中,齐白石如此做,是实现了美与真的统一。

事实上,在西方,这一美学难题的解决(当然只是暂时性的),也发生在近代。大哲学家康德贡献了这方面的智慧,他将美从纯粹理性和实践理性中剥离出来,对美加以主观化和形式化的理解,强调与之相应的审美意识的自主性,主张进行“审美区分”,但康德的这一做法,在解决了传统的难题后,又带来一个新的困惑,就是美与真的界限在哪里?如果美都是主观的话,那么世界岂不是可以任凭艺术家做抽象化处理,美术不也就变得毫无标准可言了吗?于是德国现代哲学家伽达默尔强调只有重新确证美本身所包含的真理因素和艺术本身所内蕴的认识价值,亦即找到美与真的原始关联,才能最终延续美术的生命。[1] 于是我们看到美术的一个从古到今的发展的粗的线条,即从摹写到有限变形,从有限变形到夸张抽象,再从夸张抽象回归有限变形。当然这个过程中彼此存在交叉和反复。美术史反复验证了这样一个道理:过分求现实生活的真,一定会扼杀艺术的美,连带着也损害了艺术的真实表现力;而完全无视现实生

---

〔1〕 相关论述参见李鲁宁:《哲学解释学视野中的美与真》,载《文史哲》2001年第6期。

活的真，艺术的美也会因缺乏必要的根基而逐渐枯萎，如浮在空中，自由地很无力。这就和卢梭在《社会契约论》一书开篇中所云："人生而自由，却无往不在枷锁之中。"[1]美术发展同样如此。

明白这个道理，我们就可以说：作为艺术的美术与偏向科学的法律或法律史，作为对世界的两种掌握方式或文化形式，虽然其活动领域和价值取向各有不同，但并不影响二者的渗透和融合。更多的时候，它们共荣共存，并肩发展。[2] 所以对于美术作品中展示出来的法律史图景，即便我们有明确的文字或其他证据证明其不符合历史的真实，我们也无须斥责其妄。因为美术世界中的真，是艺术的真。这个真，或者和现实的真若合符节，或者是创作者希冀出现或者达致的理想的状态。前者表达了创作者"所知道"的一切，后者表达了创作者"该知道"或者"想知道"的一切。比如"刖刑鬲"上的受刑奴隶，就是制造器者所知道的一切，基本可断定是现实的再现。而狱神庙皋陶塑像以及四处可见的獬豸形象，则是制作者"该知道"或"想知道"的事物，它们寄托了作者的理想，也许这恰恰是民间法律信仰的真实再现。

因此我们回头再看美术世界中的法律史，不应过分纠缠于"真的还是假的"这一非此即彼的选择，而应当"跳出三界外，不在五行中"，追问一下为什么作者要创造这样一个美术形象，在追问过程中，我们也许会发现，所谓的"美"与"真"，根本就不成其一个问题，而是内在和谐统一的。美术作品中的法律史，可能表达了最真实的法律图景和人们的法律观。

---

〔1〕［法］卢梭：《社会契约论》，李平沤译，商务印书馆1997年版，第1页。

〔2〕关于两者的沟通论述，参见刘筱湄：《"美"与"真"的渗透——论美术与科学的内联性》，载《美与时代》2005年第1期。

最后,用英国诗人济慈在《希腊古瓮颂》中所作的两句诗,为本文作结,它同样揭示了美与真的关联内涵。诗曰:

美即是真
真即是美
这就包括
你们所知道
和该知道的一切〔1〕

〔1〕 关于此诗的分析,参见袁宪军:《〈希腊古瓮颂〉中的"美"与"真"》,载《外国文学评论》2006年第1期。

试论宗教信仰与德主刑辅的关系

郑　好*

【摘要】 在正统法律思想德主刑辅(抑或礼主刑辅)的演进中,“礼”的政治作用不断强化,随之朝着法度之通名演变,无论是“内用黄老,外示儒术”,还是“外儒内法”,一方面彰显了经统治者改造后的礼的强大包容能力,另一方面,则是因为不断吸收法家、道家以及佛教思想等的礼,更便于统治者控制民众,维护政权。宗教信仰在德主刑辅的法律传统演进中产生了作用和影响,反之,也正是因为宗教信仰不断地朝着德主刑辅的方向进行调整和靠拢,才能被统治者有限度的容忍和利用。对传统法律文化的考量,除典型的律令体系、礼法传统之外,相关的宗教信仰内容均可以纳入考察视野。

【关键词】 宗教信仰;儒家;德主刑辅

我国传统文化以儒家为主要特征,传统法律亦深受儒家的影响,德主刑辅、礼法合流,历来被视为传统法律的显著特征。儒家是否可以视为一种宗教,一直有不同的观点。[1] 德主刑辅的法律传统在形成的过程中是否受到宗教信仰的影响,这是一个值得探索的问题。

---

* 作者系中国政法大学法律史学专业研究生。

〔1〕 有关讨论,可参见任继愈主编:《儒教问题争论集》,宗教文化出版社 2000 年版。

一、关于宗教信仰与儒家的认识

如果以儒家思想是否包含宗教信仰的因子来划分,学者们大致有两类观点。

一类认为儒家思想中没有宗教成分,如韦伯在其著作《儒教与道教》中写道:"官方的儒教,也就是康熙皇帝在17世纪时所颁布的16条圣谕,仍然保持着唯物论者与无神论者的立场。长久以来,官方的儒教,至少对任何对来世的希望而言,抱着一种绝对不可知论的、根本上否定的态度。"〔1〕在韦伯看来,"儒教所要求的是对俗世及其秩序与习俗的适应,归根结底,它只不过是为受过教育的世人确立政治准则与社会礼仪的一部大法典。"〔2〕

再如梁漱溟在《东西文化及其哲学》中写道:"世界上宗教最微弱的地方就是中国,最淡于宗教的人是中国人,而此时的宗教最式微,此时人最淡于宗教,中国偶有宗教多出于低等动机,其高等动机不成功,宗教则别走一路。"〔3〕

陈顾远也是持儒家并无宗教信仰的观点,他在《中国法制史》中写道:"儒家虽有人以儒教或孔教称,但儒家系以人生哲学及政治哲学着,且始终抱无神之信仰,实不得以宗教目之,已成定论。"〔4〕

另一类认为儒家思想中含有宗教信仰的因子,如任继愈认为:儒教是中国古代的国教,儒教具有完整的宗教形式,既包括殷周以来的天命神学和祖宗崇拜,也包括仁政王道的政治准则;既包括封建

---

〔1〕 [德]马克斯·韦伯:《儒教与道教》,洪天富译,江苏人民出版社2010年版,第154页。

〔2〕 [德]马克斯·韦伯:《儒教与道教》,洪天富译,江苏人民出版社2010年版,第161页。

〔3〕 梁漱溟:《东西文化及其哲学》,商务印书馆1997年版,第198页。

〔4〕 陈顾远:《中国法制史》,商务印书馆1934年版,第53页。

伦理和道德学说，也包括有关祭祀的社会制度。总之，儒教是宗教。[1]

牟宗三从中西文化比较、人类文化发生的原动力的角度出发，提出，“依我们的看法，一个文化不能没有它的最基本的内在心灵。这是创造文化的动力，也是使文化有独特性的所在。依我们的看法，这动力即是宗教，不管它是什么形态。依此，我们可说：文化生命之基本动力当在宗教。了解西方文化不能只通过科学与民主政治来了解，还要通过西方文化之基本动力——基督教来了解。了解中国文化也是同样，即要通过作为中国文化之动力之儒教来了解。”[2]

郭齐勇将儒教问题的争论划分成三个阶段，在不同的阶段，学者对此问题的态度是在逐渐发生变化的。第一个阶段，20 世纪 20 年代出于救亡图存、求富求强的需要，中国的知识精英单方面接受西方启蒙理性和自然科学，基本上对宗教持贬斥态度，如蔡元培“以美育代宗教”，胡适“信仰科学的方法是万能的”。第二个阶段，以牟宗三、唐君毅为代表的第二代新儒家，从强势的、排斥性的启蒙心态中摆脱出来，认识到西方文化中有深层意蕴、深厚价值的是宗教。有无足以使人安身立命的道德精神和宗教精神这样深层的价值观，成为中国文化是否优劣于西方文化的关键。第三个阶段，以刘述先、杜维明为代表的第三代新儒家则对宗教采取更加开放的态度，如刘述先将儒教界定为人类的一种终极关怀。[3]

笔者比较同意郭齐勇的观点，关于传统文化尤其是儒家是否含有宗教信仰的内容，学者的认识也是随着时代的背景而不断发展变

---

〔1〕 任继愈：《论儒教的形成》，载任继愈主编：《儒教问题争论集》，宗教文化出版社 2000 年版，第 1 ~21 页。

〔2〕 牟宗三：《作为宗教的儒教》，载牟宗三：《中国哲学的特质》，吉林出版集团有限责任公司 2010 年版，第 101 页。

〔3〕 郭齐勇：《儒学，入世的人文的又具有宗教性品格的精神形态》，載任继愈主编：《儒教问题争论集》，宗教文化出版社 2000 年版，第 415 ~419 页。

化的,对此问题的研究就总体趋势而言,视野更加开阔,态度也更加宽容,儒家(或者儒教、儒学)中含有的某些宗教因子抑或信仰方面的价值也愈发受到重视。2017 年度中国历史学研究十大热点[1]之一为“地域民间信仰的历史脉络与体系构建”,民间信仰渗透在民众日常生活的方方面面,使一个民族显现同一性,维系着一个民族的统一意识,故而研究民间信仰是研究民族历史与民族文化的重要内容。

二、关于宗教信仰与传统法律的认识

我国古代社会没有形成专门的教会法,这是普遍共识。但是,这并不代表传统法律没有受到宗教因素的影响。

郝铁川的著作《中华法系研究》将中华法系的特征概括为“法典的法家化、法官的儒家化、民众法律意识的鬼神化”,[2]他认为中国古代的社会文化明显地存在精英文化和大众文化的区别,后者主要表现为鬼神信仰及仪式,一般民众的法律意识也由此鬼神化了,这种法律意识对于预防犯罪、维护统治秩序起着相当大的作用。

蒋传光的论文《略论中国历史上的宗教及其与法律的关系》以“宗法性宗教”立论,从宏观上探讨了中国古代法律与宗教的关系,特别是宗法制传统宗教(其实质内容为宗法等级制度)和被神话的封建正统思想对国家法律所产生的影响。

张晋藩先生在《中国法制史研究的现状与存在的主要问题》中

---

〔1〕 2018 年 3 月 22 日,澳门科技大学社会和文化研究所、澳门大学《南国学术》编辑部联合发布“2017 年中国历史学十大学术热点”:中国史学理论体系和话语体系的创新、古代海上丝绸之路视野下的区域经济社会、海昏侯墓考古成果对汉史研究的推动、地域民间信仰的历史脉络与体系构建、白银进出口对明清货币制度的影响、古代监察制度演进中的历史经验、近代中国城市的公共空间管理、晚清民国时期华侨华人社会的变迁、孙中山研究的新成果、抗日战争史研究的新进展。

〔2〕 参见郝铁川:《中华法系研究》,复旦大学出版社 1997 年版,第 25 ~ 131 页。

指出，“过去研究中国法制史只注意了儒家学说对法律的影响，这是无疑的。但是道教、释教也都存在了一、二千年，它的影响也不可忽视。汉初立法就受黄老之学的支配。西安保存下来的唐御史台精舍碑，便反映了释教的影响。”张晋藩先生在《中国古代法律文化论纲》中进一步阐述，“早在西汉董仲舒创立新儒学的体系中，便吸收了道家、阴阳家、杂家的思想与法律文化。至宋明理学产生，进一步体现了儒、道、释学说内涵的融合。即道家的本体论、佛教的方法论和儒家的实践论。事实上以理为核心的中国古代法律文化，是和宗教有着密切联系的。例如，人世间有等级，阴间也有等级。特别是通过祭祀及其有关的规则，表现了礼的时空跨限和阴阳相会。”

笔者认为，在传统法律文化与宗教信仰相互作用方面的认识与研究，同样也是经历了与传统文化是否含有宗教信仰相似的过程，由否定到肯定，也是随着时代的大潮流而变动，但总体趋势，是愈加宽容和理性。

三、宗教信仰对德主刑辅的影响

在政教合一的夏商周三代，法律与宗教便有着密不可分的关系。“国之大事，惟祀与戎。”此时的祭祀活动，已经作为法律最初的萌芽。《尚书孔氏传》说：“帝命羲、和，世掌天、地、四时之官，使人、神不扰，各得其序，是谓‘绝地天通’。”“绝地天通”的关键在于：天地相分，人神不扰。绝地天通以后，和神灵交流的任务就需要由古代的巫祝史来完成。《易系辞》云：“圣人以神道设教。”《中庸》引孔子之言来阐述神道设教的意义，“鬼神之为德，其盛矣乎！视之而弗见，听之而弗闻，体物而不可遗。使天下之人，齐明盛服，以承祭祀。洋洋乎！如在其上，如在其左右。”《史记·封禅书》写道，“自齐威宣之时，驺子之徒，论著终始五德之运。……为方仙道，形皆销化，依于鬼神之事。驺衍以阴阳《主运》，显于诸侯。而燕齐海上之方士，传其术，不能通。然则怪迂阿谀苟合之徒自此兴，不可胜数也。”道教之义理本于道家,而道教之信仰初由古代的巫祝史而来,演变为秦汉方士,发展为今日的道士,甚至巫祝仍与道士并行不废,彼此混合。

可以说,中国远古时代的法律萌芽来源于宗教的祭祀,对远古鬼神的崇拜则表现为一种神权法。

礼,由最初起源于宗教祭祀,逐渐被改造为代表统治阶级意志,规范婚姻、血统、亲属、君臣等一系列行为的社会规范和准则,并随之制度化、法律化。礼法融合的高峰当属"一准乎礼"的《唐律疏议》,提到对唐律最经典的评价,莫过于《四库全书提要》所说,"论者谓唐律一准乎礼,得古今之平,故宋世多采用之,元时断狱每引为据。明洪武初命儒臣,同刑官进讲唐律,后命刘惟谦等详定明律,其篇目一准于唐。"苏亦工先生在论文《唐律"一准乎礼"辨正》中,提出唐律所据以为准之"礼"是唐礼,亦即秦汉以来繁衍变异了的礼,这种"礼"与孔子所倡导的礼已经有了实质性的差别。不仅仅是唐礼,各个时代的礼无不打上当时的烙印,"礼"是随着时代的变迁而不断修正的,且具有强大的包容同化功能,唐代律令被后人称为"一准乎礼",除了儒家的礼教学说与精神,更是融合了法家思想,在儒、释、道三家中吸收有利元素,脱颖而出,为统治者维护其政权和统治的不二选择。礼在与法合流的同时,更是儒、法、道三家相互作用、相互影响的过程。在德与刑的关系问题上,亦能见到宗教信仰的因素。

关于德与刑的关系问题,早在《尚书》之中就有体现。根据《尚书》的记载,在三代以前,就有相关法律思想的萌芽。"皇帝哀矜庶戮之不辜,报虐以威,遏绝苗民,无世在下","乃命三后,恤功于民,伯夷降典,折民惟刑","惟敬五刑,以成三德,一人有庆,兆民赖之,其宁惟永"。苗民用暴虐的刑罚杀戮民众,颛顼怜悯无罪的民众被杀戮,就用严酷的刑罚来对待暴虐者。一方面在谴责痛斥苗民的野蛮残暴,另一方面,为了成就三德,天子做善事,亿万民众获得好处,国家长治久安，又不得已用刑罚，但是当谨慎地施用刑罚。“士制百姓于刑之中，以教祇德”，这可以说是“明德慎罚”观念的直接体现。

夏商政权都以“授命于天”自诩，出于对天、神、自然和祖先的崇拜与敬畏，其法律思想充分反映神权意志，具有浓重的“天讨”“天罚”的“神判”特色。

西周的统治者发现即使是承受天命的夏商政权，也不免走上亡国的道路，通过反思夏商单纯的宣扬“天命”“天讨”“天罚”的神权法思想，周人创造了“以德配天”的人本思想，并把“德”这一抽象的伦理道德范畴引入具体的统治实践，发展为“敬德保民”的政治思想和“明德慎罚”的法律思想，这为后世“德主刑辅”的法律思想奠定了基础。

以严刑峻法著称的秦朝律法，是对先秦法家的重要实践，儒法合流端倪已经初现。“先秦法家思想确实处在一个逐步变化的过程中，它在吸收儒家、道家的某些思想以充实自己，使之成为更为完备的统治思想，以适应地主阶级的新的发展了的政治需求。”[1]

西汉吸取秦朝二世夭折的教训，对秦朝的“法治”原则和重刑思想，有所修正，可谓至汉朝“德主刑辅”思想这才得到了系统的确定和完善。

汉初，陆贾、贾谊、路温舒皆上书进言，痛陈秦代重刑而主张以德治天下。陆贾、贾谊等皆为大儒，西汉初年统治者政治上采取无为而治，而这些大儒的思想及学说又或多或少的被统治者加以采纳并施行，此时的儒家早已非春秋战国时孔孟那般纯粹的儒学理论，已经初步结合各家思想。

到汉武帝时，推行“独尊儒术、罢黜百家”，在政治统治上，实乃“外儒内法”，表面上宣扬儒学礼治，重仁政，讲究以伦理劝导实施统

〔1〕 高敏：《秦简〈为吏之道〉中所反映的儒法合流倾向》，载高敏：《云梦秦简初探》，河南人民出版社1979年版，第229页。

治,而实际上讲法制,重在政治事功,但这两种思想又并非截然分开,而是彼此糅杂,形成了互补的统治术。名义上为“独尊儒术、罢黜百家”,而当时的真实情况是,“百家罢而未黜,儒学尊而未独”。大儒董仲舒在倡导儒学、表彰经术的同时,仍把道家的“无为”术作为政治之本;在个体人格的修养方面,他也吸收了道家的“不为物役”的人生旨趣;更为重要的是,他借用了道家思想的核心范畴“道”并使之笼罩上一层神圣的光圈,作为支撑“三纲五常”的框架,即所谓“道之大,原出于天;天不变,道亦不变”,“三纲之道,可求于天”。其后的扬雄、王充和荀悦等儒学大师,在阐述儒学时也都把道家思想杂糅其中。董仲舒推行的这套新儒学理论,实际是对先秦儒家、法家、道家、阴阳家等学说的综合继承,正如汉宣帝所言,“汉家自有制度,本以霸王道杂之”。它丰富了儒家的思想体系,不仅对汉朝的统治发挥了重要作用,而且对以后历代王朝的统治乃至整个封建社会的历史发展都产生了深远的影响。

盐铁会议上儒生与法吏的辩论之后,两千多年来就很少有人力主“法治”,且此时的法治已非法家的原来面目,儒家的“礼治”或者“德主刑辅”说最为得势,而此时的儒家也非纯粹意义上的儒家,不过是内用道、法,对外仍高举最为得势的儒家学说的旗帜。

三国两晋南北朝时期的法制指导思想,总体发展趋势是沿着汉朝确立的“德主刑辅”思想继续推进法律的儒家化,经张斐、杜预作律,进一步引礼入律,儒家思想在法律中一直得势。

东晋的道教理论家葛洪就主张儒道兼容。他自称所著《抱朴子》一书就是儒、道合流的产物。“道者儒之本也,儒者道之末也。”他主张,儒、道两家相为表里,都是统治者的治国工具。在法律思想上,葛洪主张刑德并举,以刑辅德。“仁者,为仁之脂粉;刑者,御世之辔策。脂粉非体中之急,而辔策须臾不可离也。”作为道教的代表人物,葛洪在这里非常明确地指出了刑与德是治国不可或缺的两种手段,对封建正统法律思想表示高度的认同。

三国两晋南北朝时期，虽然有佛道之间的“老子化胡说”之争，儒佛之间的“沙门敬礼王者”和“因果报应”之争，但是，由于此时期互相依赖、吸取的需要超过彼此间的利害冲突，因此矛盾斗争并不十分激烈，应该说这个时期三家关系的基本特点是，彼此矛盾斗争少，相互依赖吸取多。儒学与道家思想相结合，变而为风行一时的老庄玄学；而此时的儒家对佛教思想吸取较少。隋唐时期，随着佛教在中国的广泛传播且开始形成雄厚坚实的理论宗派，儒家越来越认识到吸收、利用佛教理论的必要。隋朝大儒王通最早提出“三教归一”的纲领，他认为三教中各有所用，要通权达变，不要固执一方，“通其变，天下无弊法，执其方，天下无善教，故曰：存乎其人”，不过，三教之中，还是应该以儒家为主。“渐修”与“顿悟”合一的养身法，“明心见性”“返本复初”的心性观，等等，都同道家思想一起逐渐渗透到儒家文化的深层。儒、道、释三家相互吸收、相互补充、相互渗透，这对后来的新儒学体系即宋明理学产生了重要的影响。

到了唐代，这个封建社会的鼎盛时期，一方面统治者以老子的后人自居，尊奉道教为国教；另一方面，又是虔诚的佛教信仰者，最主要的是，以海纳百川、有容乃大的博大胸怀吸取着各种多样化元素，为己所用。盛世修典，在法律上的体现，即是把德礼和法律的作用，用新儒家思想统一起来，形成完整的德主刑辅、礼法结合的思想体系，才有了法律上的巅峰之作《唐律疏议》的问世。

“夫礼者民之防，刑者礼之表，二者相须犹口与舌然。礼禁未萌之前，刑制已然之后，使民在宥，各遂其生，圣人用之，不得已也。”唐律被后人称为“一准乎礼”，这种外儒内法、外儒内道、与时俱进的礼渗透其中，因而唐律也被视为施行教化的工具之一。

自五代而始的道教易图学，探究天道运行法则。道教用以解释丹法的宇宙生成论对宋代理学的形成有着巨大的影响，可谓是宋代理学的直接思想渊源之一。违礼则违天，违天理所当然应受到法律的制裁。宋明理学、心学兴起，将礼和“天理”“心性”“良知”联系在一起。礼进一步渗透到人心细微之处,人们通过内省而安贫知命,无违于礼。"人死于法,就有怜之者,死于礼,其谁怜之。"

元代采用耶律楚材"以儒治世,以佛修心,以道养性"的三教并用政策,对汉族的宗教信仰(主要是佛教、道教),承认现状、兼容并包。

雍正皇帝曾颁谕:"域中有三教:曰儒、曰释、曰道。儒教本乎圣人为生民立命,乃治世之大经大法。而释氏之明心见性,道家之练气凝神,亦与吾儒存心养气之旨不悖。且其教皆主于劝人为善,戒人为恶,亦有补于治化。"[1]推广圣谕仍可见宗教影子,这也是统治者以此用来进行教化和治理的一种方式。

综上,在德主刑辅思想的演进中,"礼"的政治作用不断强化,随之朝着法度之通名演变,不管是"内用黄老,外示儒术",还是"外儒内法",一方面彰显了经统治者改造后的礼的强大包容能力,另一方面,则是因为不断吸收法家、道家以及佛教思想等的礼,更便于统治者控制民众,维护政权。

四、德主刑辅对宗教信仰的影响

一方面,宗教信仰对于德主刑辅法律思想的演变产生了影响,为德主刑辅法律思想注入了更多的活力和新鲜的元素;另一方面,也正是因为宗教信仰为了适应社会的发展和统治的需要不断进行调整和革新,而有意识的向正统法律思想靠拢,以谋求其自身的生存和发展。否则,不符合王道的"左道"从根本上是不见容于统治阶级的。早在《礼记·王制》中就有相关记载,"执左道以乱政,杀。假于鬼神疑众,杀"。

首先,宗教信仰必须服从君主。如葛洪在《抱朴子》一书中指出:"贵贱有章,则慕赏畏罚;势齐力均,则争夺靡惮。是以有圣人

〔1〕《清朝续文献通考》卷八九《选举六》。

作,受命自天。”“夫君,天也、父也。君而可废,则天亦可改,父亦可易也。”这与董仲舒“王道之三纲可求于天”如出一辙。

其次,宗教信仰对儒家宗法伦理的吸收与认同。如葛洪在《抱朴子》中明确提出,要想长生成仙,一定要以遵守纲常伦理为先。他说:“欲求仙者,要当以忠孝和顺仁信为本。若德行不修,而但务方术,皆不得长生也。”一定程度上,可谓是道德的美善观念与宗教的美善观念彼此相结合,潜移默化的引导、规范着人们的言行。

最后,宗教信仰对国家法的遵从和宣传。如劝善书鼓励人们行善修德,对于改过迁善、预防犯罪有着积极意义。劝善书以一种百姓普遍容易接收的形式,进行法律宣教,导人向善,赏善罚恶,宣扬息讼、无讼。“劝善书又称善书,其名盖取自《太上感应篇》‘诸恶莫作,众善奉行’之意。据学界考证,劝善书的出现当在南宋以后。劝善书是一些专门宣传伦理道德、劝人弃恶从善的小册子。这类书籍因为‘有功于辅教’,能辅助儒学进行伦理教化而受到历代统治者的大力提倡,并为社会各阶层所喜闻乐见,收到了很好的效果。劝善书将儒家伦理、仙道学说与民俗信仰有机融为一体,发挥其善恶报应的思想;报应赏罚的执行者就是民间广泛信仰的各种神灵,这些无处不在的监察者,对广大信众来说,确有督促人‘不履邪径,不欺暗室’的作用。这也就是说,道教劝善书在预防人们犯罪方面能够发挥积极的作用,从而构成了预防犯罪的第一道防线。”[1]“劝善书作为宋代以后流行的民间读本,乃是以民众喜闻乐见的形式宣扬道教的宗教道德,而这种宗教道德又与儒家的道德观念基本吻合。在提高这种道德的权威性和认同性方面,道教有着得天独厚的优势,它依凭神灵的力量和宗教的权威深深植根于民众的心灵深处,从而

〔1〕 崔永东:《“劝善书”:道教的预防犯罪意识》,载《中国社会科学报》2011年6月21日,第11版(法学)。

收到比儒家单纯说理教育更好的效果。”[1]

五、余　论

当然,宗教信仰也并非一成不变,在不同的时间段和地域都可能有不同程度的差异。在正统法律思想德主刑辅(抑或礼主刑辅)的演进中,“礼”的政治作用不断强化,随之朝着法度之通名演变,不管是“内用黄老,外示儒术”,还是“外儒内法”,一方面彰显了经统治者改造后的礼的强大包容能力,另一方面,则是因为不断吸收法家、道家与道教以及佛教思想等的礼,更便于统治者控制民众,维护政权。宗教信仰在德主刑辅的法律传统演进中产生了作用和影响,反过来,也正是因为宗教信仰不断地朝着德主刑辅的方向进行调整和靠拢,才能被统治者有限度的容忍和利用。

宗教信仰由于民众的惯性心理至今仍然起着极其强大的作用,在人们日用而不自知之中,在人心显微之处,贯穿了生活的方方面面。所以,对传统法律文化的考量,除了典型的律令体系、礼法传统之外,国家法与民间法,世间法与幽冥法,官方传统与世俗传统,以及与之相关的宗教信仰内容,均可以纳入考察视野。

---

〔1〕 崔永东:《“劝善书”:道教的预防犯罪意识》,载《中国社会科学报》2011年6月21日,第11版(法学)。

循吏与中国法律传统

——以汉代为中心的考察

田纯才*

【摘要】 汉代处于中国古代法制转型的关键时期，这一时期的法制转型绕不开“循吏”。循吏是指“奉法循理”之吏，其产生有深厚的社会根源，最根本的乃是当时的政治需要。循吏“亦吏亦师”，但本质上仍是“吏”，他们承担着“富民”“教化”“理讼”三重使命，在这一过程中进行着富有特色的立法和司法实践活动。作为“亲民”官，循吏的法律实践把“国法”和“人情”结合起来，并与“国法”保持一定独立性，具有浓厚的儒家色彩，并不断发展成法，但本质上循吏的法律实践仍受到“成法”的深刻约束。

【关键词】 循吏；国法；人情；教化

一、循吏概念辨析

循吏是我国古代一个特殊的官僚群体，在正史传统中始终存在。“循吏”现象出现很早，但“循吏传”的体系却始于《史记》的《循吏列传》，并为班固《汉书》和范晔《后汉书》所承袭。从此“循吏”便成为正史列传的一个典型，直到民国初年所修的《清史稿》仍然沿用不变。在“二十四史”和《清史稿》中，一共有十九部史书有单独成篇的

* 作者系中国政法大学法律史学专业博士研究生。

“循吏(或称良吏)列传(传)”;[1]在没有完整的“循吏(良吏)列传”的六部史书中,也都有“循吏”“良吏”“良二千石”等称谓与人物。[2]

然而,“循吏”本身的内涵是比较笼统的,不同时期的“循吏”其含义可能大不相同,甚至是“名同而实异”,而这种差异在《史记》和两《汉书》中体现得尤为明显。诚如余英时先生所言,“《史记》《汉书》《后汉书》三史中的‘循吏’,若细加分析,其含义仍各有不同,尤以《史》《汉》之间的差别为最值得注意”。[3]《史记·太史公自序》记载:

> 奉法循理之吏,不伐功矜能,百姓无称,亦无过行,作《循吏列传》。

而《史记·循吏列传》亦开宗明义记载:

> 法令所以导民也;刑罚所以禁奸也。文武不备,良民惧然身修者,官未曾乱也。奉职循理,亦可以为治,何必威严哉?

通过上述记载可推断,司马迁将“循吏”定位为“奉法循理”或

---

〔1〕 在“二十四史”和《清史稿》中,除《三国志》《陈书》《周书》《旧五代史》《新五代史》外,其他20部史书均有类似“循吏传”的部分,其中《晋书》《宋书》《梁书》《魏书》《旧唐书》《元史》称为“良吏传”,而《南齐书》和《辽史》则分别称为“良政传”和“能吏传”。

〔2〕 如《三国志》卷二八《魏书·毌丘俭传》记载“(毌丘)兴每所历,尽竭心力,诚国之良吏”;《陈书》卷二四《周确传》有“(确)为政平允,称为良吏”;《周书》卷三七《张轨传》记载“(张轨)六年,出为河北郡守。在郡三年,声绩甚著。临人治术,有循吏之美”;《新五代史》卷七四《四夷附录第三》有“(周)太祖怒,罪建武等,选良吏为庆州刺史以招抚之”之谓等。此类表述极多,不胜枚举。

〔3〕 余英时:《汉代循吏与文化传播》,载余英时:《士与中国文化》,上海人民出版社2003年版,第137页。

“奉职循理”，故《史记索引》谓“循吏”乃“本法循理之吏”。[1] 因此，余英时将《史记》中的“循吏”视为“汉初文、景之世黄老无为式的治民之官”，是有道理的。

在《汉书》中，“循吏”的含义就有变化。《汉书·循吏传》记载：

> 至于文、景，遂移风易俗。是时，循吏如河南守吴公、蜀守文翁之属，皆谨慎率先，居以廉平，不至于严，而民从化。

而在《后汉书·循吏列传》中则记载：

> 至天下已定，务用安静，解王莽之繁密，还汉世之轻法。……并以仁信笃诚，使人不欺；……斯皆可以感悟而行化也。……然导德齐礼，有所未充，亦一时之良吏也。

可见，两《汉书》的循吏观比较接近，其衡量循吏的标准可以归纳为：(1)以身作则、公正廉洁；(2)富而教之；(3)受到上下的认可称颂。[2] 显而易见，两《汉书》更多的是按照儒家的标准来评定循吏的。

在传统的论述中，学者往往倾向于以孔、老两家学说的差异来区分《史记》和两《汉书》中循吏的不同，认为《史记》中的“循吏”体现着汉初黄老无为的政治价值追求，而两《汉书》中所记载的循吏则是儒家积极有为的“教化型”的政治人物。[3] 这种区分是比较明了的，也是非常笼统的，而这种简单的区分，是否准确，却是值得商榷

---

[1] (西汉)司马迁：《史记》卷一一九《循吏列传》“司马贞索隐”，中华书局1959年版，第10册，第3099页。

[2] 参见陈金花：《略论汉代循吏和酷吏的治政策略》，载《中州学刊》2009年第2期。

[3] 杨建祥：《评循吏的亦“官”亦“师”》，载《广西社会科学》2007年第7期。

的。与酷吏一样,循吏多为一线处理实务的官吏,多非学者出身,其政治行为与各家学说、理论的联系程度本身是值得怀疑的,因此其政治思想、行为往往是基于当时之现实需要,而很难说是本于一家的。我们不难发现,无论是《史记》还是两《汉书》,其中的"循吏"身上可能都同时体现出儒、法、黄老等各家思想的主张。〔1〕笔者同意,"《史记》和《汉书》的'循吏'概念即便有些许差异的存在,但在根本之处足相互一致的:循吏的主要特征是在国家法律与'人情'之间维持着微妙的平衡"。〔2〕

我们不妨从"循吏"的词义入手,探讨这一概念背后的含义。考《辞海》"循吏"条,其释为:"旧谓遵理守法的官吏。"显然,这基本源同司马迁对循吏的界定,是仅从字面上的简单解释,没有揭示循吏之本质。其实,要弄清"循吏"一词的概念,"吏"自当不用多讲,关键在"循"字。据许慎《说文解字》释:"循,顺也,从彳,盾声。"唐代学者颜师古对"循吏"的一个解释最为妥当:"循,顺也,上顺公法,下顺人情也。"〔3〕这一解释与司马迁的"循吏观"有内在的一致性。因此,从字面意思上讲,循吏似乎就是"因循之吏"。但是,结合上面对前面三史家循吏观的考察,这种"因循"不是简单的僵化默守的无为,而是因地制宜的积极的有作为。〔4〕

笔者认为,"奉法循理"与"奉职循理"是理解"循吏"概念的关

〔1〕 如《史记·循吏列传》记孙叔敖"施教导民""政缓禁止";记公仪休"奉法循理,无所变更,百官自正";记石奢"坚直廉正,无所阿避";记李离"理有法,失刑则刑,失死则死"。《汉书·循吏传》记黄霸"为人明察内敏,又习文法,然温良有让,足知,善御众"。

〔2〕 孙家洲:《论汉代执法思想中的理性因素》,载《南都学刊》2005年第1期。

〔3〕 (东汉)班固:《汉书》卷八九《循吏传》"颜师古注",中华书局1962年版,第11册,第3623页。

〔4〕 即使通常被认为是"黄老无为式"的《史记》中的循吏,也并不总是消极无为的,如子产治郑,"三月,郑人铸刑书。叔向使诒子产书……复书曰:'若吾子之言,侨不才,不能及子孙,吾以救世也。'"(《左传·昭公六年》)

键。其中的"奉法"与"奉职"同义,是指居官者以遵行法律为职责所在;而"循理"则是指顺守人情之理。无论是《史记》还是两《汉书》中,"循吏"都是与"酷吏"相对应的一类人,因此通过与"酷吏"相对照来理解"循吏",无疑是可取的思路。"酷吏"和"循吏"的区别固然体现为执法的"酷重"与"从轻",但其背后更深层次的区别则在其是否能实现"执法平":[1]酷吏唯君主命是从,把国家的法律视为贯彻君主个人意旨的工具,而完全不顾及"人情"——这是酷吏执法给人以"酷重"印象的真正原因;循吏则致力于维持法律自身的尊严和稳定,并且在执法过程中尽量兼顾合乎人情——这同样是循吏有"轻刑"之誉的成因。因此,可以断定,虽然两《汉书》与《史记》的循吏观存在很大差异,但其内在标准具有某种一致性。循吏执政活动中体现出的"奉法"与"循理",使他们与酷吏区别开来,同时又不同于作为儒家思想正宗代表之"儒林"诸人。

二、汉代循吏的社会基础

《史记》中之循吏仅限于先秦,故汉代循吏之事迹只见于《汉书》和《后汉书》之中。综合两《汉书》之记载,共得循吏 18 人,[2]分别为西汉景帝、武帝时期的文翁,昭帝、宣帝时期的黄霸,宣帝时期的王成、朱邑、龚遂,宣帝、元帝时期的召信臣,东汉光武帝时期的卫飒、任延,明帝、章帝时期的王景,章帝时期的秦彭,和帝时期的王涣、许荆、仇览,顺帝时期的第五访,桓帝时期的孟尝、刘矩,桓帝、灵帝时期的刘宠,以及灵帝时期的童恢。

不难发现,汉代循吏在时间分布上很有特点,其中循吏大量出现

---

〔1〕 孟祥沛:《我国传统的经权观与现代审判实践》,载《政治与法律》2007 年第 4 期。

〔2〕 除《循吏传》中详细记载之循吏外,两《汉书》中不乏其他具有"循吏"色彩的人物记载,如西汉景帝时期的吴公,武帝时期的董仲舒、公孙弘、兒宽,以及宣帝时期的赵广汉、韩延寿等,但可否将其纳入"循吏"的范围,是存在一些争议的。

的时段集中在西汉中期的昭帝、宣帝时期和东汉前期。汉代循吏时间分布的这一特点,早已为学者所关注。清代学者梁玉绳注意到《史记》中循吏与酷吏的记载,评论道:"史公传循吏无汉以下,传酷吏无秦以前,深所难晓。"[1]而方苞则认为"循吏独举五人,伤汉事也。……史公盖欲传酷吏,而先列古循吏以为标准。……然酷吏恣睢实由武帝侈心,不能自克,而倚以集事。"[2]班固在《汉书·循吏传》中评价宣帝时期:"是故汉世良吏,于是为盛。"今人林剑鸣亦认为:"故所谓良吏,在西汉一代以宣帝时为最多。"[3]

应当说,循吏的消长是与当时的社会大背景,尤其是政治环境密切相关的。《元史·良吏传》即明确指出:"自古国家上有宽厚之君,然后为政都得以尽其爱民之术,而良吏兴焉。"《汉书·循吏传》对西汉各朝政治环境,及其与循吏产生的关系多有记载:

> 至于文、景,遂移风易俗。是时,循吏如河南守吴公、蜀守文翁之属,皆谨身帅先,居以廉平,不至于严,而民从化。……孝武之世,外攘四夷,内改法度,民用凋敝,奸轨不禁。时少能以化治称者。……及至孝宣,由仄陋而登至尊,兴于闾阎,知民事之艰难。……及拜刺史守相,辄亲见问,观其所由,退而考察所行以质其言,有名实不相应,必知其所以然。……是故汉世良吏,于是为盛,称中兴焉。

《后汉书·循吏列传》对此亦有所体现:

---

[1] (清)梁玉绳:《史记志疑》卷三五《循吏列传》,中华书局1981年版,第1431页。

[2] (清)方苞:《方望溪先生全集·集外文补遗》卷二《史记评语·循吏列传》。

[3] 林剑鸣:《秦汉史》,上海人民出版社2003年版,第459页。

> 初，光武长于民间，颇达情伪，见稼穑艰难，百姓病害，至天下已定，务用安静，解王莽之繁密，还汉世之轻法。……勤约之风，行于上下。数引公卿郎将，列于禁坐。广求民瘼，观纳风谣。故能内外匪懈，百姓宽息。自临宰邦邑者，竞能其官。

不难理解，政局平稳和最高统治者的表率，是循吏产生的基础和前提，是必不可少的社会大环境。西汉昭宣时期和东汉前期，虽然处于王朝的不同阶段，但都面临"与民休息"的任务，其政治环境具有相似之处。

以西汉为例，汉武帝时期外饰儒术而内多残烈，致酷吏滥兴，持政日益刻深，民望怨之。"虽有攘四夷、广土斥境之功，然多杀士众，竭民财力，奢泰亡度，天下虚耗，百姓流离，物故者半。"[1]武帝末，"悔征悔征伐之事"，"务田力"，[2]标志治国方略的全面转变。"巫蛊之祸"以后，武帝采取了一些扭转弊政的措施，重处了一批酷吏，武帝的逝世标志着西汉酷吏政治至此衰落。但是，武帝末年治国方略的调整与转变，则在昭、宣二帝时期才得以全面落实，并逐步扭转了武帝时期造成的弊政。惩武帝之失，昭、宣二帝时期统治者着力整顿吏治，先后采取了一系列拨乱反正的举措，努力恢复和发展社会经济。昭帝幼立，"承奢侈师旅之后，海内虚耗"，大将军霍光秉政，"知时务之要，轻徭薄赋，与民休息"，"举贤良、文学，问民所疾苦"，"议盐、铁而罢榷酤"，"百姓充实，四夷宾服"。[3] 宣帝在霍光死后，"始躬万机，励精为治"，[4]以整顿吏治为突破口，矫武帝之酷烈，还汉世之轻法，加大了政治、经济和社会等方面的综合改革力

[1]《汉书·睦两夏侯京翼李传》。
[2]《汉书·武帝纪》。
[3]《汉书·昭帝纪》。
[4]《汉书·宣帝纪》。

度,推进了社会各项事业的全面发展,基本解决了武帝以来的社会矛盾,在这样的历史机遇与政治背景下,循吏应运而生。正如林剑鸣先生指出:“在宣帝统治时期,西汉政权的统治同昭帝时期一样是较为宽简的,其基本精神仍是‘与民休息’。因此,在昭帝统治基础上‘综核名实,政事文学法理之士咸精其能’,‘用吏多选贤良,百姓安土,岁数丰穰’,出现了自武帝以来未有的升平景象。”〔1〕

申言之,从法律的角度出发,可以从思想和制度两个层面来具体分析汉代循吏产生的社会原因。

(一)汉代循吏的思想基础

随着秦朝二世而亡,在秦朝占据统治地位的法家思想作为残酷、暴政和刻薄寡恩的代名词受到批判。“自战国至秦,盛极一时的任刑的法治主义到了汉代起一极大的反动,这时(汉代)的思想界浸浸焉为儒家所垄断,德治的‘感化主义’遂代替了法治的‘威吓主义’。”〔2〕诚然,循吏与酷吏不同,但也不同于儒生。“奉法”“循理”是汉代循吏的主要特征,而这种“奉法”“循理”的思想不仅深受儒家思想的影响,而且是各家思想在汉代发展、融合的结果,其中不乏法家思想的因素,甚至还有黄老思想的印记,但其中最关键的仍然是儒家思想的发展及其正统地位的确立。正如有的学者评论的那样,严格地讲,汉代“在社会、政治、文化思想上占据统治地位的则只有儒、道、法三家。……儒、道、法三家之间也早已发生了交互影响,其间的关系甚为复杂。例如,在政治思想方面不但黄老与申韩合流,儒家也有法家化的倾向。但就文化、社会价值而言,则我们不能不承认儒家在汉代大传统中的主流地位,道、法两家似不能与之争衡。”〔3〕

〔1〕 林剑鸣:《秦汉史》,上海人民出版社2003年版,第460页。

〔2〕 杨鸿烈:《中国法律发达史》,中国政法大学出版社2009年版,第93页。

〔3〕 王健文主编:《政治与权力》,中国大百科全书出版社2005年版,第66~68页。

建元元年(前140)冬十月,汉武帝诏丞相、御史、列侯、中二千石、诸侯和贤良方正直言极谏之士到朝廷受策问,董仲舒在这次策问中分三次向武帝呈上了他的意见,确立天人合一与君权神授的原则,拟定阴阳刑德的思路,明确制度与教育的策略,寻找宇宙与历史的依据,并强调了思想文化的统一对于国家意识形态的必要。[1] 董仲舒的"天人三策"确立了汉代儒学转变的思路,奠定了中国两千年国家意识形态的基础,但儒家正统地位的确立却并未就此一蹴而就。自武帝建元六年(前135)以后,儒学逐渐进入思想世界的中心,也逐步渗透了普通人的意识与生活:阴阳配性情,五行配五常,以天人感应为理论,凸显君主权威,并建立相应制度与法律的儒家也从此改变了先秦儒学象征主义与人本主义的性质与路向。在儒家成为汉代国家意识形态地位的过程中,昭帝始元六年(前81)"诏有司问郡国所举贤良文学民之疾苦,议罢盐铁榷酤"的"盐铁会议"和宣帝甘露三年(前51)"诏诸儒讲五经同异"的"石渠阁会议"占据重要地位。[2] 盐铁会议中,强调中央集权与专制的官吏与强调皇权与民权的儒生围绕教化与法治、重农与重商、尚德与尚力等理想主义与现实主义的问题进行了激烈争论。[3] 在这次争论中,儒生得到昭帝的支持,"罢郡国榷酤,关内铁官",并停止了对匈奴的战争,儒家思想学说显示了它对君主专制进行制约的意味,道德与伦理作为制度、法律与策略不言自明的前提,儒家成功地把它的价值观念与意义准则提升到了绝对的高度,而这种以伦常为核心的思想,则使制度、法律与策略具有了极富弹性的调节与整合能力,从而矫正了秦

〔1〕《汉书·董仲舒传》:"《春秋》大一统者,天地之常经,古今之通谊也。今师异道,人异论,百家殊方,指意不同,是以上亡以持一统;法制数变,下不知所守。臣愚以为诸不在六艺之科孔子之术者,皆绝其道,勿使并进。邪辟之说灭息,然后统纪可一而法度可明,民知所从矣。"

〔2〕参见《汉书·昭帝纪》《汉书·宣帝纪》。

〔3〕《盐铁论校注》,王利器校注,中华书局1992年版。

汉时代吏治与法制过分严酷造成的社会紧张局面。然而,这并不意味着西汉对儒家的绝对尊崇已成定局。汉宣帝“所用多文法吏,以刑名绳下”,他所谓“汉家自有制度,本以王、霸道杂之,奈何纯任德教,用周政乎”,[1]这反映出儒法思想在西汉政治生活中的并存与融合。

到东汉前期,儒家思想学说的性质与路向最终完成了根本性的变化。东汉建立之初,光武帝“爱好经术,未及下车,而先访儒雅,采求阙文,补缀漏逸”,于是汇集四方儒者,立五经博士十四家于学官,并建立太学,按照儒家典籍,“笾豆干戚之容,备之于列,服方领习矩步者,委它乎其中”。[2] 明帝则按照儒家的礼仪制度,“始冠通天,衣日月,备法物之驾,盛清道之仪,坐明堂而朝群后,登灵台以望云物”,[3]通过儒家所崇奉的仪式与象征来取得嗣位的合法性与权威性,并且亲自登场,召集儒生来讨论儒家经典的意蕴,甚至以“通《孝经》章句”作为入仕者最起码的教育水平与文化标准。[4] 及至章帝建初四年(前79),“下太常,将、大夫、博士、议郎、郎官及诸生、诸儒会白虎观,讲议五经同异……帝亲称制临决,如孝宣甘露石渠故事,作《白虎议奏》”,[5]即著名的白虎观会议。自此,官方以政治权力为儒学归纳出一个不容置疑的纲目,改造后的儒学正式成为一种经过君主认可的国家意识形态。[6]

(二)汉代循吏的制度基础

西汉建立之后,全面继承了秦代开创的制度设置,即“汉承秦制”,其中法律制度便是其中的重要内容。西汉建立之前,萧何“独

---

[1] 《汉书·宣帝纪》。
[2] 《后汉书·儒林列传》。
[3] 《后汉书·儒林列传》。
[4] 《后汉书·显宗孝明帝纪》。
[5] 《后汉书·肃宗孝章帝纪》。
[6] 参见(清)陈立撰:《白虎通疏证》,吴则虞点校,中华书局1994年版。

先入收秦丞相御史律令图书藏之”，[1]这应当看作为日后的立法定律做准备工作，其所收律令图书也奠定了日后汉律内容的基础。西汉初年，高祖深感“三章之法，不足以御奸”，于是命萧何“捃摭秦法，取其宜于时者，作律九章”。[2]《九章律》是汉律的基础，它直接承袭了秦律的内容，所谓“萧何承秦法所作为律令，律经是也”。[3]有学者直接提出“萧何《九章律》只是删除了秦律中某些不合时宜的条文，至于秦律的法律原则、指导思想及其科罪定刑的标准，萧何并未加以更改”。[4]因此，汉初的法律实际上沿袭了秦律，仍是以法家思想为指导的，体现了法家“以法治国”的思想，贯彻了“法治”的要求，这也是汉代循吏“奉法”的主要依据。

西汉中期，武帝命张汤、赵禹等建立起一套以律令为核心的法律体系，法网完备，刑罚严酷，然而在这样一套法律体系下，仍存在循吏发挥作用的空间。这样一套严密的法律体系，实际上仍是一种基本由现代所说的公法构成的成文法体系，[5]远未覆盖社会生活的全部，尤其是现代观念中的刑法、行政法之外的私法领域，这就为循吏发挥作用提供了充足的法律空间。从汉武帝时期开始，随着儒家思想正统地位的逐渐确立，“法律儒家化”或曰“儒家思想法律化”的进程开启，如何将“国法”与“天理”结合起来，也成为时代赋予循吏的历史任务。

在汉代法律制度中包括一系列规定官员法律责任的制度，制约官吏的贪污腐败、徇私枉法行为，这也是循吏能够廉洁奉公、执法公平的原因之一。汉朝皇帝颁布了大量的官吏法诏令，尤其是西汉时

---

〔1〕《汉书·萧何曹参传》。

〔2〕《汉书·刑法志》。

〔3〕《汉书·宣帝纪》。

〔4〕于振波：《秦汉法律与社会》，湖南人民出版社2000年版，第15页。

〔5〕参见张建国：《中国律令法体系概论》，载《北京大学学报》（哲学社会科学版）1998年第5期。

期,从高祖、惠帝、文帝、景帝到武帝都颁布了大量的诏令,对官吏的行为进行约束。如:

惠帝三年,相国奏御史监三辅不法事,词讼、盗钱、铸伪钱、狱不直、拜赋不平、吏不廉、苛刻、逾侈及弩力十石以上作非所当服,凡九条。[1]

上述九条是朝廷监察地方官吏的法律依据,反映了汉初法治的发展,对官吏制约的加强。景帝时,增加了调整官吏经济犯罪的内容:

吏受所监临,以饮食免,重;受财物,贱买贵卖,论轻。……吏及诸有秩受其官属所监、所治、所行、所将,其与饮食计偿费,勿论。……吏迁徙免罢,受其故官属所将监治送财物,夺爵为仕伍,免之。无爵,罚金二斤,令没入所受。有能捕告,弃其所受臧。[2]

另外,景帝时期还颁布了强调官吏断狱司法公正的诏令:

法令度量,所以禁暴止邪也。狱,人之大命,死者不可复生。吏或不奉法令,以货赂为市,朋党比周,以苛为察,以刻为明,令亡罪者失职,朕甚怜之。有罪者不伏罪,奸法为暴,甚亡谓也。诸狱疑,若虽文致于法而于人心不厌者,辄谳之。[3]

---

〔1〕 程树德:《九朝律考》,中华书局1963年版,第28页。
〔2〕《汉书·景帝纪》。
〔3〕《汉书·景帝纪》。

汉武帝时期,在官吏法的数量和规模方面也达到了高峰,出现了如“越宫律”“左官律”“沉命法”等诸多法律。宣帝时,进一步加强司法建设,官吏法有新的进展。宣帝时期,“小吏皆勤事,而奉禄薄,欲其毋侵渔百姓,难矣。其益吏百石以下奉十五。”[1]开始运用提高官吏俸禄的方法来促进官吏奉公守法。

此外,汉代的选官制度也是循吏产生的助推因素。文景时期,随着开国功臣集团的谢幕,原有的官吏选任办法已不能适应现实政治的需要,如何选拔众多合适的人才出任地方长吏,已成为比较急迫的政治问题。统治者为吸纳新人,不得不将视线转向其他社会群体,这为儒生登上政治舞台提供了契机。儒生在“孝文时颇征用”,[2]文帝二年(前168)下诏:“举贤良方正能直言极谏者,以匡朕之不逮。”[3]十五年(前181)又令:“诸侯王公卿郡守举贤良能直言极谏者,上亲策之,傅纳以言。”[4]汉代察举制度,自此开始。这一制度拓宽了选士的途径,为国家选拔了大量人才,景帝时期的晁错、冯唐、文翁均由此登用。《汉书·武帝纪》云:“建元元年冬十月,诏丞相、御史、列侯、中二千石、二千石、诸侯相举贤良方正直言极谏之士。丞相绾奏:‘所举贤良,或治申、商、韩非、苏秦、张仪之言,乱国政,请皆罢。’奏可。”[5]将其他诸家一概罢去,察举制度从此以后也主要以儒术取士。武帝元光元年(前134)十一月,“初令郡国举孝廉各一人。”[6]自此,察举逐渐发展成为一种比较完备的选官制度,以后更进一步发展成为岁举,以制度的形式确保了推贤选能的顺利展开,保证了循吏的来源。

---

〔1〕《汉书·宣帝纪》。
〔2〕《汉书·儒林传》。
〔3〕《汉书·文帝纪》。
〔4〕《汉书·文帝纪》。
〔5〕《汉书·武帝纪》。
〔6〕《汉书·武帝纪》。

三、汉代循吏的法律实践

汉代十八位循吏中,多数曾担任郡太守、诸侯王相等重要职位,如西汉昭帝时黄霸任颍川太守,宣帝时龚遂任渤海太守,东汉光武帝时卫飒任桂阳太守,任延任九真太守,章帝时秦彭任山阳太守、颍川太守等。作为地方大员,他们"上承天子,下喻黎民",在汉代的政治生活中占据重要地位。对于守、令等地方大员的重要性,作为最高统治者的皇帝也有清醒的认识,以汉宣帝为例:

> 及拜刺史守相,辄亲见问,观其所由,退而考察所行以质其言,有名实不相应,必知其所以然。常称曰:"庶民所以安其田里而亡叹息愁恨之心者,政平讼理也。与我共此者,其唯良二千石乎!"太守,吏民之本也。数变易则下不安,民知其将久,不可欺罔,乃服从其教化。[1]

这里所谓的"良二千石"指的就是循吏。汉宣帝提出的"庶民安其田里""政平讼理""民服其化"等也多为后世史书所引用,成为判断循吏的重要依据,也反映出循吏在汉代政治中所发挥的主要作用。

民国时期,学者张纯明曾以英文发表了一篇研究循吏的文章,这篇文章通论中国史上自汉至清的循吏。他对正史中的《循吏传》进行了系统的分析,指出他们的成就表现出三个主要特征:(1)改善百姓的经济生活;(2)推行教育;(3)理政听讼。张氏特别注意到教育一项的重要性,强调循吏如果仅仅致力于改善人民的经济生活,而不同时对他们的文化和社会的生活也加以改进的话,那么他便不成

[1] 《汉书·循吏传》。

其为第一流的循吏了。[1] 余英时将张纯明对循吏的总结归纳为孔子所说的"富之"、"教之"和"无讼"。[2] 同时余氏认为张纯明没有讨论到循吏的文化意义,他注意到中国历史中一个重要且经典的事实:循吏,一方面肩负执行官吏的政府使命职责,另一方面又肩负一种特殊且十分重要的文化传播职责。余英时先生特别指出:"汉代的循吏毫无可疑地曾扮演了文化传播者的角色","循吏的最大特色则在他同时又扮演了大传统的'师'(teacher)的角色"。[3] 因此,他提出循吏在完成使命的过程中,不仅扮演了"官"之角色,而且扮演了"师"之角色,"吏"与"师"的角色重叠。[4]

张纯明有关循吏事迹为"富民"、"教化"和"理讼"的概括,具有启发性。当代学者的研究也表明,这样的归纳是合理的。[5] 因此,我们不妨以此三者为据,概括分析循吏在两汉社会、政治中的地位。

所谓"富民",是指通过发展经济改善人民的生产和生活水平,使民安居乐业。汉代循吏"富民"的措施主要有:(1)劝课农桑,鼓励农业生产。如西汉宣帝时期,龚遂任渤海太守,"见齐俗奢侈,好末技,不田作,乃躬率以俭约,劝民务农桑,令口种一树榆,百本薤、五

[1] Chun ming Chang, The Chinese Standards of Good Government: Being a study of the "Biographies of Model Officials" in Dynastic Histories, Nankai Social and Economic Quarterly, Vol. VIII, No. 2, 1935, pp. 219 – 249.

[2] 余英时:《汉代循吏与文化传播》,载余英时:《士与中国文化》,上海人民出版社2003年版,第159页。

[3] 余英时:《汉代循吏与文化传播》,载余英时:《士与中国文化》,上海人民出版社2003年版,第124页。

[4] "亦官亦师"的结论很早就出现,章学诚即认为:"以吏为师,三代之旧法也;秦人之悖于古者,禁《诗》《书》而仅以法律为师耳。三代盛时,天下之学无不以吏为师。《周官》三百六十,天人之学备矣;其守官举职而不坠天工者,皆天下之师资也。东周以还,君师政教不合于一,于是人之学术,不尽出于官司之典守;秦人以吏为师,始复古制,而人乃狃于所习,转以秦人为非耳。秦之悖于古者多矣,犹有合于古者,以吏为师也。"参见(清)章学诚:《文史通义校注》卷三《史释》,叶瑛校注,中华书局1985年版,第231页。

[5] 参见陈梧桐:《论明前期的清官循吏》,载《史学集刊》2006年第5期。

十本葱、一畦韭,家二母彘、五鸡。”又规定“春夏不得不趋田亩,秋冬课收敛,益蓄果实菱芡”,几年后“郡中皆有蓄积,吏民皆富实”。[1] (2)兴修水利,改进农业技术。如东汉章帝时期,王景任庐江太守,当地“百姓不知牛耕,致地力有余而食常不足。郡界有楚相孙叔敖所起芍陂稻田。”于是王景“乃驱率吏民,修起芜废,教用犁耕,”换来的是“垦辟倍多,境内丰给”。[2] (3)扶危济困,赈济当地百姓。如东汉顺帝时期,第五访任张掖太守,时逢“岁饥,粟石数千”,于是第五访欲“开仓赈给以救其敝”,而“吏惧谴,争欲上言”,于是第五访曰声称“若上须报,是弃民也,太守乐以一身救百姓”,“遂出谷赋人”,结果“顺帝玺书嘉之,由是一郡得全”。[3]

所谓“教化”,可以分为狭义教化和广义教化。狭义的教化指正式的学校教育。如西汉景帝末年,文翁任蜀郡太守,“见蜀地辟陋有蛮夷风,文翁欲诱进之,乃选郡县小吏开敏有材者张叔等十余人亲自饬厉,遣诣京师,受业博士,或学律令”,“又修起学官于成都市中,招下县子弟以为学官弟子,为除更繇,高者以补郡县吏,次为孝弟力田”。[4] 广义的教化则指社会教育,即对于一般人民的礼乐教化。汉代循吏讲究“以德化民”,在执法的过程中,注重以情动人、以理服人,发挥道德的长久力量。如东汉桓帝时期,刘矩任雍丘令,“以礼让化之,其无孝义者,皆感悟自革。民有争讼,矩常引之于前,提耳训告,以为忿恚可忍,县官不可入,使归更寻思。讼者感之,辄各罢去。其有路得遗者,皆推寻其主”。[5]

所谓“理讼”则是循吏维护辖区内社会安定的一系列活动。汉代循吏“理讼”的表现,一方面是“捕贼弥盗”,维护地方治安;另一方

[1] 《汉书·循吏传》。
[2] 《后汉书·循吏列传》。
[3] 《后汉书·循吏列传》。
[4] 《汉书·酷吏传》。
[5] 《后汉书·循吏列传》。

面则是“听狱折讼”,维护社会公平。打击“盗贼”,是地方官面临的首要任务,对酷吏是这样,对循吏也是如此。如东汉光武帝初年,任延任武威太守,当地“将兵长史田绀,郡之大姓,其子弟宾客为人暴害”,于是任延“收绀系之,父子宾客伏法者五六人”,在田绀少子聚众造反,攻打武威郡时,果断用兵,剿灭了叛乱,实现了“自是威行境内,吏民累息”的治理效果。[1] 而参与“听讼”,平反冤狱,并解决百姓中间的各种矛盾,亦是循吏在地方治理中的主要任务。如东汉和帝时期,仇览任蒲亭长,面对当地百姓陈元为其母告诉,对母子耐心劝说,以情理服人,说道:“吾近日过舍,庐落整顿,耕耘以时。此非恶人,当是教化未及至耻。母守寡养孤,苦身投老,奈何肆忿于一朝,欲致子以不义乎?”[2] 从而使“母闻感悔,涕泣而去”。仇览又亲至陈元家中,与母子宴饮,并“为节人伦孝行,譬以祸福之言”,最终将陈元母子二人感化为慈母孝子。

至于循吏在汉代法制中的角色,则体现在其“富民”、“教化”和“理讼”的各项活动中,而不仅体现为“理讼”。从现代法学的角度出发,可以从立法和司法实践两个角度具体考察循吏的活动及其地位。

(一)汉代循吏的立法实践

在汉代,循吏一般担任郡守、县令等地方长官,作为“亲民”的官,在进行地方治理的过程中,他们实际上掌握着相当重要之权力。在其推行教化、处理狱讼的过程中,循吏掌握了一定范围内设置规范的权力。在《汉书·循吏传》中,这样的记载很多,如:

> (黄霸)为选择良吏,分部宣布诏令,令民咸知上意,使邮亭乡官皆畜鸡豚,以赡鳏寡贫穷者。然后为条教。

[1] 《后汉书·循吏列传》。

[2] 《后汉书·循吏列传》。

(召信臣)行视郡中水泉,开通沟渎,起水门提阏凡数十处,以广溉灌,岁岁增加,多至三万顷。民得其利,蓄积有余。信臣为民作均水约束,刻石立于田畔。

而《后汉书·循吏列传》也不乏这样的记载,如:

(卫飒)迁桂阳太守。郡与交州接境,颇染其俗,不知礼则。飒下车,修庠序之教,设婚姻之礼。

(王景)乃驱率吏民,修起芜废,教用犁耕,由是垦辟倍多,境内丰给。遂铭石刻誓,令民知常禁。又训令蚕织,为作法制,皆著于乡亭,庐江传其文辞。

(许荆)稍迁桂阳太守。郡滨南州,风俗脆薄,不识学义。荆为设丧纪婚姻制度,使知礼禁。

(仇览)选为蒲亭长。劝人生业,为制科令,至于果菜为限,鸡豕有数,农事既毕,乃令子弟群居,还就黉学。其剽轻游恣者,皆役以田桑,严设科罚。

这种权力,在一定程度上类似于现代法学意义上的立法权。[1]余英时先生认为,在汉代,郡守作为地方长官实际上也是地方政府的立法者,与他们的立法实践相对应的就是一种称作"条教"的立法形式,它对于郡守治下的吏民都具有法律效力。[2] 循吏之所以拥有一定的立法权力空间,根据主要在于当时的政治制度的背景,即郡县守令继承了此前封建时代的诸侯独揽一方的大权。一方面,秦汉

---

〔1〕 现代意义上的立法指经政府公务机关或其他主管单位通过或制定而具有公权力之宣言,例如法令、规章、经费分配以及国际公约。现代法学亦承认,在不同社会发展阶段,立法及立法权有不同的表现形式。

〔2〕 参见余英时:《汉代循吏与文化传播》,载余英时:《士与中国文化》,上海人民出版社2003年版,第172~181页。

的郡县制代古代的封建制而起,直接统属于中央政府;但另一方面,郡县守令也继承了封建王侯独揽一方的大权。正如哀帝时王嘉上疏说:

今之郡守重于古诸侯。[1]

武帝时严安上疏说得更清楚:

今郡守之权非特六卿之重也,地畿千里非特闾巷之资也,甲兵器械非特棘矜之用也,以逢万世之变,则不可胜讳也。[2]

汉代(尤其是西汉和东汉前期),郡守集地方的政权、财权和军权于一身,于一郡政务无所不统,是一元首性的地方长官。不特郡守在汉代政治结构中地位特殊,甚至县令长的治县之权也是既专且重,正如顺帝时左雄上疏所说:

今之墨绶,犹古之诸侯。[3]

而汉代循吏参与设立规范性制度,之所以是必要的,乃是当时的立法状况所决定的。汉代处于整个官僚帝国体制时代的初创时期,帝国立法体系尚不完备,这种不完备既反映在法律体系的不完善,也反映在立法技术的不完善。西汉前期,逐渐建立起一套以律令为

[1] 《汉书·何武王嘉师丹传》。

[2] 《汉书·严硃吾丘主父徐严终王贾传》。

[3] 《后汉书·左周黄列传》。根据《后汉书·舆服志》:"千石、六百石黑绶,三采,青赤绀,淳青圭,长丈六尺,八十首。四百石、三百石长同。"又据《后汉书·百官志》:"属官,每县、邑、道,大者置令一人,千石;其次置长,四百石;小者置长,二百石。"因此,此处所谓"墨绶",应以县令长为主。

核心的法律制度,法网完备,刑罚严酷。然而这样一套严密的法律体系,实际上仍是一种基本由现代所说的公法构成的成文法体系,[1]远未覆盖社会生活的全部,尤其是现代观念中的刑法、行政法之外的私法领域,当时的有效施行的律令必定多有盲区,法律体系是不完善的。到汉武帝时,"禁罔浸密……文书盈于几阁,典者不能遍睹",但结果却"郡国承用者驳,或罪同而论异。奸吏因缘为市,所欲活则傅生议,所欲陷则予死比,议者咸冤伤之。"[2]反映了立法技术的不完善。因此,汉代的律令体系实际上并不能满足解决各种社会纠纷、实现地方治理的需要,需要借助循吏对其进行完善和细化,不断充实其内容和精神。

汉代循吏"立法"的内容,则集中其作为地方长官进行治理的过程中,尤其与其推行"富民"和"教化"的事件密切相关。其中很重要的一部分即是有关劝课农桑、规范农业生产的,但更重要的则是通过制定各种规范,来推行儒家教化的内容。一方面,通过制定地方性规范,推进学校教育,即狭义的"教化"。如景帝末年,文翁治蜀,"修起学官于成都市中,招下县子弟以为学官弟子,为除更徭,高者以补郡县吏,次为孝弟力田。常选学官僮子,使在便坐受事。每出行县,益从学官诸生明经饬行者与俱,使传教令,出入闺阁。"[3]建立起一套对鼓励学校教育的具体制度。另一方面,通过地方性规范将儒家的典章制度具体化,并赋予其强制力,从而增强儒家典章制度的可操作性,扩大儒家教化的影响。如卫飒任桂阳太守时,为当地"修庠序之教,设婚姻之礼",而许荆在任同一职位时,也在当地"设丧纪婚姻制度,使知礼禁"。[4] 汉代循吏的"立法"具有明显的地方

---

〔1〕 参见张建国:《中国律令法体系概论》,载《北京大学学报》(哲学社会科学版)1998年第5期。

〔2〕《汉书·刑法志》。

〔3〕《汉书·循吏传》。

〔4〕《后汉书·循吏列传》。

性特征,往往是"因俗立法""以礼导民"。[1]

应该注意的是,汉代循吏的"立法"活动虽然主要是地方性的,是循吏自动自发地设立的,决非奉朝廷之法令而行,而这种地方性"立法"很大程度上又源于国家立法体系的不完善,但这并不意味着循吏可以无视甚至公然违背国家律令法典的规定,擅自推行地方"立法"。汉宣帝时期,京兆尹张敞即认为"汉家承敝通变,造起律令,所以劝善禁奸,条贯详备,不可复加",明确指出地方守令的"立法"有可能导致"各为私教,务相增加,浇淳散朴,并行伪貌,有名亡实,倾摇解怠,甚者为妖",因此他主张"郡事皆以义法令检式,毋得擅为条教;敢挟诈伪以奸名誉者,必先受戮,以正明好恶"。[2] 汉代循吏的"立法"并不能脱离政治的需要,其最终命运仍然取决于皇帝。如汉章帝时期,山阳太守秦彭"为人设四诫,以定六亲长幼之礼",并"上言,宜令天下齐同其制",最终得以"诏书以其所立条式,班令三府,并下州郡",[3] 在全国范围内得到推崇。

(二)汉代循吏的司法实践

传统社会,司法是地方长官的重要职责,就汉代循吏而言,亦是如此。作为立法者,设立地方性规范,是循吏在治理一方时的自觉积极的方面。与此相对应,汉代循吏亦有较为丰富而又富有特色的司法实践活动(见表1)。

[1] 应当注意,参与"立法"并不是循吏的"专利",西汉酷吏在立法中也起到了重要作用,如汉武帝"招进张汤、赵禹之属,条定法令,作见知故纵、监临部主之法,缓深故之罪,急纵出之诛。"(《汉书·刑法志》)

[2] 《汉书·循吏传》。

[3] 《后汉书·循吏列传》。

表1　汉代循吏的司法实践概览

姓　名	在位皇帝	官职地点	司法事迹	抽象	具体
黄　霸	西汉宣帝	廷尉正	数决疑狱,庭中称平	√	
		颍川太守	力行教化而后诛伐。八年无重囚	√	
龚　遂	西汉宣帝	渤海太守	化盗为民,狱讼止息	√	
召信臣	西汉元帝	南阳太守	盗贼狱讼衰止	√	
王　涣	东汉和帝	洛阳令	清理积案,曲尽情诈,发擿奸伏	√	
镡　显	东汉安帝	豫州刺史	怜悯盗贼穷困犯罪,擅自赦免		√
任　峻	东汉顺帝	洛阳令	一年断狱不过数十,作风威猛	√	
许　荆	东汉和帝	桂阳太守	兄弟争财,感悟息讼		√
孟　尝	东汉章帝	上虞户曹	平反上虞孝妇冤狱		√
刘　矩	东汉桓帝	雍丘令	民有争讼,提耳训告,使其感悟	√	
仇　览	东汉和帝	蒲亭长	母告子不孝,感化教育		√
童　恢	东汉灵帝	不其令	执法廉平,吏人犯法,随时晓示,牢狱连年无囚	√	

注:“抽象司法实践”指仅史有评论性的记载,而无具体的司法事迹;“具体司法实践”指史有具体的司法事迹记载。[1]

汉代循吏并不等同于单纯的儒生,他们是一群被儒家思想所熏陶

〔1〕 参见徐忠明:《情感、循吏与明清时期司法实践》,上海三联书店2009年版,第120页。

同时又兼通律令的官吏。如黄霸,“少学律令,喜为吏”“明察内敏,又习文法”,显然他是文吏出身,后下狱“因从胜受《尚书》狱中”从而成为兼通儒术与律令的人物。这使他们的司法实践体现出鲜明的“奉法循理”的特征。

首先,汉代循吏在司法实践中自有其一定的价值追求,反映出鲜明的“以‘仁爱’为核心思想,以‘教化’为具体途径”[1]的特征。实际上,许多循吏的司法实践同时也是推行教化的过程,在具体案件的处理过程中讲究“原心定罪”“曲尽情诈”,体现出循吏“循理”的特征。如《后汉书·循吏列传》记载:

> (刘矩)民有争讼,矩常引之于前,提耳训告,以为忿恚可忍,县官不可入,使归更寻思。讼者感之,辄各罢去。

这种以人伦感化的息讼方式,在循吏的法律实践中,是非常普遍的,具有典范性的意义。然而,我们不能就此否认循吏的司法实践所奉行的仍然主要是政府的法令,而非儒家空泛的传统教义,此乃循吏“奉法”的体现,如:

> (王涣)还为洛阳令。以平正居身,得宽猛之宜。其冤嫌久讼,历政所不断,法理所难平者,莫不曲尽情诈,压塞䰯疑。又能以谲数发擿奸伏。

循吏奉行政府的法令,乃是源于循吏本质上仍是“吏”而非“儒生”。正如汉成帝时期的琅邪太守硃博所言:

---

〔1〕 参见徐忠明:《情感、循吏与明清时期司法实践》,上海三联书店2009年版,第120页。

> 如太守汉吏,奉三尺律令以从事耳,亡奈生所言圣人道何也,且持此道归,尧、舜君出,为陈说之。[1]

其次,汉代循吏一般执法"轻缓",避免严刑重法,这也是循吏区别于酷吏的显著特征,对于一般的争讼,确实如此。如:

> (黄霸)外宽内明……力行教化而后诛罚,务在成就全安长吏。[2]
>
> (秦彭)吏有过咎,罢遣而已,不加耻辱。百姓怀爱,莫有欺犯。[3]

然而对于在处理盗贼奸宄等一类的严重案件上,循吏的手段宽严不一,或剿或抚,裁量而定,其中不排除严厉酷烈的打压、剿灭方式。如《后汉书·循吏列传》:

> (任延)既之武威,时将兵长史田绀,郡之大姓,其子弟宾客为人暴害。延收绀系之,父子宾客伏法者五六人。绀少子尚乃聚会轻薄数百人,自号将军,夜来攻郡。延即发兵破之。自是威行境内,吏民累息。

而在处理一些盗贼奸宄重案时,一些循吏则倾向于宽缓手段,从人情出发,发掘犯罪根源,从轻处理。如《汉书·循吏传》中,龚遂认为:

---

[1] 《汉书·薛宣朱博传》。
[2] 《汉书·循吏传》。
[3] 《后汉书·循吏列传》。

海濒遐远，不沾圣化，其民困于饥寒而吏不恤，故使陛下赤子盗弄陛下之兵于潢池中耳。……治乱民犹治乱绳，不可急也；唯缓之，然后可治。

通过循吏的司法活动，不难发现其治世追求，其核心价值在于实现“政平讼理”的“大化”盛世，追求“无讼”的境界。汉代循吏也在司法实践中发展出一套息讼的艺术。如《后汉书·循吏列传》中：

（许荆）尝行春到耒阳县，人有蒋均者，兄弟争财，互相言讼。荆对之叹曰：“吾荷国重任，而教化不行，咎在太守。”乃顾使吏上书陈状，乞诣廷尉。均兄弟感悔，各求受罪。

许荆将发生“兄弟争财”的原因归结为“风俗脆薄，不识学义”，于是主动承担未能力行教化的“责任”，进行“自责”并“上书陈状”，以“身教”的方法使“兄弟感悔”。这是一种消极的息讼手法。而同在《后汉书·循吏列传》中：

（仇览）选为蒲亭长。……初到亭，人有陈元者，独与母居，而母诣览告元不孝。览惊曰：“吾近日过舍，庐落整顿，耕耘以时。此非恶人，当是教化未及至耳。母守寡养孤，苦身投老，柰何肆忿于一朝，欲致子以不义乎？”母闻感悔，涕泣而去。览乃亲到元家，与其母子饮，因为陈人伦孝行，譬以祸福之言。元卒成孝子。

仇览经由日常言语的道德教化和人情感化，致使陈元的母亲“感悔，涕泣而去”。进而亲自到陈元家里，与母子宴饮，拉近司法官员与两造的关系，营造一种“如家人父子然”的氛围，以便进行更深入的教化。这是一种积极的息讼手法。

四、余论:循吏、酷吏与中国法律传统

汉代是中国法律史上的一个重要阶段。这一时期,随着君主专制和中央集权的加强,由“贵族法治”到“帝制法治”的转型完成,儒家法律化开始,正统法律思想逐渐形成。在这一进程中,循吏和酷吏作为个性鲜明的两类人群,起到了特殊的作用。循吏执法时以温和手段见长,而主要是通过人情物理来达到目的;酷吏截然不同,他们崇尚法律,执法以严酷暴虐为特点。西汉扬雄释“酷吏”曰:“虎哉!虎哉!角而翼者也。”又释“循吏”曰:“吏也。”〔1〕二者似乎高下立判,但这种判断未免失之偏颇。

曩者,学者每以儒、法两家来区分循吏、酷吏,现在看来,是片面的。循吏、酷吏作为在一线处理实务的能臣干吏,更多是政治需要的产物,二者“以其不同的施政方式来完成拱卫集权专制政体及其社会基础的政治使命”。〔2〕循吏和酷吏的差异,首先取决于二者负担的“使命”不同。诚然,二者都绕不开皇权,但显然酷吏与皇权的联系更密切:酷吏“尊君”,唯君主命是从,把国家的法律视为贯彻君主个人意旨的工具,故可以完全不顾及“人情”;循吏“亲民”,必须“观风纳俗”,执法过程中尽量兼顾合乎人情。循吏和酷吏一起,在汉代法制的不同侧面和不同领域发挥作用,二者并用,“以期实现法、情、权的平衡”。〔3〕

实际上,德法互补、共治是中国古代国家治理的成功经验,也是历史发展规律的体现,其内涵也随着历史的发展而不断丰富。〔4〕在汉代,随着董仲舒等主张的“独尊儒术”国家意识形态的确立,“德”与

---

〔1〕 汪荣宝撰:《法言义疏》卷一七《渊骞》,陈仲夫点校,中华书局1987年版,第460页。

〔2〕 武树臣:《吏、酷吏与汉代法律文化》,载《中外法学》1993年第5期。

〔3〕 俞荣根:《儒家法思想通论》,广西人民出版社1998年版,第36页。

〔4〕 张晋藩:《论中国古代的德法共治》,载《中国法学》2018年第2期。

“刑”便成为君主不可置疑的两大责任,形成“德治”与“法治”两种治理思路和手段,由此知识阶层中出现了“循吏”和“酷吏”,表面上看前者偏重教育,后者偏重惩罚,但其实是非常一致的,“这两种思路在这里的相互交融,在后世极实用地形成了中国意识形态的极富弹性与张力的系统,也极丰富地构成了中国知识阶层的人格与精神。”〔1〕在传统国家意识形态和治理秩序的确立过程中,循吏和酷吏“不但建立了汉帝国的一代规模,还影响了中国两千年的思想和制度”,〔2〕在中国古代德法共治传统的形成中具有重要意义。而中国“历代王朝所实施的道德法律共同治理模式中,道德始终是国家治理的主要手段”,〔3〕因而我们不难发现在汉代逐渐发展起来的“循吏传统”和史家秉持的“循吏观”,不仅反映出有汉一代的国家治理,而且深深嵌入中国古代法律传统之中,其作用和影响是既深且远的。

---

〔1〕 葛兆光:《中国思想史》(第一卷),复旦大学出版社2004年版,第265页。

〔2〕 胡适:《中国中古思想史长编》,载姜义华主编:《胡适学术文集·中国哲学史》,中华书局1991年版,第439页。

〔3〕 朱勇:《中国古代社会基于人文精神的道德法律共同治理》,载《中国社会科学》2017年第6期。

原心定罪的前提
——以古代的“疑狱”为中心

安庞靖*

【摘要】 古代的司法过程中，司法官吏如果认为案件属于疑狱，便会提请进行谳狱。疑案的认定主要以司法官吏对于法律的适用心中不服且具有疑问为依据。初审官吏将案件上奏为疑案，经上级司法官吏予以确认后，便进入谳狱程序。只有在谳狱的程序内，司法官吏才可以进行“原心定罪”，即运用礼义补充法律的规定或者破除法律的适用。若司法官吏心内无疑，则不能够任意适用礼义来判处案件，必须严格依据明文法条予以审理。司法官吏将案件判断为疑狱，必须依据“公心”，去除其他因素的影响予以判断，不应该因受到前见的影响或者具有“便文自营”等私情而提出谳狱。

【关键词】 疑狱；原心定罪；礼义

一、构成疑狱的条件

中国古代的“疑狱”是指案情符合相关法律的规定，但是按照这些规定处理案件，会导致人心不服。古代司法重视判案的效果，要求审理结果“服人心”。“景帝中五年诏：‘诸狱疑，若虽文致于法而于人心不厌(服也)者，辄谳之。’臣按：‘文致于法，谓原情定罪，本不

* 作者系中国政法大学法治文化研究中心博士研究生。

至于死,而以律文傅致之也。傅致于法而于人心有不服者,则必谳之,使必服于人心而后加之以刑,否则从轻典焉。'"[1]疑案会导致人心不服,因此需要有"谳狱"这样的程序。"于人心有不服"包括司法者心中不服以及受刑人心内不服等各种情况。根据"克厌天心"的要求,审理结果还应该符合"天心"。这些要求都达到了,才说明审理结果是适当的、可以服人心的。这是因为司法者既然要代天行罚,就应该保证审理的正确性,避免审理不符合人心与天意。

"疑狱"还包含案件证据不足,案情不能够查明的状况。如这样的论述:"夫狱之原被俱在,众证分明,可以按律问拟,事无难结。若夫一种疑狱:有黑夜杀人并无见证者;有旷野杀人无尸亲识认者。"[2]在此论述中,司法官吏点明了几种属于"疑狱"的案件。主要有:黑夜杀人并无见证者;旷野杀人无尸亲识认者。前者属于无人见到,证人难寻;后者则为被杀者身份不明的案件。又如,南宋(宁宗)开禧元年(1205)八月,有官吏言:"国家断狱,备极详审,苟有疑虑,奏裁别推。又有杀人无证一条。""杀人无证"属于"疑狱"是因为此时的法律明文规定了"无证佐,勘鞫证佐,逃、死,及虽有证而于法不许为证者皆可以作为疑狱而上奏。"[3]因此"杀人无证"的案件可以构成"疑狱"。这些疑狱的构成具有法律的明文限定,这些案件大多属于证据难寻,案情无法证实等情况。在这些情形下,若胡乱定罪,会导致人心不服,因此也归于疑案。

二、疑案的谳狱制度

疑案必须谳狱,即上报进行特殊的审理。谳狱的程序是由原审司法官吏提出上奏,由上级司法者审理,上级也不能审理的,需要逐

[1] 《大学衍义补》卷一〇八。

[2] 《居官日省录》卷三。

[3] 《文献通考》卷一七〇《刑考九》。

级地上报。汉高帝制诏:“狱之疑者,吏或不敢决,有罪者久而不论,无罪者久系不决。自今以来,县道官狱疑者,各谳所属二千石官,二千石官以其罪名当报(谓处断也),所不能决者皆移廷尉,亦当报之,廷尉所不能决,谨具为奏,傅所当比律令以闻。”[1]谳狱有利于解决疑案久拖不决的问题。司法官吏自己不能决断时需要上报予以解决。谳狱的程序中,官吏应该一级一级逐次上报。有时可能由统治者指定特定的司法官吏予以统一处理,如,后魏“真君中,以有司断法不平,诏诸疑狱皆付中书,依经义论决”。[2] 疑狱“论决”的方式有两种:一是“比律令”,根据律令内容进行比附作出判决;二是根据经义,予以解释和判定。

谳狱的关键在于司法官的上奏。有上报权的官吏可以自行决定是否构成疑案。仁宗天圣初诏令:“诸断罪应言上而不言上,应待报而不待报,辄自决断者,各减故失三等。”而何谓“应言”或“应报”的案件,则不十分明确。根据汉代谳狱制度的原义,凡官吏心中存疑的皆可以上奏。例如,董仲舒所评议的疑难案件,便为下级官吏心中生疑而提请审议的事例。汉代时若初审官吏对于案件处理心内不服的就可以谳狱,不会由此招致罪名。这种情况下,官吏在偶有疑问时,便很可能先行上报,由此避免案件判处有误的责任。

若根据法律,上奏者会受到“谳狱不当”的奏劾,便会迟疑徘徊,避免上报疑案。例如,“熙宁之法,非可疑可悯而谳者免驳勘,元丰则刊之。近则有奏劾之诏,故官吏畏避,不惮论杀。”[3]官吏谳狱的决定若被上级司法者认为不当,上报的官员可能会被处罚,在这样的制度下,初审官吏可能会压下疑案不报。或者,当上奏会面临驳回的情况时,官吏可能“移情就法”,即通过增饰情节的方法使裁剪

---

[1] 《汉书·刑法志》。
[2] 《文献通考》卷一六九。
[3] 《宋史》卷三三七《列传第九十六》。

后的案情不再成为疑案。[1]

宋代的士大夫为了鼓励原审官吏上报疑案,提议上奏疑狱的官吏不应受到责罚。有官吏提出谳者不为失:“狱,重事也。人有智愚,官有上下。狱疑者谳有司,有司所不能决,移廷尉。有令谳而后不当,谳者不为失。欲令治狱者务先宽。”[2]又有官吏提出对于因谳狱而获罪的官吏,应该减轻其应获的刑罚:“安焘,字厚卿,开封人……知审刑院,决剖滞讼五百余案。因言:‘每蔽狱上省,轻重有疑,则必致驳,势既不敌,故法官顾避稽停。请自今以疑狱谳者,皆得轻论。’从之。”[3]

有些司法官吏仅上报情重法轻的案件,主张对于此类案件加重刑罚。宋代时,司法官吏有时以法律规定的刑罚轻,案件应该重判为理由提出谳狱。原本设计为疑罪从轻的谳狱制度,到了宋代反而成为奏裁加重刑罚的途径。此时的奏裁往往报以“情重法轻”,上报为“情轻法重”的百无一二。大理寺丞周懋希望君主申戒司法官,有情轻法重的案件一定要上报。周懋提议,若犯罪人情轻法重的,应该按照敕令的规定奏闻,使犯罪轻微的人得到宽恤,按照轻刑的法条定罪。官吏如果违反上奏的制度,对于情轻法重的疑案隐而不报的,就要以故意入罪处罚。[4]

传统法律还针对可能判处死刑的案件,设计了上请制度,且此类

---

〔1〕 官吏改变案件实情,使案件剪裁后符合刚性法律规定,便可以使案件不称为疑案。这里的“移情”指改变犯罪的情节,使案件符合相关法律。例如,案件情节与法律条文规定相比,属于情轻法重。司法官吏为了能够适用法律的规定,可以增加犯罪事实,人为地使“情、罪相应”。司法官吏由于“移情”,混杂了避免上请受挫的私意,属于具有私情。如州郡之狱则在上请时,往往被举驳,而且上请官吏还由此获“不应奏而奏”之罪。官吏便增饰情节,“移情就法”。若上奏疑案很可能受到上级反驳,上报官吏由此而获罪,上请的途径就会堵塞。

〔2〕 《汉书·景帝纪》。

〔3〕 《宋史》卷三二八《列传第八十七》。

〔4〕 《建炎以来系年要录》卷一五三。

案件的上请谳狱,上级官吏不得驳回。宋代天圣四年(1206),法令的颁布者本想依据唐代覆奏制度,使死刑案件重新按照“覆奏”形式处理,为了防止拖延,转而改为涉及死刑的案件,若有情理可矜及刑名疑虑者,具案以闻的“上请”制度,而且不允许上司举驳。在这些恤刑的要求下,若初审官吏将本不应该上奏的死刑案件上报奏裁的,可以通过“贴放”形式减免初审者的刑罚。[1]

三、疑案中的原心定罪

原心定罪的重要事例是“春秋决狱”的六个典型案件。这些案件构成了疑案,可以引用儒家“经义”作为判决的依据。春秋决狱的六则案件,大多涉及儒家“正名”的要求,其中的疑难之处在于,单纯适用法律规定将导致“名实不符”等后果。儒家关注“正名”,重视身份关系内所蕴含的“恩情”与“义务”的对应关系,因此主张法律之名应该对应情理之实。

唐律以礼入法,儒家经义被法律条文所吸收,一般认为唐代以后原心定罪也就逐渐衰亡。实际上,宋代以后,直达明清,经义决狱仍然起到了补充法律规定的作用。宋代俗吏断案往往因循律令,不宽恤违反法令之人,倡导“经义”断狱的言论便进一步发展。宋高宗时曾有如此言论:“当日行诗赋,为士人不读史;今若专用诗赋,士人不读经。大抵读书当以经义为先,所论宜令礼部看详以闻。”[2]由于唐代科举多以诗赋取士,到了宋代,读经的重要性被明确提出。宋代淳熙七年(1180),秘书郎李巘言:“汉世仪、律、令同藏于理官,而决疑狱者必傅以古义。本朝命学究兼习律令,而废明法科;后复明法,而以三小经附,盖欲使经生明法,法吏通经。今所试止于断案、律义,断案稍通,律义虽不成文,亦得中选,故法官罕能知书。宜令习

〔1〕《文献通考》卷一七〇《刑考九》。

〔2〕《宋纪》卷一二七。

大法者兼习经义,参考优劣。”帝曰:“古之儒者,以儒术决狱,若用俗吏,必流于刻。”[1]由此,宋代的科举更为重视对于经义内容的考核。唐代法吏若熟悉断案,虽然不通经义亦能入选,并不影响其仕途。但宋代君主注重以儒者折狱,并且认为俗吏不明经义会以“惨刻”的方式审理案件。当时的儒家“经义”“律义”日益受到了重视。

明清之时,依照古代经义决狱被认为是一种迂腐的做法,不能与社会实际情况相吻合。例如,“儒者往往引经谊裁断,一言而决。至使人主宰相,相顾叹息。于经术则善矣,以此为折狱之准,则非也。汉律不可见矣,唐、宋以后,各有律法,前主所是著为律,后主所是著为令。顾欲引《春秋》之义,断后世之狱,是犹禁奸盗以结绳,理文书以科斗,岂不缪哉?”[2]但是此时原心定罪的做法并未断绝,有时也受到一定的积极评价。清光绪年间,林豪所著《文石书院续拟学约》中有《经义不可不明也》的记载:“士君子穷经,将以致用。必能明其义蕴,斯识见定,理解精,持论有本有末,以之用世,自无难处之事。如汉儒以经义决狱,以《洪范传》推度时事,均能吻合。故先哲谓:《论语》半部可以治天下。”[3]

“以例破条”也可以属于原心定罪的范畴。“以例破条”是以古代的案例来比附疑案,从而使疑案的审理更为符合儒家情理的要求。古代的统治者认为应该以“仁恕”的思想均贯穿于法律的执行,做到“原心定罪”“罪疑惟轻”,以便体现上天的好生之德。清代有大臣上奏曰:“要而论之,不贵屈法以狥情,贵在原情以定法。情有可原,虽抢盗以饥寒而释罪,逆犯缘坐以不知情而免诛。况罪之不至于死者,更可酌为末减。惟在悉心检核,必得其情。”[4]这是提出无

[1] 《宋史》卷一五七《志第一百十》。
[2] 《牧斋初学集》。
[3] 《文石书院学规》。
[4] 《清朝通典》卷八七。

论案件如何严重,若当事者具有“情有可原”之处,则以“罪疑惟轻”的方式予以减刑。中国传统司法重视“情法允协”,允许司法官吏将情理和法律作为传统司法的审理依据,并且使二者和谐,得出既合情又合法的司法结论。司法官吏若要以情理加入审理的依据,却需要一个前提条件,即案件构成了“疑案”,提起谳狱程序,否则司法官吏只能严格适用法律审理。

只有疑案才可以援引情理而改变本应该适用的法律。情理指“常情或者常理”,与“礼义”相同,即包括儒家的经义内容。经义的内容范围很广,还包括一些古代的案例、事例,都可以作为疑难案件的审理依据。运用古代儒家史书中的案例审案,也属于原心定罪:“清代汪辉祖,治事廉平,尤善色听,援据比附,律穷者,通以经术,证以古事。据汉书赵广汉传钩距法,断县民匡学义狱;据唐书刘蕡传断李、萧两氏争先陇狱;判决皆曲当,而心每欿然。”[1]儒家经义所包括的“常理”即儒家的“义理”,与世俗之情不同。清代的郭柏荫《嘐嘐言》卷五提及:“吾辈处事,须求义理之安,不可随人俯仰。世俗之见,往往似是而非,且有以非为是者。”[2]官吏根据儒家的义理审理案件与随顺世俗之见或者顾及人情不同,必须要有经义内容作为来源。

传统司法重视原心定罪,而原心定罪的前提是案件属于疑案。在案件构成疑案的情况下,司法官吏才可以于法律外而另寻“情理”的依据。司法官吏在审理疑案的过程中,可以灵活地引用古代的案例或事例,但不能够脱离儒家的义理要求,不能简单地依据“私情”随意解释案件。

在古代的各种司法记录中,对于“疑案”会给予更多的讨论和记载,严格适用法律的案件则易于被忽略。而实际上,古代大部分简

---

〔1〕《清史稿》卷四七七《列传第二百六十四》。

〔2〕卢美松、林怡主编:《福建官箴》,福建教育出版社2016年版,第151页。

单案件，是直接引用法律作出判定，仅仅在“疑案”的前提下，才会引入情理进行审理。

四、疑案与上奏权

唐太宗曾经强调疑案应该上奏。唐贞观二年(628)三月，太宗观看大理少卿所进囚帐后，问：“其间罪亦有情可矜，何容皆以律断？”对曰：“原情宥罪，非臣下所敢。”后下令：“曹司断狱，多据律令，虽情在可矜，而不敢违法，守文定罪，或恐有冤。自今门下覆理，有据法合死而情在可宥者，宜录状奏。”[1]宋代的孝宗更是允许官吏自行决断疑案：“驯至乾道，谳狱之弊，日益滋甚。孝宗乃诏有司缘情引条定断，更不奏裁。”[2]但孝宗所提出的司法方法很快便被放弃，又恢复到疑案必须谳狱的程序。

司法官吏将案件作为“疑案”上奏处理，这是一项重要的裁量权。实践中，有两种情况可能导致偏离“谳狱”制度的理想化设计。第一种情况是，司法官吏由于个人的性格特征，影响对于疑案的认定。有些官吏倾向于运用严酷的司法形式，不轻易将案件定为疑案，他们会刚愎自用，任由私意做主，而可能使无辜者入罪。如有官吏言：“愚民无知，误陷法网，若事事照例，民何以堪？且公总司宪柄，能保州县必无误入耶？况又自信太过，案有近于疑似者，公一断之己见，其中岂无无辜被戮？”[3]又有一些官吏过于仁恕，倾向于采取宽恕的做法，经常将案件定为疑案，以上奏疑案的方式减免行为人的刑罚。对于这些仁恕的司法官吏而言，办理疑案的关键是发现“可原之情”，从而从轻处罚。《宋史》记载：“故立法之制严，而用法

〔1〕《通典·刑法典》卷一七〇。

〔2〕《宋史》卷二〇一。

〔3〕《坐花志果》(下)，《照例办二则》。

之情恕。狱有小疑,覆奏辄得减宥。"[1]虽然司法官吏应该做到恤刑,主张"古之听狱者,求所以生之;不得其所以生之者,乃刑杀焉。"[2]然而,疑案的认定必须"实有所疑",不应该超越法律而求减刑。"惟古人折狱,必得其情、当其罪。即曰罪疑惟轻,亦必实有所疑,乃从末减。非若后世狱吏,博不轻杀人之名,罪至当死,舞文以生之也。"[3]

司法官吏不能任意提出谳狱,意图将案件予以从轻处理。司马光认为,谳狱制度中,有时混杂了随意减轻刑罚的做法,司法官吏具有乱用谳狱的行为。司马光随即批评这种做法,认为其可能会危害成文法条的正当运用。

> (元丰八年)又诏:"诸州鞫讯强盗,情理无可悯,刑名无疑虑,而辄奏请,许刑部举驳,重行朝典,无得用例破条。"从司马光之请也。光又上言:"杀人不死,伤人不刑,尧、舜不能以致治。刑部奏钞兖、怀、耀三州之民有斗杀者,皆当论死,乃妄作情理可悯奏裁,刑部即引旧例贷之。凡律、令、敕、式或不尽载,则有司引例以决。今斗杀当死,自有正条,而刑部承例免死决配,是斗杀条律无所用也。请自今诸州所奏大辟,情理无可悯,刑名无可疑,令刑部还之,使依法处断。若实有可悯、疑虑,即令刑部具其实于奏钞,先拟处断,门下省审覆。如或不当,及用例破条,即驳奏取旨勘之。"[4]

此诏书反对官吏随意上报谳狱而"以例破条"。司马光主张应

---

〔1〕《宋史》卷一五二《志第一百五十二·刑法一》。
〔2〕《折狱龟鉴》卷八《矜谨》。
〔3〕《皇朝经世文续编》卷九八《刑政·刑论》。
〔4〕《宋史》卷二〇一《志第一百五十四·刑法三》。

该重视刑法条文的严格执行。司马光特别指出,对于罪不可恕之罪犯,若有官吏随意地以案情有疑为借口而意图减轻其刑罚,使刑部可以根据旧例破除本应适用的法条,那么这无异于提出,即使是法律正条也可以随意被排除。司马光强调谳狱的决定权应该由刑部所控制,对于犯罪人应该从轻的可以从轻,情理无可悯的则应"依法处断"。

有些司法官吏以"原心定罪"为借口,混杂个人的私情断罪,或者根据自己的喜好随意判处刑罚。官吏混杂个人的好恶,弃法律与礼义不顾,属于任用私情。司法官吏随意任用私情,应受到刑罚处置。若案件具有疑问,司法官可以在法律规定之外,引用情理即礼义予以审理。司法者超越"法"与"礼"随意解释的,便构成运用私情,会承担故出、故入的责任。

实践中第二种经常发生的情形是,司法官吏出于自身的利益考虑,而计较法律的规定,决定自己的行为。初审官吏掌控疑案的认定权,其若认为案件构成疑案,应予奏裁依据谳狱处理。但是有时谳狱不当的情况下,官吏根据当时的法律规定,会被施予刑罚。于是一些官吏会以"便文自营"的方式处理。

> 宣和六年,臣僚言:"元丰旧法,有情轻法重,情重法轻,若入大辟,刑名疑虑,并许奏裁。比来诸路以大辟疑狱决于朝廷者,大理寺类以'不当'劾之。夫情理巨蠹,罪状明白,奏裁以幸宽贷,固在所戒;然有疑而难决者,一切劾之,则官吏莫不便文自营。臣恐天下无复以疑狱奏矣。愿诏大理寺并依元丰法。"从之。[1]

便文自营的官吏面对疑案不敢上报,自行改变情实方面的记录,

[1] 《宋史》卷二〇一《志第一百五十四·刑法三》。

使法条的适用没有疑点。此时的司法官吏是采取自欺欺人的方式而移情就法。传统司法官吏的责任是严格依据法律予以审理,除了具有疑问可以提出谳狱的案件之外,初审官吏不得自行改变法律的适用。无论是由于官吏的性格特点,还是由于官吏混杂了对于个人前途的私心,都会严重影响认定疑案的正确性。

但是这些"便文自营"的司法官,将会面临监察法律的规范。古代官吏在错案追究制度下,若"故出"或者"故入"皆会承担司法责任。案件审理若具有错误,御史等监察官吏会追究原审官吏的责任。例如,"景德中,梁颢内翰知开封府时,开封县尉张易捕获盗贼八人,经过审理狱成,判决流罪。此八人流放后,又捕获了真盗。御史台劾问得实,官吏皆坐贬责。"〔1〕案件一旦水落石出,司法官吏难辞其咎。故意出入人罪的官吏,将面临监察制度的追究。

可见,谳狱制度本身也存在一定的难题,特别是在如何认定"疑案"的问题上,需要原审官吏以公正之情予以判断。司法官吏只有依据"公心",才能够显明其真知灼见,即"知者心之本体,所谓是非之心,人皆有之。是非本明,不须假借,随感而应,莫非自然"。〔2〕司法官应该存养"明见"之心,破除私意的萌生。"范蔚宗曰:曾子云,上失其道,民散久矣。如得其情,则哀衿而勿喜。夫不喜于得情,则恕心用。恕心用,则可寄枉直矣。夫贤人君子断狱,其必主于此乎。郭躬起自佐史,小大之狱必察焉,原其平刑审断,庶于勿喜者乎。"〔3〕司法官吏的"良知"与"仁恕"均是正确确认疑案的前提,需要去除的

〔1〕古代法律重视情实,若具疑问便可以复查。有时犯罪人已经归案招供,证据已经收集齐全,结案文书已经准备充分,但仍然可能发现情理可疑的情况。若案件申省后,经廷尉或者大理寺复查,认为案情仍然不够明确的,或者具有民众诉冤的,均可能复查,即"若使案虽成,虽已申省,事下廷尉,或寺以情状未尽,或邀驾挝鼓,或门下立疑,更付别使者,可从未成之条。"

〔2〕《明儒学案》卷一二。

〔3〕《在官法戒录》卷一《后汉书郭躬传论》。

私情包括：自身的私心，如是否会受到上级的批驳，以及个人的前见，如喜怒、好恶等。

清明的官吏在审理案件时，要做到心内无疑才能够最终定案。蔡沈曰："疑于刑，则质于罚也。不服者，辞与罚又不应也，罚之疑者也。疑于罚，则质于过而宥免之也。"若司法官吏心中有疑，却不止其刑罚，便可能涉及"五过"。五过包括："惟官、惟反、惟内、惟货、惟来。"蔡沈注解为："官，威势也；反，报德怨也；内，女谒也；货，贿赂也；来，干请也。"[1]这些内容均与私情具有关联。判断疑案的依据是司法官的内心判断，如有疑问则应该上报，若内心无疑才可以定案。

五、结论

原心定罪的必要前提是案件构成了疑案。这里所指的原心定罪，是指审查犯罪者心中的动机，从而破除礼、法之间的冲突，免除人们心中对于法律适用的疑问，使案件的审理结果能够达到令人心服的效果。适用原心定罪的案件，由于需要改变原有法律的适用，或者补充法律的条文等，因此这些特殊的法律解释活动，只能在疑狱的进程中予以解决。

传统司法具有严格执法的特点，在疑难案件之中，司法官吏才可以运用原心定罪的方法。司法官吏在审理案件的过程中，认为心中具有疑问，需要改变法律的适用的，需要先提起谳狱的程序。在谳狱的过程中，司法官才可以原心定罪，也是在谳狱过程中，才可以运用情理改变法律的原有规定。在疑案的审查中，是否可以认定为疑案，应该依靠司法官吏的"公心"来判断。朱熹论曰："圣人之法有尽，而心则无穷。故其用刑行赏，或有所疑，则常屈法以申恩，而不使执法之意有以胜其好生之德。此其本心所以无所壅遏，而得常行

[1] 《大学衍义补》卷一〇六。

于法之外。"[1]

案件被认定为疑狱后,便进入了疑难案件的"议罪"过程。在议罪时,司法官吏必须依据儒家的"经传"作为审理依据,而非随意任用私情。例如,"凡为驳议者,若违律令节度,当合经传及前此故事,不得任情以破成法。愚谓宜令录事更立条制,诸立议者皆当引律令经传,不得直以情言,无所依准,以亏旧典也。"[2]司法官吏处理疑难的案件,必须根据法律或者礼义规定,若随意任用私情,会受到刑罚的处置。

传统法律以疑案为中心,将案件区分为一般案件与疑难案件,这两种案件分别具有不同的处理程序。一般案件依据法律的明文规定便可以审结;疑难案件则是在情节、审理依据方面具有疑问,需要进入谳狱程序的案件。若案件被归为疑案,司法官可以在法律规定之外,引用情理即礼义予以审理。司法官吏即使在疑狱中,也不能超越法律与礼义这两种审理依据,而进行随意的解释,否则便构成运用私情。传统司法中,以私情审理案件是被严格禁止的。

传统司法区分疑狱,并设置了谳狱的程序的做法对于当代司法具有一定的借鉴意义。在这种司法设置下,一般案件直接根据法律进行审理,禁止法律之外的任何因素妨碍司法。而一旦案件被认定为疑难案件,法官则可以根据情理来分析案情,并补充明文法律的规定。但是,在这个过程中,需要关注两个问题:其一,法治的要求是,明确地设置一些法律的规定,来严格地把握对于疑难案件的认定,避免传统司法中由司法官吏主观认定疑案的弊端。其二,疑难案件的审理者、审理程序和依据,也需要进行明确的法律设置。由此才可以在司法审理中将"情理"内容等参考因素,纳入明确的法律程序之内。

---

[1] 《朱子大全·杂著》。
[2] 《文献通考》卷一六四。

唐代假宁制度立法缘由分析

刘 霓*

【摘要】 据法史学界主流观点,假宁制度属于中国古代的行政立法。[1] 但是法史界对唐代假宁制度的关注是远远不够的。中国古代的放假问题是一个深层次的政治问题。本文拟从君权神授、社会伦理、维农固本三个视角对唐代假宁制度的立法缘由进行分析。假宁制度是历史问题、法律问题,同样也是个现实问题。"以史为镜,可以知兴替。"[2]

【关键词】 唐代;假宁制度;立法;缘由

根据与唐代假宁制度相关的典籍,笔者认为假宁制度的立法对象至少分为两大类:一类是普通受众。比如:(1)令中笼统的叙述所有假日时,提到的针对对象是"内外官";[3](2)提到定省假、拜墓假时,对象是"诸文武官";[4](3)装束假的对象是"诸外官、京官"。[5]另一类是特殊受众。比如:(1)职事官遭父母丧不解官的对象是"诸

* 作者系中国政法大学法律史学专业博士研究生。

[1] 郑显文:《法律视野下的唐代假宁制度研究》,载《南京大学法律评论》2008年春秋合卷。

[2] 《旧唐书·魏徵传》。

[3] [日]仁井田陞:《唐令拾遗》,栗劲等译,长春出版社1989年版,第661页。

[4] [日]仁井田陞:《唐令拾遗》,栗劲等译,长春出版社1989年版,第665页。

[5] [日]仁井田陞:《唐令拾遗》,栗劲等译,长春出版社1989年版,第681页。

军校尉以下、卫士防人以上，及亲勋翊卫备身”；[1]（2）斩衰三年、齐衰三年不解官的对象是“若嫡、继、慈、养改嫁，或归宗三年以上断绝者，及父为长子、夫为妻”；[2]（3）私家祔庙祭祀给假的对象是“九品”[3]以上官；（4）定省假、拜墓假的申请流程五品以上（含五品）与五品以下不同；[4]（5）登朝五年以上（含五年）才能享受拜扫假。[5]概言之，若令中未特别缩小范围，那都是针对的普通受众。

周知，唐令已经亡佚，我们只能从相关的典籍中去了解唐代假宁制度的立法历程和立法初衷。首先，追根于唐史中寻找唐令的编撰过程，“皇朝之令，武德中裴寂等與律同时撰。至贞观初，又令房玄龄等刊定。麟德中源直心，仪凤中刘仁轨，垂轨初裴居道，神龙初苏环，太极初岑义，开元初姚元崇，四年宋璟並刊定。”[6]根据前述史料，在唐高祖、唐太宗、唐中宗、唐睿宗、唐玄宗时期，都制定过令。并且因为唐睿宗年号氏垂轨时期武则天实际把持朝政，因此武则天时期也制定过令。其次，根据钱大群的《唐律研究》：“令制定的目的及作用是‘设范立制’。”[7]“令者，尊卑贵贱之等数，国家之制度也。”[8]根据《新唐书》《唐六典》，可以分析出令的作用如下：令从宏观来说，规定国家机关、官吏的品级、职责对应员额；令从微观来说，正面规定与具体每一个官吏的职业生涯有关的最基本的制度，不仅涉及官吏在职时的考课奖惩，从违规要假的惩治来说甚至连官吏不在岗的私生活也涉及了。钱大群在《唐律研究》里还提到《狱官令》

[1] [日]仁井田陞：《唐令拾遗》，栗劲等译，长春出版社1989年版，第672页。

[2] 《开元礼》卷三《序例下·杂制》。

[3] [日]仁井田陞：《唐令拾遗》，栗劲等译，长春出版社1989年版，第683页。

[4] 《太平御览》卷六三四《治道部·急假》，据《唐令拾遗》第665页是开元七年、开元二十五年。

[5] 《唐会要》卷二三《寒食拜扫·太和三年正月敕》。

[6] （唐）李林甫等撰：《唐六典》，陈仲夫点校，中华书局2014年版，“前言”。

[7] 钱大群：《唐律研究》，法律出版社2000年版，第6页。

[8] 《新唐书·刑法志》。

也不是今天意义上的“刑法”,应是诉讼法及监狱法的制度性法规。[1] 这是从比较宏观的视角来分析唐令的立法目的。笔者拟更为详尽地分析唐令中假宁制度的立法缘由。

既为立法,则必有更深层次的立法目的。虽说笼而统之都是维护皇权专制。但是笔者还是企图从唐令的蛛丝马迹中去层层剥茧。须知对当政者而言,有的立法目的是显于人前的,有的立法目的是隐于人后的。有的立法目的为立法者有意为之,有的立法目的连当朝者都意识不到,但却可以从法令本身的字里行间分析出来。笔者以为粗粗分类,唐假宁令的立法缘由至少有以下几大目的:巩固君权神授观念、维护社会伦理、发展农业经济(固本)。

一、巩固君权神授观念

这方面的节日主要是“玄元皇帝降圣节”:(1)有这个节日的朝代是唐和后唐;(2)这个节日有其他名称,如庆成节[2]、庆阳节[3]、寿昌节[4]、乾和节;[5](3)有的朝代降圣节是传说中圣祖玄元皇帝的生日;[6]有的朝代降圣节就是当朝皇帝的诞辰;[7](4)分析不同朝代不同臣工的上奏,这个节日的设立有诸多深远意义。尽管臣工们的上奏多不是直接针对节日的存废本身而多是旁敲侧击。在君主专制的时代,臣工的上奏也是揣摩圣意的结果。因为唐奉李耳为祖,比如张九龄的诗云:“吾君乃尊祖,夙驾此留连。”[8]而后唐又以唐为其源,后唐皇帝皆自改姓为李。大臣们上奏后经常会伴随而来

---

[1] 钱大群:《唐律研究》,法律出版社2000年版,第8~9页。

[2] 《唐会要》卷二九《节日》。

[3] 《唐会要》卷二九《节日》。

[4] 《唐会要》卷二九《节日》。

[5] 《册府元龟·帝王部·诞圣》。

[6] 参见《册府元龟·帝王部·尚黄老》《五代会要》卷一二《杂录》。

[7] 参见《册府元龟·帝王部·诞圣》。

[8] (唐)张九龄:《奉和圣制谒玄元皇帝庙斋》。

中书门下奏请陛下准此节并记载于令式。比较典型的有后唐赵明吉就对毁废宫观(道观)的修缮上奏"以奉祖宗,以弘孝治,光陛下中兴之业,显国家大道之源",[1]这其实就是降圣节设立的意义,祖宗是圣且神,有时也将君主本人神话,比如为当朝君主的出生附会种种神秘现象,[2]这也是"把君主进一步超人格化了",[3]那么视君主生辰为降圣节也就理所当然了。这就为一个王朝的存在带来了合理性论证,也制造出一个主流信仰去指引士庶。杜甫诗云:"仙李盘根大,猗兰奕叶光。世家遗旧史,道德付今王。"[4]显然,降圣节是将国家大道与今王道德结合起来的最好办法,借力于神而又取信于民。专制王朝的早期统治者就擅用此策略,比如从商开始就将神权与王权合一"假借神意,执行天罚",不过唐及其后的统治者们术与势又更进化了而已。再有一段在阐释降圣节的存在意义时值得一提的史料是昭义节度使王虔休就自己所进献的《诞圣乐曲》大肆论证,说"审乐以知政则治道备……与天地同其和与四时合其序……一人之有庆故能追尧接舜迈禹逾汤。"[5]乐在中国古代有极高的象征意义,孔子曰:"天下有道,则礼乐征伐自天子出;天下无道,则礼乐征伐自诸侯出。"[6]因此王虔休又在说明进献乐曲的重要性时,再次佐证了降圣节在"道"方面的存在价值。"因此,概括来看,传统中国法在对人与法和社会的意义上,其原理和价值都根植于德而统归于道。"[7]这也算是对唐令属于行政法律制度的一个有力论证。强

---

〔1〕《册府元龟·帝王部·尚黄老》。

〔2〕参见《册府元龟·帝王部·诞圣》。

〔3〕张晋藩:《中国法律的传统与近代转型》(第3版),法律出版社2009年版,第116页。

〔4〕(唐)杜甫:《冬日洛城北谒玄元皇帝庙》。

〔5〕《册府元龟·掌礼部·作乐第五》。

〔6〕《论语·季氏》。

〔7〕张中秋:《原理及其意义:探索中国法律文化之道》,中国政法大学出版社2015年版,第69页。

化君权神授的最终目的,是让君主的个人意志凌驾于法律之上。

二、维护社会伦理

同时,设立假日也是为维护社会伦理,这方面最典型者有三个假日。

1. 寒食节。古代社会伦理的涉猎的范围相当宽泛,生养死葬,三纲五常皆属于。这个节的名称也很多,如父母在称定省假、[1]拜扫假。[2] 笔者原本以为此节立法缘由一定是皇帝单方面宣称是为了维护伦理,结果看了史料后很吃惊。唐穆宗李恒时期寒食扫墓由皇帝下诏的缘由多为兵祸,彼时藩镇已平,但镇仍拥兵自重反叛不断,战乱造成的大量死伤必然带来葬及墓的问题,应是寒食节为皇帝所重视的原因。[3] 另外一段史料读来更为有趣,说的是在唐文宗李昂年间外官授命就任时不走近道而多去绕路,究其原因多是回乡扫墓,估计也有衣锦还乡、光宗耀祖之义。绕路时因住在馆驿造成馆驿过度支出亏空。基于此,国家明确给他们拜扫假,假内可以住馆驿。假外就任时去绕路住馆驿就会受到处罚。[4] 寒食节的另一缘由居然是国库为节约开支。也就是说寒食节的立法直接目的并不是为维护社会伦理,反而是法的滞后性,先出现社会问题再由法令加以解决。具体来说,是由于各种原因造成的民众自发性扫墓引起当权者的重视,因而史料中反复提到"着在令文"[5]"著在令文"[6]"着在令式"[7]之类的字眼,或颁布或重申拜扫节于法令,以解决当

---

〔1〕［日］仁井田陞:《唐令拾遗》,栗劲等译,长春出版社1989年版,第665页。

〔2〕《唐会要》卷六一《御史台·馆驿》。

〔3〕参见《册府元龟·帝王部·发号令第四》。

〔4〕参见《唐会要》卷六一《御史台·馆驿》。

〔5〕《唐会要》卷二三《寒食拜扫》。

〔6〕《册府元龟·帝王部·发号令第四》。

〔7〕《唐会要》卷六一《御史台·馆驿》。

时因扫墓引发的某类社会问题,相当于疏导民意,而这类社会问题恰巧就属于社会伦理问题。因此,寒食节的一再予法重申至少是对扫墓这一行为所反映的社会伦理的肯定。所以立法本身又变相巩固了社会伦理。从"唯寒食拜扫……并不在给券限"[1]也可再次印证这一点,同样是因私事只有寒食拜扫可以给公券,表达了官方对这一行为的支持。关于寒食节,还有值得一提的是"但假内往来,不限日数"[2]"并任假内往来,不须奏听进制止"[3]的问题,看来寒食节不仅是个祭祀亲友的日子,也是亲朋好友间交往的日子,并不为当权者反对。

2. 冠、婚假。(1)当事人(是本人时)给假。冠、婚是古代的成人礼。有着隆重的仪式,为古人所重视。诗云:"前荣馔宾亲,冠婚之所于。"[4]又有诗云:"世法贵名教,士人重冠婚。"[5]作为冠假和婚假仪式的进行者的官吏本人,国家理当给假。(2)观礼者给假。对在职官吏,本人冠、婚要给假。但是,冠、婚既为礼则需有人观礼,在职官员作为观礼者即参加者也要假期,所以产生"五服内亲冠,给假一日,并不给程。"[6]"周亲婚嫁五日,大功三日,小功以下一日,并不给程。"[7]有时该官员甚至是冠、婚的主持仪式者不可缺席也要假期"周以下无主者,百里内除程",[8]在必须此官员主持的情况下,给假是将路程耗时排除在假日计算之外的。表达了国家对官员主持周亲此类仪式的时间上的支持。(3)并量给假。在紧接婚假之

〔1〕《唐会要》卷六一《御史台·馆驿》。
〔2〕《唐会要》卷二三《寒食拜扫》。
〔3〕《唐会要》卷二三《寒食拜扫》。
〔4〕《全唐诗》卷三四二《韩愈〈示儿〉》。
〔5〕《全唐诗》卷四三三《白居易〈朱陈村〉》。
〔6〕[日]仁井田陞:《唐令拾遗》,栗劲等译,长春出版社1989年版,第667页。
〔7〕《太平御览》卷六三四《治道部·急假》。
〔8〕[日]仁井田陞:《唐令拾遗》,栗劲等译,长春出版社1989年版,第668页。

后,规定了给假的补充款,细碎理由如“疾病危笃、远行久别、诸急难。”[1]限定的对象范围是“诸本服周亲以上。”[2]既然在婚假之后紧接着规定,拟视为探亲假的范畴。然而,弊端随之而来。(4)弊端之一是虚拟事假。原因及应对:唐代官员有任职回避制度,“唐朝开始对本地做官进行限制”、[3]“唐朝明确规定不许任本贯州县官即本贯邻县官”,[4]因此任职地点离祖籍不会近,而且唐代官员开元以前休假很少,外官与京官还有休假区别,[5]“永徽元年十月十五日,京官文武五品,依旧五日一参。”[6]“国朝故事,开元以前,旬假节日,百官尽入朝;至天宝五载,始放旬、节假日不入。”[7]即便旬假也要十日才有一休。虽然也有其他法定假日,但唐代官员能自由支配的时间也是有限。加之人的惰性使然造成官吏们钻法律的漏洞,以各种借口请假。而且令、式明文规定的请假事由也可钻空子,产生如下连锁弊端:(a)到任之后长期不在岗。“诸州府及县官到任以后,多请远假。”[8](b)薪水照领,职责不尽。“手力俸钱,尽为己有。勤劳责罚,则在他人。”[9]由此带来的职权旁落,实际上也危及皇权。中央的应对方法是给假但限假。给假的原因是“令、式既有假名,长吏难为止抑。”[10]限假的办法是“其诸州府县官请出界假故一月以

[1] 《太平御览》卷六三四《治道部·急假》。

[2] 《太平御览》卷六三四《治道部·急假》。

[3] 中共中央组织部研究室(政策法规局)编:《2005年组织工作研究文选》(上册),中央编译出版社2006年版,第430页。

[4] 韩飞编:《文化知识大博览》,远方出版社2004年版,第129页。

[5] 郑显文:《法律视野下的唐代假宁制度研究》,载《南京大学法律评论》2008年春秋合卷。

[6] 《唐会要》卷二四。

[7] 《唐会要》卷二四。

[8] 《唐会要》卷八二《休假》。

[9] 《唐会要》卷八二《休假》。

[10] [日]仁井田陞:《唐令拾遗》,栗劲等译,长春出版社1989年版,第669页。

下,即任权差诸厅通判。一月以上,即勾当留官。”[1]也就是给定一月为限,无论你是什么私人理由离职,一月以内可由下属代行职权,一月以上要被免责。由此带来我们今天对合理安排官员休假的思考:是什么造成唐代州县官吏不认真履责?唐代官员不同于汉代,唐代官员是与家人一起居住。那么是什么造成官员们“或言周亲疾病。或言将赴婚姻。”[2]“唐律严禁父、祖(包括曾、高祖)在子孙别籍异财,因此唐代家庭结构一般为几代同堂”,在同居共财的情况下“周亲疾病”也要探望,此处我们不能忽视古代家庭的宗族性,且可由此估量家族成员的庞大性。除了监督并责罚他们,唐代立法者对官员自由支配的时间和他们庞杂繁复的亲属关系占据官员的私人时间是否给予了充分的体谅和考虑。而据学者研究“唐代……也是中国古代官吏休假时间最长的政权之一”,[3]休假时间最长的朝代官员的休假法令的执行在实践中都产生这么多的矛盾,那么休假更少的朝代比如明清呢?官员各种借口的跷班是否更加层出不穷?由此引发我们的思考:整个封建王朝保证国家机器的高效运转与平衡官吏的私人生活的矛盾如何解决。借古鉴今,能否立法保障一个更为健全完善的假宁制度,兼顾国家与官员的利益,这是值得当代的立法者严肃思考的问题。

3. 丧假。《仪礼·丧服》中记载说,丧服有五个等级,即斩衰、齐衰、大功、小功、缌麻。这五个等级服制由重到轻。对官员来说,儒家的丧服制度实际执行包含丁忧、起复、心丧一系列流程。本文拟从服与不服、解官与不解官的主体来讨论丧假的发放问题。(1)不是特别指出“不服”的情况下皆“服”,也就是要按照丧服制度着丧

---

〔1〕《唐会要》卷八二《休假》。《册府元龟·邦计部·俸禄第四》。

〔2〕《唐会要》卷八二《休假》。

〔3〕郑显文:《法律视野下的唐代假宁制度研究》,载《南京大学法律评论》2008年春秋合卷。

服。(2)以下情况不服,即不用按丧服服制履行义务:"父卒母嫁及出妻之子为父后者",[1]"唯出母之制,特言出妻之子,明非生己,则皆无服。"[2]根据两处引文,父亲死了母亲改嫁,并且请注意,这母亲不是该儿子的亲生母亲,前述情况下,该儿子不用为这母亲着丧服。(3)以下情况要解官:"诸丧,斩衰三年、齐衰三年者,并解官",[3]"为人后者,为其父母并解官",[4]"为出妻之子但子为出妻所生。"[5]根据前面三处引文,丧服服制为斩衰、齐衰的官员都要解官,因为斩衰齐衰本来就是丧服中服制较重的,虽然各朝代斩衰、齐衰的适用对象不完全相同。需要特别指出的是如果是出妻之子指出妻的亲生儿子——尽管这个儿子仍留夫家——也是要为母丧解官的。(4)以下情况不解官:诸军校尉以下、卫士防人以上以及亲勋翊卫备身,不解官;[6]"其继母改嫁及父为长子、夫为妻,并不解官";[7]勋官不解官;[8]"若嫡、继、慈、养改嫁,或归宗三年以上断绝者,及父为长子、夫为妻,并不解官。"[9]据前述引文,不解官的情况就比较复杂了:一种情况是武官,《唐令拾遗》里的亲勋翊卫就是亲卫、勋卫、翊卫,唐代是亲卫、勋卫、翊卫属于左右卫管辖,而左右卫是掌宫禁宿卫的。再有根据《隋书·百官志下》所述:"备身六十人,掌宿卫侍从",备身是一种官称,唐沿隋制,可以明确备身在唐代仍然属于禁卫武官。在唐代官员的品级中,亲勋翊卫最高品级可至正五品下(也有一说认为可至从四品下)。至少我们可以得出结论,亲

[1] [日]仁井田陞:《唐令拾遗》,栗劲等译,长春出版社1989年版,第671页。
[2] 《唐会要》卷三七《服纪上》。
[3] [日]仁井田陞:《唐令拾遗》,栗劲等译,长春出版社1989年版,第673页。
[4] [日]仁井田陞:《唐令拾遗》,栗劲等译,长春出版社1989年版,第672页。
[5] [日]仁井田陞:《唐令拾遗》,栗劲等译,长春出版社1989年版,第669页。
[6] [日]仁井田陞:《唐令拾遗》,栗劲等译,长春出版社1989年版,第671页。
[7] 《唐会要》卷三七《服纪上》。
[8] [日]仁井田陞:《唐令拾遗》,栗劲等译,长春出版社1989年版,第671页。
[9] [日]仁井田陞:《唐令拾遗》,栗劲等译,长春出版社1989年版,第673页。

勋翊卫备身并不一定是低等级武官,他们只给假一百天是因为他们负责的安保跟皇帝有关,而放他们长假根本不一定有足够的人选来替补。隋朝灭亡有禁卫武官倒戈的原因,由于隋末横征暴敛,当时禁卫的选择连出生地都要严格筛选,然而最终左右备身府统领下的骁果军仍然算是叛变了。[1] 因此,善于借鉴的唐代统治者对禁卫武官的选择不可能不严苛,这也会造成该类兵源后备不足。不可能让该类职官放大假。古代"天地君亲师",皇帝是排人伦中的第一,"普天之下莫非王土,率土之师莫非王臣",[2]可以理解为王对经济大权的垄断带来的身份地位的独霸。[3] 为了维护王室的安危,个人的权利被忽略不计。为保证皇帝的安全需要禁卫武官,为保证禁卫武官的忠诚严格筛选,这样选出的人不能随意放假。因此,唐假宁制度的立法目的实际也与巩固专制政权这一目的密切相连。勋官是古代职官之外的一种荣誉官阶。据《旧唐书》卷四二《职官一》载,勋官等"亦有番第,许同拣选"。因此,勋官算是进入了候选干部行列。没有实际任职的勋官自然也不存在没有时间奔丧,因此,勋官无须解官。另一种情况是嫡母、继母、慈母、养母改嫁不解官,首先以上母亲皆非当事人亲生母亲,其次因改嫁与夫家义绝,"礼制便与亲母不同。"[4]再有归宗女眷,"唐代妇女归宗,一般包括两种情况:一种是出嫁女独自或与子女一起较长时间居住在本家,即长期归宁;另一种是由于丈夫较早亡故而归宗,即夫亡归宗。"[5]又《唐令拾遗》转引《庆元条法事类·职制门·给假》去解释归宗,谓之"三年以上

---

〔1〕 朱俊:《隋代领左右府沿革及职能变化》,载《山西师大学报》(社会科学版)"研究生论文专刊"2011年第38卷。

〔2〕 《诗经·小雅·北山》。

〔3〕 张晋藩:《中国法律的传统与近代转型》(第3版),法律出版社2009年版,第118页。

〔4〕 [日]仁井田陞:《唐令拾遗》,栗劲等译,长春出版社1989年版,第675页。

〔5〕 李润强:《从敦煌户籍文献考察妇女归宗对唐代家庭的影响》,载《敦煌研究》2007年第1期。

继绝者。"[1]日本学者在《唐令拾遗》里用宋令去解释唐令的原因应是与唐令的亡佚有关。结合上述史料及学者观点,我的理解是嫁过去之后三年以上没有为夫家生下儿子而且还回了本家的妇女,亡故,其夫家的非亲生儿子不用解官。此项规定应也是源于此女已与夫家"义绝"。第三种情况是"父为长子、夫为妻,并不解官",父为长子服丧,夫为妻服丧时不解官应是社会伦理的折射,夫妻相比,夫为第一;夫与长子相比,长幼有序。因此,此种情况下,夫不用为亡故的长子或妻子解官。当然,这一原则并非一成不变,在武则天时期也受冲击。据《唐会要》卷三七《服纪上》,武则天曾以"若父在为母止一期,尊父之敬虽同,报母之慈有缺"[2]为由,要求为母服的丧期与父同,并最终在垂拱年间编进法律(格),在开元五年(717)正式施行。在《唐令拾遗补》[3]里也有参考资料的追加正好对应印证这段历史。(5)关于心丧之假。心丧简言之为心存哀悼。《礼记·檀弓上》:"事师无犯无隐,左右就养无方,服勤至死,心丧三年。"郑玄注:"心丧,戚容如父而无服也。"根据《唐令拾遗》,结合因龙朔二年(662)八月萧嗣业是否要为改嫁后身亡的嫡继母服心丧而引发的朝臣争议即随后的皇帝诏断。部分朝臣解释丧服之制度总的来说是源于母子的名分而非血缘,但也不是说只要粘上母子的名分就合心丧。并由此举出是否要心丧的正反两类主体:一方面我们可以用排除法(反面)来确定非心丧的主体,即对于改嫁的继母,继子不合心丧。另一方面,根据引文(正面)陈述的心丧主体有:(a)《律疏》云:"心丧者,为妾子及出妻之子,合降其服,二十五月内为心丧。"(b)

[1] [日]仁井田陞:《唐令拾遗》,栗劲等译,长春出版社 1989 年版,第 676 页。

[2] 《唐会要》卷三七《服纪上》。

[3] [日]仁井田陞编著、池田温补:《唐令拾遗补——附唐日两令对照一览》,东京大学出版社 1997 年版,第 124 页。

"为人后者,为其父母并解官。"[1](c)"父卒母嫁及出妻之子为父后者。"[2](d)"齐衰杖周及为人后者为其父母,若庶子为后,为其母。"[3]综观正反两面材料引文,结论是:如果只言"出妻之子",那么这个子非出妻亲生子,不合心丧。如果既言母嫁同时又说"出妻之子",那么此子为改嫁女子(出妻)的亲生儿子,合心丧。除去这种特殊情况,其他符合父母名分的情况,儿子都要为父母心丧。自夏商周的天道观到汉董仲舒以儒家理论发展而至天人感应说再到唐律中的"礼法合一",儒家纲常对社会伦理的固化和影响由此可见一斑。

三、发展农业经济(固本)

这方面最重要的假日就是:装束假。总结有关装束假的唐代假宁制度,有以下特点:(1)首先为什么有装束假?笔者认为至少有以下原因:一是以古代的生产节奏,置办衣物确实需要花费些许时日,如唐代给学子的"授衣假";二是给亲友依依惜别的时间,这点笔者认为周广祖的敕令可作诠释,周广祖在敕令中提及赴任期限时也体恤赴任官员的拖沓是在"岁月之间,动怀土念家之志"。[4] (2)装束假的时间有一套复合划分标准:一是以一千里为起点,每增加一千里增加十日,四千里以上为极限。二是在外京官(当然依然加入标准一的按千里计)装束假为外官的装束假减半。三是还要将官员在家务农的时间另行计算。古代以农业立国,各官员皆有可能属于来自农村的男性劳动力。田苗的播种收割都有固定的时间并且需要大量人力。因此以法令保障务农时间,也体现统治者对农业这一国之根基的重视。

---

〔1〕 [日]仁井田陞:《唐令拾遗》,栗劲等译,长春出版社1989年版,第671页。
〔2〕 [日]仁井田陞:《唐令拾遗》,栗劲等译,长春出版社1989年版,第671页。
〔3〕 [日]仁井田陞:《唐令拾遗》,栗劲等译,长春出版社1989年版,第673页。
〔4〕《册府元龟·帝王部·发号令第四》。

据《唐令拾遗》,在开元二十五年(737)的唐令中,明确规定"诸外官授讫,给装束假……其有田苗者,听待收田讫发遣。"[1]《唐律·职制》中也有"其有田苗者,依《令》,听待收田讫发遣;无田苗者,依限需还。"立法力图任官务农两不相误。

唐代假宁制度的立法缘由体现了国法与人情的磨合。给予官员休假的本意是让他们劳逸结合,保质保量完成工作的同时兼顾家庭。履行古代男子一身兼为臣子、儿子、丈夫、父亲的多重义务,同时还需兼顾国家对丁男的劳动力需要。应当说立法的初衷既详尽周密也不乏人情味。然而,任何立法必有漏洞。因此才有前述,借口上任绕道者有之,借口周亲疾病不到任者有之,凡此种种,不一而足。当政者也想出限假等种种方式予以监督。这种立法与实践的冲突与完善,都给我们当代的立法者广阔的思考空间,也让有志于学的人有研究深入的路径。

综上所述,择唐令之要,析立法缘由,希能管中窥豹,对当代假宁制度的制定有所借鉴。

---

〔1〕［日］仁井田陞:《唐令拾遗》,栗劲等译,长春出版社1989年版,第681页。

唐朝和瓦卢瓦王朝父权比较研究

黄 婧*

【摘要】 中国自古就有家国天下、移孝于忠的说法，而法国中古时期，也经常把子女对父母的孝和他们对国家的忠联系在一起。解析唐朝和瓦卢瓦王朝父母对于子女的父权后发现，其都对惩罚权、教令权、主婚权和财产权有相应的规定。唐律父权有一整套的理论来源，而瓦卢瓦王朝的父权并没有理论来源，却尝试把父权和君权联系在一起。有两种可能性导致他们相似度很高，一是瓦卢瓦王朝借鉴吸收唐朝的做法，二是人性都是共通的，这种法律都被发掘然后运用。

【关键词】 父权；唐律；瓦卢瓦王朝；比较研究

在古代的中国，"家"不仅组织着中国传统社会的基本结构，而且构成中国传统文化的精神结构和价值取向。父权也是传统文化这种孝精神的体现。隋唐是中国历史上最为辉煌的时期，也是家族本位伦理法的完备时期。作为中国封建法典典范的《唐律疏议》，继承且发展了秦汉以来伦理法的原则和规定，中国的封建家族本位伦理法在这个时期走向了成熟。在唐朝，涉及家长权和族权的领域，几乎完全为国家制定法所确认，而充分法律化了，[1] 为我们研究中

* 作者系中国政法大学法律史学专业博士研究生。

〔1〕 张晋藩：《中国法律的传统与近代转型》，法律出版社 2005 年版，第 121 页。

国古代的父权提供了可靠切入口。

中国自古以来就有家国天下、移孝于忠的说法，而法国国王路易十三在1639年曾经说过：孩子对于他们父母的尊重是和他们对国家主权的服从联系在一起的。[1] 可以看到，无论是在中国还是在法国，世俗的王权都很认可父权，这是为什么呢？我们将对比唐朝和瓦卢瓦王朝的父权，同时对比两个国家的文化源流，浅析父权的内涵。

一、唐朝和瓦卢瓦王朝父母对于子女的惩罚权和教令权的比较研究

唐朝的父权首先体现在对于子女的教令权和惩罚权，因为这两项权利十分相关，所以合在一起写。《唐律疏议》名例律有这样的规定：五刑之中，十恶尤切，亏损名教，毁裂冠冕，特标篇首，以为明戒。[2] 十恶之中，七曰不孝。谓告言、诅詈祖父母父母，及祖父母父母在，别籍、异财，若供养有阙；居父母丧，身自嫁娶，若作乐，释服从吉，闻祖父母父母丧，匿不举哀，诈称祖父母父母死。[3]

《唐律疏议》户婚律：诸子孙违反教令有阙者，徒两年。[4] 祖父母、父母有所教令，于事合宜，即须奉以周旋，子孙不得违犯。可以知道，子孙违反教令或供养有阙，二者有一，即徒两年。但由于认为这是家庭内部事务，所以只有在祖父母和父母告诉的情况下才处理，如果祖父母并没有提出控告，而是他人提出控告，则不得不予追究。我们从这条律文中可以看出家长对于子女是有教令权和惩罚权的，而且是家庭内部事务，家长几乎有绝对的权力。此外，可以看出，法律并没有规定子女达到一定条件，家长就没有惩罚权和教令

---

[1] Romuald Sziamkiewicz, Histoire du droit français de la famille, Edition Dalloz en 1995, p. 57.

[2] 刘俊文：《唐律疏议笺解》，中华书局1996年版，第56页。

[3] 刘俊文：《唐律疏议笺解》，中华书局1996年版，第61页。

[4] 刘俊文：《唐律疏议笺解》，中华书局1996年版，第1636页。

权了,这样家长对于子女的惩罚权和教令权是终身的。

在法国,存在教令权和监禁权,监禁权也是一种惩罚权。也就是中古时期法国,父权在习惯法地区和成文法地区有差异。玛丽伊莲娜和罗沫阿尔德认为在成文法区域,父权是终身的,被适用并且一直到父亲死亡。在习惯法区域,效力较小,并且会更多地考虑子女的利益。孩子结婚,或者对于绝大多数的年满25岁的子女,或者进入军队、教会、担任法官,就解放了。[1] 而 Prosper Eschbach 认为在法国的成文法区域,存在这样的习俗,儿子结婚或者和父亲分开住了,就解放了。同时他也认为,习惯法区域会更多的保护孩子的利益,父母对孩子没有多少权力。[2] 根据国王亨利三世颁布的 L'ordonnance de 1579 第42条的规定,未成年人是小于25岁的人。[3] 男子30岁以下和女子25岁以下,结婚需要取得父母、财产监管人或者监护人的同意,而父母对于子女的主婚权也属于父权的范畴。本文认为,在法国,成文法地区和习惯法地区肯定存在父权的差异,且习惯法地区的家长权较之成文法地区的父权为弱。Prosper Eschbach 和玛丽伊莲娜可能是根据实际运行情况结合法律解析父权。在16世纪的时候,也就是老法国的时期,还处在农耕社会,以农业为主,而土地是重要的生产资料,掌握在父亲手里,玛丽伊莲娜的看法更多地是从实际运作的角度出发,认为在成文法地区家长权会一直持续到父亲死亡。在这之后,父权存在演变。学校的兴起,导致孩子可以通过学习知识获取技能,独立生活,从而导致家长权减弱,也就是 Prosper Eschbach 的说法。我们还可以知道的是,

---

[1] Marie-Hénène Renaut, Histoire du droit de la famille, Edition Ellipsesen décembre 2012, p. 78.

[2] Prosper Eschbach, De la Puissance Paternelle comparativement selon les principes du droit romain et du droit civil français, Thèse en jeudi 26 décembre 1839 à la faculté de droit de strasbourg, p. 2.

[3] L'ordonnance de Blois 1579, Edition lyonnaise des actes royaux en 1582, p. 27.

这样的家长权受到罗马法的影响。[1] 本文以玛丽阿莲娜的说法为主,因为后者已经接近资本主义时期了,我们主要对16世纪的法国法来进行参考。

无论是习惯法区域还是成文法区域,存在父母对于子女的教令权,[2]即使是国王路易十三和路易十四,他们是小孩的时候,其父母对于他们也有教令权,这种权力在中古时期一直是被允许的。此外存在家长对于子女的惩罚权。家长可以不经过司法审判,通过向国王申请一种信,[3]就对孩子实施监禁,[4]对女子进行惩罚,把他们关进修道院或者监狱。有资料显示,在1733年到1743年,国王一共签署了6万封这样的信。[5]

我们可以看到,这种父母对于子女教令权和惩罚权的规定主要是世俗的王权在规范,唐朝也是这样。我们可以看到,这两个国家世俗的权力都和家长权联系在一起,并且极力支持父权。法国虽然是天主教的大国,但是在这一块法律却并没有太多的规定。

二、唐朝和瓦卢瓦王朝父母对于子女主婚权比较研究

唐朝的父权其次表现在父母对于子女的主婚权。根据唐律户婚律:诸卑幼在外,尊长后为订婚,而卑幼自娶妻,已成者婚如法;未成者从尊长,违者杖一百。按礼,尊长拥有主婚权,卑幼必须服从尊长的教命,不得自主婚娶。律文规定,卑幼违抗尊长教命而自主婚娶

---

[1] Romuald Sziamkiewicz, Histoire du droit français de la famille, Edition Dalloz en 1995, p. 59.

[2] Romuald Sziamkiewicz, Histoire du droit français de la famille, Edition Dalloz en 1995, p. 58.

[3] 这种信叫 lettres de cachet,是国王的信。

[4] Marie-Hénène Renaut, Histoire du droit de la famille, Edition Ellipsesen décembre 2012, p. 78.

[5] Paul Fabre, Des lettres de cachet, Blbliotheque Nationale de France 37502013291218, Imprimerie J-B PERDRAU, p. 1.

者,各杖一百,其所定之婚无效,但是大功以下等尊长关系疏远,依礼并不具有主婚权。同时表现在对于子女的离婚方面,《唐律疏议》户婚律规定,诸妻无七出及义绝之状而出之者,徒一年半;虽犯七出,有三不去而出之者,杖一百。不孝顺父母就规定在七出之条里面。《礼记》内则所谓:"子甚宜其妻,父母不悦,出;子不宜其妻,父母曰:是善事我,子行夫妇之礼焉。没身不衰。"这些都是维护封建礼教的,[1]也是亲亲尊尊在法律条文上的具体体现,从中可以看出儒家文化对于我国法律的影响。

在法国大革命前的几个世纪,新教的兴起导致传统天主教权威的下降,政治上呈现皇权和教权的二元结构,同时也反映在法律上,呈现出世俗性和宗教性的双重特点。我们可以看到,在特兰托会议上有关于婚姻的立法,但并没有涉及父权的条文,并且认为对于结婚,父母的同意是不必要的。特兰托会议后,法国国王亨利三世对于婚姻法有一次统一的立法,即于1576年制定,并于1579年颁布的l'ordonnance de Blois。特兰托会议的立法和国王的法律同时存在[2]且生效,并都作用于婚姻家庭方面。我们看到L'ordonnance de Blois第41条有这样的规定:反对孩子在没有取得父亲、母亲、监护人和财产管理人的同意的情况下缔结婚姻,允许因为这个原因剥夺继承权。[3] Boutaric François在这条法律后面解析认为,只有父亲和母亲可以撤销子女(男子30岁以下,女子25岁以下)未经过合意而缔结的婚姻,其他近亲属没有这个权力。[4] 我们可以看到在随后的立法L'ordonnance de 1629第39条有这样的规定:家庭的儿子,

[1] 刘俊文:《唐律疏议笺解》,中华书局1996年版,第1054页。

[2] Marie-Hénène Renaut, Histoire du droit de la famille, Edition Ellipsesen décembre 2012, p. 34.

[3] L'ordonnane de Blois, Edition lyonnaise des actes royaux en 1582, p. 26.

[4] Boutaric François, Explication de l'ordonnance de Blois 1579, Edition Gaspard Henault, Jean-François en 1745, pp. 71 – 73.

在没有取得父母同意下缔结的婚姻，是无效的，在法国国王颁布的法律中，父母对于子女是有主婚权的。从这样的立法可以看出，教会对于推动平等关系是有贡献的。

中国和法国都是历史悠久的国家，有自己的文化传统。中国深受儒家文化的熏陶，而法国是传统的天主教大国。可以看到文化传统对于一个国家法律的影响，儒家思想由于“亲亲、尊尊”，所以父母拥有主婚权，而基督教由于强调人人平等，我们可以看到《圣经》里面并没有记载父母对于子女婚姻的权力，所以教会婚姻强调婚姻双方当事人本人的合意。但是，文艺复兴后，新教的兴起导致传统天主教的衰落，世俗的权力也兴起了，并尝试和教会争夺婚姻的管辖权，规定了父母对子女的主婚权。在主婚权方面，世俗的权力也是支持父母对于子女的主婚权。

无论是唐律还是瓦卢瓦王朝，较远的亲戚，包括法国的财产监管人、监护人都没有撤销婚姻的权力，这主要是出于子女的一种权利的保护。假如一个叔伯兄弟是子女的监护人，而叔伯兄弟想夺取未成年人的财产，就有可能故意不同意他的婚姻。考量到这个之后，才有了这方面的规定，在法国唯有父母才可以撤销未成年人子女的婚姻。

三、唐朝和瓦卢瓦王朝对于子女财产权比较研究

唐朝的父权更表现在父母对于子女的财产权方面。《唐律疏议》户婚律：诸同居卑幼，私辄用财者，十匹笞十，十匹加一等，罪止杖一百。即同居应分，不均分者，计所侵，坐赃论减三等。按《礼记》访云：“父母在，不敢有其身，不敢私其才。又内则云：子妇无私货，无私蓄，无私器，不敢私假，不敢私与。”[1]同居卑幼私用财罪，指的是同居卑幼未经尊长允许，私下擅自动用当家财务之行为。

《唐律疏议》户婚律：诸祖父母、父母在，而子孙别籍、异财者，徒

---

[1] 刘俊文：《唐律疏议笺解》，中华书局1996年版，第960页。

三年。[疏]议曰:称祖父母、父母在,则曾、高在亦同。若子孙别生户籍,财产不同者,子孙各徒三年。若祖父母、父母令别籍及以子孙妄继人后者,徒两年,子孙不坐。[1] 可以看出财产权在父母的手里,卑幼不得随意处置财产。

法国父母对于子女的财产权体现在剥夺子女继承权上面。前文提及亨利三世于1579年颁布的法,规定子女未经父母同意而擅自结婚,被剥夺继承权的规定。Ernest VaUier 有提及,在法国的成文法区域的继承法,个人是优先于家庭的,那么亨利三世在1579年的 ordonnance 就能很好地体现了父母对于子女财产权的规定。除此之外,法国存在这么一种古老的法理,即当一个贵族父亲有一个长子,而这个长子不能给他带来荣誉也不能维持这个名称,他就可以把长子权转移给他较幼的儿子,[2] 这种长子继承制度在大革命后也被废除了。

在这两个国家,我们截取的时间点都处在农耕时代,以农业为主,土地是重要的生产资料,被剥夺继承权是比较严重的惩罚,体现了世俗权力对于家长权的支持。

唐朝和瓦卢瓦王朝的父权,既有相同之处,也有不同之处。相同之处在于:第一,都是世俗的权力在支持父权,宗教并没有对父权有太多的干涉;第二,两个国家在父母对子女的教令权、惩罚权、主婚权和财产权上均有相关的规定;第三,两个国家的父权都是出于农耕时代的父权,具有可比性。

但是,他们也有不同之处,唐朝是宗法社会,父权理论来源于儒家思想,也就是父为子纲、夫为妻纲、君为臣纲,是一套完整的体系,

---

[1] 刘俊文:《唐律疏议笺解》,中华书局1996年版,第936页。

[2] Stanislas Faure, Des pactes sur succession future en droit romain et en droit français ancien et moderne, Thèse présenté à la faculté de droit de Poitiers pour garde de docteur en soutenue le mercredi 31 juillet 1867, p. 71.

维护了封建制度,这种父权的政治性是很强的,宗法和政治高度结合,形成了家国一体、亲贵合一的体制;[1]就法国而言,世俗的王权不停地强调父权,并且不停地把父权和君权联系在一起,但是并没有形成完整的理论体系。

四、父权产生的原因分析

我国是宗法社会,深受儒家文化的影响,强调父权有一种必然性。但是就法国来讲,法国是传统的天主教大国,教会提倡人人平等,并未规定父权,然而父权还是产生了,并且王权不止一次地提到父权。为什么在这两个国家世俗的王权都那么支持父权?首先,这两个国家的父权的内容都包括惩罚权、教令权、主婚权和财产权。不少人认为法国的父权是来源于罗马法的家父权制度,但是罗马并没力图把家长权和君权联系在一起。其次,中国自宗法社会形成以来,直至明清,从总体来看,父权是不断强化的,[2]同时,国家也总体呈现出越来越集权化的趋势。在法国,从 8 世纪开始采邑制度,到路易十四的时候达到绝对的君主制,国家也是不断的集权,[3]伴随着集权还有父权的不断强化。

中国古代的父权产生的根源,除了和原始氏族有关系,也是来源于我国的孝文化。中国古代是一个宗法社会,杨景凡认为宗法思想的最根本要义就是孝,孔子对于孝提出两个新境界,就是“敬”和“色”。孝是好的,但是中国强调的不仅仅是孝,而且还要顺,即强调的是孝顺,就忽视了卑亲属的权利保护,在此基础上,孔子建立了父

---

〔1〕 张晋藩:《中国法律传统与近代转型》,法律出版社 2005 年版,第 116 页。

〔2〕 张晋藩:《中国法律传统与近代转型》,法律出版社 2005 年版,第 118 ~ 121 页。

〔3〕 张岩:《转型时期中国法治特点研究》,中国法制出版社 2014 年版,第 51 页。

父—子子的等级秩序。[1]

杨景凡还认为,孔子思想沟通了孝与忠的关系,实现了家国一体。孔子认为孝是忠的基础,忠是孝的延伸。在政治上,家是国的细胞,君权是父权的放大,孝也是孔子伦理政治说的一个起点,并且确立了新的非同姓血缘的君父一体的制度,维护了封建的统治。由于父权和政治相关,[2]所以历来的统治者都维护父权,并且极力地维护孝,历朝历代不孝都是被打击的对象,例如不孝被唐律列在"十恶"里面,这是封建统治者极力维护父权的根源。孝本来是好的,但是被统治者作为一种政治工具统治国家,于是就变质了。

在罗马,母亲是被绝对的排除在权力之外的,例如主婚权,罗马法里只需要取得父亲同意就行,而根据国王亨利三世颁布的 L'ordonnance de Blois en 1579 里,结婚需要取得父母双方的同意。毫无疑问,在中国,由于其孝文化,母亲也能实际掌握一些权力,例如《红楼梦》里面的贾母。相较而言,貌似唐朝和瓦卢瓦王朝的父权更为接近。唐朝把父权和君权联系在一起,有一整套的理论来源,但是瓦卢瓦王朝却并没有这种理论来源。

可能有两种情况:第一种情况,考虑到唐朝和瓦卢瓦王朝相差将近千年,而法国的父权并没有理论来源,有可能是法国借鉴学习中国的制度;第二种情况,人性都是共通的,联系父权和君权使国家的政权更为稳定这样的方式被两个国家都发现了,并为我所用。

如果是第二种情况,本文认为,唐朝和瓦卢瓦王朝的父权都受到世俗的权力干涉更多。基督教由于其神性,权力的合法性来源于上帝。而世俗的权力并没有来自神授的君权,但是统治者也拥有一定

---

〔1〕 杨景凡、俞荣根:《孔子的法律思想》,群众出版社 1984 年版,第 102 ~ 103 页。

〔2〕 杨景凡、俞荣根:《孔子的法律思想》,群众出版社 1984 年版,第 105 ~ 108 页。

特权,权力的合法性来源是一个问题,从这里也可以看到,基督教基于上帝提倡人人平等思想,为平等做出的贡献。汉代大儒董仲舒从《春秋》出发,积极主张中央集权,“春秋大一统”的理论论述“天子受命于天,天下受命于天子”“诸侯和大臣谨于值守,干强支弱,上下有序”的理论,确立了“三纲”思想。另外,董仲舒阐明了《春秋》中的天人感应思想,《春秋》记载了不少日食、地震、陨石、冰雹等自然异象,董仲舒认为这些异象和天子微弱有关系,论述天和人之间存在感应关系。董仲舒认为,根据天人感应,如果人类社会背天而行,就会引起自然界的变化,那么灾害就会产生。[1] 这样的思想虽然论证了皇权的合法性,但是一旦天有灾祸,皇权就岌岌可危。从政治上来讲,“三纲”制度延续到了唐朝,统治者极力支持父权,使父母管理子女,男人管理女人,虽然是一种不平等的制度,但是从另一个角度上来讲,的确有止纷争的功效,从而有利于维护社会秩序。

同时,张国刚通过分析《玄告录》里张老和韦氏的案例,认为父母决定、女儿接受婚姻为普遍的情形。[2] 但是从唐朝传奇小说《霍小玉传》可以看到,李益本来是打算娶霍小玉的,但是在他还没有到家的时候,母亲已经为他订婚了卢家表妹。李益不敢推辞,屈从母命,没有娶霍小玉。[3] 我们可以参考法国的文学作品中的婚姻,莫里哀的作品《伪君子》中玛丽雅娜跪下求他父亲让她嫁给自己的爱人时说:“父亲,我的痛苦上天知晓,看在上天的分上,也看在一切能打动您这颗心的事物的分上,您放一放做父亲的权力吧,饶恕我这一次不能聪明。千万不要用这种无情的家法来逼迫我……”[4] 从中可以看出莫里哀喜剧里面描述的父母是很有主婚权的。本文认为,

---

〔1〕 张岂之:《中国思想学说史》(秦汉卷),广西师范大学出版社 2008 年版,第 314~317 页。

〔2〕 张国刚:《中国家庭史》(第二卷),广东人民出版社 2007 年版,第 86 页。

〔3〕 蒋防:《霍小玉传》,天津人民美术出版社 2013 年版,第 60~61 页。

〔4〕 [法]莫里哀:《伪君子》,李玉民译,华夏出版社 2007 年版,第 20~59 页。

首先,瓦卢瓦王朝的私法,就存在大量的习惯法,每个地区的实际运作和法律存在一定的差异,且地区和地区之间也存在差异。唐朝由于地大物博,国土是瓦卢瓦王朝的数倍,应该也存在差异,除了少数民族和汉族的差异,还有南北差异,各个省份应该也有细微的差异。其次,家庭背景的不同,王公贵族的家庭、士族的家庭、商人的家庭、平民的家庭和奴隶的家庭,由于家庭文化是不一样的,且每个家庭的成员相处模式的不同,也会导致父权存在差异,不能一概而论。从法律的实际运作去解析,是一种方式;从法条本身去解析,可以看出统治者的意图,也是很有意义的。

五、结论

本文最初是看见 Romuald Szramkiewicz 主编的法国家庭法律史,书里对于父权描述,明确分为监禁权、教令权、剥夺继承权三个部分来写,同时参考亨利三世颁布的 l' ordonnance,发现也是有主婚权的。中国学者解析父权一般也是惩罚权、教令权、主婚权和财产权,于是笔者想到对比两个国家的父权。同时这两个国家都尝试把父权和君权联系在一起,本文认为从这些角度讲,瓦卢瓦王朝和唐朝的父权更接近。这就不由让人联想,唐朝对外交流许多,唐朝的封建法典十分的完备,是否影响几百年之后的瓦卢瓦王朝?但是只是猜想,还有待证实。如果唐朝没有影响瓦卢瓦王朝,则有可能对于封建法典来说,这样规定父权的确能够稳固国家,有利于统治者,而这两个国家都发现了,然后运用到法律中。

唐宋无子立嗣制度与中庸思想

张淑雯*

【摘要】 中庸思想是中国古代思想的重要内容。中庸思想主张因时制宜,调和国法与人情,以救济一时之变;亦主张无过无不及,通过"允执其中"而达致"中和"。唐宋无子立嗣制度的发展,尤其是承认异姓为嗣和女户继产的合法性,均体现了权变的中庸理念。在司法实践中,司法官区分不同情况,具体处理争继纠纷,以求制约情欲、息事宁人,均体现了中和的中庸理念。

【关键词】 无子立嗣;中庸;权变;中和

一、唐宋无子立嗣制度与权变的中庸理念

唐宋时期的宗祧继承制度渊源于西周,仍旧以嫡长子继承制和立嫡制度为主。王国维先生对此有精辟的总结:"然所谓'立子以贵不以长,立适以长不以贤'者,乃传子法之精髓。"[1]宗祧继承制度可总括为:有子则立嫡、无嫡则立长、无子则立嗣。

嫡长子继承制是宗祧继承的首要原则,而立嫡制度是变通折中之法。《唐律疏议》详细规定了宗祧继承制度的内容,《宋刑统》则全

---

* 作者系中国政法大学法律史学专业博士研究生。

〔1〕 谢维扬、房鑫亮主编:《王国维全集》(第八卷),《观堂集林》卷十《史林二·殷周制度论》,浙江教育出版社、广东教育出版社2010年版,第306页。

面因袭之。唐宋律均规定:"诸立嫡违法者,徒一年。即嫡妻年五十以上无子者,得立嫡以长,不以长者亦如之。"疏议曰:"立嫡者,本拟承袭。嫡妻之长子为嫡子,不依此立,是名'违法',合徒一年。'即嫡妻年五十以上无子者',谓妇人年五十以上,不复乳育,故许立庶子为嫡。皆先立长,不立长者,亦徒一年,故云'亦如之'。依令:'无嫡子及有罪疾,立嫡孙;无嫡孙,以次立嫡子同母弟;无母弟,立庶子;无庶子,立嫡孙同母弟;无母弟,立庶孙。曾、玄以下准此。'无后者,为户绝。"[1]这套宗祧继承制度互配互补,继承人的选立范围如此之广,尊卑名分却如此之严,可谓张弛有度。

以上是有嫡庶子孙时,依法定顺序确立宗祧继承人的正统承继方式。若不依序承继,而"以次承袭",则是违法:"谓以嫡为庶、以庶为嫡、违法养子。"[2]唐律"非正嫡诈承袭"条规定:"依《封爵令》,王公侯伯子男,皆子孙承嫡者传袭。以次承袭,具在令文。"[3]《宋刑统》《宋天圣封爵令》《宋令》等均有相同规定。

唐宋以来,先嫡后庶的继承之名渐居次要,而延续宗祧的继承之实渐臻主要。"对于中国宗族来说,运用一切手段(包括对世系的拟制)来建构并维系世系的完整和延续,远比重视和坚守所谓'血缘纯洁性'更为重要。"[4]因此,凡无子者皆可立嗣延后。立嗣制度依照宗法继承顺序,首立同宗昭穆相当者,无则立同宗昭穆不相当者;两

---

〔1〕 钱大群撰:《唐律疏议新注》,南京师范大学出版社2007年版,第402~403页。(宋)窦仪等详定、岳纯之校正:《宋刑统校正》,北京大学出版社2015年版,第166页。

〔2〕 钱大群撰:《唐律疏议新注》,南京师范大学出版社2007年版,第155页。(宋)窦仪等详定、岳纯之校正:《宋刑统校正》,北京大学出版社2015年版,第66页。

〔3〕 [日]仁井田陞:《唐令拾遗》,栗劲等译,长春出版社1989年版,第219页。开元七年和二十五年《封爵令》:"诸王公侯伯子男,皆子孙承嫡者传袭,若无嫡子及有罪疾,立嫡孙;无嫡孙,以次立嫡子同母弟,无母弟,立庶子;无庶子,立嫡孙同母弟;无母弟,立庶孙。曾、玄以下准此。无后者国除。"

〔4〕 钱杭:《宗族建构中的血缘与世系》,载《历史研究》2009年第4期。

者皆无,则立异姓为嗣。唐宋律均规定:"依户令,无子者,听养同宗于昭穆相当者。"[1]"其小儿年三岁以下,本生父母遗弃,若不听收养,即性命将绝,故虽异姓,仍听收养,即从其姓。"[2]宗祧继承以亲情伦理为至上原则,并与家族名分相呼应。子孙谨守父子之分,尊祖贵祢;永传后裔,不辍宗祀。

有别于唐代统称"立嗣",区分立继和命继是宋代特有的立嗣制度。"身在养子,户绝立继,事体条法,迥然不同。"[3]立继子与命继子虽同依亲子孙法,为继父母送终承祀,但在继承的方式、权利和义务等方面不尽相同。《名公书判清明集》中《命继与立继不同》:"祖宗之法,立继者谓夫亡而妻在,其绝则其立也当从其妻,命继者谓夫妻俱亡,则其命也当惟近亲尊长。立继者与子承父分法同,当尽举其产以与之。命继者于诸无在室、归宗诸女,只得家财三分之一。"[4]在继承方式上,"立继子"——夫亡妻在,由妻立继;"命继子"——夫妻俱亡,由祖父母、近亲尊长、族长依次命继。在继承的权利和义务上,立继子等同亲子,承担生养死葬的义务,故享有完整的继承权;而命继子立于继父母死后,未曾养老送终,相应地,则无完整的继承权。

无子立嗣,首先,当立同宗昭穆相当者为嗣。兄弟的子孙是同姓同宗的手足至亲,出继为后可保证家族血统的纯正性。"兄弟之子谓之犹子,亦谓此奉承报孝,有子之道,与亲子不相远。"[5]立侄子为

---

〔1〕 钱大群撰:《唐律疏议新注》,南京师范大学出版社2007年版,第402页。(宋)窦仪等详定、岳纯之校正:《宋刑统校正》,北京大学出版社2015年版,第166页。

〔2〕 钱大群撰:《唐律疏议新注》,南京师范大学出版社2007年版,第401页。(宋)窦仪等详定、岳纯之校正:《宋刑统校正》,北京大学出版社2015年版,第166页。

〔3〕 《名公书判清明集》,中国社会科学院历史研究所、宋辽金元史研究室点校,中华书局1987年版,第245页。

〔4〕 《名公书判清明集》,中国社会科学院历史研究所、宋辽金元史研究室点校,中华书局1987年版,第266页。

〔5〕 (宋)袁采:《袁氏世范·睦亲》,天津古籍出版社1995年版,第28页。

继子,名正言顺,法顺理明。如唐敦煌养男契:“今则遂养同母弟兄王保住男清朵作为腹子,共弟男□等二人同父儿子。”[1]如南宋判词:“王怡不在,只合于近亲中择昭穆相当人,与之继后。”[2]

缺嗣者,除了可择侄辈立嗣子,还可择孙辈立嗣孙。嗣孙继祖,民间俗称“无子抚孙”“无子过孙”“无子继孙”,符合“无嫡子及有罪疾,立嫡孙”的法定嫡孙承重制度,无可非议。据《宋会要辑稿·礼》记载:“国子博士孟开,乞以侄孙宗颜为嫡孙。……又晋侍中荀无子,以兄之孙为孙,请如开所乞。从之。”[3]《名公书判清明集》中立孙为后的例子比比皆是。如“绝家命继,有一举而两得者,谓如父子俱亡,无人承绍香火,不必为父命继而立孙,则父之香火在其中矣。”[4]又如“是则吴镗之继立也,虽出于一时之权,要亦不害其为正。……窃闻事合于权,不必绳之以正;情本乎私,未易文之以公。”[5]嗣孙承祖,同时延展父和子两代血脉,事求曲当,一举两得。司法官出于权宜考虑,依法顺情,也承认由孙承祖的合法性,不允许族亲出而争执。

其次,同宗无昭穆相当者,只能立昭穆不相当者为嗣。因昭穆不顺、尊卑失序,本不可以弟为嗣。唐《封爵令》:“袭爵嫡子无子孙,而身亡者除国,更不及兄弟。”[6]弟先兄祭,轻长重幼,非兄弟之义;不

[1] 沙知録校:《敦煌契约文书辑校》(伯3443号),江苏古籍出版社1998年版,第357页。

[2] 《名公书判清明集》,中国社会科学院历史研究所、宋辽金元史研究室点校,中华书局1987年版,第263页。

[3] 转引自张晋藩主编:《中国法制通史》(第五卷 宋),法律出版社1999年版,第291页。

[4] 《名公书判清明集》,中国社会科学院历史研究所、宋辽金元史研究室点校,中华书局1987年版,第262页。

[5] 《名公书判清明集》,中国社会科学院历史研究所、宋辽金元史研究室点校,中华书局1987年版,第269~270页。

[6] [日]仁井田陞:《唐令拾遗》,栗劲等译,长春出版社1989年版,第219页。

嗣于父，而上继于兄，亲远义疏，祭不及祖祢。“若兄弟相代，则共是一世，昭穆位同，不可兼毁二庙，此盖礼之常例也。”[1]但唐宋民间多以弟继兄，而立之为嗣，亲族因弟属同胎共气而视为当然，不出争议。官府亦听从民便，通变得宜，既不勒令归宗，也不另行命继。如南宋判词：“世俗以弟为子，固亦有之，必须宗族无间言而后可。”[2]

最后，无同宗昭穆相当者，则立异姓为嗣。收养异姓为嗣历来为法律所禁止，唐宋律亦不例外。“异姓之男，本非族类，违法收养，故徒一年；违法与者，得笞五十。”[3]异姓为嗣虽是禁律，但社会渐违，俗称“异姓顶门”“义子承嗣”“螟蛉为后”。既然同族不加干预，那么法官亦事急从权、网开一面，以弥补断嗣缺憾。从民间至官府，均默认异姓为嗣的正当性。朱熹说：“立异姓为后，此固今人之失，今亦难追正。”[4]南宋地方官胡石壁说：“后世立法，虽有许立异姓三岁以下之条，盖亦曲徇人情，使鳏夫寡妇有所恃而生耳，初不尝令官司于其人已死，其嗣已绝，而自为命继异姓者。”[5]立异姓为嗣，优先考虑外甥、外孙这类姻亲。究其原因，外甥、外孙属妻族母族同源所生，并非毫无血统关系的外人，作为仅次于亲侄的立嗣人选，不仅合情，而且合理。“本宗无人可立，不得已取诸其妻家之裔，亦曰关于九族之一，庶几亲亲以睦，而相依以生，其较诸绝无瓜葛者，良有间矣。”[6]甥承舅的例子不胜枚举。如唐敦煌收养外甥男契：“舅姓张

〔1〕（宋）王溥撰：《唐会要》（上），中华书局1995年版，第297页。

〔2〕《名公书判清明集》，中国社会科学院历史研究所、宋辽金元史研究室点校，中华书局1987年版，第220页。

〔3〕钱大群撰：《唐律疏议新注》，南京师范大学出版社2007年版，第402页。（宋）窦仪等详定、岳纯之校正：《宋刑统校正》，北京大学出版社2015年版，第166页。

〔4〕转引自陶希圣：《婚姻与家族》，上海书店1992年版，第93页。

〔5〕《名公书判清明集》，中国社会科学院历史研究所、宋辽金元史研究室点校，中华书局1987年版，第246页。

〔6〕《名公书判清明集》，中国社会科学院历史研究所、宋辽金元史研究室点校，中华书局1987年版，第269页。

富深为先因福甚少。……养外孙进成为男。"[1]如"百姓吴再昌":"今生孤独一身,更无子息,忽至老头,无人侍养。所以五亲商量,养外甥某专甲易姓名为如。自后切须恭勤,孝顺父母,恭敬宗诸,悬苦力作,侍养六亲。"[2]此种通融办法,重新调和法意与人情,遂为社会公认。

立异姓为后当以近亲为先,但若情势所迫,不得已抚养3岁以下遗弃孤儿为嗣,亦为法律允可,俗称"抱子为嗣""血布养子"。唐宋法令不仅一再放宽收养异姓儿的年龄限制,不限3岁;还不限是否遗弃,凡抱养均可。唐高宗时,年龄放宽到15岁以下,"令雍、同、华州贫窭之家,有年十五以下不能存活者,一切听任人收养为男女。"[3]宋代放宽到7岁,宁宗嘉定二年七月,"诏荒歉州县七岁以下男女听异姓收养,著为令。"[4]遗弃小儿本法所当立,应照条嗣续;族人不得出于私情,以异姓乱宗为由妄兴词讼。如南宋判词,"一之生前抱养,与亲生同,而一之既自有子,用之不得干预。"[5]"丁昌在日以养得三岁以下之子,然则丁昌元非户绝。"[6]可见,异姓养子于律相符、于情相顺,甚至可排斥作为同宗昭穆相当者的亲侄承继权。

自古以来,因男尊女卑,女性本无宗祧继承权。"女子卑于男

---

〔1〕 乜小红:《俄藏敦煌契约文书研究》(俄藏x.12012-1号),上海古籍出版社2009年版,第200~201页。

〔2〕 沙知録校:《敦煌契约文书辑校》,(第5647号),江苏古籍出版社1998年版,第362~363页。

〔3〕 (后晋)刘昫等编:《旧唐书》卷五《高宗本纪》,中华书局1975年版,第65页。

〔4〕 (元)脱脱等编:《宋史》卷三九《宁宗三》,中华书局1977年版,第3册,第754页。

〔5〕 《名公书判清明集》,中国社会科学院历史研究所、宋辽金元史研究室点校,中华书局1987年版,第245页。

〔6〕 《名公书判清明集》,中国社会科学院历史研究所、宋辽金元史研究室点校,中华书局1987年版,第273页。

子,故次男子后。"[1]唐宋继承制度的进步所在,是不拘泥于传统,允许女承父分、妻承夫分,赋予户绝女儿、无男丁寡妻、无子存孙的祖母暂时的、不完整的继承权。该三者虽非独立的宗祧继承人,但有协助立嗣继户的权利和义务。更难得的是,唐宋法令愈趋明确保障赘婿的妻家继承权,并赋予其对抗族亲篡继夺祀的合法权。女户继产在宗庙关系里无名有实,在家族中具有举足轻重的地位。这虽不符合传的统宗法理念,但不失为妥当的权宜之计。

第一,户绝女承父分,携产出嫁则丧失继承权。《宋刑统》载唐开元二十五年(737)令:"[准]丧葬令,诸身丧户绝者,所有部曲、客女、奴婢、店宅、资财,并令近亲(亲,依本服,不以出降)转易货卖,将营葬事及量营功德之外,余财并与女。……准唐开成元年七月五日敕节文:自今后,如百姓及诸色人死绝无男,空有女,已出嫁者,令文合得资产。……如有出嫁亲女被出,及夫亡无子,并不曾分割夫家财产入己,还归父母家绝户者,并同在室女例,余准令敕处分。"[2]《宋令》:"诸户绝财产,尽给在室诸女。"[3]不同于唐律简单规定"余财并与女",宋律详细区分在室女、出嫁女、归宗女这三种不同身份,规定她们继承父分的不同顺序和份额。唐宋时都有关于亲女继户的案例记载。唐墓志有:"不幸府君早亡,有女一人……殓藏之礼裳帷之具,皆嗣女郑氏躬自营护焉。"[4]嗣女用父姓称"郑氏",为母完成殓葬之礼。主丧者是继承人的象征,女子主丧表明其是父家继承人。南宋判词有:"然则(被继承人)世光一房若不立嗣,官司尽将世

---

〔1〕 (唐)贾公彦:《仪礼注疏》卷三〇,中华书局1980年版,第162页。

〔2〕 (宋)窦仪等详定、岳纯之校正:《宋刑统校正》,北京大学出版社2015年版,第169~170页。

〔3〕 [日]仁井田陞:《唐令拾遗》,栗劲等译,长春出版社1989年版,第770页。

〔4〕 周绍良主编:《唐代墓志汇编》大和〇二三,《唐郑府君故夫人京兆杜氏墓志铭并序》,上海古籍出版社1992年版,第2113页。

光应分财产,给其二女,有何不可?"〔1〕

第二,寡妻承夫分,有法定立继权,改嫁则无。唐宋律规定:"寡妻妾无男者,承夫分。若夫兄弟皆亡,同一子之分。有男者不得别分,谓在夫家守志者。"〔2〕宗子为男主,宗妇则为女主,共承宗庙,齐体敬宗。"西洋学者注意到,在中国,妻子的地位作为异教世界是非常高的且稳定的,理由就是妻与夫并列成为祖先崇拜的对象。"〔3〕寡妻的最高责任是守寡抚孤,在夫族中居于家长的至尊地位。唐律规定:"妇女虽复非丁,据礼'与夫齐体',故年二十一以上同兼丁之限。"〔4〕唐《户令》也规定:"诸户主,皆以家长为之。""穴云,应分者不用此令,谓少子寡妻,堪为户主应分者,古今见耳。"〔5〕寡妻暂时代管家业,俟子成丁;同时,子孙必须服从寡母教令。梅因称为"男性孤儿监护","是一种手段,用以保持从属于父家族的假象,到假定儿童能自成为父的时候为止。这就是把家父权延长到体力刚刚达到壮年时为止。"〔6〕这种"便宜方法",可使势单力薄的年幼继承人免遭亲族长辈欺凌夺继,既庇护了孤儿,又保护了寡母。寡妻的权利不仅受法律保护,还受官府保护。如"夫亡妻在者,从其妻,尊长与官司亦无抑勒之理。"〔7〕

第三,无子存孙的祖母有命继权。祖母位高权重,命孙承祖,将

〔1〕《名公书判清明集》,中国社会科学院历史研究所、宋辽金元史研究室点校,中华书局1987年版,第252页。

〔2〕钱大群撰:《唐律疏议新注》,南京师范大学出版社2007年版,第410页。(宋)窦仪等详定、岳纯之校正:《宋刑统校正》,北京大学出版社2015年版,第168~169页。

〔3〕[日]滋贺秀三:《中国家族法原理》,张建国、李力译,商务印书馆2013年版,第495页。

〔4〕钱大群撰:《唐律疏议新注》,南京师范大学出版社2007年版,第115页。

〔5〕[日]仁井田陞:《唐令拾遗》,栗劲等译,长春出版社1989年版,第131页。

〔6〕[英]梅因:《古代法》,沈景一译,商务印书馆1959年版,第105页。

〔7〕《名公书判清明集·父在立异姓父亡无遗还之条》,中华书局1987年版,第245页。

家事授予孤孙及寡媳。"舅末则姑老,是授祭事与子妇。"[1]官司当听从祖母命继,不得非法干预。"又法:其欲继绝,而得绝家亲尊长命继者,听之。"[2]

宋代的立嗣制度虽承袭于唐,但内容却较之更为规范、形式更为灵活。《名公书判清明集》中有很多法理判词,直接成为《宋刑统》的新制度。尤其是法令允许在室女和寡妇招赘夫以顶立门户,更是宋代宗祧继承的新现象。社会上,在室女和寡妇招婿为子或招婿生子,极为普遍。前者俗称"坐山招夫";后者俗称"指女抱儿"。这虽不合礼法,但揆之天理人情,无可厚非。故法循人情,天圣四年(1206),重新制定的《户绝条贯》确立了赘婿的继承权:"今后户绝之家,如无在室女[而]有出嫁女者,将资材庄宅物色,除殡葬营齐[赍]外,三分与[出嫁女]一分。如无出嫁女,即给与出嫁亲姑、姐、妹、侄一分。余二分,若亡人在日,亲属及入舍婿、义男、随母男等,自来同居,营业佃莳。至户绝人身亡[已]及三年已上者,二分店宅财物庄田,并给为主。如无出嫁姑姐妹侄,并全与同居之人。若同居未及三年,及户绝之人孑然无同居者,并纳官。……若亡人遗嘱证验分明,依遗嘱施行。"[3]南宋判词有:"合以一半与所立之子,以一半与所赘之婿。女乃其所亲出,婿又赘居年深,稽之条令,皆合均分。"[4]可见,从立法到司法,无不承认并保护赘婿在妻家的合法地位和继承权。

赘婿俗谓"上门女婿""倒插门""接脚夫"等,情同半子,改姓后承女家宗祧。户绝之家宁可依赖亲女和赘婿养老续嗣,也不愿由非

---

〔1〕(唐)杜佑撰:《通典》卷三《礼》,中华书局1988年版,第2583页。

〔2〕《名公书判清明集·双立母命之子与同宗之子》,中华书局1987年版,第220页。

〔3〕《宋会要辑稿·食货》六一之五十八。

〔4〕《名公书判清明集》,中国社会科学院历史研究所、宋辽金元史研究室点校,中华书局1987年版,第205~206页。

亲生骨血且关系疏远的族亲来接续宗支。“老病无归,依栖女婿,养生送死,皆赖其力。”[1]相似地,寡妇迫而坐产招夫,共同抚子养老,顶替亡夫门户。赘夫于幼子有同居继父之道,代管家业,待子成丁时归还。“在法有接脚夫,盖为夫亡子幼,无人主家设也。”[2]实际上,赘婿比继子关系亲密,于情于理俱顺。况且,更令人忧心忡忡的是,继子与生父母间斩不断的血脉亲情,与生父母合谋侵吞养父母家产。宋代书判中这样的例子举不胜举。“既破他家,必求归宗,往往兴讼,又破我家。”[3]又如“吴登云已过房为季五子,今又欲为季八后,亦不过贪图其产业,岂真为死者计哉!……二人之心,见利忘义,已大可诛。”[4]情义已睽,家业尽失,何苦为哉?因此,官司默认赘婿的合法继承权,不允许族人篡继混争。

在立法上,宗祧继承通过立嗣制度来弥补无子承继的缺憾,既重视血缘,又超越血缘,体现了权变的中庸之道。中庸之道甚注重“中”,追求中正、时中、得中。《中庸》:“成己仁也,成物知也,性之德也,合外内之道也,故时措之宜也。”[5]中庸思想衍述于《易传·临卦》,“刚中而应,大亨以正,天之道也。”[6]天道变化无穷,则人道随时适应,无不合于中。北宋的张载认为宇宙唯一气,气即乾坤屈伸变化之道,迭运自然之妙有。《正蒙·诚明》:“天理者,时义而已。”[7]程颐对此亦所见略同:“天地之化,虽廓然无穷,然而阴阳之

〔1〕《名公书判清明集》,中国社会科学院历史研究所、宋辽金元史研究室点校,中华书局1987年版,第125~127页。

〔2〕《名公书判清明集》,中国社会科学院历史研究所、宋辽金元史研究室点校,中华书局1987年版,第296页。

〔3〕(宋)袁采:《袁氏世范》,天津古籍出版社1995年版,第21a~21b页。

〔4〕《名公书判清明集》,中国社会科学院历史研究所、宋辽金元史研究室点校,中华书局1987年版,第208页。

〔5〕转引自张岱年:《中国哲学大纲》,商务印书馆2015年版,第497页。

〔6〕转引自张岱年:《中国哲学大纲》,商务印书馆2015年版,第477页。

〔7〕转引自张岱年:《中国哲学大纲》,商务印书馆2015年版,第663页。

度,日月寒暑昼夜之变,莫不有常,此道之所以为中庸。"[1]权变是中庸之道的应有之义。所谓"经不离权,权不离经",即变经有道、变权以正,在变易中反中得和。柳宗元说:"经非权则泥,权非经则悖;是二者,强名也。曰'当',斯尽之矣。'当'也者,大中之道也。"[2]朱熹:"盖经者,只是存得个大法正当的道理而已,精微曲折处,故非经之所能尽也。所谓权者,于精微曲折处曲尽其宜,以济经之所不及耳"。[3] 法律不可施之时,则因时制宜,以情理济之,适时势之变。如梅因说立继是"履行家祭的一种特殊渴望,都威胁着要歪曲家族承袭的正常进程,但当亲族之中没有人能继承的时候,它们显然都是避免承袭的完全中断的手段。"[4]立嗣制度这种无子救济方式,既能保证家族香火不断,又可避免家产流失,可谓一举多得。

在司法实践中,官府也运用权变的中庸之道来处理立嗣争讼。法官把天理与人情灵活运用于判决中,使法顺人情,则立嗣审判合情合理,众人心悦诚服。南宋判词中充斥了大量诸如"酌以人情参以法意""此又屈公法而徇人情耳"[5]一类的词句。朱勇教授说:"情法并立,互为轻重;既不以法伤情,又不以情掩法;并重情法,共同为治——这就是传统的中国文明所确立的二者关系原则。从这样的原则出发,便引出了情法冲突的具体解决模式:伦理入于法,亲情义务法律化;区别不同情况,或者法就于情,或者情让于法,或者情法互避。"[6]父母官从人情出发解决子民间争继问题,首先尊重死者生前意愿,根据具体情况而变更判决。甚至为了合情,改变礼法来

[1] 转引自张岱年:《中国哲学大纲》,商务印书馆2015年版,第189页。

[2] 《全唐文》卷五八二,柳宗元《断刑论》下。

[3] 《朱子语类》卷三七《论语十九》。

[4] [英]梅因:《古代法》,沈景一译,商务印书馆1959年版,第127页。

[5] 《名公书判清明集》,中国社会科学院历史研究所、宋辽金元史研究室点校,中华书局1987年版,第278~279页。

[6] 朱勇:《中国法律的艰辛历程》,黑龙江人民出版社2002年版,第26页。

迎合不可变之亲情。“照得户婚讼牒,不一而足,使直笔者不能酌情据法,以平其事,则无厌之讼炽矣,家不破,未已也。事到本司,三尺具在,只得明其事非,合于人情而后已。”[1]尤其事涉尊卑、长幼、贵贱等伦理关系时,司法官运用原情审断和重情压轻情两大司法原则,不惜屈法伸情,以弥补一味适用成文法而造成的不公正结果。朱熹说:“凡听五刑之讼,必原父子之亲、立君臣之义以权之,盖必如此,然后轻重之序可得而论,浅深之量可得而测。”法律向宗法伦理倾斜,富于伸缩,导致在一定程度上损害了国家司法权。“听讼之法,公则平,私则偏。所谓私者,非必惟货惟来也,止缘忿嫉多而哀矜少,则此心私矣,所以不能作平等观。”[2]为了保护尊卑长幼及宗统宗庙关系,法律关系屈尊于亲情关系,法律平等屈就于名分等差。“追求法律的公平,就难免跟家庭身份制和社会阶级制冲突。中国传统民法的发展,也许就是法律公平原则与身份等级原则的不断角力吧。”[3]中国传统注重家庭和谐和社会稳定,追求情理与礼法均统一于无讼息争的礼治秩序中。“在争端解决机制方面,重视争端解决对于人际关系的影响以及争端解决后人际关系的重建,而不是争端解决本身。”[4]

二、唐宋争继夺产案件与中和的中庸理念

无子立嗣制度完整严密、相互补充,为选立继承人提供了宽松的余地,以确保家族后继有人。然而,族亲往往唯己是私、见利则竞,

---

[1] 《名公书判清明集》,中国社会科学院历史研究所、宋辽金元史研究室点校,中华书局1987年版,第216页。

[2] 《名公书判清明集》,中国社会科学院历史研究所、宋辽金元史研究室点校,中华书局1987年版,第361~362页。

[3] 柳立言:《宋代的家庭和法律》,上海古籍出版社2008年版,第494页。

[4] 朱勇:《权利换和谐:中国传统法律的秩序路径》,载《中国法学》2008年第1期。

竟不顾骨肉至情，只顾争继夺产。“近来词诉乃大不然，死者之肉未寒，为兄弟、为女婿、为亲戚者，其于丧葬之事，一不暇问，但知欺凌孤寡……贪图继立，为利忘义，全无人心，此风最为薄恶。”〔1〕族亲全无睦族之义、恤孤之责，无数冲突皆因此而起，以至于涉讼公庭，有伤体面。“忘同气之恩，弃继绝之谊，废其祭祀，馁其鬼神，是可忍也，孰不可忍也！”〔2〕

法官处理族人间这类纷争，不仅根据具体情形随时调剂，平心处断；而且以家人和好如初为出发点，以教化为先、刑罚为后，使法律与情理相协无碍。“而其所以与同室之斗者，度只是一时为利欲所蔽，无人以天理人伦开晓之耳。当职叨蒙上恩，假守于此，布宣德化，训迪人心，正太守之责也。”〔3〕法官从公劝和、惩错纠过，以求恢复被破坏的亲情关系及伦常秩序。“知县所判，司户所拟，极为切中，人心天理，谁独无之。当职两年于兹，凡骨肉亲戚之讼，每以道理训谕，虽小夫贱隶，莫不悔悟，各还其天。且久无同姓之讼，太守方为之喜。”〔4〕

其一，双立异姓子与同宗子为嗣集中体现了折中求和的中庸理念。立异姓为后于法有据，本无可议；奈何族亲趁机大做文章，兴讼不已。法官折中而为双立判决，由异姓子养老葬殓、同宗子承祀门祚。该公平理断两全其美，上合法意、下合人情，既可诛贪谋之心，又可使永无争讼。双立为嗣的判例在《名公书判清明集》中不乏其数。如“然庆安、尧蓂盖均之为阿游之的孙，阿游愿为亡长男如旦两

〔1〕《名公书判清明集》，中国社会科学院历史研究所、宋辽金元史研究室点校，中华书局1987年版，第236页。

〔2〕《名公书判清明集》，中国社会科学院历史研究所、宋辽金元史研究室点校，中华书局1987年版，第246页。

〔3〕《名公书判清明集》，中国社会科学院历史研究所、宋辽金元史研究室点校，中华书局1987年版，第369～371页。

〔4〕《名公书判清明集》，中国社会科学院历史研究所、宋辽金元史研究室点校，中华书局1987年版，第206页。

立,官司亦只得听从其说。"[1]又如"稽之条令既如彼,参之情理又如此,欲牒鄂州,具照已行,并立黄臻、黄禹龙二人,将关书二本,当官抽拈为定,仍依旧付阿毛掌管。"[2]再如"赵氏若不幡然悔悟,它日续立者恐未得安稳,岂如及今双立,求绝争讼,保守门户乎!"[3]法官参以条令、人情,在第一案中承顺祖母爱念骨肉之意,如其两立之愿;在第二案中听任寡妻阿毛自行并立,偿其守节之心;在第三案中为止词诉而折中双立,劝赵氏勿以讼求胜致伤伦谊。

其二,"生子还孙"以继生父体现了挟经权变的中庸理念。原则上长子、独子皆不得出继,民间有"长子不离父""长子不出嗣""长子不下堂"等谚语。如"陈绍龙,陈士駉长子,照条,诸为人后者,不以嫡子。"[4]然而,礼法重大宗,大宗不可绝是长子特权;大宗无后,唯有小宗嫡子,亦当绝小宗以继大宗。如弟仅有一子不许先立嗣,必须与兄承祧,民间俗称"以长继长""绝次不绝长"。同时,作为弥补的权宜之法,独子承继他支后,待日后生子则归还其子以继本支,俗称"平分孙""借子还孙"。"以长子后大宗,则成宗子。礼,诸父无后,祭于宗家,后以其庶子还承其父。"[5]官府如此为善后计,则两家各得其宜,均可存立门户,永绝纷诉。

其三,焚香拈阄立嗣极为允当,使人情、法理两得其平。如《兄

[1] 《名公书判清明集》,中国社会科学院历史研究所、宋辽金元史研究室点校,中华书局1987年版,第272页。

[2] 《名公书判清明集》,中国社会科学院历史研究所、宋辽金元史研究室点校,中华书局1987年版,第222页。

[3] 《名公书判清明集》,中国社会科学院历史研究所、宋辽金元史研究室点校,中华书局1987年版,第621页。

[4] 《名公书判清明集》,中国社会科学院历史研究所、宋辽金元史研究室点校,中华书局1987年版,第235页。

[5] (唐)杜佑撰:《通典》卷三《礼》,中华书局1988年版,第2581页。

弟一贫一富拈阄立嗣》[1]一案中，容之、咏之之子皆争继为堂兄叶秀发之后，而不愿承嗣亲兄弟瑞之。官司公心正理，以拈阄定之；容之、咏之不得不听候宿命的安排，接受拈阄的结果。"欲唤上容之、咏之，当厅以慧、寄二名焚香拈阄，断之以天，以一人为瑞之嗣，以一人为秀发嗣，庶几人谋自息，天理自明，存亡继绝，安老怀少，生死皆可无憾。"又如"今欲帖县，将楷之子烨、楱之子炤当官拈阄，以一为梓之子，以一为巳之子。……庶几断之以天，而无贫富不公之嫌。"[2]抓阄立嗣付之天定，公平公正，既能绵嗣续之脉，又能息睥睨之争。

其四，检校制度由国家管理孤幼财产，不失为维护宗嗣和保守家道的高明办法。《宋会要》曰："元丰令，孤幼财产，官为检校，使亲戚抚养之，季给所需。""孤幼财产，官为检校，不满五千贯，召人供抵当，量数借请，岁收二分之息，资以赡养，使其长立而还之。"[3]官为检校孤幼财产，不偏不私，杜绝族人垂涎之念，鼓励亲属相亲相助。宋时敕令"侵用已检校财产论如擅支朝廷封桩钱物法"，徒二年。如此重罚，无非使人有所畏谨，不要嗜利蔑义，欺凌孤寡。如《检校嫠幼财产》一案，方天禄死而无子，孀妻承夫分，一从条令本不应检校。但官府考虑到18岁的孀妻未必能守义不嫁，并且亲族对财产虎视眈眈，故以权变经，破例为之检校财产，同时令本族尊长命继。"妻在者，本不待检校，但事有经权，十八孀妇，既无固志，加以王思诚从旁垂涎，不检校不可。"[4]再看一例，江瑞、江禧争继为江齐戴之后。官

---

〔1〕《名公书判清明集》，中国社会科学院历史研究所、宋辽金元史研究室点校，中华书局1987年版，第204页。

〔2〕《名公书判清明集》，中国社会科学院历史研究所、宋辽金元史研究室点校，中华书局1987年版，第205～206页。

〔3〕戴炎辉：《中国法制史》，三民书局1979年版，第265页。

〔4〕《名公书判清明集》，中国社会科学院历史研究所、宋辽金元史研究室点校，中华书局1987年版，第280页。

府与族长折中后,按江氏宗图命继江瑞,同时将财产从公检校,均作三分,候江瑞出幼日再给。“命继有正条在,有司惟知守法,而族属则参之以情,必情法两尽,然后存亡各得其所。”〔1〕通过检校制度,既可堵塞族党的觊觎之望,又可保护孤儿寡母的继承权,可谓一举多得。

三、小结

唐宋无子立嗣制度的发展,无论从法律制度上,还是从司法实践中,都体现了权变中和的中庸理念。中庸之道讲求不偏不倚、执两用中而达致中和。《中庸》:“子曰:舜其大知也与?舜好问,而好察迩言,隐恶而扬善,执其两端,用其中于民。其斯以为舜乎!”〔2〕程颐:“圣人与理为一,故无过不及,中而已矣。”〔3〕宗祧继承当以穆继昭,先子后孙,子孙皆无,则立嗣继后。这样兼顾国法与人情,恰恰体现了唐宋继承法的高明之处。司法官处理争继纠纷,依傍法意、斟酌人情,彰显了高超的审判智慧,显现了宁人息讼、社会平和的中庸理念。“再三抽绎,欲合情,欲息讼,必当酌其法之中者而行之,斯可矣。”〔4〕若人人皆能戒利去欲,践行“不勉而中,不思而得,从容中道”的中庸之道,一切纷争自然无从产生,实现不争无讼、无为而治的和谐秩序。“总之儒家的实践伦理由一个中字可以包括,所谓‘执其两端用其中于民’,所谓‘允执厥中’。”〔5〕

唐宋时期的宗祧继承制度,虽细枝末节不无转变,但大纲大目却

〔1〕《名公书判清明集》,中国社会科学院历史研究所、宋辽金元史研究室点校,中华书局1987年版,第256页。

〔2〕转引自张岱年:《中国哲学大纲》,商务印书馆2015年版,第495页。

〔3〕转引自张岱年:《中国哲学大纲》,商务印书馆2015年版,第519页。

〔4〕《名公书判清明集》,中国社会科学院历史研究所、宋辽金元史研究室点校,中华书局1987年版,第256~266页。

〔5〕郭沫若:《中国古代社会研究》,商务印书馆2011年版,第84页。

保持宗法实质。无子立嗣制度只是权变中和的中庸之道,被严格限定在等级身份的框架内,并未逃出儒家伦理的宗法束缚。“家族主义及阶级概念始终是中国古代法律的基本精神和主要特征,它们代表法律和道德、伦理所共同维护的社会制度和价值观念,亦即古人所谓纲常名教。”〔1〕刘子健认为“宋代形成了‘新传统’,它跟前代有很大的不同,故谓之‘新’,它对后世形成一个较稳定、广泛和长久的模式,甚至形成一种不易突破的约束,故谓之‘传统’。”〔2〕唐律为历代正统,宋制亦如,累代不易。这是为何?“祖宗成宪,不可废也,存之以备照用,甚当。但今所修法,须与祖宗法意不相违背。”〔3〕沈括在《梦溪笔谈》说:“此律今虽不用,然用法者须知立法之意,则于新格无所抵牾。”〔4〕虽然唐宋时期的女子在宗祧继承中占有一席之地,在蒸尝之奉中具有不可磨灭的重要作用,但是,父系父权父治的宗祧继承制并未异质,男尊女卑的实质没有改变。南宋高闶语:“律复有妇承夫分、女承父分之条,万一妇人探筹而得之,则家庙遂无主祀也!而可乎!”〔5〕女户继产只是折中之道,注重续其一脉的实质意义,“男承宗祧,女受嫁妆”始终是牢不可破的时代主流。

宗祧继承制度,虽难以在不同时期维持绝对同一性,但唐宋时期的基本格局畦于明清,遗留者不在少数。这从《民事习惯调查报告录》中,可一探究竟。

自周以迄于清末,宗祧继承的传统目的——“不孝有三,无后为大”,在各地调查报告仍均可见:“自继之后,任从改名换姓,读书婚

〔1〕瞿同祖:《中国法律与中国社会》,中华书局1981年版,第354页。

〔2〕转引自柳立言:《宋代的家庭和法律》,上海古籍出版社2008年版,第18页。

〔3〕李心传:《建炎以来系年要录》卷一八一,“绍兴二十九年正月甲申”,上海古籍出版社影印本,第3册,第557页。

〔4〕(宋)沈括:《梦溪笔谈》卷一一,《全宋笔记》(第2编第3册),大象出版社2006年版,第90页。

〔5〕转引自柳立言:《宋代的家庭和法律》,上海古籍出版社2008年版,第417页。

配,抚养成人,上承宗祧,下开后裔,双亲年老供奉,甘旨天年后,丧葬尽善尽美,毋得忘恩负义,以伤抚养之情,如有此情,作不孝论。"[1]

清末,民间依然固守法定的立嗣顺序,历久不渝。如黑龙江省巴彦、木兰等县"对于丧事,按习惯论,先尽近族,次远族,再次外亲主办,所遗财产应□□□承受。"[2]江西省赣南各县"凡无子之人而欲以他人之子为嗣子者,须先尽亲等最近之人,以次递推。若舍近支而立远房,实所罕见,即或有之,不但近房必出而相争,虽无关系之族人,亦皆不以为然。此其由来,一则因我国数重亲亲之义,否则,皆视为反乎常规;二则贤、不肖之标准亦难遽定,即使已有明确之区别,亦不敌亲属之观念故也。"[3]

唐宋以来,商品经济空前发展,家族也不是没有变迁。然而,社会阶级的流动无碍封建社会的稳定与延续,恰恰相反,使其历经沧桑而僵定少变。家族组织方兴未艾,顽强抵御一切非儒化因子,继续在封建道路上迈着艰难的步伐。"从北宋社会来看,其与唐后期以来的社会变化乃是一体的,有着不可分割的连续性和继承性。北宋社会的发展变化,是唐中叶以来社会同质变化过程的延续。"[4]

宗法渐衰的同时,家族观念却日炽。家族愈益局限于地方厚植根基,且更依赖于男子早日继承,以免身份、特权丧失。"家族制度虽逐渐分解,但以组织成分而论,大抵还是父系亲属。家的财产权仍然父子相承。家的事务仍然归于家长。一般地说,亲属制度仍然

---

〔1〕 南京国民政府司法行政部编:《民事习惯调查报告录》,中国政法大学出版社2005年版,第731页。

〔2〕 南京国民政府司法行政部编:《民事习惯调查报告录》,中国政法大学出版社2005年版,第629页。

〔3〕 南京国民政府司法行政部编:《民事习惯调查报告录》,中国政法大学出版社2005年版,第706页。

〔4〕 戴建国:《唐宋变革时期的法律与社会》,上海古籍出版社2010年版,第454页。

是父系父权父治。抽象的宗法系统,因此仍得以存在。"[1]宗祧继承制度利用宗法性特权,推崇程朱理学以重建儒家纲常,维护被视为天理的既定伦常秩序。"中国社会向为家族本位组织,且经儒家极力维持之,此一事实更根深蒂固,成为定制。于是个人的地位不显,家族的观念居先,中国固有法系之精神遂与此一现象互相呼应,在世界法系中放一异彩!"[2]身份制没有被否定破除,封建制没有根本触动。从唐宋到清末,宗祧继承制度依然具有繁盛生命力,而财产继承不能突破身份的囹圄获得独立发展。

[1] 陶希圣:《婚姻与家族》,上海书店1992年版,第91~92页。
[2] 陈顾远:《中国法制史概要》,商务印书馆2011年版,第219页。

从清代钱债之诉看民事诉讼的发展

李 青*

【摘要】 在清代，由于商品经济的发展，经济领域中的纠纷日益增多，其中一类重要的纠纷就是钱债纠纷。征诸《大清律例》，关于这方面的规范不多，且规定的范围比较窄。但如果根据相关档案和卷宗，我们会发现这方面的案例不胜枚举，这方面，得益于除《大清律例》之外的民事法律规范的发展和诉讼组织的完善，这类纠纷得以比较妥善的解决，从中也可以看到清代民事诉讼的发展轨迹。

【关键词】 钱债之诉；法律规范；诉讼组织；民事诉讼

《大清律例·户律·钱债》包括三项内容，即"违禁取利"、"费用受寄财产"和"得遗失物"。具体规定为：

《大清律例·户律·钱债》[1]

违禁取利

凡私放钱债及典当财物，每月取利并不得过三分，年月虽多，不过一本一利，违者，笞四十，以余利计脏。重(于笞四十)者，坐赃论，罪止杖一百。

---

* 作者系中国政法大学法律史学研究院教授。

〔1〕《大清律例》，田涛、郑秦点校，法律出版社1999年版，第263~266页。

若监临官吏于所部内举放钱债，典当财物者，（不必多取余利，有犯即）杖八十。违禁取利，以余利计赃。重（于杖八十）者，依不枉法论。（各主者，通算折半科罪，有禄人三十两，无禄人四十两，并杖就是。每十两加一等，罪止杖一百、流三千里。）并追余利给主。（兼庶民、官吏言。）其负欠私债，违约不还者，五两以上，违三月，笞一十，每一月加一等，罪止笞四十；五十两以上，违三月，笞二十，每一月加一等，罪止笞五十；百两以上，违三月，笞三十，每一月加一等，罪止杖六十，并追本利给主。

若豪势之人（于违约负债者），不告官司，以强夺去人孳畜产业者，杖八十。（无多取余利，听赎不追。）若估（所夺畜产之）价过本利者，计多余之物（罪有重于杖八十者），坐赃论（罪止杖一百、徒三年），依（多余之）数追还。（主）。

若准折人妻妾子女者，杖一百。（奸占加一等论。）强夺者，加二等。（杖七十、徒一年半。）因（强夺）而奸占妇女者，绞，（监候，所准折强夺之）人口给亲，私债免追。

条例

一、凡势豪举放私债，交通运粮官，挟势擅拿官军绑打凌辱，强将官粮。（官粮与军粮不同，官粮者，漕运赴京上纳正粮也；军粮，行月二粮也。）准还私债者，问罪。属军卫者，发边卫充军。属有司者，发边外为民。（交通、绑打、准粮三项，有一未合，仍各照律发落。）该管该运粮官，参究治罪。

一、听选官吏、监生人等，借债与债主及保人同赴任所，取偿至五十两以上，借者，革职；债主及保人，各枷号一个月发落，债追入官。

一、凡负欠私债，在京不赴法司而赴别衙门，在外不赴军卫有司而越赴巡抚、司、道官处告理，及辄具本状奏诉者，俱问罪。（依越诉论。）立案不行，若本京别衙门听从施行者，一体参究，私债不追。

一、佐领、骁骑校、领催等,有在本佐领或弟兄佐领下,指扣兵丁钱粮放印子银者,系佐领、骁骑校,照流三千里之例,枷号六十日;系领催,照边卫充军例,枷号七十五日,俱鞭一百。伙同放印子银者,照为从杖一百、徒三年例,枷号四十日、鞭一百,所得利银勒追入官。佐领、骁骑校、领催等,与属下兵丁保借者,革去职役,该参领交部议处。至佐领、骁骑校、参领等,平时失于觉察,以致该管兵丁将官钱粮扣还印子银者,俱交部分别议处。

一、凡有民人交通领催,违禁向八旗兵丁放转子印子长短钱,扣取钱粮者,拿送该地方官,照领催枷号七十五日之例,减一等,枷号四十日。如旗人内有举放重债,勒取兵丁钱粮,并非在本佐领下放债者,照民人减等枷责例发落。其失察之该管文武官,俱交部议处。八旗佐领,每月将有无重利放债,借债之人,出具印结,呈报该参领。参领按季加结,呈报都统查核。

费用受寄财产

凡受寄(他)人财物、畜产而辄费用者,坐赃论,(以坐赃致罪律。)减一等。(罪止杖九十、徒二年半。)诈言死失者,准窃盗论,减一等。(罪止杖一百、徒三年,免刺。)并追物还主,显其被水火、盗贼、费失,及畜产病死有显迹者,勿论。(若受寄财畜而隐匿不认,依诓骗律。如以产业转寄他人户下,而为所卖失,自有诡寄盗卖本条。)

条例

一、亲属费用受寄财物,大功以上及外祖父母得相容隐之亲属,追物给主,不坐罪,小功减三等,缌麻减二等,无服之亲减一等,俱追物还主。

得遗失物

凡得遗失之物,限五日内送官,官物(尽数)还官;私物招人识认,于内一半给与得物人充赏,一半给还失物人,如三十日内无人识认者,全给。(五日)限外不送官者,官物,坐赃论;(罪止杖一百、徒三年，追物还官。）私物减（坐赃）二等，其物一半入官，一半给主。（若无主全入官。）

若于官私地内掘得埋藏（无主）之物者，并听收用。若有古器、钟鼎、符印异常之物，（非民间所宜有者。）限三十日内送官。违者，杖八十，其物入官。

用现代话解释，《大清律例》“钱债”所规范的法律关系主要是“借贷”、“遗失物归属”和“财产侵权”。

“借贷”主要规范对高利贷的禁止。

“遗失物”归属除在程序上规定送官外，还在实体上作了“一半给与得物人充赏，一半给还失物人，三十日内无人认领，则全数归给得物人”的安排。

“财产侵权”则规定了保管他人财物、畜产而使用、诈骗失主已丢失或畜产已死亡以及藏匿的情况时的处罚，虽然未对财物、畜产不可复得时作赔偿规定，但“追物还主”的局限性实体规定，在不重民事权利而重视以刑罚安定社会秩序的清代，不能不说是具有一定的进步性的。

制定法对民事法律内容的规定虽然较少，但是这种规定弥足珍贵，对民事诉讼司法实践起到了非常重要的作用。有了这些规定，地方官在受理民事案件时就有了明确的审判依据。譬如“违禁取利”的规定，国家是以保护受害者的形象出现，但同时又规定了“并追本利给主”。正如黄宗智先生所说，事实上，衙门更多的是依赖这些夹在律文中间的文字所包含的要旨：合法债务将受到法律的强制维护。[1] 在清代地方档案中，这样的事例不胜枚举。

例如，褚昆两年前借钱给段魁，段还了部分现金，另将所租两块

〔1〕［美］黄宗智：《民事审判与民事调解：清代的表达与实践》，中国社会科学出版社1998年版，第83页。

田让褚耕种,以抵余债。此后两块地的地租也由褚缴纳。现在段要把地收回来,褚却坚持认为,段所欠二百一十五吊钱实际上是租地押金。知县同意这个说法,判决段系情愿把租种权让给褚氏。[1]

同样,在宝坻档案中,李鲁占从刘锡九的肉铺里赊欠了十吊钱的猪肉,加上利息,欠下十二吊的债。两人为此发生了斗殴,刘便告官。县官责斥双方动手"均不有合",但勒令李于五日内还清债务。[2]

巴县档案记载,原告周氏之亡夫,凭熊和尚做中人,借到十两银子。他后来还了八两。周死后,熊欲从周寡妇那里讨回剩下的二两,未能遂愿。于是掳走她家衣物和器具作为质押。知县依据律例中有关禁止以私债强夺他人财物的条文来审理,最后判令熊归还所夺物品。[3]

虽然《大清律例》中,钱债的范围比较窄,但司法实践中远非如此。根据档案记载,首先,引起钱债纠纷的最常见因素就是借贷;其次,就是契约所引起的纠纷,尤其在租佃法律关系中,当事人常常因租金引起纠纷。除契约之外,还有侵权和违法行为引起的民事纠纷。违法行为表现为盗窃被发现而引起的偿还、赌博之债等;侵权行为则表现为对他人的轻微伤害而引起的赔偿、侵害他人财产引起的赔偿等。

传统法制的伦理色彩也充分体现在当事人之间的钱债纠纷上,如因宗族内部纷争导致意外身亡的案件:严正朝与严维绍因为烟袋起衅争闹,严正朝跑入维绍的父亲严荣升的厨房,因跨门跌仆,刀伤毙命。族邻人等出面调停,令严荣升出埋葬钱五十千文,后严正朝之父严维纲与严荣升为此钱的支付发生争议。[4]

---

〔1〕 宝坻档案,104,1862.2.10[土—31]。转引自[美]黄宗智:《民事审判与民事调解:清代的表达与实践》,中国社会科学出版社1998年版,第83页。

〔2〕 宝坻档案,187,1838.8.29[债—4]。转引自[美]黄宗智:《民事审判与民事调解:清代的表达与实践》,中国社会科学出版社1998年版,第88页。

〔3〕 巴县档案,6:4:2554,1852.11.21[债—21]。转引自[美]黄宗智:《民事审判与民事调解:清代的表达与实践》,中国社会科学出版社1998年版,第88页。

〔4〕 "乾隆四十一年廉里二甲严维纲、严荣升诉讼案"(乾隆卷),第124页。

清朝,商品经济与自然经济分庭抗礼,商品经济的发展必然带来和产生新的关系,如运输、贸易、钱庄等,这些新的社会关系的诞生,表现在法律上就是契约的大量使用和发展完善,这就使法律关系由简单向复杂化发展。表现在司法上就是由各种各样的契约引起的纠纷大量增多,钱债纠纷呈丰富多样态势。

宝坻档案记载了一起因地租争议引起的纠纷案件,这个记录非常完整,从中我们可以清晰地看到案件从起诉到裁决或调解结案的全过程。

顺天府宝坻县刑房档案28全宗2目录96卷135号

呈状

官代书朱士先

具呈民人梁继孟　年三十五岁,住嘉善里梁家衚衕,距城二十里。

为减禀事。切(身)有承种张各庄旗庄头康姓经管公主府起租地十五亩半亩,年九月交下年新租、车钱四十二吊一百八十文。昨于九月十五日,康姓使令起租人赵三至(身)家要租。因年景歉收,应许过二十日折变交租。奈赵三不容迟缓,立刻逼要,向(身)逞凶。伊用烟袋锅将(身)头颅左边打伤,左耳下抓伤。经(身)庄张国治、刘振玉将伊劝去后,至晚赵三率领伊胞赵四老堵(身)前门首詈骂。(身)畏惧未敢出门与较。(身)后(身)家后门逃走。但康姓使过(身)三年零令成压租钱文,有伊经身收帖为凭。伊应许如遇年岁不收,令(身)将应交新租自伊长使(身)压租内拨除。(身)主未拨扣压租,今伊令起租人赵三不容(身)迟日折变,交纳新租,将(身)殴打,明后欺(身)孤弱无能。为此叩乞

仁明大老爷恩准验究施引　上呈

单个一页

原告梁继孟

被告赵三　赵四　赵老　康姓

干证张国治理　刘振玉

正堂倪

伤已验,乡牌传讯 究所给田租收帖缝

堂呈验

单个一页

道光二十五年九月十六日

一 凡赦前事判断,复控者不准。

一 凡上宪此结之案,再行具控者不准。

一 告斗殴,无凶器伤痕确证者不准。

一 告强盗,不开明地邻及日月失单者不准。

一 词止许据情直书,不得混扯别项,发人隐私,违者不准。

一 词内止许一告一诉,如有陆续投词,牵连无干证之者不准。

一 被告不许过五名,干证不许过三名,违者不准。

一 绅矜及妇女老疾无抱告者不准。

一 告婚姻,无媒妁书者不准。

一 告田土,钱债无中证契券者不准。

一 告奸情,无确据者不准。

一 非奸情及命盗重案,牵连妇女者不准。

一 每张呈词字限二百以外,多亦不过三百,违者不准。

一 无代书戳记及具状人欣家者不准。

一 无副状者不准。

一 呈词不许越格错落,一空两字、双行夹写以添帖余纸不准。

顺天府宝坻县刑房档案28全宗2目录96卷136号

孙成先

刑房　值日头董贵和

马文会

计开

梁继孟　后受伤人

顺天府宝坻县刑房档案28全宗2目录96卷137号

九月十六日

梁继孟供：小的今年三十岁，租种康旗人地十亩半，每年交租来钱四十二吊一百八十文，向来九月十五日交下年租钱。九月十五日，康旗人起租人赵三因向小的要租，小的应许二十日给租，发生口角，就用烟袋锅打伤小的头上，打伤小的左耳下，使小的压租。小的有收付帖是实。

验得梁继孟左额角近上破伤一，血结周围，不肿。左耳下打伤一条皮，微破。余无伤。

九月十六日

顺天府宝坻县刑部档案28全宗2目录96卷138号

呈状

年三十九岁

新案　具呈民人赵三　距城十五里

住嘉善里张各庄

刑

为遵批诉明下情叩恩准主讯断事。切身兴和孝固伦公主府旗庄头康姓，起租移年，绿佃户梁继孟承种地二十亩，短欠地主康姓按年新租，东钱四十二吊一百八十文。查承种旗地俱系每年九月十五日交下年新租，其来已久，并无异说。昨于九月十五日，经旗庄头康姓着身往催各佃租项，以备十月初一日赴府交纳。除各佃俱皆交完，不意恶佃梁继孟倚恃横恶，不但不给租项,反勾串伊亲恶佃张国治、刘振玉霸租不交,反斗身与伊扣留压租。因身未兄伊等将身揪扭拉倒在地,群殴一顿。身隐忍不敢滋事。不意梁继孟反妄控身用烟袋将伊打伤。禀案蒙批,微伤已验,候传讯察究。所给压租收帖,随堂呈验等因。但身每年与康姓起租,梁继孟并未言过有压租情事,至康姓有无使过伊压租钱文,身并不知情。为此遵批诉明。叩乞仁明太老爷恩准作主,讯断施行。上呈。

单个一页

原告

被告

干证

正堂倪

候集案质讯分别究处毋得多读

顺天府宝坻县刑房档案28全宗2目录96卷139号

为传究事。据嘉善里梁家衚衕民人梁继孟称,伊家种有旗庄头康姓交租地亩,向于每年九月向交下年新租。康姓先曾使伊压租钱文,现有收帖为凭。今伊应交来岁租钱,因一明至钱,央饮交纳。讵康姓起租人赵三不容缓期钱文,将伊殴伤,并率同赵四等堵伊门首詈骂,请验究等情;又据赵三以梁继孟不交新租反勾串伊亲张国治等霸租不交,将伊群殴,反行妄控等情具诉前来。据此,除验明梁继孟伤痕、并各王批示外,合行传究。为此,仰役协同乡牌即将后开人证限日内传齐赴县,以凭察究。去役毋得延扰干咎。速速。

计传

系与康姓起租人

伊弟赵四赵老

地主康姓

被告　赵三

诉被　张国治　刘振玉又系干证

原告　梁继孟　饬令携带所给压租收帖呈验

一　票

距城十五里

道光二十六年正月二十二日刑房周篚承

正堂倪

顺天府宝坻县刑房档案28全宗2目录96卷140号

孙成先

十二月初二日差　　董贵永　　限二日

李文会

为传究事。案据嘉善里梁家衚衕民人梁继孟呈控,租人赵三不容缓期交租,将伊殴伤,并率同赵四等堵门詈骂等情;又据赵三以梁继孟不交新租,反勾串张国治等霸租不交,将伊群殴,反行妄控各等情一案,当经验伤传讯,未据禀到。时届封录,将要撤销。兹已开篆,合行传究。为此,仰役协同乡牌,即将后开人等限日内传集赴县以凭察究。去役毋得延扰干咎。速速。

计传

系与康姓起租人

地主康姓

被告　赵三

诉被　张国治　刘振玉又系干证

原告　梁继孟　饬令携带所给压租收帖呈验

一　票　差

距城十五里

道光二十六年正月二十二日刑房周篚承

顺天府宝坻县刑房档案28全宗2目录96卷141号

孙成先禀　　正月二十八日差　　　　董贵和 限三日

李文会

具禀。　孙成先

快捕　　董贵和　　　　　拨役刘锡和

李文会

为回明事。切奉票传案据嘉善梁家衚衕民人梁继孟呈控旗庄头康姓起租人赵三不容缓期交租,将伊殴伤,并率同赵四等堵门詈骂等情一案人等察究等因。役等遵即协同乡保往传原告梁继孟。据伊家属元称,已于去岁因年景出外谋食去,讫至今未回。以致被证人等无凭质讯,均难传案。理合回明。叩乞太老爷查核施行。上禀。

道光二十六年二月二十日

笔者对《黄岩诉讼档案及调查报告》中所收录的案件进行了大致分类:归入户婚的案件有19宗,约占总数的24.4%;属田宅者18宗,约占23%;属钱债者21宗,约占27%;较单纯的斗殴案件5宗,约占6.4%;盗窃案9宗,约占11.5%。另有非为诉讼请求者10宗,其中出状保释者3宗,要求存案者7宗,合计约12.8%。虽然没有像李艳君博士所作统计的冕宁县档案中,债务的数量大概占民事案件总数的53%那么高,[1]但从黄岩档案中也可以看出,钱债案件的比例还是高于其他类型的案件的。

《清代乾嘉道巴县档案选编》第二部分"工商业"中记载的很多案例更能体现因"借贷"引起的钱债纠纷(见下表)。

---

〔1〕 参见李艳君:《从冕宁县档案看清代民事诉讼制度》,中国政法大学2008年博士学位论文,第233~234页。

件数		性质	案例	特色	位置
27	4	买卖	赵财元扫卖约	买卖地产、煤矿等	P27 上
			唐彭氏卖铺面文约	四邻优先购买	P30 下
			丁涛等出卖铺面地基约	界限、标的物详列	P33 下
			陈肇绪包承约	买卖担保	P35 下
	4	租佃 典当 顶打	萧泰兴出顶股分约	部分出顶(股分)	P27 上
			贺永盛转当约	转当	P41 下
			吕文亨佃约	约定较全面	P46 下
			谢协盛佃约	房屋租赁、修理义务	P52 下
	2	合伙	陈敏中等合伙约	合伙事项约定	P26 上
			萧泰兴拆伙约	退伙	P27 上
	6	借贷	张时熙限字约	履行期限及担保	P11 下
			张世文抵借文约	抵押借款	P11 下
			李永相收约	履行确认	P12 下
			曾正玉限约	逾期收利息	P13 下
			周泽普恳借断后约	族内借款,伦理性	P13 下
			董玉升抵借文约	担保人责任	P13 下
	1	投师	谭必贵投师文约	教育合同	P37 上
	1	担保	汪永连承领火炉钱文约	担保人责任	P30 上
	1	合伙转借贷	雷天开等抵借文约	出资变借贷	P29 上
	1	帮约	乾隆二十四年李其文帮约	共同犯罪责任分配	P11 乾
	1	卖妻	道光十二年赖荣发休婚文约	卖妻与他人为妻	P48 下
	1	卖女	卢世洪出抱亲女文约	收养	P49 下
	1	自卖为奴	巴县董绣江夫妻投约	夫妻自卖为奴	P51 下
	1	缴地基	涂尔俸缴铺房地基文约	类似司法执行	P52 下
	1	族产	宋亦元认约	族内财产约定	P54 下
	1	转兑	谭春和立招扗平约	商行租赁	P35 上
	1	认约	牟银士认约	无权利瑕疵担保	P26 上

值得一提的是,从“刑房”卷记载的“拐贩卖人口”案例中可以发现,最终所引起的纠纷不是对拐贩卖者刑事处罚的轻重,而是有关财产的归属或侵害引起的赔偿。巴县档案乾隆卷“刑房”卷“拐贩卖人口”类别中的案例可分为两种类型。一种是“违法型”。例如,原告黄月安名叫三儿的九岁儿子在游玩时失踪,几经波折,在秦长玉家查获,经查证是许子智之子许万元诱拐后,转藏在陈美智家。许子智将三儿改名为陈宝,称其为自己抱养子,给秦长玉看牛,以换取秦长玉对其地租钱的免除。[1] 这种类型的案件为典型的违法拐卖人口的案件,一般不涉及钱债的争议,当事人多是为了寻回自己的亲人。另一种是“交易型”,被卖的大多是妇女儿童和奴隶,这种类型的案件几乎和其他买卖关系没有多大的区别,妇女、儿童、奴隶被赋予一定的财产属性,引起争议的原因,通常是当事人后悔了此宗交易,或者对交易价格存在不满。

买卖儿童多是“抱养”的情况,也有卖为奴的;而买卖妇女则几乎全部是将妻子卖与他人为妻。有的是自愿的,将自己的妻子卖与别人,有的是通过第三人进行的,也有的因别有用心的人趁当事人外出等情况,非法将当事人的妻子卖与别人,以期赚得差价。

在清朝,“卖妻”的情况是十分普遍的,不仅如此,婚姻案件中“典妻”和“招夫养夫”也涉及买卖、典当等契约法律关系。学者岸本美绪陈述了这种“典妻”法律关系,即丈夫把妻子“典”给某个债主,典型的情况是,某人的妻子未能生育,但他又无力直接买妾,于是他借给某人一笔钱;作为交换,在没有还清欠款之前,借钱者的妻子将与债主同床共枕,在这期间所生的子女全都归债主所有,由他抚养。本金偿还后,利息是她提供的性和生殖服务,她将回到丈夫身边,这种“典妻”的关

[1] “乾隆二十六年三月十八日贵州桐梓县移巴县关文”(乾隆卷),第131~132页。

系也就终止。[1]“招夫养夫”则反映了“一妻多夫”的婚姻形式，苏成捷总结了造成这种婚姻形式的三个原因：乡村中性别比例失衡导致的女性短缺以及随之而来的单身男子过剩、妇女的性和生殖的市场、普遍的向下流动问题和贫困家庭的内卷化压力。[2]

传统中国以自然经济为经济主脉，自然经济的主要特征就是自给自足，中国封建社会以小农经济为主，人们种植作物以供给自身生活需要为主，手工业同样以满足人们生活需要为主，在长期的生产生活中，形成了多种法律关系。但是，商品经济与自然经济从来就不是排斥的，而是相吸相融、相斥相争的。商品的来源不是单一的，不仅工厂生产出来的产品，土地种植出来的农业产品，也可以成为商品。封建社会，并非不存在商品经济；现代社会，也不是只存在商品经济。在分析中国古代的经济时，学者们素来爱用“自给自足”的自然经济来概括，实质上，自然经济绝不是中国古代唯一的经济形式，商品经济历来即存在，只是有一个缓慢发展、由弱于自然经济向强于自然经济递进的过程。虽然清朝尚不具备满足这种交换和流通的商品所需要的这种社会化生产的条件，在当时发展出来的商品经济不是新经济结构的产物，而是在个体地域性生产力这种旧性质的落后基础上，由千万个体小生产的分散生产简单集合而成的。但是商品流通规模已十分惹眼，各种工厂作坊业已存在，这从大量增多的钱债诉讼中可以管窥一斑。

清初人口流散，土地荒芜，正常生活和商品交换不能发展，缺少民事纠纷和民事诉讼所必须的社会经济生活背景，所以清初的民事诉讼

〔1〕 转引自［美］苏成捷：《性工作：作为生存策略的清代一妻多夫现象》，载［美］黄宗智、尤陈俊主编：《从诉讼档案出发——中国的法律、社会与文化》，法律出版社2009年版，第122页。

〔2〕 ［美］苏成捷：《性工作：作为生存策略的清代一妻多夫现象》，载［美］黄宗智、尤陈俊主编：《从诉讼档案出发——中国的法律、社会与文化》，法律出版社2009年版，第117页。

案件数量较少。随着废三饷、废圈地令和发布更名田令等制度的确立,清代基本革除明朝弊政,促进了社会商品经济的活跃发展,尤其是废除明朝的匠籍制度,将手工业者从强制性人身束缚中解放出来,放松对工商业的严格控制、开豁贱民等政策顺应社会发展的趋势,解放了生产力,促进经济发展,扩大民事主体的范围,提升了民众的权利意识,人们有意通过法律程序保护私人利益和个人财富。至乾隆时期清朝统治比较稳定,经济发展达到一个新的高度,社会生活亦更为安定,民事法律关系日益复杂多样,民事纠纷在档案中记载的比例也相对提高。

从清代钱债诉讼的增多可以看到,商品经济以及由它带来的一系列对生产生活、思想领域、人们理念等的影响,一方面,使人与人之间的关系多样化,从而促成新型法律关系的产生;另一方面,人们传统的生活方式、处事理念依旧根深蒂固,这种因传统的生产生活而发生的纠纷也并没有减少。两相结合,传统与新兴共同促进着清朝民事诉讼的发展。

商品经济带来的影响,表现在法律上必然是使法律关系由简单向复杂化发展。仅为商品贸易提供保障的运输业一项,就有错综复杂的相互关系。

例如,清代沿海的长途运输货运,有商人备船自运,有雇船运货。海船船主的经营方式不尽相同,有受雇承揽客货运输;有雇人经营运输;还有船主将船出租,由承租人经营运输。还有商人自己拥有海船进行沿海贩运贸易。这些商人的财力比较丰厚,经营也达到了一定规模。但也有个人财力不足的商人,则数人合造一船,共同经营贩运贸易。更多的沿海贸易商人,并不自备船只,其货物贸易,寻觅船主代运。海船航行,所需舵工、水手都是船主雇佣而来。置船的船主,有的随船出海,有的雇人经营。

这里就涉及共同财产(和造一船)、承揽合同(雇船运货)、租赁合同(租船),并且包含多方法律关系(船主和货主、船主和承运人、货主和承运人等)。不同的运输方式造成各方不同的权利义务关系。

不仅如此,商品在流通中需要各种服务,如运输、转运、储存、保管、食宿、纳税,保安等每一环节都会引起各个当事人之间非常复杂的法律关系。

除此之外,牙行制度也大大丰富了民事法律关系的内容。牙人、牙行是中国封建社会商品交换活动中起中介作用的人和组织。他们主要通过中介和为买卖双方服务的活动,向所服务的对象抽取佣金,也称牙佣。[1] 其职能是为买卖双方、为各行各业解决运输问题,把货主和运输业人员撮合一处,以便于人、货转运。这类牙行多以交通工具或运输方式划分,如船行、车行、骡行、夫行等。夫行也称脚行、过载行或伍行,代商客雇挑夫、脚夫。在巴县档案中,就有许多关于脚行的契约。[2]

至清代,民事法律发展集大成,不仅实体内容丰富,而且在程序上,无论起诉、受理、审理的方式和依据、判决的执行、调解等,均已形成完整的法律规定,显示了民事诉讼与刑事诉讼二水分流之势。保证诉讼顺利进行的审判机关组织已比较完善,地方各级审判机关均已建立,不同级别的审判机关组成不同。州、县、厅的审判机关组成为州设知州一人,其属官有州同、州判、吏目、巡检、驿丞;县设知县一人,其属官有县丞、主簿、典史、巡按、驿丞;厅设同知或通判一人。府、直隶州、直隶厅的审判机关组成为府设知府一人,其属官有同知、通判;直隶州设知州一人,其属官有州同、州判;直隶厅设同知或通判一人。道的审判机关分为分守道和分巡道,其组成分别为布政使之次官和按察使之

---

〔1〕 方行等主编:《中国经济通史》(清中),中国社会科学出版社2007年版,第959页。

〔2〕《清代乾嘉道巴县档案选编》按内容分类排列为三部分,第一部分是农业生产与土地关系,第二部分是工商业,第三部分是政治社会生活。脚行的契约为专门的一类,在工商业部分。参照四川省档案馆、四川大学历史系主编:《清代乾嘉道巴县档案选编》(下),四川大学出版社1996年版。

次官。[1]

由此可见,清朝时法律发展日益完备,调整社会生活各个方面的法律法规的存在,使审判有据成为可能;民事法律内容的存在,也大大增加了“州县自理”案件的受理范围。审判机关组织健全,更是诉讼进行不可或缺的条件。此外,正是因为法律完备和审判组织健全的保障,不仅使民事诉讼能顺利进行,也促进了民事诉讼的大量出现和高度发展。

〔1〕 那思陆:《中国审判制度史》,正典出版文化有限公司2004年版,第282~283页。

清代娼妓之法律命运研究

黄　璐*

【摘要】　除乐籍制度、"禁止官吏宿娼"在形式上终结了官娼。借助无夫奸存废之争的启发,将私妓有罪与否置于犯奸门下讨论。首先,从奸非罪普通条款来看,该条保护的对象限于良家妇女。其次,从奸非罪特殊条款来看,"奴及雇工人奸家长妻""良贱相奸"所针对的特殊群体是不涵盖娼妓的;"买良为娼"律及该律下的"逼勒卖奸"例和"窝顿流娼土妓"例用意在于对强迫卖奸以及非法经营的限制;唯独"奸宿"例对娼优及宿娼狎优者有明确的比照适用规定。因此,从理论上看,律例对官娼私妓还是倾向于持否定态度的。但是从立法技术和实效上反观,禁娼条文都是颇受非议的。其主要原因在于:一是礼教保护的性道德并非生物意义上的贞节,而是旨在维护父权夫权男权有序的家族伦理,重在坚守"贵""良"较之与"贱"的等级优势;二是娼妓群体的存在对于婚姻制度起着互补平衡之效,共同稳定着秩序,其功能性是被包容于社会控制目的之下的。清代娼妓打破了"性道德严明"与"性行为偏差"不能共存的误解,也启示今人从尊重人性和接纳现实的客观角度理性对待娼妓问题。

【关键词】　大清律例;娼妓;犯奸

---

* 作者系北京市第三中级人民法院法官助理。

一、引言

娼妓,代表着一个群体,又可谓是一大现象,甚至已然形成一种文化。较之于世界娼妓话题的争议性,浸染于华夏文明的中国娼妓颇具个性,不乏研究价值。本文以之为题,研究目的如下:

首先,从法律角度叙述清代娼妓的命运。现在能查阅的多是普通娼妓史,按照历朝历代的时间顺序将卖淫作为社会现象进行概括性的梳理,对于具体的法律规定一般只进行罗列式的简单描述,缺乏深入分析,甚至由于缺少专业知识而得出值得商榷的结论。本文通过详细解读《大清律例》等法典条例对于娼妓问题的具体规定及适用,考虑律文设置的初衷,并观察书面法施行的实效,最终借由统治文化、法律制度、社会现象三者间或吻合或抵牾的图景复述出潜在的社会统治话语。

其次,勾勒礼与性的复杂关系以破除今人误区。世风日下人心不古的现代社会,使心灵受到了重创的纯良"中国人"开始怀念道德清远的前现代秩序,尤其是尚为男性统治的话语下不乏缅怀"饿死事小,失节事大"的贞节烈女。以期在追古溯源中对畸形忘本的现代社会进行矫正肃清的设想之可行性着实值得怀疑。且不谈我们能否穿越回去,最起码有个问题值得深思:我们对于"曾经"的印象是真实客观的吗?——礼教当道的传统中国,礼和性当真是水火相克,存得了天理,就容不下人欲吗?对于有操守的传统卫道士而言,"性"完全是讳莫如深的情绪或者行为吗?对于妻妾奴妓等不同身份等级的女性,"性"的束缚指数和目的是无异的吗?只有在准确回答完上述问题、完整地还原历史后,我们才有资格以古非今,而非功利地假借传统之名粉饰个人的主观想法。娼妓问题无疑是回应这些疑问绝妙的注解。

二、清朝禁止特权阶级宿娼的法律规章

清承明制，从大清朝早期即开始对娼妓顽疾进行治理。[1] 但是看似对宿娼卖淫采取"斩决"态度的律例其结果只是终止了千余年的乐籍制度——亦即取消了官妓，绵延数千年的"奴隶娼妓"成为历史上的名词。但是，伴随官妓的衰落，私妓的活动却在滋蔓兴盛，最终使清代中叶以后私妓一统天下。一直延续到现代。[2]

（一）废除官妓

1. 除乐籍制度

教坊，设置之意在于为宫廷歌舞祭祀表演训练和管理专职人员，该机构发端于唐朝。

顺治元年（1644），"设教坊司掌宫悬大乐"，依明之旧设置教坊司和太常寺神乐观来执掌宫廷的礼乐事务，负责宫廷宴乐，仅对原来的乐户制度做了一些调整改革。顺治八年（1651），降旨停止宫中教坊女乐，改用48名太监代之。顺治十二年（1655）仍设女乐，十六年（1659）后改用太监，遂成定制。[3] 第二次制度重申后，宫妓不复存在。康熙十二年（1673），针对地方官妓尚存的情况，清政府下令禁止各省府州县招募培养娼优伶人，并取消各省乐籍，使从业者恢复良人身份。

雍正元年（1723）以后统治者多次发布除乐籍令，解放各省乐

---

〔1〕 很多人认为清王朝是第一个着手全面治理娼妓的王朝，如刘锦涛的《试论清代治娼理路、措施与成败》、左松涛的《试论清代色情业的发展与政府应对》等，事实上在明朝已经开始治理娼妓（包括私娼）问题。

〔2〕 汀晓原：《性张力下的中国人》，华东师范大学出版社2011年版，第200页。

〔3〕 参见苑玉东：《清代宫廷音乐机构与乐官制度研究》，河南大学2010年硕士学位论文。

户、丐户、堕民[1]等贱民阶层。雍正三年(1725)律例馆奏准:令各省俱无在官乐工。雍正七年(1729),立和声署以取代教坊司,也正因为此出现了"教坊止于清"的观点。事实上除了由太监代替娼妓作为表演人员外,新设和声署虽名称有别却职能类似,教坊并未实质消失。

成型于明初的惰民制度、靖难后罪人子女发为乐户的制度,终于在除乐籍之令下得以终止其沿革数百年的命运。[2] 就形式上而言,历唐宋元明四朝的"官妓"至是乃革除。但是除乐籍制度并未有配套的落实政策,行政者没有对卖淫宿娼赖以生存的社会环境进行有效整治,意欲从良的乐籍堕民找寻不到新的生存途径,致使娼妓优伶为了谋生糊口只得干回老本行。"如娼优于犯案枷责之后,能令其改业为良民乎。不过仍为娼优而已,徒设科条无谓也。"[3] 事实上,雍正以后的继位者们对于除乐籍制度也多是采放任态度,虽然在诸帝的谕令中反复重申调整教坊司职能及革新从业人员的意旨,但是看来都"令行而禁不止"——否则也用不着三令五申,更用不着寻求道德批判、捐款购毁等教化手段的帮助了。

2. 除乐籍之因

且不管这项政策被实施的实在成效,最起码就律例形式上而言雍正元年取缔乐籍制度被视为官妓制度的彻底废除。来自雍正皇帝自身的"圣恩悯恻"的大刀阔斧废除乐户、贱民令产生的背景,我们则需要进一步分析。

第一,减少社会罪恶。这项改革法令首先由御史年熙在雍正元年三月"以山陕乐籍沉沦日久"题请削除"以正风俗",继而噶尔泰于

---

〔1〕 关于"乐户""丐户""堕民"之间的概念界别,详见王馗:《雍正解放贱民令与中国戏曲发展(初稿)——苏州梨园会馆碑刻研究之二》,载《山西长治赛社与乐户文化国际学术研讨会论文集(下册)》,2006年8月,第478、479页。

〔2〕 《清实录(九)》,中华书局1985年版,第853页。

〔3〕 (清)薛允升:《读例存疑》,载《中国基本古籍库》全文网络版,第971页。

当年七月提请废除江浙堕民“以广皇仁,以端风化事”。“移风易俗”一词过于笼统,系列呈请多强调良贱之间的等级之差与社会影响之别,以在历史根源上为乐户堕民除污名的方式来寻求政策调整的正当性和合理性,希望借由法令将乐户等重新纳入良民之列,通过给予寄人篱下、饱经沧桑的乐户重新做人的机会,让他们恢复对自己和生活的信心,以此减少社会罪恶。

第二,笼络汉民,巩固统治。乐户制度作为明朝的一项弊政颇受非议,将其废除无疑会削减汉族对清朝的逆反不满,达到笼络人心之效,从而有助于满汉关系的和谐。况且,释放乐户也无损于清朝统治者的既得利益。因此,与平定叛乱、改土归流等政策殊途同归,着眼于调解民族关系、巩固统治权力的除乐籍也被视为雍正的一项政绩。

第三,增加赋税。雍正时期出台的“摊丁入亩”赋税政策,意义特殊、影响深远,是当时经济制度改革的一项重要措施,与之配套的户籍制度也随同升级,恢复乐籍等贱民的良民身份,使之理所当然地成为纳税的义务主体,国库征收范围的扩大对增加统治集团的财政收入无疑是有所裨益的。

(二)禁止“官吏宿娼”

1. 法律规定

在研究清代娼妓问题的著述中,除了上述废除乐籍制度之外,《大清律例》中“犯奸门”下“官吏宿娼”一款为另外被引用最为频繁的律条,著述者常以此作为有力的证据来凸显清朝对娼妓问题的控制。

> 凡(文武)官吏宿娼者,杖六十(挟妓饮酒,亦坐此律)。媒合人,减一等。若官员子孙(文承荫,武应袭)宿娼者,罪亦如之。[1]

---

〔1〕《大清律例》,田涛、郑秦点校,法律出版社1999年版。以下所直引条文均出于此,不再另注。

或本管官与军民人等饮酒赌博宿娼,自取陵辱者,俱照凡鬬定拟。

2. 立法之意

(1)行止有亏——僭越等级制度

[律后注]:"娼者,乐籍妇女也。文武官吏宿娼者,虽非奸比,亦有玷行止,故杖六十。"[1]

[律上注]:"官吏宿娼者,系行止有亏。""诸解皆谓娼家知情问不应,但彼贱人,岂能拒官吏及官员之子孙哉?似当原之。"

《大清律例根原》[(臣)等谨按]:"此慎官方,而戒淫佚。凡官吏皆有治人之职,而奸宿娼妇,则荡闲越矩,有玷官方,故杖六十。"[2]

在各种律例注解中,我们发现在官吏宿娼一条中,行止有亏的表述出现频繁,并且在相关案例中也出现了类似词条。

[职官挟优饮酒醉毙优伶]:奏候选知县曹六典挟优饮酒,醉毙优伶,私擅出城,隐匿不报等情一案。道光八年十二月初七奉旨:"此案候选知县曹六典以职官挟优饮酒,有乖行止,复于该优人醉毙之后,贿嘱官人隐匿不报,希图掩饰,尤为荒谬。着即革职发往军台効力赎罪。曹堃以候选导员不知检束,狎比优

---

[1] (清)沈之奇:《大清律辑注》,怀效锋、李俊点校,法律出版社 2000 年版。以下所引[律上注][律后注]均出于此,不再另注。

[2] (清)吴坤修:《大清律例根原》,上海辞书出版社 2012 年版。以下所引《大清律例根原》均出于此书第 1585~1606 页,不再另注。

伶，实属有玷官箴，着即革职以示惩儆。”[1]

然而何谓“有玷行止”“有乖行止”“行止有亏”？当时这种行为只是因为“淫荡”而存在“作风问题”被禁止吗？

在《大清律例》中有一条“此条当与犯奸内官吏宿娼律参看”的类似条款：

> [娶乐人为妻妾]：“凡（文武）官（并）吏娶乐人（妓者）为妻妾者，杖六十，并离异。（归宗，不还乐工，财礼入官。）若官员子孙（应袭荫者）娶者，罪亦如之，注册后荫袭之日，（照荫袭本职上）降一等叙用。”
>
> [律后注]：“良贱尚不得为婚，乐人则贱之甚者，官吏及应承袭荫之子孙娶为妻妾，辱亵已甚，行止有亏。”

“良贱”二字的出现，一下道破其中之义，对于官吏宿娼的禁止目的之一乃是维护良贱有别的等级制度。

（2）提高行政效率

中国最原始的性服务提供者乃殷商之“巫娼”，此后奴隶娼、官娼、家妓、私妓可谓是“代有辈出”。宋代以前娼妓形式多样、较为盛行、日益成熟，所受之道德苛责实为少数，统治者尚未形成其危害社会秩序的政治见解，多采取用妓院官办的营业模式来管制，并通过赋税形式收取“花粉钱”充入国库以备用。及至唐代，官吏宿娼完全可被视为一种特权阶级的福利。“春风得意马蹄疾，一日看遍长安花”，新跻身于特权阶级而有资格享用官妓福利的喜悦傲娇之情表露无遗。

宋朝的统治理念在程朱理学的影响下开始转变，体现在娼妓问

[1] 《刑案汇览全编·刑案汇览·卷五十三》，杨一凡、尤韶华点校，法律出版社2007年版，第2773页。

题上则是开始采取否定性态度，值得注意的是被禁止宿娼的群体仅限于官吏，直接目的只是戒奢淫逸、纯洁吏治；元代亦沿袭此立场；明太祖厉行礼教，严苛治政，规定“官吏宿娼，罪亚杀人一等，虽与赦，终身弗叙。”[1]明朝前期官妓“已不若唐宋之盛，渐有消沉之势。”[2]至明朝中后期，心学开始盛行，情欲意识和逐利观念与理学大有分庭抗礼之势，在新思潮的影响下，对性的控制有所松动，“从各种史料来看，晚明的妓禁已不是很严，妓业十分发达。”[3]

然而，对于励精图治的清朝统治者而言，吸取明朝末年的教训，稳定政权乃当务之急。在清朝统治者看来，“骄奢淫逸”的晚明仕宦是招致明朝灭亡的重要原因，帝王不上朝不阅奏折，官僚“养优伶、召妓女、蓄姬妾”，由上而下的声色犬马腐败沉沦最终导致政事怠废。

> 《大清律例根原》：“监生、生员，撒泼嗜酒，挟制师长，不守监规、学规，及狭妓赌博，出入官府，起灭词讼，说事过钱，包揽物料等项者，问发为民，各治以应得之罪；得赃者，计赃，从重论。”

将狎妓与其他影响行政治理的行为并列，可见为了避免重蹈覆辙，清朝统治者倾向于借鉴明初严苛执政的原则，加强对行政官员行止的控制，以提高行政效率，维护政权运行的健康和稳定。

相较而言，清朝虽将官吏宿娼列为特殊条款，但是其“杖六十”的处罚力度甚至比“犯奸门”一般条款还轻，更不能与明朝“罪亚于杀人一等”相比了。由此可知，其实大清律例对于官员宿娼是持宽

---

[1] （明）王锜：《官妓之革》，载《寓圃杂记》（卷一），中华书局1984年版，第7页。

[2] 单光鼐：《中国娼妓——过去和现在》，法律出版社1995年版，第70页。

[3] 吴存存：《明清社会性爱风气》，人民文学出版社2000年版，第79页。

容态度的。[1]

(三)官娼的形式终结

通过改革"宫廷教坊"制度,清王朝肃清了宫内女乐;将乐籍制度下的贱民还原为良民,官妓群体也从历史上消失;加之禁止官吏宿娼更巩固了改革的成果。这些政策只是从法律上取缔了以"宫妓"和"官妓"为主体的"官娼"一类。

至于清王朝废止官妓的缘由,丝毫不是从礼教立场出发,以期维护理想的纯洁社会,而是出于功利和实际的社会统治目的。性道德的干预强度并不如我们想象中的那般无孔不入。

清代思想家龚自珍在《京师乐籍说》中指出:在政治中心之区域内,不仅居住人数众多,更难治理的因素在于族群复杂,统治者"目挑心招"募集数千户女子入乐籍乃是其捭阖之术,为的是"箝塞天下之游士"。醉迷于温柔乡中的游士乃至英雄豪杰们,耗费钱财、玩物丧志,无谋反之心、更无谋反之力,帝王万世之业得以稳固如山。照龚氏的话来看,唐宋以后,"娼妓"制度可添入专制帝王的"愚民政策"之列。

这种阴谋论的推测不失为政策解释之一,给我们的启发在于统治者是否对于各身份阶层差别对待:在官娼被禁止的同时,平民百姓卖奸宿娼的行径是否一样被法律持否定态度,抑或是放任自流、不加干涉?

三、犯奸门普通条款对私妓问题的适用

"奸淫掳掠"中的"奸淫"常被视为同义复用,"卖奸"和如今常出现的"卖淫"内涵大致一体。如果抛开严格的字义分析,"卖奸"的概念范围应该是小于"卖淫"的,"卖奸"仅为提供纯粹的性行为交

---

〔1〕 王书奴、陈东原、郭松义等都认为清朝对于官吏宿娼的惩治是严于明朝的。但如果将各朝各代各时期的政策调整因素考虑进去,这种看法是不全面的。

易,而“卖淫”则更接近现在全方位的性服务,牺牲色相、出卖肉体。

无夫奸的存废与否在清末礼法之争中是当仁不让的辩论焦点,探讨颇为深入。娼妓及纳妾的问题也附带地被提及,虽然只是充当论据的角色用以自证己见或质疑反方,却给我们研究当时的娼妓问题提供了准确的切入点。在无夫奸之议中,一般以为卖奸宿娼是适用和奸一罪的,那么我们就先从奸非罪的普通条款入手来分析私妓的律文适用情况。

(一)私妓是否适用“和奸”

> 凡和奸,杖八十;有夫者,各杖九十。刁奸者,(无夫、有夫,)杖一百。强奸者,绞(监候);未成者,杖一百,流三千里。奸幼女十二岁以下者,虽和,同强论。其和奸、刁奸者,男女同罪。

“和奸,谓男女情愿,和同私奸也。”“和奸”与“强奸”显然是按照行为人是否自愿加以类别化的。

乍看之下,奸非罪的惩罚似乎是考虑以下几个因素:一为奸女是否同意(当时立法只规定男奸的模式,默认不会出现女奸的模式);二为奸女是否有夫;三为奸行是否外出。从量刑上看,奸女是否同意、是否外出、是否有夫这三个因素的可惩罚性由高到低,即主要保护双方的意思自治,再保护社会风化,进而才是夫权及家庭稳定。(见表1)

基于“自愿”这一我们都认可的既存前提下的宿娼卖淫行为似乎与和奸罪的构成不乏类似之处,那么娼妓问题能比照适用和奸罪吗?从私奸罪的犯罪构成要件上看只要是非基于合法婚姻关系的性行为都是该入罪的,但是该条有特定的保护对象,娼妓之类能否适用则需进一步分析考量。

表1 奸非罪的惩罚因素

<table>
<tr><th>标准
罪行</th><th colspan="3">是否强迫</th><th colspan="2">是否出外</th><th colspan="2">是否有夫</th></tr>
<tr><td rowspan="5">犯奸</td><td rowspan="4">否</td><td rowspan="3">12岁以上</td><td rowspan="3">和奸</td><td rowspan="2">否</td><td rowspan="2">私奸</td><td>否</td><td>无夫奸/杖八十</td></tr>
<tr><td>是</td><td>有夫奸/杖九十</td></tr>
<tr><td>是</td><td>刁奸/杖一百</td><td colspan="2"></td></tr>
<tr><td>12岁以下</td><td>拟强奸</td><td colspan="2"></td><td colspan="2"></td></tr>
<tr><td>是</td><td colspan="2">强奸/未成，杖一百；成，绞</td><td colspan="2"></td><td colspan="2"></td></tr>
</table>

（二）私妓是否适用“刁奸”

“刁奸，谓奸夫刁诱奸妇，引至别所通奸，亦和奸也。”也就是说，如果和奸双方的和奸行为是由奸夫一人引诱而起的，而且和奸的地点与引诱的地点不在一处，就是刁奸。

如果仅从行为人的意识来看，刁奸与和奸无异，因为双方都是自愿的，而为何将刁奸视为和奸的特别类型？

> [律后注]：“刁奸者，不论有夫、无夫，俱杖一百：既有夫在，弃而外淫，故加一等；刁引出外，不畏人知，淫纵尤甚，故更严其法。”

言下之意即为：和奸者尚且顾虑社会影响选择比较私密的场合，刁奸者竟毫不避讳地转移阵地，对于这种全然丧失羞耻之心的私通者当然要施加更严厉的处罚。这种解释认为刁奸与和奸的相异之处并不仅是“引诱”二字,其重点还在于行奸的场合,无所顾忌的“出外”比和奸更加寡廉鲜耻。

蔡枢衡先生对此却有独特见解。他认为“刁、刀双声,刀变为刁”,刁和刀发音相近,“借刀为叼”,刁奸其实就是叨奸。而叨,与“饕”同义异形,乃贪财也。因而叼奸即可解释为“因财而奸”,是一种涉及钱财交易的和奸行为,也就是俗称的卖淫了。而且他在文中又直接说道,在商品交易日益发达的社会情状下,人格商品化的现象也开始出现,男女的不平等地位使(女子)卖淫成为合理合法的现象,秘密卖淫最多也只是触犯违警罪罢了。于是乎不仅“刁奸”一律渐成空文,刁奸的含义也慢慢被世人遗忘。〔1〕

然而将刁奸解释成卖淫行为的实为少数。且在律例中有一条拟制的刁奸行为:

> 强奸罪[律后注]:“如见妇人与人通奸,见者而用强奸之,已系犯奸之妇,难以强论,依刁奸律。”

这条拟制的刁奸罪只是与“强”或“和”意志因素有关,并未提及到任何牵涉钱财的意味,被蔡先生视为核心因素的经济利益都不存在,拟制刁奸罪的合理性何在?

(三)犯奸罪的潜台词——保护良家妇女

强奸之刑罚,成者绞,未成者杖一百,均比和奸重。从表面上看保护的是行为人的意思自主,但在通奸情况下的妇女被强奸却只能按刁奸惩处,这项规定不禁让我们发问,同样是违背自由意志的被强奸,为何通奸之妇却不能受到一般妇女同等的保护呢?

> 《大清律例根原》:轮奸良人妇女之案,审实,照光棍例,为

〔1〕 参见蔡枢衡:《中国刑法史》,法律出版社2005年版,第130、131页。

首,拟斩立决;为从同奸者,拟绞监候;同谋未经同奸余犯,发遣黑龙江给披甲人为奴。若轮奸已经犯奸妇女者,为首,发遣黑龙江给披甲人为奴;为从同奸者,杖一百,流三千里;同谋未经同奸余犯,杖一百,徒三年。如妇女犯奸后已经悔过自新,讯有确证者,仍以良人妇女论。

此为嘉庆六年(1801)新增律例,之后量刑虽有增改,但基本原则不变。同样地,在此条律例中,对已犯奸妇女的保护显然也是不如良人妇女。此处的良人妇女不仅指身份等级意义上的"良",还包括性道德意义上的"良"。

[和奸业已犯奸至十二岁幼女]:迟孙氏砍伤迟子礼案内迟柱儿等与年甫十二之迟坤姐通奸,应照虽和同强论。惟迟坤姐先与迟梦龙通奸,业已破身,与犯奸妇女无异,将迟柱儿等比照轮奸犯奸妇女已成为从通奸例拟以满流。[1]

"价买犯奸之妇送往窑内卖奸"例中也说到"查于氏曾经张太旺纵令卖奸之人,不得以良妇论",[2]概是在当时,通奸之妇已经部分丧失"贞节",在性道德的价值上有所折损,失去了法律全然保护的必要。

由此可知,"强""刁""和"的最大区别并不是行为人的意思自主,奸罪保护的更非被害者(此处即为奸妇)的人身权益。基于此,我们完全可以对前文中的表格换一种方式来处理(见表2):

---

[1] 《刑案汇览全编·刑案汇览·卷五十二》,杨一凡、尤韶华点校,法律出版社2007年版,第2695页。

[2] 柴四价买张太旺之妻于氏送至窑内卖奸。查于氏曾经张太旺纵令卖奸之人,不得以良妇论。将柴四于买良为娼例量减一等,枷号八十五日杖九十徒二年半。《刑案汇览全编·刑案汇览·卷五十三》,杨一凡、尤韶华点校,法律出版社2007年版,第2775页。

表 2

标准 罪行	奸妇是否有贞节		责罚	
			女	男
犯奸	非常有(完全非自愿)	强奸	无	成,绞
	可能有(年龄小不懂)[1]	拟强奸		未成,杖一百流三千
	有一些(无夫自愿私密)	无夫奸	杖八十	杖八十
	有少许(有夫自愿私密)	有夫奸	杖九十	杖九十
	近乎无(通奸时被强奸)	拟刁奸	杖一百	杖一百
	彻底无(自愿且外出)	刁奸		

如果再将表 2 延续下去,贞节与娼妓已是互不相干的了,那么法律也就丝毫没有保护的必要了。在无夫奸存废之争中有声音认为"保护妇女贞洁一节所最重要者系专为保护良家妇女。如节操已败坏者自不能用刑罚以保护之。是以妓女之流当不在此列。"[2]"至娼妓,则一种营业,国家既许其营业而保护之,则宿娼之事一买卖行为耳,若以宿娼与和奸并论是等良家妇女与娼门也,非法律所当言也。"[3]虽然这也成为法理派诟病点之一,[4]但不无道理。

奸非罪所保护亦或者说控制的女子往往是已经成为男子财产或

---

〔1〕 [律后注]"幼女十二岁以下,情窦未开,本无淫心,又易欺易制,即有和情,亦由诳骗,故虽和奸,亦同强论。"

〔2〕 《德儒赫氏中国新刑律论》,载《桐乡劳先生(乃宣)遗稿(下册)》,文海出版社 1969 年版,第 984 页。

〔3〕 《杨氏新刑律奸非罪拟请修改说》,载《桐乡劳先生(乃宣)遗稿(下册)》,文海出版社 1969 年版,第 1025 页。

〔4〕 "娼妓娼妇,其初亦为处女,寻常和奸处罚,而允许娼妓营业,法理上无法解释;禁绝娼妓,又属能言而不能行之空论。"《冈田博士论刑律不宜增入和奸罪之罚则》,载《政法浅说报》第 15 期。转引自李贵连:《沈家本传》,法律出版社 2000 年版,第 324~327 页。

者即将成为男子财产的女性,而这样的女性应该是要有贞节所在的。也许她们在成为娼妓之前是良家妇女,但是一旦沦落红尘,连作为人妻的权力都丧失了,更毋论其是否还有性道德所在。将通奸之妇与坚守操守妇德的女子加以区分,也是一种教育和指引,有助于控制、强化作为男性财产的女性该有的贞节观。

就具体的法律适用原则上而言,娼妓是适用私奸一罪的。但是对于私奸罪而言,性行为是目的;而对于娼妓而言,性行为是手段。且考虑到立法背后的用意,这种适用就并不是理所当然的了。同时《刑案汇览全编》一书中,奸非案例集中在卷五二和卷五三,除却"官吏宿娼"和"买良为娼"下提及娼妓问题,在其他门下并未涉及普通娼妓卖奸的相关案例。

上述两幅"殊途同归"的表也给我们一些启示。许多研究者试图并成功地从古代法中发现了很多具有现代因素的原理或者具体律条,但是通过这种解读方式得出来的结论或许只是表面上的契合,实际上是"貌合神离"的,完全脱离了当时的语境和用意。

四、犯奸门特殊条款对私妓问题的适用

通过对奸非罪尤其是对和奸一款的详细分析,我们会发现娼妓问题并不如礼法之争中所认为的那样是适用无夫奸的。但也并不能就此草率地得出私妓非罪的结论。体系严密、设计科学的犯奸门下还有细致的特殊条款,其中看来与娼妓问题相关的或者可能适用的则为"奴及雇工人奸家长妻""良贱相奸""买良为娼",下文就此三条进行具体阐述。

(一)家妓是否适用"奴及雇工人奸家长妻"[1]

> 凡奴及雇工人奸家长妻、女者,各斩(决)。若奸家长之期

---

[1] 在上文,家妓被归类于官娼之下。但考虑到犯奸门条款分析的完整性,故将其调整至私妓一章中进行讨论。

亲,若期亲之妻者,绞(监候)。妇女减一等。若奸家长之缌麻以上亲及缌麻以上亲之妻者,各杖一百,流二千里;强者,斩(监候)。妾各减一等;强者,亦斩。(监候。军伴、弓兵、门皂,在官役使之人,俱作雇工人。)

[律后注]:"奴及雇工人与家长,虽非天亲伦类,而名分所系,义重于亲。"

《大清律例根原》:"奴及雇工人之于家长名分攸关,若与家长之妻女通奸,此犯义之重者。"

清承明制,此项条款也并非清之首创。《读律琐言》对此也有注解:

庶民之家,不许存养奴婢,士大夫之家皆得有之,然奴及雇工人虽无伦序,而与家长,其分甚尊。若与家长妻女通奸者,奴及雇工人并家长之妻女,各斩,该以尊卑之分虽悬隔,而同居义聚易于相犯,不重罪之,无以严其防也。[1]

在清朝主奴间的区别甚为严格。"此正奴仆犯奸之罪,以肃名分也",主要还是为了维护严苛的身份制度,强调尊卑有别。从这项条款的主被动关系可推断出这条律文只是惩处奴隶对主人一级的僭越,对于家长奸奴婢或家妓并不当然适用。

[律后注]曰:"此止言奴雇奸家长妻女亲属,不言奸奴雇之妻,家长之于奴雇,本非天亲,特以名分相事使,若家长与奴雇之妻通奸,自甘污下,应同坐不应;强者,亦难同凡论,当权衡定拟。"

---

〔1〕(明)雷梦麟:《读律琐言》,怀效锋、李俊点校,法律出版社2000年版,第451页。

《读律琐言》:"盖家长之于奴及雇工人,本无伦理,徒以良贱尊卑相事,使若家长及家长之期亲以下,奸奴及雇工人之妻者,是尊者降而自卑,良者降而自贱,其辱身已甚矣。在婢又服役家长之人,势有所制,情非得已,故律不着罪,各问不应杖罪为当。"[1]

由此可知,主对奴的性侵(用"临幸"一词才更为恰当)对主人一级才是双重伤害,不仅僭越等级制度,而且还自贱身份、纡尊降贵,因此连普通的奸非罪都不适用,而是需要从宽处理。这项条款的核心并不是保护自由自愿的性权力,仅是通过严惩下等贱民的方式来捍卫等级制度,维护上层阶级的特权利益。

与此同时,家妓与奴婢还是身份有别的。对于家妓而言,提供性服务是题中之义,就如同现今发生性关系对于夫妻双方而言是不言自明的权利和义务。因此,对于家妓而言是完全不存在性强迫一说的。

(二)私妓是否适用"良贱相奸"

良贱在现今的语义中多用来形容人和品格或德行,但此处的"良贱"意义与之大相径庭,"良"与"贱"均指社会阶层。良人基本上等同于士、农、工、商这些平民阶层。

谈及"贱民",基本组成群体大致为"娼优隶卒"。"四民为良。奴仆及娼优为贱。凡衙属应役之皂隶、马快、步快、小马、禁卒、门子、弓兵、仵作、粮差及巡捕营番役,皆为贱役",[2]此外还包括浙江的堕民、丐户和渔民以及广东的疍户、安徽的世仆等。在律例中,"娼优隶卒"常作为组合式的主语出现。[3]

---

[1] (明)雷梦麟:《读律琐言》,怀效锋、李俊点校,法律出版社2000年版,第451、452页。

[2] 赵尔巽:《清史稿·志一百二食货一》,载《中国基本古籍库》全文网络版,第1888页。

[3] 如《大清律例》中户律之"人户以籍为定"下规定"娼优隶卒及其子孙概不准入考捐监……"

初见“良贱相奸”这个条目会让我们想当然地以为对于属于“贱民”群体的娼妓也是适用的。但是细看条文,则会发现其中的偏差。

《大清律例》“良贱相奸”条:“凡奴奸良人妇女者,加凡奸罪一等。(和、刁、有夫,俱同。如强者,斩。)良人奸他人婢者,(男、妇各)减凡奸一等。奴婢相奸者,以凡奸论。”

律文十分明显地将“贱民”限缩至“奴婢”之内,从字面上看,娼妓卖奸是不适用良贱相通的条款的。

我们在直觉上会倾向于认为,就性道德而言,娼妓是显然劣于奴婢的,而为何清律对奴婢的惩戒要严于娼妓卖奸呢?这就要考察此条的立法目的了。

[律后注]道:“男女相奸,均为有罪,而良贱有尊卑之异,则不得一概科论。凡以奴而僭良人,则男女各加凡人奸罪一等。奴犯良为僭,而良不自惜,故而重之。以良人而奸他人之婢,则男女各减凡人奸罪一等,良从贱为辱,而奴非良比,故而轻之。如奴婢相奸,则以贱犯贱,尤以良犯良也,故以凡奸论。”

“在等级森严的中国封建社会,一般地说,凡不属于士、农、工、商四大社会阶层的人,皆被视为社会上的‘贱民’,不得列入‘良民’之列。在这方面,奴婢无疑与优伶、娼妓、乞丐等社会末流一样,属于社会上的贱民一类。但比较而言,由于奴婢本身情况的特殊,故与其他贱民相比,在社会、法律地位及身份特征表现上……似乎较其他贱民更为卑贱、低下。”[1]而

---

[1] 褚赣生:《奴婢史》,上海文艺出版社2009年版,第3、4页。褚赣生认为奴婢较娼妓更为低下主要在于没有独立户籍。而其他理由如丧失姓名自主权、剥夺科考及任管制的权力等在本人看来同等适用与娼妓。另外一个有力佐证,则是优伶、娼妓也可以蓄奴。

郭松义在《中国妇女通史·清代卷》一书中也将“奴婢”一节置于“娼优”之后,从章节的安排上也能推断出二者的社会地位。

将“良贱相奸”列为特殊条款其意尤在于维护良贱有别的等级制度,“此于奸罪之中,明良贱之分也”。奴婢较没有贞节的娼优地位更为低下,在性方面反而受到更多的束缚和苛责,从一个侧面也反映出社会对家庭内外的等级秩序控制的力度是强于独立的贞节概念的。性犯罪所保护的对象并不是我们现今所认为的“性道德”,或者说贞节的价值是依附于等级身份制度而存在的。

(三)关于“买良为娼”

1.买良为娼律

> 凡娼优乐人,买良人子女为娼优,及娶为妻、妾,或乞养为子女者,杖一百;知情嫁卖者,同罪;媒合人,减一等。财礼入官,子女归宗。

在清代有专门的人牙一籍,人口贩卖在当时并不是违法的。“买良为娼”与现今的人口买卖问题不同,在当时算不上是侵犯人身自由的社会治理的问题,那么此条的立法之意为何?至于为何将此条列于犯奸门之下,难道真如某些学者分析所言,清朝对娼妓本身是不禁止的,而是通过治理娼妓生长的环境去间接围剿以致其消灭吗?[1]

> [律后注]曰:“娼优乐户,不齿于齐民,以有良贱之分也。故娼优乐人,不得买良人子女为娼优,及婚娶为妻妾,乞养为子女。”

---

〔1〕 刘锦涛认为“清朝的刑法尽管对产生卖淫现象的种种条件加以禁止,但对娼妓业本身却无明令禁止”。参见刘锦涛:《试论清代治娼理路、措施与成败》,载《妇女研究论丛》2008年第4期。

《大清律例根原》[臣等谨按]:"此惩陷良为贱之最也。凡娼优乐人,最为下贱。若买良人之子女为娼优,及娶良人之女为妻妾,或乞养为子女者,是使良人子女现身于下贱,故坐满杖。若良人之家知系娼优乐人,而将子女嫁卖者,是徒知贪利而陷其子女,辱其家门,故与卖者同罪。"

由前述知"买良为娼"中"良人"仍然不是单纯地指"性道德"纯良的人士,此处的"良"依旧与"良贱相奸"中的阶级良民是同一含义,从上述律条及注释看不出此条欲保护人口贩卖的意图。刑法只是试图将体面人家与妓女、艺人、歌伶等(在清朝初期均为下九流)分开,对"买良为娼"的控制同样主要是因为良贱有别的关系,依旧是为了加固社会等级秩序,而非只是为了间接地控制卖淫的社会土壤。

2. 逼勒卖奸例与纵容妻妾犯奸律

在"买良为娼"下还有些特别重要的"例"。

《大清律例根原》(雍正三年)[臣等谨按]:雍正二年五月内,刑部题人牙逼勒卖奸事理类于此律(买良为娼律)。谨拟于后。

《大清律例根原》(雍正三年)[续增现行例]:[1]凡籍充人牙,将领卖妇人逼勒卖奸图利者,枷号三个月,杖一百,发三姓地方给披甲人为奴。

[谨按]既拟充军,又加枷号三个月,似嫌太重。傥系妇女应否实发之处,记参。领卖妇人,自系指当官价卖而言,现在例应当官价卖者絶少(杀死奸夫门内载有专条),此例亦属虚设。[2]

---

〔1〕 此条系雍正二年,刑部议准定例,乾隆五年改定。(清)薛允升:《读例存疑》,载《中国基本古籍库》全文网络版,第969页。

〔2〕 (清)薛允升:《读例存疑》,载《中国基本古籍库》全文网络版,第969页。

这两条是对人牙行为的进一步限制,对其强迫所领卖的妇女卖奸以谋取不正当利益进行加重处罚。

《大清律例根原》(乾隆五年)[臣等谨按]:律文买良为娼者,杖一百,例内加以枷号一个月。该在未经禁止娼妓以前,故罪止枷责。今娼妓业已严禁,有复买良为娼,岂得仍以杖责完结?前经原任奉天府府尹宋筠条奏,请照人牙卖奸图利充发之例可断。但人牙卖奸,系将他人之妇女逼奸图利,比系自己价卖,情罪不同,未便一概问拟,改为枷号三个月,杖一百,徒三年,已足弊辜。仅将改辑例文,开列于后。

首先,结合《大清律例根原》与《读例存疑》,前引两条例均为雍正二年(1724)定例、乾隆五年(1740)改定,或许可推断此条亦是如此,那么可知清朝是存在一定时期未完全禁止娼妓的;其次,说明在乾隆五年后,虽然娼妓是被禁止的,但是对于组织卖奸者并没有直接可以适用的律令,而是需要通过"比照"人牙卖奸一条进行惩处。

在买良为娼律下还有一例:

《大清律例根原》(雍正三年)原条例:凡买良家之女作妾,并义女等项名目,纵容抑勒与人通奸者,本夫、义父问罪,于本家门首枷号一个月发落。若乐工私买良家之女为娼者,不分买卖、媒合人等,亦问罪,俱于门首枷号一个月。妇女并发归宗。

这条单置的例的特殊之处在于人牙逼勒卖奸形式的隐蔽性——人牙以义父之名进行活动,与犯奸门下的"纵容妻妾犯奸"律十分类似:

凡纵容妻、妾与人通奸,本夫、奸夫、奸妇各杖九十。抑勒妻、妾及乞养女与人通奸者,本夫、义父各杖一百;奸夫,杖八十;妇女不坐,并离异归宗。

一律一例,从条目的安置上则说明这两者必然是有根本区别的,

[将买休之妇抑勒为娼卖奸]:王二因无营运,其意买人妇女卖奸获利,随捏称欲买义女,将王大之妻邢氏买休来京,抑勒卖奸,与本系买作义女后方起意令其与人通奸者不同,未便仅照抑勒义女与人通奸例科以枷号。而邢氏究系本夫卖休之妇,亦与买良家之女为娼者有间,将王二比照买良家之女为娼枷号三个月满徒例,量减一等,枷号两个月,杖九十徒二年半。[1]

上例则提供了良好的解释:“纵容抑勒与人通奸”例与犯奸门下的“纵容妻妾犯奸”律之间的差别可能只在于前例在纳妾、收养之前已经有犯罪意图了,而后律可能是在婚姻、收养关系形成之后才新起的犯罪意图,前者属于职业惯犯。

3. 窝顿流娼土妓例

在买良为娼律下有一条新例:

(乾隆五年)凡无籍之徒,及生监、衙役、兵丁窝顿流娼、土妓,引诱局骗,及得受窝顿妓娼之家财物,挺身架护者,均照违制律,杖一百。生监革去衣顶,衙役、兵丁不准食粮充役……

此条系乾隆元年定例。

(乾隆二十六年)生监、兵役人等窝顿土娼,诓诱平人,出身

[1] 《刑案汇览全编·续增刑案汇览·卷十四》,杨一凡、尤韶华点校,法律出版社2007年版,第710页。

架护者,照窝赌例治罪。如系偶然存留,为日无机,枷号三个月,杖一百。其窝顿月日经久者,杖一百,徒三年。再犯,杖一百,流三千里。得受娼家财产者,仍准枉法,计赃,从重论。

这条新例对窝顿的主体和对象有严格的限制。首先,窝顿者须为“无籍之徒”,以及“生监、衙役、兵丁”这两类;其次,被窝顿者应是“流娼、土妓”。细究该立法之意主要有二:

第一,稳定社会治安。清律“娼”惯于“窃”“赌”共同出现,[1]且重点并不在于“娼”,而是“窝娼”。在地方统治者看来,窝赌窝娼最主要的负面效益即是滋生治安问题,“窝娼”给娼妓提供了场所,创造了卖奸的条件。所以对于娼妓隐匿场所的肃清是必不可少的。

[乾隆三十九年七月巴县弭盗禁令]:“窝赌窝娼,俱盗贼聚集之处,嫖妓引诱,赌博招留,匪类之托足纠伙,销赃灭迹,多在于此。”[2]

然而,地方官吏对窝娼的惩治并没有较窝赌之外多一份目的,也就是说地方官对于窝娼有悖礼教道德并未用法律或行政手段多加干涉。

第二,控制土妓流娼。

[雇觅良民引诱鸡奸复令卖奸]:田玉雇觅良民靳自来子等

[1] 盗贼、赌博、打架和娼妓更被列为社会之“四恶”而进行严惩,乾隆即为便发布上谕称:“此四恶者,劫人之财、戕人之命,伤人之肢体,破人之家,败人之德,为善良之害者,莫大于此。”参见《乾隆初年整饬民风民俗史料》(上),载《历史档案》2001年第1期。

[2] 《清代巴县档案汇编(乾隆卷)》,四川省档案馆编,档案出版社1991年版,第97页。

引诱鸡奸,复窝留卖奸渔利。将田玉比照诱买良家之子为优例,枷号三个月杖一百徒三年。[1]

[开设浴堂雇觅良家子弟卖奸]:张添佩开设浴堂,商同刘珍等雇觅赵甫则等卖奸渔利。赵甫则等本系良民,将张添佩比照诱买良家之子为优例,枷号两个月杖九十徒三年。刘真等依为纵减一等,枷号两个月杖就是徒二年半。[2]

[开设剃头铺纵令铺伙卖奸]:李常开设剃头铺,雇李顺儿作伙。嗣李顺儿被人鸡奸,将所得钱文分给李常,即图利纵容卖奸。将李常比照窝顿流娼月日经久例,杖一百徒三年。[3]

[开剃头铺鸡奸徒弟复令卖奸]:陈大、王玉与各自开设剃头软棚,先将学徒铺伙自行鸡奸,复令其卖奸,分使钱文。将陈大、王玉与均照窝顿流娼月日经久满徒例再加一等,拟杖一百流二千里。房主并不知情,照例不坐并免入官。[4]

上述几例在《刑案汇览全编》中均被置于“买良为娼”之下,存在几项共同点:一是窝顿者多利用浴室、剃头铺等进行掩护,暗地里从事组织卖淫的活动,没有公开挂牌的营业场所;二是对于窝顿者并没有

[1] 《刑案汇览全编·刑案汇览·卷五十三》,杨一凡、尤韶华点校,法律出版社2007年版,第2775页。

[2] 《刑案汇览全编·刑案汇览·卷五十三》,杨一凡、尤韶华点校,法律出版社2007年版,第2775页。

[3] 《刑案汇览全编·刑案汇览·卷五十三》,杨一凡、尤韶华点校,法律出版社2007年版,第2776页。

[4] 《刑案汇览全编·刑案汇览·卷五十三》,杨一凡、尤韶华点校,法律出版社2007年版,第2776页。

直接适用的条款,均采用"比照"[1]进行处理,前两例为比照"诱买良家之子为优"进行处罚,后两例比照"窝顿流娼"进行处置,二者之间的适用差别微乎其微,难以察觉;三是对于卖淫者本人更是没有加以法律上的苛责。更为重要的是,这边所选用的界定是"土妓流娼"而非更为普遍的"娼妓"一词,这两者在范围和情感色彩上的差异是显而易见的,我们是否能由此推断出当局者对于一般娼妓和"土妓流娼"的法律态度是有所区别的呢,也就是说一般的私妓是不被禁止的,只有未按规定在登记的营业场所进行交易才是非法的?

4. 奸宿例

> (咸丰二年)[2]奸宿者,照抑勒妻女与人通奸,奸夫杖八十律,拟杖八十,子女不坐,并发归宗。若妇女、男子自行起意为娼、为优卖奸者,照军民相奸例,枷号一个月,杖一百。宿娼狎优[3]之人,亦照此例,同拟枷杖。

这是《大清律例》中唯一直接表露对娼妓问题法律态度及配套具体惩处的例文。从字面上看,宿娼狎优是为清律所否定的,是有罪的。但是这条例文设置的合理性是值得去探讨的。首先对于凡人奸宿是否"入罪",薛氏给出了以下看法:

---

〔1〕《大清律例·名例律》断罪无正条规定:"凡律令该载不尽事理,若断罪无正条者,(援)引(他)律比附,应加、应减,定拟罪名,(申该上司)议定奏闻。若辄断决,致罪有出入,以故失论。"条例规定:"其律例无可引用援引别条比附者,刑部会同三法司公同议定罪名,于疏内声明(律无正条,今此照某律、某例科断,或比照某律、某例加一等、减一等科断),详细奏明,恭候谕旨遵行。"

〔2〕此条系前明问刑条例,乾隆五年、嘉庆十四年修改,咸丰二年改定。

〔3〕优即为卖奸之男子。"男子自行起意为优,若并未卖奸,则无罪可科矣。"(清)薛允升:《读例存疑》,载《中国基本古籍库》全文网络版,第971页。

律有文武官员宿娼狎优之罪。而不及凡人,以无罪可科也。[1]

本朝罢教坊司,改各省乐户,系革前明之弊政,并非连娼妓一概革除也。歷代所不能禁者,而必立重法以绳之,似可不必。然究其实,百分中又何能禁絶一分耶。徒为土棍、吏胥开得规包庇之门而已。[2]

薛氏指出,革新措施只是在于除乐籍废官娼,但没有从法律上也废止娼妓。因为此类条文是不必要也是不可行的,不仅不能达到预设目标,反而会让不法之徒钻了空子谋取私利。

再者,对于此例的"量刑"薛氏也提出质疑:

此例凡宿娼狎优之人,均照凡奸例,拟杖一百,枷号一月,是较官员科罪反重矣。且同系宿娼狎优,买自良人者,拟杖八十,自行起意卖奸者,满杖加枷,纵容亦同。尤觉参差。[3]

娼妓本与良人妇女不同,宿娼者与奸良人妇女同科,已嫌未协。且良人奸他人婢者,尚应减科,例亦不加枷号,宿娼者反与凡奸同罪,亦嫌未尽平允。[4]

虽然存在"以例破律"的传统,但是这条例文在现实中所起到的作用是基本上是微乎其微的。

《刑案汇览全编》第五十二、五十三卷中并未出现任何一例比照

[1] (清)薛允升:《读例存疑》,载《中国基本古籍库》全文网络版,第971页。
[2] (清)薛允升:《读例存疑》,载《中国基本古籍库》全文网络版,第971页。
[3] (清)薛允升:《读例存疑》,载《中国基本古籍库》全文网络版,第971页。
[4] (清)薛允升:《读例存疑》,载《中国基本古籍库》全文网络版,第971页。

适用“奸宿”,《清代巴县档案汇编》(乾隆卷)9宗涉及妇女的民事案卷[1]也无相关惩处,郭氏对中国第一历史档案馆所藏乾隆朝《刑科题本・婚姻奸情类》的引述中也未发现相关案例。

奸宿罪的司法案例罕见,果真是传统社会的百姓确实信守律令的规定?还是谨守个人“性”的道德义务,而不敢稍加逾越?恐怕两者皆非。而事实上娼妓的繁荣景象对于这种法律态度和法律制度是极大的讽刺。问题的关键在于奸宿罪的例文是不是一条具有实效性的法律规范。

沈家本认为“和奸之事,几于禁之无可禁,诛之不胜诛,即刑章具在,亦抵具文”,[2]汪荣宝也说“(无夫奸)这个事是亲告罪,告诉乃坐,事甚暧昧,检事提起公诉是很难的……这一条刑律从来也没有行过的。”[3]法律规制更明确、社会发生率更高的“和奸”条文都难以落实,更何况是小小的奸宿罪呢?

> 再,犯奸罪名,唐在杂律不过寥寥数条耳。明则较多矣,而例较律为尤多,本门赅载不尽者,威逼致死门又惮详晰言之,案牍之繁,殆由于此,然亦可以观世情矣。[4]
>
> 在禁止婚外性关系的律令下,娼妓行业甚为普遍的社会现实也凸显了法规范的有效性和实效性之间的落差,甚至是相互抵牾。“可以说,法律规范和道德的正统规范永远只是文化性格的

---

[1] 在9宗案卷中,分属刑房(3宗)、户房(1宗)与工房(5宗)。其中,事涉田土、房产纠纷有3宗(档案1、5、6),事涉家产分析的有3宗(档案7、8、9),事涉继嗣、赡养的案件有3宗(档案2、3、4)。参见阿风:《明清时代妇女的地位与权利:以明清契约文书、诉讼档案为中心》,社会科学文献出版社2009年版,第213页。

[2] 《修正刑律草案说帖》,载《桐乡劳先生(乃宣)遗稿(下册)》,文海出版社1969年版,第902页。

[3] 参见黄盛源:《西法东渐中无夫奸存废之争》,载《政大法学评论》2006年第91期。

[4] (清)薛允升:《读例存疑》,载《中国基本古籍库》全文网络版,第971页。

一方面,即冠冕堂皇、一本正经的那一面。"〔1〕

五、结 论

(一)清代娼妓乃社会控制下的失语者

清代的娼妓,就法律制度上而言是被否定的,这种立场充满了政治功利色彩。除乐籍是为了笼络臣民、增加赋税,禁止官吏宿娼是为了提高行政效率、稳定统治;通过一条力量薄弱的例去限制私娼,还是为了贵贱有别、社会有序。

宗法制度下女子没有任何个体权利,唯一的存在合理性则是作为男性的财产加强父权、夫权、男权有序的家族伦理建设。贞节从来不是生物性的概念。贞节是一种义务,对于女人性道德上的束缚好比三寸金莲上的裹脚布;贞节也是一种权力,独属于良家妇女,娼妓优伶是没有资格享有的。对于女性的保护实质上是为了防止对男性权益的侵犯,一旦女性失去为男人增值的可能性,对她们的保护自是不必要的。

卖淫政策往往被置于整个社会控制网络中的一个环节去操控,对于娼妓问题的叙述论调取决于特定的时代背景,性的正当性从来只具有统治上的政治意义。而缺乏更人性的人类本体关注。

(二)清代婚姻内外性关系是功能互补

在古人看来个体婚姻家庭是国家的基本细胞,它的稳定与否关系着国家统治的治乱兴衰,于是社会就出现了另一个群体——娼妓,她们承载着不可替代的社会功能,对于男性统治、对于社会结构起到了良好的稳定作用。

首先,卖奸宿娼具有经济性。尤其是对于位于社会底端的女性而

〔1〕 黄盛源:《西法东渐中无夫奸存废之争》,载《政大法学评论》2006年第91期。

言,她们中的多数卖奸者有着令人动容的隐情,有些是家境捉襟见肘,丈夫无力支撑、生活无以为继,丈夫"纵容"甚至"逼勒"妻女与人通奸以贴补家用。[1] 这些妇女卖奸并不是为了个人温饱或是淫逸,而是被视为男性特殊的财产工具以交换钱财,履行妇对于夫及家庭的义务。淫与忠、淫与孝,也并非是全然对立的关系。其次,卖奸宿娼具有浪漫性。娼妓圈子是有等级之分的,尤其是对于中上层阶级的人士而言,对高级娼妓趋之若鹜,除了展示其上层社会之地位、财富和趣味;多半还是为了逃避性爱,寻找自由浪漫的感情。[2] 正如林语堂先生在《妓女与妾》一文中写到的那样:妓女是叫许多中国人尝尝罗曼斯的恋爱滋味,而中国妻子则使丈夫享受此比较入世的近乎实际生活的爱情。

当娼妓行业发达之后,婚姻内外性关系的一般格局于焉形成:一夫一妻多妾的家庭结构,再加之娼优的调剂。"娼妓并不是性张力的来源,而恰恰是释缓性张力以求平衡的途径。当性张力大为加强之后,在此张力作用之下的人们需要找到释缓张力的途径或手段。这种途径或手段,在本质上并不是对产生张力的两极之任何一极的反抗,只有这样,平衡才成为可能。"[3] 娼妓作为家庭的"配套产品",一方

---

[1] 下引三则案例有很好的佐证效果:[案1]据王氏供称:她是直隶肥乡县人,38岁。因家贫苦,无法生活,男人杨二带她到河南淮宁县地方,一面赶会卖茶,同时"卖奸"度日。每卖奸一次,得30~40钱,也有20钱或十几钱的。[案2]局山东陵县人郭三供:因家里穷,过不得日子,于乾隆四年五月同女人马氏(47岁)来到临清州车营街赁了间破屋住。又在景岱门外运河河涯下岗挖了个土屋,利用粮船经过停靠,让马氏在那里补破衣服,也合人家行奸赚钱,补作家用。[案3]直隶东明县人汪王(34岁),携妻张氏(33岁),于乾隆八年八月到山东曹县打工谋生。他给人拉车,收入微薄,只房租一项,每月就需200文,入不敷出,无奈之下,只好让妻子张氏在家卖奸贴用。《刑科题本·婚姻奸情类》,转引自郭松义:《中国妇女通史·清代卷》,杭州出版社2010年版,第105~109页。

[2] 男子常把爱情寄寓于二处地方,一是同性爱,二是妓院。详见乔明:《娼妓与文化》,载《玲珑》1936年第6卷第23期,第1750页。

[3] 江晓原:《性张力下的中国人》,华东师范大学出版社2011年版,第10页。

面有利于社会的稳定，另一方面又使两性关系不至于一潭死水，礼教与人欲之间达到了微妙的平衡。

时至今日，欲解决“活跃的性本能”与“必须的性规范”之间的深刻矛盾，我们有两个问题需要思考：一是“卖奸宿娼是不道德的”这个立法前提是否具有天然正当性，二是即使卖淫是“不道德”的，本应坚守相对独立立场的法律该呈现何种姿态？

清代枷号制度研究
——以枷号条例为考察中心

罗莉娅*

【摘要】 本文以相关史料为基础考察清代枷号制度的发展、清代枷号条例的制定及其在司法实践中的实际运用情况，同时也运用比较研究方法，将《大清律例》及《读例存疑》中的枷号条例作为考察对象加以比较，据此分析清代枷号制度缓慢的发展变化过程。

【关键词】 清代；枷号；枷号条例

枷号是一种独立于五刑之外的特殊刑种，其由刑具发展演变成为一种独立的刑罚制度经历了缓慢的过程。特别是发展到清朝，枷号已然从明朝时期的酷刑演变成为一种具有优待性质的替代刑及附加刑，对这个变化过程及其法律实践进行研究，我们可以从微观角度去探究清朝的法律制度，全面了解具有少数民族统治特点的清朝刑罚体系。本文拟在清代相关史料的基础上对这一颇具特色的刑罚作一较为全面的阐述。

一、清代枷号的立法背景

清朝是我国历史上第二个由少数民族建立政权并实现统治的朝代。在入关前，清并没有制定完备的法律，在天聪七年(1633)的"盛

* 作者系中国政法大学法律史学专业博士研究生。

京定例”和之后陆续制定的一些治罪条文,都“皆因时立制,不尽垂诸久远。”〔1〕顺治元年(1644)清入关之后,清朝政府首先面临的就是让中原汉民族臣服的问题。解决这个问题当然需要多方面因素的合力,但最先需要解决的就是社会的统治秩序问题,有了良好的统治秩序,各个阶级的生活才会良性运转,才有可能实现使其统治。因此,当时的清朝统治者采纳了刑部左侍郎党崇雅的建议,为了避免有官吏乘着新政权刚刚建立,新的法律制度没有制定出来时凭臆断案,允许先暂行明律,待时局稳定、“国制画一”再制定新律颁行全国,并宣告“在外仍照明律行,如有恣意轻重等弊,指参重处。”〔2〕这样的做法在当时是非常可取的,对于民间处理前朝遗留下来的法律问题起到了很好的作用。

中国古代法律制度是一个“诸法合体、以刑为主”的法律体系。刑罚制度在中国古代法律体系中无疑就是法律的代名词,自隋唐确定笞、杖、徒、流、死五种刑罚为法定刑种以来,之后历朝历代的更迭都没有影响到五刑作为“正刑”体系的延续。薛允升在《读例存疑》中提到“自汉以后,刑律代更,至隋开皇中,定笞杖徒流死为五刑。而其法遂不可易。”〔3〕由此可见,五刑作为一种确定下来的刑罚体系,在中国古代法律制度中起到了重要的调整作用,然而在对复杂的社会生活进行调整的过程中,仅仅只用笞、杖、徒、流、死这五种刑罚显然是不够的,因此在使用法律明文规定的五刑的同时,也产生了对五刑有补充作用的一系列“闰刑”。〔4〕 枷号正是这样一种非正

〔1〕 邱汉平编著:《历代刑法志》,群众出版社1988年版,第564页。

〔2〕 邱汉平编著:《历代刑法志》,群众出版社1988年版,第564页。

〔3〕 胡星桥、邓又天主编:《读例存疑点注》,中国人民公安大学出版社1994年版,第3页。

〔4〕 闰刑:与正刑相对的一些刑罚,如充军、刺配、枷号等。在《清史稿》志一百十八中提到:“以闰刑加入正刑,承用者广,不得不别自为制也。”可见,在清代已经将五刑之外的“非正之刑”称为闰刑。

之刑。

任何形态的社会要想得以正常的存在和发展,都需要社会调整和社会秩序,需要通过一定的物质力量和精神力量使人们遵从社会权威,遵守一定的社会规范的行为模式,尊重和维护社会秩序与社会价值,这就是社会控制。[1] 为改变法制简陋、法律不适应社会统治环境由简单转变为复杂、民族成分由单一转变为多元的现实情况,以便尽快建立起自己的法制秩序,树立起统治威信,进而实现其在整个中国的统治,清政府在入关之后不久便立即着手进行了制定法律的活动。正是由于匆忙立法,当时以"异民族"身份成为统治者的清王朝只能暂时依靠明律来进行法制管理,制定法律也只能"详译明律,参以国制,增损剂量,期于平允。"[2] 在此背景之下,《大清律例集解附例》于顺治三年(1646)刊布全国通行。虽然《大清律例集解附例》改变了清入关之初对旗人进行处罚采用"大辟之外,惟有鞭扑"、刑制比较简单、没有五刑的等级差别的情况,使旗人立法也开始有了等差,但这样参照明律匆忙制定出来的法律必然有其天然缺陷,它不可能周详的考虑到清朝少数民族统治的特殊性,也不会特别维护旗人这一清朝独有的群体,因此清朝想要达到的法律效果并没有由其完成。我们知道,法律是为统治阶级服务的,因而对于统治阶级来讲,法律只是柔性的,而不是相反。[3] 之后,根据清朝统治的现实,为了巩固清朝的统治基础,维护旗人(或者说是特定的一部分旗人)[4] 的特殊利益,清代相继制定了颁行全国的法律,其中

---

[1] 沈大明:《〈大清律例〉与清代的社会控制》,上海人民出版社 2007 年版,第 1 页。

[2] 邱汉平编著:《历代刑法志》,群众出版社 1988 年版,第 564 页。

[3] 袁自永、高庭爱:《清代回疆的法律适用》,载《喀什师范学院学报》(社会科学版)2000 年第 9 期。

[4] 八旗由满洲八旗、蒙古八旗、汉军八旗组成。旗人当中又分为宗室觉罗、正身旗人、另户旗人、包衣等,因身份不同,其享受的法律特权也不同,下文将具体叙述,在此不再赘述。

关于旗人犯罪的法律规定逐渐实现了维护“旗人”的特殊利益、维护清朝统治的根本目的。

二、清代枷号的立法意图

社会关系的急剧变化,要求它的调整工具——法律,无论在调整方式还是在调整范围上,都要作相应的变革。[1] 清入关后为了适应新的统治形势,不得不承认汉区原有的政治、经济、文化等方面的主要制度,但又不能全盘汉化,放弃自己本民族的习俗。因此,清统治者在对满汉关系的处理上是一直宣称“满汉一家”但又辅之以“旗民有别”。

众所周知,少数民族由被统治地位,变为统治地位,是以被征服民族的牺牲为前提的,换句话说,是建立在对被征服民族的压迫和统治基础之上的。[2] 尽管清朝没有像元朝时期,明确地将人划分为四个等级,然而其毕竟是一个少数民族统治者建立起来的政权,如何保障自己民族的既得利益,如何在以少数统治大多数的不利情势下树立起自己的权威,成为有清一代清政府立法的重要目标。为了达到维护旗人利益的目的,立法时必然会对民人的利益有所牺牲,清朝的刑罚在处置旗民犯罪时,就采取了“同罪异罚”“旗民异制”的原则。区别旗民之异,维护统治民族的优越地位,依据民族地位的差异规定同罪不同罚的原则,为清初刑法有别于汉唐宋明的显著特征。[3]

八旗,是清代独有的人口管理方法,在最初成立旗的时候,所有的户口都要编进去,不分部族,所以一个旗内,有满洲人,有蒙古人,

---

〔1〕 江必新:《沈家本法制改革述论》,載育龙网,最后访问日期:2009 年 5 月 15 日。

〔2〕 腾绍箴:《清代八旗子弟》,中国华侨出版公司 1988 年版,第 2 页。

〔3〕 张晋藩:《清朝法制史》,法律出版社 1994 年版,第 179 页。

也有汉人。编入八旗的人户,称为“旗人”,又称“旗下人”,编入某旗即为某旗人,他们的子孙也算某旗人。[1] 清入关时,满洲、蒙古、汉军各有八旗,其中又以满洲八旗为主。八旗内部等级划分严格,除皇族之外,又有旗人贵族、另户旗人、包衣等区分。按不同的职业区分,又有旗员、旗军等类别。以民族身份不同划分,又有八旗满州、八旗蒙古、八旗汉军之别。而民人作为清朝一种特殊的法律语言,仅仅只是同旗人相区别的一个概念。在清朝末年的北京满族中,流行着一句谚语“不分满汉,但问旗民”。这就是说,编入八旗的满洲、汉军和包衣,都是满族的成员,都称旗人,而只有民人(汉人)和旗人(满人)才有所区别。[2] 从努尔哈赤建立起八旗制度以来,八旗便被视为清朝的统治基础,为维护自己的政权,清朝统治者尽可能多的赋予旗人法律上的特权。

雍正曾说:“朕常饬八旗大臣,八旗为本朝根本。”[3] 清朝将稳固政权统治的希望寄托在旗人身上,力图借助法律的手段维护旗人的利益,保障清政府的统治,故清前期旗人在法律上具有特殊的地位。初入关时,满族的人数较少,为保证政府的军事力量始终占有优势,所以即使旗人犯了罪,统治者也不愿意惩罚其远离旗下,致使旗人在京人数减少,削弱清朝的武装力量。但旗人犯罪也须得受到处罚,方能显示出法律的“画一”“公允”。清代法律规定中关于旗人处于枷号刑的律不多见,大多是采用例的形式来对此进行规范,但最为关键的一条给予旗人特殊法律地位的犯罪免发遣律则是以法律的形式载入律典。犯罪免发遣律先后经顺治十三年(1656)及顺治十八年(1661)两次议定,后于雍正三年(1725)正式以“以现行例,旗下人犯徒流等罪准折枷号,与军官犯罪免徒流之意相符,因另立

[1] 郑天挺:《清史探微》,北京大学出版社1999年版,第333页。
[2] 杨学琛:《清代民族关系史》,吉林文史出版社1991年版,第198页。
[3] 《清实录·世宗实录》(第七册),中华书局影印版1985年版,第614页。

犯罪免发遣律。名列于军籍有犯之前,以旗下犯罪折枷号之例载入,作为正律。"[1]乾隆五年(1740)时将律文定为"祖宗成宪",不可变动。清廷不仅多次重申其稳定性,并严厉斥责要求改律的条奏。只是每隔一段时期可以"酌修条例"。[2] 清代制度,修例为五年一小修、十年一大修的原则,修例变得制度化、经常化,是以关于旗人处以枷号刑的条例也在不断地变化之中,但根据"例可变律不可废"的立法原则,该律得以成为优待旗人刑罚的法律基础留存下来。表面上看,提出旗人犯罪可折枷处理的建议是因为旗人早期的犯罪处理方法只有鞭责,起不到惩戒犯罪的作用,实际上犯罪免发遣律的立意就是为了解决保持旗人在旗数量及入伍当差的问题,根本原因还是清朝认为只有旗人才是清政府完全可以依靠的保障力量。这既是清政府运用法律手段对社会关系进行调整的一种有效尝试,也是清朝统治者对于旗人特殊身份地位的肯定,是笼络人心的手段。对此,《清史稿·刑法志》指出:"原立法之意,亦以旗人生则入档,壮则充兵,巩卫本根,未便离远,有犯徒、流等罪,直以枷号代刑,强干之义则然。"[3]沈家本也认为"原清入关之初,八旗生齿未臻繁盛,军伍有空虚之虑,差务有延误之虞,故凡八旗之人犯军流徒者,特设此折枷之制,免其发配,原为差务实军伍起见。"[4]

可见,在高度中央集权的国家,特别是作为以"异民族"执政的统一国家,清朝的法律中确实存在维护满族特权的民族统治色彩,但随着清朝国家统治的稳定和民族间的广泛交流,这种色彩自中叶

---

〔1〕 胡星桥、邓又天主编:《读例存疑点注》,中国人民公安大学出版社1994年版,第24页。

〔2〕 孙家红:《〈大清律例〉百年研究综述(上)》,载《法律文献与信息研究》2008年第2期。

〔3〕 邱汉平编著:《历代刑法志》,群众出版社1988年版,第575页。

〔4〕 (清)沈家本:《历代刑法考·寄簃文存》,中华书局1985年版,第2032页。

以后日渐淡薄。[1]

三、清代枷号条例

清初，枷作为狱具使用，当时并没有明确其是否作为刑罚手段，只对其标准规定为："枷，长三尺，阔二尺九寸，枷以干木为之。重二十五斤，斤数刻志枷上。"[2]后经过多次修订律例，枷成为枷号这一刑罚的专门用具，枷号也成为一种特殊的刑种运用到清代的司法实践中。枷号刑，起初适用于旗人，在犯罪免发遣律及其他条例中规定作为旗人犯军流徒罪的替代刑，对民人适用则主要用于一些轻微的刑事犯罪，作为附加刑适用。

枷号刑于清代始为常法，因其在五刑之外，所以没有单独立法对其进行规范，除了犯罪免发遣律之外，枷号刑的相关规定大多散见于各种例中，如事例、则例和条例等。无论哪种情况都是将具体的、典型的案例演变成为通行的条例。作为法律规范的"例"，已不再是具体的案例，而是普遍适用的、概括的法条。[3]

清朝的例是由明朝的《问刑条例》发展而来的，但其种类更多，范围更广泛，有条例、事例、成例、则例等。一般来说，条例是辅助律的刑事法规，事例、成例是以时间为序、辅助会典、记录历年颁布的规定。[4] 则例是指中央政府各部门就本部门的行政事务编制、交由皇帝批准生效的单行法规。根据调整范围的不同，则例可分各部门则例和关于特定事务的则例两大类。

清代关于枷号的例既有历代遗留之"原例"，又有当朝新加之"增例"，还有皇帝特旨之"钦定例"。其相关规定浩繁复杂，要一一

---

〔1〕 张晋藩：《清朝法制史》，法律出版社1994年版，第6页。

〔2〕 《大清律例》，张荣铮、刘勇强、金懋初点校，天津古籍出版社1993年版，第74页。

〔3〕 郑秦：《清代法律制度研究》，中国政法大学出版社2000年版，第213页。

〔4〕 苏亦工：《明清律典与条例》，中国政法大学出版社2000年版，第46页。

研究显然是不现实的,条例作为律的重要辅助形式,清代枷号刑的大多规定都是作为条例出现在公众视野之中的。所以本文着重从枷号条例的角度出发,分析枷号刑在清代"旗民异制"的法律规范中所起到的重要作用。

1. 清代枷号条例的制定

条例不同于事例及则例,条例要经过纂修才能具有法律效力,成为通行的正式法律。清代关于枷号刑的律仅止犯罪免发遣一条,但枷号条例却非常多。清代枷号条例的制定,主要是通过以下几种方式。

第一,由皇帝直接下旨,通过谕旨将其制定为条例。旗人犯罪免发遣最早便是通过这样的方法成为"新例"的。顺治十三年(1656)"刑部议奏更定律例四事。一、旗下人犯充军流徒罪者、止行鞭责、以致奸宄无所创惩。今后犯军罪者、枷号三月,犯流罪者、枷号两月,犯徒罪者、枷号一月,仍照数鞭责……得旨、所奏四款、有裨锄奸去恶,著即遵行,永著为例。"[1]这样的枷号条例是非常多的,特别是与旗人相关的枷号条例更是不少。

第二,通过采纳各部议覆、议准的处理意见,将其制定为条例。清代枷号刑既是一种优待旗人的替代刑,又是一种加重民人处罚的附加刑,因此各部常会涉及有关处于枷号的案例,通常由刑部单独或刑部会同九卿、军机大臣议准定例。康熙九年(1670)刑部查律载,抄扎入官人口、隐瞒不报者、计口以隐漏丁口论。若照律处分,则罪而致隐瞒者众,因此,刑部酌议"嗣后凡隐瞒反叛抄扎入官人口者、不分男妇大小、五口以上、照依隐匿财物至五百两例、杖一百、流徙宁古塔。四口以下、杖徒如旗下有犯此等之罪、例应枷号发落。

〔1〕《清实录(世祖实录)》(第三册),中华书局影印版1985年版,第786~787页。

遵为定例。从之。”[1]

第三,通过修例将其他例并入枷号条例中。早期为惩处旗下逃亡奴仆而制定的《督捕则例》随着社会的发展,逐渐脱离法制现实,在乾隆以后,便将《督捕则例》废除,将有关条款经过修改附入刑律。《督捕则例》中有很多关于枷号刑的条例也归入刑律当中的枷号条例了。例如,徒流迁徙地方所附例文中关于“傥在配在途脱逃,并不服拘管者,获日在配所用重枷枷号三个月,杖一百,折责发落,毋庸即行正法”[2]的规定以前就见于《督捕则例》中。

条例制定后,按照清朝规定还须定时修缮整理,以使其适应社会发展的需要。自乾隆五年以来,清朝制定了对修律五年一小修、十年一大修的原则,直到清末法制改革修律活动才停止。在这漫长的时间中,枷号条例也经历了多次修改、补充、完善的变化过程。

在有清一代,枷号条例的数量已经无法具体统计,因为枷号刑使用的特殊性,其适用往往是替代其他刑罚适用,又或是与其他刑罚并加适用,所以我们无法确知,到底枷号条例确切的数量是多少。我们只能通过统计某一时间段内的枷号条例,对其进行研究,从某一个角度来探讨清代的枷号条例。下面选取了《大清律例》及《读例存疑》两本文献,对其中的枷号条例列表做一简单统计及对比,《大清律例》所载条例的截止时间为乾隆五年,《读例存疑》所载条例的截止时间为同治九年(1870)。(见表1)

---

[1] 《清实录(圣祖实录)》(第四册),中华书局影印版1985年版,第437页。

[2] 胡星桥、邓又天主编:《读例存疑点注》,中国人民公安大学出版社1994年版,第117页。

表1 《大清律例》与《读例存疑》的枷号条例

篇目		书名 / 枷号条例	大清律例	读例存疑
名例律		五刑	3	4
		应议者犯罪	3	3
		犯罪免发遣	5	5
		常赦所不原	1	1
		犯罪存留养亲	4	5
		工乐户及妇人犯罪	1	1
		徒流人又犯罪	6	6
		老小废疾收赎	1	1
		给没赃物	1	1
		犯罪事发在逃	2	2
		加减罪例	1	1
		徒流迁徙地方	12	11
小计		12	39	49
吏律		贡举非其人	1	1
		举用有过官吏	1	2
小计		2	2	3
户律	户役	人户以籍为定	2	2
		私创庵院及私度僧道	2	2
	田宅	盗卖田宅	1	
		盗耕种官民田	1	1
		弃毁器物稼穑等	1	1
	仓库	钱法	1	1
		收粮违限	2	2
		多收税粮斛面	2	2
		隐匿费用税粮课物	1	1
		揽纳税粮	1	1
		私借钱粮	1	1
		仓库不觉被盗	1	2
		收支留难	2	4
		转解官物	4	1
		隐瞒入官家产	1	

续表

篇目		书名 / 枷号条例	大清律例	读例存疑
户律	课程	盐法	6	6
		私茶		1
		匿税	2	2
		人户亏兑课程	1	1
	钱债	违禁取利	2	2
	市廛	私充牙行埠头	5	5
		市司评物价	2	2
		把持行市	5	5
小计		23	46	46
礼律	祭祀	毁大祀邱坛	1	1
		亵渎神明	1	1
		禁止师巫邪术	1	2
	仪制	服舍违式	1	1
小计		4	4	5
兵律	宫卫	宫殿门擅入	2	2
		冲突仪仗	1	1
		越城	1	1
	军政	从征违期	1	1
		不操练军士	1	1
		私卖战马	1	1
		私卖军器	1	1
		私藏应禁军器	1	1
		从征守御官军逃	3	4
	关律	私越冒度关津	2	2
		私出外境及违禁下海	11	10
	厩牧	验畜产不以实	1	1
		宰杀马牛	2	
	邮驿	多乘驿马	1	1
		公事应行稽程	1	

续表

篇目		书名 枷号条例	大清律例	读例存疑
小计		6	18	15
刑律	贼盗	谋叛	3	3
		盗军器	1	1
		盗园陵树木	5	5
		监守自盗仓库钱粮	2	2
		强盗	1	1
		白昼抢夺	4	4
		窃盗	9	9
		盗马牛畜产	5	5
		盗田野谷麦	10	9
		恐吓取财	7	5
		诈欺官私取财	8	8
		略人略卖人	1	1
		发冢	1	1
		盗贼窝主	2	3
		起除刺字	1	1
	人命	杀一家三人		1
		杀子孙及奴婢图赖人	1	1
		威逼人致死	1	1
	斗殴	斗殴	1	2
		官内忿争	1	1
		威力制缚人	1	1
		奴婢殴家长	3	3
		殴祖父母父母	1	1
		殴制使及本管长官		1
	骂詈	骂制使及本管长官	2	2
	诉讼	越诉	11	11
		投匿名文书告人罪	1	1
		诬告	6	5
		干名犯义	1	2
	受赃	官吏受财	3	3
		在官求索借贷人财物	1	1

续表

篇目		书名 枷号条例	大清律例	读例存疑
刑律	诈伪	对制上书诈不以实 私铸铜钱 诈假官 诈称内使等官	1 3 2 2	1 4 2 2
	犯奸	犯奸 亲属相奸 居丧及僧道犯奸 良贱为奸 买良为娼	3 1 1 3	3 1 1 1 3
	杂犯	赌博 失火 放火故烧人房屋 搬做杂剧	6 1 2 1	6 1 1 1
	捕亡	罪人拒捕 徒流人逃 主守不觉失囚 盗贼捕限 狱囚脱监及反狱在逃	1 13 2 2 	1 13 2 2 1
	断狱	囚应禁而不禁 故禁故勘平人 陵虐罪囚 主守教囚反异 狱囚衣粮 有司决囚等第	1 1 3 3 2 2	2 1 4 3 2 3
小计		55	150	156
工律	营造	盗决河防 失时不修堤防 侵占街道	1 2 1	1 2 1
小计		3	4	4
总计		105	261	268

从统计数据可以看出,七篇律中每篇都有相关的枷号条例,其中名例律、户律及刑律中的枷号条例比较多。但在这三篇律文中,枷号条例没有特别集中出现在某一篇中,而是较为平均地分布于其中。由此可见,枷号是一个使用频繁、适用范围较广的刑罚。其针对的多不是严重的刑事犯罪,而更多的是适用于一些轻型的犯罪,功能偏重于教化及警示。

值得注意的是,在刑律中,诉讼中的越诉一项涉及枷号刑的条例有13条之多。封建社会等级森严,超越身份的诉讼被视为是一种违抗等级制度、服制制度的表现。对此种行为,怎样处罚才能更有效地传输出统治者的法律意志是一个值得统治者思考的问题,而枷号刑的特殊行刑方式起到了导体的作用,这也是枷号刑教化功能的体现。

为了详尽表述枷号刑的运用,我们可以看到枷号条例竟多达260多条,占到了1800多条条例的将近15%,不得不说枷号条例在清律中的重要性。且从《大清律例》到《读例存疑》,枷号条例经过了一百多年的时间,但从表中我们可以看出枷号条例的数量是基本稳定的,仅仅只增加了7条,没有剧烈的增加或是减少,这说明枷号条例在实际的司法实践中起到了重要的调整作用,才能得以稳定的沿用。

2. 枷号条例的执行

枷号之所以能够由一种刑具发展演变成为独立于"五刑"之外的一种独立刑种,最根本的原因是其特殊的执行方式。清代枷号条例数量众多,除了定罪量刑之外,其主要规定的内容有以下几方面:一是枷号刑的执行地点,二是枷号刑的执行时间,三是枷号刑执行的方式。

第一,枷号刑的执行地点。清朝早期,宗室觉罗处枷号刑不实际执行,以圈禁代之,圈禁的地点多是其住所。仅仅只是限制了清朝满洲贵族的外出自由活动,实际上的刑罚意义不大,只具有宣传的作用。而普通旗人被处以折枷之后的执行则与宗室觉罗及民人都不相同。康熙二十九年(1690)以前,枷号旗下人犯就地处罚,置放本旗门上,自该年以后,将枷号人犯各旗互相转放,由城门尉、城门校、千总、领催、披甲人等，详验加封收受，发门之后，刑部派满汉官员调旗巡查。[1] 各旗转发执行枷号，使罪犯感觉到耻辱，有利于法律的宣扬。但这样的执行方式比较麻烦，增加了刑罚的成本。后来为照顾枷号旗犯，可以在各门示众处设立房屋以为住宿之地，被称为“门监”。乾隆元年(1736)议准，旗人枷号人犯，男犯仍应枷号各门，女犯枷号之处则由提督衙门会同臣部、在门监内外添置房屋或是拨出房间单独安置，作为女犯居住歇宿之所，从此枷号旗犯始有男女分监之所。考虑罪犯带着枷行动不便，且处以枷号刑的囚犯均非重囚，刑部还奏准“无论男妇。各许亲属一人、跟随照管。”[2] 并且每月还派满汉御史一员前往稽察，如查验官员有失职之处，就要加以处罚。据《钦定大清会典事例》载“凡枷号旗下人犯，停其置放本旗门上，令城门尉等详验加封收受，或枷具脱松，或封皮拆皱，可以脱出者，将看封之司官，照杖罪人犯应禁不禁律、罚俸六月。仍将该犯送部枷号，封固发门之后。如有将人犯枷号松脱散放，或枷具松疏，及封皮拆皱，可以脱出，巡查官员不行查出，照应申上而不申上律、罚俸九月。又奏准，上司将所属佐贰官员，遇有事故，不行题，任意笞辱者，降二级调用，笞辱知县以上官员者，降三级调用。”[3]

至于民人枷号刑的场所则无具体规定，多以该犯犯罪地点为执行地点，因为枷号刑本身还是一种耻辱刑，在犯罪地点带枷而号无疑会起到罚一儆百的效果。在处理偷挖人参盗犯王世新一案中，本拟将王世新发往烟瘴地方，枷号两个月，杖责发落，将其妻并三岁之女赏给有劳绩之兵为奴。考虑到之前王世新曾经违例娶旗人赫哲之女为妻的情节，多年来又任意挖参，其行为甚属可恶，如果发至烟瘴地方再行枷

---

[1] 林乾:《清代旗、民法律关系的调整——以“犯罪免发遣律”为核心》，载《清史研究》2004 年第 2 期。

[2] 《清实录·高宗实录》(第九册)，中华书局影印版 1985 年版，第 417 页。

[3] 光绪《钦定大清会典事例》卷一二一。

号,未免失去施行枷号刑的意义,因此都尔嘉奏请将王世新在吉林乌拉先行枷号一年以示儆戒,俟满限日再发烟瘴。后王世新便于犯事地方枷号一个月后再行发遣。

第二,枷号刑的执行时间。枷号刑执行的时间通常以日、月为基本的单位时间,处罚时按照律例规定处以几日、几月的时间来实际执行。

《大清律例刑案新纂集成》附徒流军折枷例就规定:徒一年,折枷二十日;徒一年半,折枷二十五日;徒二年,折枷三十日……极边烟瘴充军,折枷九十日。这是以五日为等,逐级递加的执行时间。有时加等时间也会有例外,如入户亏兑课程附例中就规定"盐课钱粮不完者,将经督各官照分数议处外,其各商名下应完盐课,作为十分。欠不及一分者,责二十板。欠一分者,枷号一个月,责二十板。欠二分者,枷号一个月半,责二十五板。欠三分者,枷号两个月,责三十板。欠四分者,枷号两个月半,责三十五板。欠五分者,枷号三个月,责四十板。"[1]这里枷号刑执行时间的等级便是以半月为一等,与其他例规定不同。

清朝枷号刑执行时间最为特殊的是永远枷号。从明朝始有枷号刑以来,枷号的刑期原本不过数月而已,从无永远枷号者,但因乾隆年间,为了惩治怙恶不悛的积匪棍徒等,才有了常带枷号于九门示众之罚,以示警戒。薛允升《读例存疑》载:"乾隆五年,威逼人致死门内改枷号半年为三个月,声明枷号无过三月者,后逐渐加增,且有加至三年及永远枷号者。"[2]由此可见,枷号执行时间的长短本应依律例而行,但在具体的实践中常常会发生改变。对于永远枷号人犯的管理,雍正

---

〔1〕 胡星桥、邓又天主编:《读例存疑点注》,中国人民公安大学出版社 1994 年版,第 279 页。

〔2〕 胡星桥、邓又天主编:《读例存疑点注》,中国人民公安大学出版社 1994 年版,第 56 页。

曾降旨,“在京在外有奉旨永远枷号之人,令各衙门该管官,于岁底奏明。今着该衙门将奏折交与大理寺汇齐,将此等永远枷号之人,开列名单,写录所犯略节,缮折进呈。并将各案情由,另行详细缮折,随名单一并进呈。俱写汉字具奏,钦此。”[1]后又奉上谕,嗣后大理寺于每年岁底汇奏时要将永远枷号之犯是否悔改及悔改之处由该旗该管处保送,开注到罪犯名下,一并进呈。若释放之后,仍不知悔改,生事妄行,则保送人员会被以徇庇欺罔之例治罪。永远枷号人犯可保送释放,固然与“永远”二字不符,但因为此等人犯日益增多,如长期在门监内枷号,势必会浪费大量的人力、财力来照管永远枷号的人犯。因此,乾隆五十一年(1786)便定例如永远枷号人犯逾十年者可分别发遣,即“各处永远枷号人犯,于枷示已逾十年后,即咨明刑部汇题,分别发遣。……若犯行凶扰害情事,仍按其所犯之罪照例问拟。”[2]此条系乾隆五十一年,大学士兼管步军统领和坤奏,纂辑为例,于嘉庆六年(1801)改定。

永远枷号人犯在执行枷号刑时,大理寺每于岁底汇奏,要将各该犯是否悔改及悔改之处,由各旗该管处保送,开注到该犯名下,一并送呈。若该犯释放之后,仍不知悛改,生事妄行,则保送人员要照徇庇欺罔之例治罪。实际上,枷号人犯在执行枷号刑时囚场所固定,身带枷号刑具而行动亦不便,就算是想犯罪也心有余而力不足,可见此例并无实际意义。虽拟定了枷号十年分别发遣之例,但具体何项应拟永远枷号,则散见于《大清律例》的诸多律条之下,并无专条规定。而大理寺每年具奏一次,也成为了一纸具文而已。因此,乾隆二十五年(1760)十二月将“其分别能否改悔之例,着停止。”[3]

---

[1] 胡星桥、邓又天主编:《读例存疑点注》,中国人民公安大学出版社1994年版,第112页。

[2] 《大清律例》,张荣铮、刘勇强、金懋初点校,天津古籍出版社1993年版,第156~157页。

[3] 《清实录·高宗实录》(第十六册),中华书局影印版1985年版,第1039页。

第三,枷号刑的执行方式。枷号刑的执行,有犯笞杖罪加枷的,有先执行笞杖刑,而后再加枷号,后又出现先行枷号,枷满后再行决杖;犯军、流、徒罪再附加枷号的,有在当地执行枷号,待枷满之日再行发遣的,也有至配所再行枷号的,均是照当时所定律例规定而行。

所谓枷号乃指"带枷而号",通常其执行方式是要求将犯人带上枷,枷号上的封条要具体写明该犯所犯何罪、处以何种刑罚,并在规定的地点枷号示众。示众的意义在于使犯人反省自身所犯罪行,并且受到身体上的折磨和心理上的羞辱,并使观者为之警醒。此种执行方式,无论旗民都是相同的,但也有例针对怙恶不悛之徒规定了特殊执行方式。

其中一种枷号执行的方式称为枷号游示。乾隆十二年(1747),据漳州镇总兵马负书奏称:漳(今福建地方漳州市)俗恶习,有地痞流氓经常结党横行,欺凌百姓,平日又被一些势恶土豪所笼络,一旦这些人犯了事,地方官员按其情罪,予以枷责,那些豪恶之徒便会暗中提供钱粮费用。待到枷满释放后,这些人更是肆无忌惮,为所欲为。因此马负书奏请嗣后闯棍有犯,必究出养奸之人,同闯棍一样受到满杖枷号游示的处罚,才能使"各知畏惧"。乾隆看后指出漳俗素来强悍,他对马负书奏请的将养闯棍之人一体满杖枷号游示惩治的方法,是否够化其就染恶习抱有怀疑的态度,考虑到亦有可行之处,便要求"抑或尚有应行整饬之处,可传谕喀尔吉善,令其留心体察,设法惩治,并将如何办理之处,具折奏闻。"[1]

还有一种特殊的枷号执行方式称为"带枷悬铃"。据载,乾隆十年(1745)时湖北巡抚晏斯盛上奏,要求对行窃两次者在处以杖刺之外,令带枷悬铃充警,三年无犯才可释除枷铃,仍然照常点卯,再三年没有什么过错,才能开出卯册,赏给资本用以营生,如有再犯罪则照律分别绞流。之所以在杖刺之外再带枷悬铃,应该是因为当时晏斯盛处

---

[1] 《清实录·高宗实录》(第十二册),中华书局影印版1985年版,第984页。

理案件时认为“市乡窃匪、积久渐为盗根查律载行窃二次者，罪止杖刺，多不知戒。请于杖刺外令带枷悬铃充警”，[1]乾隆认为“有治人，无治法，汝且试行看。”[2]可见“带枷悬铃”并非枷号刑的常规执行方式，多见于“民风刁悍”之地。《福建省例》中也有关于“带枷悬铃”的记载，“拿获窃贼，分别赃数次数悬铃带枷；失察之案，责令巡警；限内无过，先行开枷，二三年无过，起字复为良民。”[3]

为了达到实施枷号刑的教化目的，枷号刑多需要在室外执行，这使该刑罚在太冷或太热的季节执行起来尤为不便。为了解决这个问题，清定例枷号人犯如遇暑天或是冬季，可以暂行释放，待天气好转之后再行“补枷”。

康熙五十三年（1788），康熙在避暑时曾下谕刑部“朕避暑塞外驻跸山庄，素称清凉之地，尚觉烦热，想京师必然更甚，朕时以民生疾苦为念，今天下承平，农商乐业，惟有罪人拘系囹圄，身被枷锁，当兹盛暑，恐致疾疫，轸念及此，不胜恻然，应将在京监禁罪囚，少加宽恤，狱中多置冰水以解郁暑，其九门锁禁人犯，亦着尔部减其锁条，至枷号人犯，限期未满者，暂行释放，候过暑时照限补满。尔部即遵谕速行，以副朕法外施仁至意。”[4]

补枷是执行枷号刑过程中的一种补救措施，但并非一应枷号人犯都能够先行释放，嗣后补枷。乾隆二十一年（1756），步军统领衙门奏刑部，要求将其衙门内枷号人犯保出，春令时再行补枷。可旧例之规定为“至热审期内监禁重犯，令管狱官量加宽恤。其枷号人犯，俱暂

---

〔1〕《清实录·高宗实录》（第十二册），中华书局影印版1985年版，第217页。

〔2〕《清实录·高宗实录》（第十二册），中华书局影印版1985年版，第217页。

〔3〕“台湾文献丛刊”【第199种】《福建省例》，原书第1222页，载http://cache.baidu.com/。

〔4〕《清实录·圣祖实录》（第六册），中华书局影印版1985年版，第557页。

行保释,俟立秋后再行照例减等补枷,满日发落。"[1]热审时枷号人犯可至秋凉补枷之例,与军流停遣之例,事异而情同。是因为体恤带枷人犯,不忍"使荷校累累者,羣聚于烈日盛暑之时"[2]故缓至秋凉,但并无明文规定冬令时节枷号人犯也要暂行保释,待春季再行枷号。因为在步军统领衙门枷号的人犯,多属好事者,易于滋事,当时又正值岁暮,如果按例将这些枷号人犯暂行保出不免会有扰乱社会秩序之忧,如果对其"市恩姑容"反而是"养奸纵恶",与国家明罚敕法之道相去甚远,考虑于此,乾隆认为此等人犯仍照应例执行枷号。

枷号刑执行的种种特殊性,使其成为一种适用范围广、使用频率高的独立刑罚。长时间在公共场合戴上书写有自己所犯罪名、所处刑罚的枷号示众,无论是旗人还是民人都会为此感到羞愧,而观者也会感受到刑罚的严厉。可见,尽管枷号相对于其他刑罚来说是轻刑,但其教育意义比起其他刑罚却大得多。

四、结论

在清代刑罚体系中,枷号远非军、流、徒这样的重刑,与笞、杖这样的身体刑相比也不是常用之刑,然在调整"旗""民"关系上,枷号却是一种非常重要的刑罚。清初,清朝统治者一方面要巩固起自身统治的地位,在管理社会生活中树立起法律秩序的权威;另一方面要维护旗人在全国的特权地位,保持八旗作为国家专制权力的保障,这样在法律实施过程中就必须区分不同的对象并处以不同的刑罚。枷号不同以往的特点就在于通过枷号可以将二者有机地结合起来,既到达刑罚的目的,又完成了保障旗人力量的任务。

清代枷号刑作为一种闰刑,其调整的范围有限,早期主要职能就

---

〔1〕 胡星桥、邓又天主编:《读例存疑点注》,中国人民公安大学出版社 1994 年版,第 4 页。

〔2〕《清实录·高宗实录》(第十二册),中华书局影印版 1985 年版,第 217 页。

旗人而言乃替代刑，于民人而言乃附加刑。在清朝中后期随着社会的不断发展，八旗制度的恶性发展已经严重影响了清朝的统治。此时，旗人特权本身所带来的一系列社会问题已经触碰到清政府的统治威信及对社会的控制力，这从根本上促使统治者对此寻求改变。为了解决因种族不同而"同罪不同罚"问题，清政府自清中期便开始尝试通过修改定例来调整旗民之间的关系，力图使法律向着划一的方向发展，因为旗人的法律特权破坏了法制统一的原则，如前所述，当法律特权已经使清朝的统治出现危机的时候，那么清朝统治者便会对其加以约束，以使其处于可掌控的范围之内，基于这个原因，自清朝中期开始，清朝统治者开始注重法律适用上的"公允"。乾隆时期在刑罚的适用原则上，进一步扩大了范围，且进一步缩小了旗、民之间的某些差别，将一些"民人之例"扩大到适用于旗人犯罪。[1] 受此影响枷号刑也逐渐从区别"旗""民"分别运用的刑罚，在实践中越来越趋向于划一适用。到了嘉、道时期，枷号的适用已经不再区分适用对象，成为一种普遍运用的刑罚。

探究一项刑罚的发展，我们的目的在于通过对其演变过程的研究去了解变化后面的动力和深层原因。清朝作为中国历史上最后一个封建王朝，其本身以"外族"身份入主中原的特点成为有清一代清朝法制变化发展的最大影响因素。从清代枷号的演变过程我们看到了清代法制的一个大致发展方向。与前朝历代枷号相比较而言，清代枷号可视为是少数民族统治者在刑罚体系上的一个集中体现，从最初的针对旗人替换适用的优待刑演变为后期不分"旗""民"一体适用的普通刑罚，枷号的变化反映出清朝统治者受到汉文化的影响，力图通过法律手段实现有效调整社会关系的意图。我们可以看到，自清中叶起，为了实现长期统治下去的目的，清朝就在努力寻找将法律归于划一的途径，以期解决司法实践中不断加深的旗、民矛盾。为此清朝统

[1] 张晋藩：《中国法制通史》（第八卷·清），法律出版社1999年版，第553页。

治者也进行过大量的尝试,最终的枷号刑“不分旗民,一体适用”可视为是这项努力的成果之一。但囿于自身所处封建时代的局限性,清朝旗、民在法律上的地位一直未能实现真正意义上的平等,直至清末沈家本在修订《大清新刑律》(草案)时,才取消了旗人的特权,最终实现了旗、民法律适用上的平等。

试论社会等级结构关系中的清代州县官监督

卜令全* 戴小华**

【摘要】 在清代，州县官作为“亲民官”在整个官僚体系中占有重要地位。本文从清代社会等级结构分析出发，探讨州县官与贵族、官僚、士民等社会各等级的关系，进而分析其权力制衡。本文认为，皇帝和宗室觉罗等级主导了州县官权力制衡的安排，其本身掌握对州县官的最高监督权。官僚、晋绅对州县官的制约构成权力制约权力，宗室觉罗外之外的贵族、绅衿、凡人、雇工人和贱民对州县官的制约构成权利和社会制约权力。本文认为，清代君主专制王朝的性质决定了权力制约权力的效果取决于统治者是否贤明，以权利和社会制约权力被忌惮，权力制衡是皇权人治下的制衡，最终不能避免权力滥用。

【关键词】 清代；州县官；权力制衡

清代地方一般分省、道、府、县（州）四级行政区划，不同的地方官员职权结构有很大不同，“清代地方官员职权交错，互为牵制的特点，在省一级机构中体现得最为明显，相对来讲，愈是往下，情况反而有所不同。”[1]尽管学界往往将地方政府一同探讨，但清代各级地

* 作者系中国政法大学政治与公共管理学院2016级纪检监察专业博士研究生。

** 作者系中国政法大学政治与公共管理学院2016级纪检监察专业硕士研究生。

〔1〕 白钢主编：《中国政治制度通史》（第十卷·清代），社会科学文献出版社2011年版，第177页。

方政府是有差异的。乾隆帝认为“天下亲民之官莫如州县”,在清代作为“亲民”官的州县官在整个官僚体系中占有重要的地位。瞿同祖在《清代地方政府》一书中对州县政府的职权架构及其运作进行了深入的探讨。本文从社会等级结构分析出发,探讨州县官与各社会等级的关系,进而分析其权力制衡。由于任何组织和个人是嵌入特定社会结构中的,“在清代整个社会里,等级结构是其核心。因为等级制原则贯彻于社会各阶层、各社团、各宗教和各家庭中”,〔1〕“清代的社会成员分属下列七个等级,即皇帝、宗室贵族、官僚晋绅、绅衿、凡人、雇工人和贱民”,〔2〕各等级的划分以凡人为标准,皇帝、宗室贵族、官僚晋绅、绅衿均享有相应特权,可称特权特级,其余则为非特权等级。在特权等级中,皇帝和宗室觉罗贵族掌握最高权力,其余则为结盟者,其中官僚缙绅为皇权委托者,共同构成统治集团;非特权等级属被统治者。本文将从社会等级结构把握清代州县官权力制衡,即从州县官与其他等级、本等级其他成员的关系和互动中把握州县官的权力制衡。

一、州县官与贵族等级的关系

“清人社会结构呈现出一个等级阶梯的形态,人们生活在各自的等级中。……等级与职业密不可分,某些情形下简直是一回事,如做官的是特权等级……职业直接体现等级,与阶级不同。”〔3〕皇帝等级只有一个家庭,成员有皇帝、皇太后、后妃,以及未分府的皇子、未出嫁的皇女。清太祖努尔哈赤及其兄弟的后裔称为宗室,努尔哈赤祖父景祖以上先人的其他后裔称为觉罗,成员有封爵,合称宗室觉

---

〔1〕 冯尔康、常建华:《清人社会生活》,沈阳出版社2002年版,第166页。

〔2〕 经君健:《试论清代等级制度》,载《中国社会科学》1980年第6期。冯尔康、常建华在《清人社会生活》(沈阳出版社2002年版)一书中,参照经君健的等级分类法作了自己的说明。本文将在下面结合以上两人的成果,作出自己的说明。

〔3〕 冯尔康、常建华:《清人社会生活》,沈阳出版社2002年版,第1页。

罗贵族。钱穆将清代归为部族政权，认为是全体满族掌握政权，“所谓‘部族政权’者，便是把政权掌握在某一个部族的手里；这便是中国历史上的异族政权了。譬如蒙古人、满洲人跑进中国，也不是元、清两代每一个皇帝个人能掌握整个政权的。在此两代，其政权之后面，有蒙古、满洲全体部族在此拥护此政权。”[1]这里的政权是指政治主权，是国家主权归属问题。我们承认清代政权的民族因素，但认为清代政权是由皇帝等级和部分宗室贵族等级成员掌握，因为清代只有他们能够行使军国重事的最终决定权。清初有以亲、郡王为主干的议政王大臣会议，有大的战争时出任统帅，“内襄正本，外领师干”；[2]宗室觉罗贵族等级的诸王也可能出任摄政王、议政王、军机大臣、总理事务大臣，主持中央政府事务，但出于皇权集中的需要，设立了南书房、军机处，1791 年乾隆皇帝下旨：“自雍正年间设立军机处之后，兼系军机大臣每日召对，承旨遵办，而满洲大学士、尚书向例俱兼议政虚衔，无应办之事，殊属有名无实”，今后“所有议政空衔著不必兼充，嗣后该部亦毋庸奏请。”[3]议政王大臣会议退出历史舞台，宗室觉罗贵族等级的参政权力被削弱，最高权力多数时候由亲政的皇帝一人掌握。以皇帝个人为核心、以皇帝等级和宗室觉罗贵族等级为成员构成了清代统治者，国家的一切都是这一统治者的意志；在统治者外围是他们统治策略中的结盟者，共同组成统治集团，与统治集团相对的就是被统治者。

“天高皇帝远”，州县官远离权力中心，就皇帝、宗室觉罗贵族等级而言主要依靠法制间接规范州县官权力。“在清代中国，各级地方政府都是按同样的原则组成的。所有行政单位，从省到州县，都

---

〔1〕 钱穆：《中国历代政治得失》，九州出版社 2012 年版，第 141 页。

〔2〕 赵尔巽等撰：《清史稿》卷二一五《诸王传》，中华书局 1977 年版，第 30 册，第 8936 页。

〔3〕 《清高宗实录》卷一三八九，“乾隆五十六年十月乙丑”。

是由中央政府设计和创建的。"[1]这种设计和创建集中体现在了清代的法制中,《清会典》、则例等从州县官任免、职责、工作程序、考核各方面进行了权力规范。这些规范明晰了州县官权力运行的边界,但一些方面具有很大模糊性,为滥权创造了机会,如"陋规"对象从未真正明确过,"地方官员在征收和使用时几乎是随心所欲的"。[2]而且清代"并不强调法律高于一切。法自君出、皇权至上、法律臣服于皇权被认为是天经地义",[3]皇帝总是在法制之上,法制实施到什么程度完全由君主的意志决定,甚至只要皇帝准许,其他等级违背法制行为便可不受追究。同时,也注意道德教化规范地方政治,比如将强调以德主政的儒家经典列为科考书目、皇帝亲自对官员训诫、在官员上任仪注中进行官箴警诫、在州县衙门大堂的前面都树立写着"尔俸尔禄,民脂民膏。下民易虐,上天难欺"的坐碑等。这种道德教化被一些学者视为"以道德制约权力"模式,但事实上"以道德制约权力"是另外一个问题,道德制约的不是权力,而是权力主体或权力被委托者。更重要的是道德除非转变为法定权利或者社会力量行动,否则是制约不了权力的。权力的恶从不会在道德面前止步,只会在力量与力量的对抗中才会止步。此外,在各项设计和创建中,各官僚的权力也是相互牵制的。这将在官僚等级部分详细说明。

民爵贵族和曲阜地区的衍圣公孔府世袭贵族与宗室觉罗贵族同属贵族等级,也有系列特权,但他们并不能分享最高主权,属于清代统治策略中的结盟者。对于宗室觉罗贵族等级外的满人也必须做

---

〔1〕 瞿同祖:《清代地方政府》,范忠信、何鹏、晏锋译,法律出版社2011年版,第5页。

〔2〕 瞿同祖:《清代地方政府》,范忠信、何鹏、晏锋译,法律出版社2011年版,第314页。

〔3〕 张晋藩主编:《中国古代监察法制史》,江苏人民出版社2017年版,第463页。

个说明，他们整体上拥有做官、司法等特权，与本部汉人相对独立，不能简单与汉人归入各等级，且满人不同于集中在边疆而与本部州县官无直接联系的蒙、回、藏等民族，他们散布在清朝本部，对本文论述的州县官权力行使有直接影响，又必须纳入考虑。宗室觉罗贵族等级外的满人同样是清朝统治者的结盟者，按他们是否出仕直接行使权力划分，如果出仕，则归为官僚等级对州县官权力的制约；如果不仕，则视为社会力量对州县官权力的制约。

二、州县官与官僚等级的关系

官僚等级内部分为三个层次，一至三品的大员构成第一等级，是中央主要部门的主、副官和省级的文武官员，即大学士、尚书、侍郎、总督、巡抚、布政使、按察使、领侍卫内大臣、都统、提督、总兵；四至七品官为第二等级，中央部院的郎中、员外郎、主事、御史、给事中、学士、中书、编修、检讨，地方的道员、知府、同知、知州、知县是它的主体；八、九品官及未入流的政府职员为第三等级，包括布政司照磨、库大使、仓大使、按察司知事、司狱、府经历、州吏目、县丞、主薄、学正、教谕、训导、巡检等八、九品官，未入流的县典史、驿丞、河伯所大使、府州县的医学、阴阳学、僧、道官员等。〔1〕官僚等级实质是皇权的委托者，是皇权统治的又一结盟者，与皇帝、贵族等级同属统治集团。

州县官本身属于官僚等级。“作为一把手的知府、同知、知州或知县，除去受督抚、司、道的领导和监督外，在其职权范围内无人牵制。”〔2〕州县官权力主要受到来自属于官僚等级的行政系统上级节

〔1〕 相关论述，参见经君健：《试论清代等级制度》，载《中国社会科学》1980年第6期。

〔2〕 白钢主编：《中国政治制度通史》（第十卷·清代），社会科学文献出版社2011年版，第177页。

制,"省、道、府、县逐级下转,上级对下级进行领导与监督同时,客观上还起到督催办理下达之事及日常事务,并及时稽查核实的作用"。[1] 这在州县官两项最重要的职能——司法和征税执行过程中得到了很好体现。司法方面:州县属第一审级。凡赋税、差役、田租、户籍、债务、土地等民事案件,以及犯有笞、杖轻罪的刑事案件,都由州县自理,但需上报案情,接受上司监督;州县官将每月自理事件审判的情况、完结的日期等,按件登记,按月造册,申送该管知府、道员、按察使、巡抚、总督查考。而人命、强盗、私盐、盗窃等重要刑事案件,要判徒刑以上的案件,州县都不能自理。但是,要负责侦查、缉捕、勘验现场、检验尸伤、查赃、监押人犯等,且需在限定时限内完成。征税方面:布政司为每个县、州、散厅、府、道、省拟定《赋役全书》,州县官需根据《赋役全书》征收地丁银和其他捐税;布政使经常派员审计在各类地方政府掌管中的钱粮收支情况。此外,州县官人事也在行政系统垂直上级掌控中。督抚对于辖内州县官有提请权,经过吏部或经皇帝认可后便可正式任命;州县官政绩在大计年由其直接上司——知府、直隶厅州同知或分巡道写出,然后呈交给布政使和按察使;布政使和按察使写上自己的评语并交给总督或巡抚,督抚复审报告、批准或修正评估意见,再于十月内具疏到京,吏部、吏科、都察院河南道御史各于次年正月阅大册,分别评定为卓异等三类。至于其他作为下属的佐杂官,对州县官的权力制约是无力的,"从所有这些职能都由州县官一人负责的这一事实来看,他就是'一人政府',而他的下属们显然只扮演着无关紧要的角色"[2]。同时,若事涉四邻州县,必须向上请示和与邻近州县协商处理。另外,

---

[1] 白钢主编:《中国政治制度通史》(第十卷·清代),社会科学文献出版社2011年版,第178页。

[2] 瞿同祖:《清代地方政府》,范忠信、何鹏、晏锋译,法律出版社2011年版,第315页。

州县官也受到独立于行政系统的监察官监督。清代中央都察院下辖十五道,至清末增至二十道,掌核地方各省刑名等。地方各省总督、巡抚,以及漕运总督、河道总督,都兼有都察院右都御史、右副都御史的官衔,因此对自己的下属不仅有节制权,而且有监察权。各地还有按察使、道员、巡漕御史、督粮官、管河道、盐法道等,他们是督抚开展监察活动的主要依靠。按察使总管全省按劾之事,振扬风纪,澄清吏治,乡试时充任监试官,大计时任考察官,秋审时当主稿官,并办理全省刑名案件,勘核词状,管理囚犯,遇重大案件则会议布政使办理,并上报部院。道员官阶四品,佐藩臬二司核官吏、课农桑、兴贤能、厉风俗、简军实、固封守,兼察政治,并且有密折封奏的特权。可见,州县官又是始终处于监察官的监察中的。

清代皇帝既掌握最高行政权力,也掌握最高监察权力,监察官是皇权统治之下官僚体系的一部分,不存在独立于皇帝之外的监察体系,更多地体现为皇权自上而下的监督,是一种自上而下单向的封闭性的以官察官操作,在地方则缺乏有效的独立横向权力监督。对于以官察官的不足,商鞅有非常清醒认识,"吏虽众,事同一体也。夫事同体一者,相监不可"。"利合而恶同者,父不能以问子,君不能以问臣。吏之与吏,利合而恶同也。"[1]官吏利害关系相同,实际上属于"命运共同体",让有共同利害关系的人之间相互监督,无法达到监督的效果。清代想通过上级节制、监督州县官,但往往上级就是州县官滥权的原因。乾隆年间王亶望案显示,一省州县官在布政使的滥权面前纷纷沦陷,就是清代官僚监督弊端的很好体现。而且皇权至高无上,皇帝滥权,州县官不滥权是不可能的。

三、州县官与士民等级的关系

绅衿、凡人、雇工人和贱民,可统称为"士民等级"。所谓"绅

〔1〕《商君书·禁使》。

衿”,又称绅士或士绅,清代进士、举人、贡生、秀才和贡生都称有功名,有功名而未仕者就是绅衿等级。

凡人等级指既无特权又不是雇工、贱民的人,包括地主、商人,自耕农、手工业者、佃农、一部分佣工,僧侣,医生、迷信职业者、乞丐、地痞等。清制规定军民商灶“四名为良”,良民即平人,在法律上称“凡人”。凡人等级是人数最多的一个等级,通常称为百姓,包括旗人在内,主要都在凡人等级之中。清律中的量刑都以凡人犯罪的条文为标准,对其他等级成员的处刑都是在对凡人犯同一罪行所判刑等上酌为加减,以区别该人的等级身份高低。

雇工等级指在农业、商业、手工业的大量佣工。他们被主人雇用,但没有卖身,只按做工时间领工钱,具体包括两类:与平民身份相同的佣工和低于平民身份的雇工人。前者指没有特权身份的地主、自耕农、佃农、商人、作坊主的雇工,从事生产劳动性质的农业、手工业生产或商业经营,与雇主是主客关系,无主仆名分,属平民等级;后者是贵族、官僚、绅衿特权阶层的雇工,在家内从事服侍人性质的挑水、做饭、抬轿、赶车等服务性劳动,人格上比雇主低一等,为主仆关系,属于此处要讲的雇工等级。

贱民大体可分为四个等级:一是隶卒,包括皂隶、马快、步快、小马、禁卒、门子、弓兵、仵作、粮差、巡捕营番役等衙门服役人和长随、家人;二是佃仆;三是乐户,包括娼妓、优伶、惰民、九姓渔户、疍民等;四是最低等级的奴婢,其为贱民中最主要的部分。良贱界限是清代另一条重要的等级界限,所有贱民及其四世内子孙都无权考试出仕。

这四个等级属于社会力量,其中对州县官权力制约最大的为绅衿等级。绅衿有优免等法定特权,除此外,其在家乡中有某种参政权,是唯一能合法地代表当地社群与官吏共商地方事务、参与政治过程的集团,但这一权力属于非正式的权力,因此归为社会力量。地方官为取得好名声,要把公事办好,必须取得绅衿的支持。绅士既不属于统治者，也不属于被统治者，他们属于中间集团——统治者选择的结盟者。尽管绅衿常常干预政务，“但却没有他们可以用来质疑或否定官员所作决定的合法程序”，且“作为一个特权集团，士绅的利益与社会其他集团的利益时常会发生冲突”，[1]因此不能寄希望于绅衿等级能够代表社会三个非特权等级利益制衡州县官权力。凡人等级、雇工等级、贱民等级属于非特权等级，被统治者以法律的形式赋予其基本的权利，其中凡人等级享有的权利最多，雇工等级次之，贱民等级则只有微乎其微的权利。州县官不能侵犯这些权利，若侵犯了按规定会受到相应处罚。这些权利的规定，等于以“负面清单”形式为州县官的权力划定了范围，具有一定的积极作用。但“在封建统治者看来，专制主义国家就是庶民权利的总的体现，所以法律总是在倡导‘奉公去私’……庶民如向国家主张权利，则属于危害国家统治秩序的行为而受到惩处”，[2]而且“当时人们并没有提出权利的意识，也没有我们现在所说的权利、义务的思考模式”，[3]因此权利制约权力又是非常脆弱的。清代统治者并不希望赋予非特权等级太多权利，这是必然的。因为皇帝、宗室觉罗及其同盟者组成的统治集团并不产出物质资料，“传统时期土地是利益获取的主要来源，统治者扩大利益的手段‘不是依靠增加生产，而是依靠增加他在已生产出来的产品中可取得的份额’”，[4]统治集体与被统治者处于零和博弈，赋予被统治者过多权利是为统治集团获取自身利益自缚手脚。其实，传统社会统治者还能够给予被统治

[1] 瞿同祖：《清代地方政府》，范忠信、何鹏、晏锋译，法律出版社2011年版，第318页。绅衿所指具体对象学界一直有不同观点，本文绅衿构成成员与瞿同祖所称的士绅基本一致，只是不包括瞿同祖士绅中所包括的本籍在任官员。

[2] 张晋藩：《中国法律的传统与近代转型》，法律出版社2009年版，第63页。

[3] 李爱荣：《清代权利观念研究》，载《兰州学刊》2005年第1期。

[4] 董江爱：《清代基层政治生态的变迁逻辑及启示——基于官、绅、民利益博弈的视角》，载《社会科学辑刊》2018年第3期。

者部分权利保障,不过是一种类似“共容利益”[1]行动逻辑的策略,即统治者保障部分权利而获取自身巨大利益。在防范地方官员滥权方面,最高统治者与被统治者具有一定程度上的一致性,民众需要最高统治者赋予权利防范官员对自己的侵犯,而统治者也需要民众对权力被委托者——官员进行节制,最终实现统治秩序的长久稳定。

不过,非特权等级蕴含着社会力量制约州县官权力。如陋规费的收取,“收费额度不得不受当地所有的人都了解的习惯的规约和限制。交费人愿意交纳在目的及上与既定规矩相符的陋规费;如果官员或衙门职员们需索过高或巧立名目,他们也会拒绝交纳。……显然,习惯是使陋规费保持在某一限度之内的制约力量;聪明的州县官只简单地依既定惯例行事。”[2]这里讲的习惯、惯例其实就是社会中成长起来的力量,与权利的不同是它是社会中迸发出来的,是托克维尔讲的“民情”中蕴含的力量,而权利是权力以法律形式确立的。社会是制约州县官权力的最后防线,一旦被突破,就会引起民变,或者说“官逼民反”。清代社会中,也存在家庭、宗族、社团、会馆、宗教团体、会党等社会组织。这些社会组织可以集结个体的力量对州县官权力形成制约,比如刘铮云在论述兴起于咸丰朝的会党金钱会在地方政治运作中扮演的角色时讲到,“金钱会的例子显示,士绅有时也会与会党打交道,寻求他们的合作,以与强势的一方相抗衡。”[3]可见,社会组织对州县官权力也是有制衡作用的。不过,清代社会力量是脆弱的。占社会多数的凡人等级主要生活在宗族组织中,而宗

---

〔1〕[美]曼昆·奥尔森:《权力与繁荣》,苏长和、嵇飞译,上海世纪出版集团2014年版,第15页。

〔2〕瞿同祖:《清代地方政府》,范忠信、何鹏、晏锋译,法律出版社2011年版,第46页。

〔3〕刘铮云:《档案中的历史:清代政治与社会》,北京师范大学出版社2017年版,第59页。

族组织是在统治者掌控中的，权力几乎可以不受阻挡地直达社会容忍的底线。清代与所有专制王朝一样是私的，与社会民众根本上处于对立，社会力量过于强大将威胁到统治秩序，因此统治者既希望社会力量对权力被委托者有所制衡，又不希望其过于强大。这一点跟前面统治者对待权利的态度的逻辑是一致的。康熙帝对当时出现百姓为挽留去任官员而发生民众上书请愿事情的态度很好地体现了清代对社会力量的态度，他说“凡有百姓纠党保留地方官者，若准留任，则官必为民挟制，实非美事，且令民不畏官，官不畏上司，关系匪轻，故宜留意。”〔1〕也就是说，社会力量必须在权力掌控范围内。

四、对清代州县官制约机制的思考

“在人类政治实践的进程中，主要有三种形式的权力制约方式，即‘以权力制约权力’、‘以权利制约权力’和‘以社会制约权力’。”〔2〕清代社会七个等级，构成了对州县官权力制衡的权力、权利和社会路径。皇帝、宗室觉罗贵族等级作为统治者，通过赋予特权保障特殊利益的形式吸纳同盟者，即宗室觉罗外的其他贵族等级成员、官僚晋绅、绅衿、满人，组成以自己为核心的统治集团。为了维护、巩固自身统治地位，统治者一方面约束结盟者，另一方面压制被统治者，但皇权却没有得到很好的约束。在清朝的统治策略中，对作为皇权被委托者的官僚晋绅的制衡以垂直的权力制约权力为主，以权利和社会制约权力为辅。以权利和社会制约权力为辅，是清朝统治者对社会民众力量过于强大将威胁到自身统治认识的必然选择，所以权利和社会对权力的制约是有限的。而由于皇权至上、不受法制约束，权力制约权力作用的发挥在很大程度上取决于

〔1〕《清圣祖实录》卷二五六，“康熙五十二年十月庚辰”。

〔2〕郭道久：《“以社会制约权力”：理念、内涵和定位》，载《延安大学学报》2011年第3期。

统治者是否贤明,也就是寄予人治。以权力制约权力的效果受统治者贤明情况的影响,以权利和社会制约权力被忌惮,权力制衡是皇权人治下的制衡,所以虽然清代出现了康乾盛世等锐意进取、试图革新政治君主下的或长或短的承平、兴盛局面,但与正面景象“相伴随的,则是腐败的潜滋暗长、泛滥流行”,[1]终究没能避免传统社会“王朝初年狠抓反贪斗争→王朝中叶后反贪斗争渐渐有名无实→王朝末年贪污腐败猖獗,民不聊生,王朝灭亡→‘新’王朝初年狠抓反贪斗争→‘新’王朝中叶后反贪斗争渐渐有名无实……”[2]的历史轮回。

---

〔1〕 卜宪群主编:《中国历史上的腐败与反腐败》(下册),鹭江出版社2014年版,第720页。

〔2〕 王春瑜:《〈中国反贪史〉序言》,载王春瑜主编:《中国反贪史》,四川人民出版社2007年版,第13页。

南京国民政府时期监察使群体结构史考

杜俊奇*

【摘要】 南京国民政府监察院成立以后,在地方上推行分区监察制度,将全国划分为16个监察区,设立监察使署,派遣监察使分赴各地,代表中央政府行使监察权。从1935年到1948年,先后担任监察使的共有30人。对监察使群体的构成进行系统地考察,可以从一个侧面透视监察院分区监察制度的设计和运行,并可为当今中国的廉政制度建设提供历史的借鉴与启示。

【关键词】 南京国民政府;监察使;群体分析

南京国民政府实行五权分立的政治体制,作为中央最高监察机关的监察院成立后,“以监察权须内外并重,仿明清分巡分道之制,参酌国内各地情形”,将全国划分为16个监察区,派遣监察使“分别推行巡回监察工作。”[1]本文拟对监察使群体的构成进行系统地考察,由此来认识监察院分区监察制度的设计和运行,并为当今中国的廉政制度建设提供历史的借鉴与启示。

一、产生与职权

国民党取得全国政权以后,开始实行“训政”。1928年10月12

* 作者系中国政法大学纪检监察学博士研究生。

〔1〕《国民政府政绩总报告》(第五编监察),1946年版,第1~2页。

日,国民党中央政治会议通过了《监察院组织法》,其中规定:“监察院得提请国民政府简派监察使,分赴各监察区,行使弹劾职权。”[1]1931年2月,南京国民政府监察院正式成立,随后将全国划分为16个监察区,并制定了《监察使巡回监察规程》。1935年4月,根据监察院院长于右任的提请,经国民党中央政治会议通过,国民政府任命了首批7名监察使。到1947年为止,国民政府先后在全国14个监察区设立了监察使署,只有西藏和蒙古地区未派监察使。1948年国民政府“行宪”以后,各监察区的监察使署改为监察委员行署,实行委员合议制,不再设监察使,由监察院会议选出三位监察委员共同主持工作。从1935年到1948年,除未到任者外,先后担任监察使的共有30人(见表1)。

在所派监察区内,监察使代表中央政府行使监察权,拥有视察、调查、弹劾、纠举、建议、监试等职权。监察使行使职权,受到法定区划的限制,“仅能及于所在地之官吏,非如监察委员得以普遍行使其职权。”[2]监察使提出的弹劾案,需送达监察院,交由三名监察委员审查,经多数通过,弹劾案才正式成立,监察院即将被弹劾人移付惩戒。但是,监察使如对辖区内的委任职公务员提出书面纠举,便可以直接通知其主管长官或上级长官,无须经过监察院的审核。此外,监察使在外出视察期间,还应注意本监察区内“各官署及公立机关之设施”“各公务员之行动”“人民疾苦及冤抑”等事项,并随时向监察院报告。[3]

---

〔1〕《监察院组织法》,载《申报》1928年10月13日,第4版。

〔2〕监察院监察制度编纂处编:《监察制度史要》,南京汉文正楷印书局1935年版,第152页。

〔3〕《监察使巡回监察规程》,载《监察院公报》1935年5月25日,第30期,第1页。

表1 监察院各监察区历任监察使名录

监察区	姓名	任期	监察区	姓名	任期
江苏	丁超五	1935.4～1938.2	甘宁青	戴愧生	1935.4～1938.2
	李世军	1938.2～1939.4		严庄	1938.2～1940.8
	吴绍澍	1942.2～1945.9		高一涵	1940.8～1947.3
	程中行	1945.9～1947.3		邓春膏	1947.3～1948.7
	严庄	1947.3～1948.7	云贵	任可澄	1936.8～1939.11
皖赣	苗培成	1935.4～1938.2		李根源	1939.11～1945.11
	杨亮功	1938.2～1944.11		张维翰	1946.1～1948.7
	陈肇英	1944.11～1948.7	粤桂	刘侯武	1939.10～1947.3
闽浙	陈肇英	1935.4～1942.8		刘成禺	1947.8～1948.7
	高鲁	1942.8～1944.11	晋陕	王陆一	1941.6～1943.10
	杨亮功	1944.11～1945.10		童冠贤	1943.12～1946.1
湘鄂	高一涵	1935.4～1940.8		田炯锦	1946.1～1948.7
	苗培成	1940.8～1947.3	新疆	罗家伦	1943.3～1946.2
	高一涵	1947.3～1948.7		麦斯武德	1946.2～1947.7
豫鲁	方觉慧	1935.4～1938.2		马良骏	1947.8～1948.7
	李嗣璁	1938.2～1944.12	浙江	朱宗良	1947.10～1948.7
	郭仲隗	1945.1～1948.7	闽台	杨亮功	1945.10～1948.7
河北	周利生	1935.4～1945.9	川康	曾道	1946.5～1948.7
	李嗣璁	1945.9～1948.7	东北	谷凤翔	1947.10～1948.7

资料来源：刘寿林等编：《民国职官年表》，中华书局 1995 年版，第 419～431 页。

由于监察官员的职务具有一定的特殊性，国民政府还专门制定了《监察委员保障法》，对监察院监察委员和监察使的人身权益予以特别的法律保护。其中规定:(1)监察委员和监察使非经国民党开除党籍,或受刑事处分、惩戒处分以及受禁治产之宣告者,不得免职或罚俸,非经本人同意不得转任其他职务;(2)监察委员和监察使除现行犯外,非经监察院许可不得逮捕监禁,如其为现行犯被逮捕,逮捕机关应于24小时之内将逮捕理由通知监察院;(3)监察委员和监察使在执行职务时,所在地的军警机关应对其人身安全提供充分的保护;(4)监察委员和监察使接受公务人员的馈遗供应,或对于应受弹劾的公务人员不予弹劾,或受人指使捏造事实提出弹劾,才能认定为失职,监察委员和监察使如因失职而遭到弹劾,应由其他三位监察委员进行审查,经多数通过,才能将其移付惩戒。[1]

根据《监察使巡回监察规程》的规定,监察使的任期为两年,期满可以连任,在任内也可以调往其他监察区。因此,每隔两年左右,国民政府就会集中调整各监察区监察使的职务。首批7名监察使于1935年4月就职,到了1938年2月,国民政府发布任免令,7名监察使中有4人被免职,3人续任。如监察使在任内去世或调任他职,国民政府则会尽快任命继任人选,及时补缺。到了抗战后期,监察使任期届满获得连任者居多。1945年1月,监察院第93次会议通过了《加强监察制度之办法》,其中建议监察使任期届满不得连任,可以调往其他监察区。此后,《加强监察制度之办法》由监察院呈送国防最高委员会,但一直未能付诸实施。

监察使是特任官,属于南京国民政府文官序列中的最高等级。在国民党的“党治”体制下,各监察区监察使的人选由监察院院长提名,经国民党“中政会”通过,再由国民政府任命。在“训政”时期,凡是监察院提名的监察使人选,国民党“中政会”均予以通过。因此,监察使的人事任用权实际上由监察院院长于右任掌握,国民党政权的最高领

---

〔1〕《修正监察委员保障法》,载《立法院公报》1932年8月,第40期,第5~6页。

导人也难以干预。例如,在1945年9月,江苏监察使出缺,国民政府主席蒋介石亲自致电于右任,推荐蒋伯诚继任,并推荐方觉慧为监察使人选,希望监察院能"相机核派"。[1] 当时,于右任已决定由监察院秘书长程中行继任江苏监察使,遂提名蒋伯诚担任浙江监察使。此后,虽有多个监察区的监察使相继出缺,但于右任一直未安排方觉慧接任。

在南京国民政府时期,监察使的选拔与任用带有强烈的"人治"色彩,影响了其作为执法官员的公正性与权威性。此外,由于监察使"事实上每多连任",在同一监察区的任职时间过长,"势不能与该区内各高级官吏全避酬酢,相处既熟,每易轻法而重情,一旦发生与各高级官吏直接间接有关之案件,即难行使其职权,而所可纠举者,都为一般低级官吏。"[2]作为监察院推行分区监察制度的直接承担者和执行者,监察使的选拔任用机制存在严重缺陷,势必会影响到制度效能的发挥。正如时论所指出的:"吾人以为一种制度之制定,本身之毛病殊少,而人之施行,往往发生出许多弊端而失制度之愿意者特多,因为我国以人治国家,方踏法治之途径,现在之阶段中,人之关系于法之推行,实有不可少忽之概。"[3]

二、年龄与籍贯

在历任监察使中,就职时年龄在40岁到60岁的共有21人,占总人数的70%(见表2),这个年龄段的人员精力充沛,阅历丰富,正值奋

---

〔1〕《蒋介石为方觉慧谋监察使职务事致于右任代电》(1945年9月21日),载中国第二历史档案馆编:《国民党政府政治制度档案史料选编》(下册),安徽教育出版社1994年版,第105页。

〔2〕《监察院为拟具"健全监察制度办法"请予颁行事致国防最高委员会呈稿》(1945年2月1日),载中国第二历史档案馆编:《国民党政府政治制度档案史料选编》(上册),安徽教育出版社1994年版,第329页。

〔3〕干健:《为甘宁青监察使进一言》,载《新青海》1935年6月15日,第3卷第6期,第4页。

发有为的黄金时期,可以说是监察使群体的中坚力量。就职年龄在40岁以下者仅有两人,最年轻的是李世军,他出生于1902年4月,1938年2月被任命为江苏监察使,上任时还不满36岁。此外,还有7名监察使就职时年龄超过了60岁,其中最年长的是出生于1867年12月的马良骏,他于1947年8月就任新疆监察使,时年80岁;两广监察使刘成禺出生于1875年12月,1947年11月就任时已72岁,"门齿多脱落,白发萧然"。[1] 监察使位列特任官,在地方上代表中央政府行使监察权,其人选需兼具资望与能力,因此,监察院对监察使的选拔任用采取了相对稳健的原则,宁可选择政坛耆宿,也不敢大胆启用年轻官员。

表2　历任监察使任职年龄统计

年龄	30~39岁	40~49岁	50~59岁	60岁以上	总计
人数	2	15	6	7	30
比例	6.7%	50%	20%	23.3%	100%

资料来源:徐友春主编:《民国人物大辞典》,河北人民出版社1991年版;刘国铭主编:《中国国民党百年人物全书》,团结出版社2005年版;李新总编:《中华民国史人物传》第1-8卷,中华书局2011年版;中国国民党中央委员会党史史料编纂委员会编:《革命人物志》第1-23集,台北"中央"文物供应社1969~1983年版。

就籍贯而言,30名监察使分别来自全国18个省份,而且分布较为平均,每个省最多为3人(见表3)。其中,来自南方省份者共有18人,多于北方人士,这与国民党政权的发展历史有关,国民政府是从南方起家的,通过北伐统一了全国,在长江以南地区的政权基础较好,其公务员队伍中也以南方人士居多。对于监察使是否须回避本籍,国民政府一直未作出明确规定。以江苏监察区为例,在前后5任监察使

[1] 《刘监察使抵穗　下月一日接篆》,载《申报》1947年10月30日,第5版。

中,吴绍澍和程中行是江苏人,丁超五是福建人,李世军是甘肃人,严庄是陕西人。对于地处边远的监察区,监察院会尽量启用当地人士担任监察使,例如,云贵监察区的3任监察使皆为本区人士,其中任可澄是贵州人,李根源和张维翰是云南人。

表3　历任监察使籍贯分布统计

籍贯	甘肃	陕西	察哈尔	河北	河南	山西	青海	新疆	浙江	福建	江苏	安徽	湖北	云南	贵州	四川	江西	广东	总计
人数	3	2	2	1	1	1	1	1	3	3	2	2	2	2	1	1	1	1	30

资料来源:同表2。

在抗战前两年,国民政府共任命了8名监察使,其中只有两人是本区人士,到了抗战时期,籍隶本区的监察使逐渐增多。抗战胜利以后,新获任命的10名监察使中就有6位是本区人士。到了“行宪”前夕,14名在任的监察使中有7人年龄超过了60岁,只有两人未满50岁。可见,到了南京国民政府统治后期,监察院的用人策略日趋保守。有时论指出:“监察使之行使职权,与考察官吏行为,必须一本客观事实,以为判断。若稍存主观之伪是,或喜恶之私念,则未有不失败者。监使之所宜自励者,端在打破‘人情’关头,无亏‘公道’原则。‘爱之欲其生,恶之欲其死’必当痛戒焉。”[1]而我国向来有重乡谊的传统,一般来说,老年人在心理上又特别重人情、重世情,因此,本地出身或者年龄偏大的监察使往往难以在监察工作中坚持“公道”原则。可以说,监察院过于僵化的选人用人机制最终导致了所用非人。

〔1〕《监察使之巡回监察》,载《上海党声》1935年6月15日,第1卷第20期,第382页。

三、学历与经历

历任监察使的教育背景决定了这个群体的整体素质。从表4可以看出,在30名监察使中接受过高等教育者共有25人(包括军校毕业者),其中还有1人获得硕士学位,4人获得博士学位。除了前清举人出身的任可澄和伊斯兰教经学家马良骏外,其余28人都接受过近代新式教育,其中有16人曾赴欧美或日本留学。在海外求学的经历不仅使他们接受了西方文化的熏陶,也有助于他们了解世界大势,开拓国际视野。从学科背景来看,接受过高等教育的25人中所学专业属于人文社会科学类者居多,共有17人,其中有11人为政治学和法学专业,这表明监察院较为注重监察使人选的专业素养。

表4 历任监察使学历情况统计

学历	大学	硕士	博士	军校	中学	举人	其他	总计
人数	18	1	4	2	3	1	1	30

资料来源:同表2。

除马良骏外,其余29人在担任监察使以前都有从事政治活动的经历,其中9人还有从军经历。按照从政履历,监察使群体大致可划分为三类:(1)政坛元老。例如,首任云贵监察使任可澄在北京政府时期曾任云南巡按使、贵州省长、教育总长,其继任者李根源曾任陕西省长、农商总长,南京国民政府的当政者之所以让这些已经远离政界的赋闲人士担任监察使,一方面,是出于安抚和拉拢的考虑,另一方面是希望借重他们在地方上的影响力。(2)职业文官。历任监察使多由国民党政权的现职党政官员转任,其中有22人曾在监察院任职。(3)学者从政。有10名监察使系学者出身,其中,高鲁是我国近代著名的天文学家,曾任中央观象台台长、中国天文学会会长、中央研究院天文研究所所长,罗家伦、杨亮功、邓春膏三人担任过大学校长。

由于国民党长期实行“以党治国”,历任监察使多为资深的国民党员,只有任可澄和马良骏为无党籍人士。国民党籍的监察使大多在国民党取得全国政权之前就已入党,其中有11人为同盟会员,参加过辛亥革命。在国民党统治大陆时期,有12名监察使曾当选为国民党中央执行委员或中央监察委员,还有8人担任过省一级国民党地方党部的负责人。1949年以后,由于种种历史原因,监察使群体的政治命运呈现出截然不同的走向,除4人已经去世外,共有12人留在大陆,其中有少数人转而拥护或参与新政权,另有14人前往我国台湾地区或远赴海外。在去台湾地区的14人中,有多人继续在国民党政权的监察机关中任职,其中李嗣璁曾任台湾地区当局“监察院”副院长、院长,张维翰曾任台湾地区当局“监察院”副院长、代理院长。此外,田炯锦曾任台湾地区当局“司法院”院长,杨亮功曾任台湾地区当局“考试院”院长。总体而言,监察使这个群体对国民党政权的认同度和忠诚度较高。

监察使群体具备较高的文化素质和丰富的政治经验,可谓是南京国民政府文官队伍中的精英。但是,各种政治势力和派别的争斗贯穿于南京国民政府统治的始终,监察使群体亦未能摆脱派系政治的漩涡。例如,王陆一是于右任的同乡,曾追随于右任参加过护法战争,“赞襄靖国军革命运动,擘划甚多;事败随于先生赴沪,从事文化工作。”[1]于右任担任监察院院长后,王陆一获任监察委员,并长期兼任监察院秘书长,后出任晋陕监察使。此外,程中行、刘侯武、朱宗良、高一涵、刘成禺、严庄等人也都和于右任关系密切,他们实际上成为了监察使群体中的一个主要派别。此外,担任监察使长达11年的陈肇英早年曾与蒋介石“往返甚密,为金石交”。[2] 先后担任过皖赣监察使

〔1〕《王陆一先生传略》,载大陆杂志社编:《中国近代学人象传》初辑,文海出版社1985年版,第16页。

〔2〕 李雄、何忆昔:《陈雄夫(肇英)先生事略》,中国国民党中央委员会党史史料编纂委员会编:《革命人物志》(第17集),“中央”文物供应社1977年版,第203页。

和两湖监察使的苗培成,曾参加陈果夫、陈立夫组织的"青天白日团"并任中央干事,是"C. C. 系"的骨干分子。[1] 由于国民党政权的当政者争相延揽其亲信出任监察使,监察院分区监察制度的独立性和公信力遭到严重破坏。

四、结语

制度主体是决定制度运行绩效的一个重要因素。监察使群体作为监察院推行分区监察制度的主体,整体素质较高,政治经验丰富,历任监察使大都能以清廉自恃,尽心履职。但是,在南京国民政府统治时期,"领袖"独裁,军权唯大,监察机关有职无权,一直处于边缘和弱势的地位,历任监察使"建设廉洁政府,扫除贪污风气"的理想和抱负终究无法实现。监察院分区监察制度的运作举步维艰,各级地方政权的腐败则是愈演愈烈,最终动摇了南京国民政府的统治基础。

以史为鉴,在当前我国全面深化改革的新形势下推进廉政制度建设,需要建立一支适应时代要求的监察工作人员队伍。首先,应当改进现行的选人用人机制,克服论资排辈、封闭僵化的弊端,不拘一格,唯才是举,选拔一批年富力强、综合素质较高的干部充实到各级监察机关的领导岗位。其次,要进一步调整完善监察机关内部的考核奖惩制度和教育培训制度,全面提升监察工作人员的业务能力和法律素养。最后,我们还应当充分地认识到,廉政制度是整个国家政治制度体系的有机组成部分,只有继续推进政治体制改革,理顺监察机关与行政机关和司法机关的关系,使各级监察机关在国家政权体系中保持应有的独立性和自主性,才能为监察工作人员有效行使职权创造良好的环境和条件。

---

[1] 胡梦华:《国民党 C. C. 集团的前前后后》,中国人民政治协商会议天津市委员会文史资料研究委员会编:《天津文史资料选辑》(第 6 辑),天津人民出版社 1980 年版,第 176 页。

理性、自然与伦理形而上学

——黑格尔法哲学思想探源

李泽明*

【摘要】 黑格尔法哲学一直在哲学界和法学界备受关注，尤其是近三十多年来，国内外学者热衷于通过对黑格尔哲学的去形而上学化来复兴他的实践哲学，希望借此将黑格尔法哲学纳入当代政治哲学论争的语境中来，进而将其转化为应对现代性的困境与危机、建构当代规范性理论和为现代自由民主国家提供理论基础的思想资源。但是，这种去形而上学的解读很容易矮化黑格尔的哲学旨趣，使黑格尔哲学中更为深刻的洞见也因此被掩盖起来。若想深刻的理解黑格尔法哲学的真正内涵，必须对黑格尔法哲学进行谨慎的溯源和分析。

【关键词】 形而上学；理性；伦理；自然

那不为一切限制所累的纯粹理性就是上帝本身。因此世界的秩序归根结底是根据理性来安排的。诚然理性常常被弄得晦暗了，但却从来没有完全熄灭过，即使在晦暗之中，理性那微弱的闪光也还是保持着。

——黑格尔，“耶稣传”(1795年)

---

* 作者系中国政法大学民商经济法学院博士研究生。

一、辩证主义变体与黑格尔国家理论

在相当长的一段历史时间内,黑格尔的论敌和其理论的追随者都认为黑格尔之理论与德意志的社会历史形态有直接、紧密的联系。[1] 基于这样一种解读的进路,黑格尔的法哲学一直被哲学复辟主义者赋予拥护普鲁士统治哲学工具的象征意义。沿着这条解读进路,黑格尔的法哲学具有浓厚的大国沙文主义的强烈色彩,[2] 其对俾斯麦(Otto von Bismarck)的政治主张和那个宣扬“血与铁”的时代产生了直接的影响。

不同哲学流派和政治观点的人对黑格尔法哲学的阐释是出于各自立场而孑然迥异的。[3] 黑格尔左派着重强调黑格尔哲学思想中具有革命和激进的因素,其将黑格尔的法哲学当作了一种既包含保守因子也包含进步因素的政治思想理论,黑格尔左派认为黑格尔法哲学在本质上是一种解放、开放的哲学,但是也是一种反动哲学。与黑格尔左派不同,马克思对黑格尔的评价不再拘泥和偏执于某一个单纯的片面,马克思从正反两个方面将黑格尔法哲学放到了突出的位置。其在解析黑格尔德意志政治哲学时发现,与当时德意志的

---

[1] 自黑格尔的《法哲学原理》问世至今,将近两百年的时间过去了。关于这部著作的研究真可谓是汗牛充栋,以至于黑格尔法哲学的阐释史本身就可以单独作为一门学问来做了。尽管如此,人们对于这部著作的主题、方法和立场等一些基本问题却仍然莫衷一是。今天人们对黑格尔的法哲学可能还抱有一些历史的兴趣或者现实的政治的兴趣,但是作为哲学的黑格尔的法哲学却依旧没有引起学者们足够的重视。

[2] 直到“二战”以后的很长一段时间,将黑格尔的法哲学看作现实政治的理论基础仍旧是一种很有影响力的阐释进路,对于20世纪的研究者来说,黑格尔的法哲学包含了法西斯主义和极权主义的萌芽,他的思想为这个世纪的野蛮主义充当了理论工具。参见张盾:《“历史的终结”与历史唯物主义的命运》,载《中国社会科学》2009年第1期。

[3] 今天的研究者不再纠缠于黑格尔左派和右派的争论,也不再那么关心黑格尔是不是要为复辟政治、强权国家和法西斯主义负责,一种新的阐释进路取代了过去的解读模式,这种新的阐释进路将黑格尔的法哲学看作一种关于现代国家的理论。

政治、思想环境相比,黑格尔的哲学理论显然更加具有进步性,[1]虽然黑格尔关于国家、社会的分析还停留在抽象的层次之上。

承继了19世纪黑格尔追随者对黑格尔思想的解读,[2]现代西方国家的主流观点是将黑格尔的法哲学理解为一种现代国家的政治理论。黑格尔以市民社会为基础构建现代国家的一般治理体系,[3]与片面理解黑格尔国家理论的激进派不同,黑格尔国家理论不是一种极权国家理论,也不是为满足德意志而创设的专门国家理论,黑格尔意义中的国家是现代意义上的国家,因黑格尔积极吸纳和借鉴法国大革命中的人权和公民权的观点,从而使其国家理论具有鲜明的法治特点。

在黑格尔的现代国家理论中,无论出身、宗教和国籍如何,人都有自由和平等的权利。黑格尔认可个人的财产和人格自由、贸易自由、职业选择自由、参与公共事务自由,同时承认法治的重要性,尊重个人良知,寻求平等、正义和宗教容忍,这就要求对君主的统治实行立法限制。黑格尔的国家理论正在以自己的方式实现革命所要求的以公民社会解放为基础的普遍权利。“黑格尔区分市民社会与

---

〔1〕 黑格尔秉承了霍布斯和洛克、孟德斯鸠或卢梭的思想遗产,作为一个奠定现代国家理论基础的政治理论家,黑格尔的哲学与他的那些前辈没有本质的区别。参见丁三东:《“承认”:黑格尔实践哲学的复兴》,载《世界哲学》2007年第2期。

〔2〕 罗森克兰茨和米歇莱等人就试图从这个角度来理解黑格尔的法哲学,诺克斯在与黑格尔的那些批评者如卡里特和胡克等人的论战中捍卫了黑格尔的现代国家理论。在法国,以魏尔和敦德为代表,而在英语世界则有考夫曼和芬德雷,以及随后涌现出来的佩尔钦斯基、阿维内里和泰勒等人。在德国,里德尔对黑格尔法哲学所做的观念史研究和利特关于黑格尔的富有启发性的解读使这种新的研究范式成为了主流。参见孙正聿:《辩证法:黑格尔、马克思与后形而上学》,载《中国社会科学》2008年第3期。

〔3〕 黑格尔虽然发现了现实社会中存在的矛盾,但他宁愿把它们看成是观念中的矛盾,并在彼岸世界的国家理念中,亦即在观念中消除了矛盾。因为,在黑格尔看来,历史运动的主体并不是市民社会和国家这些具有实在意义的对象及其观念,而是“一般概念”,只有当它们成为观念的某个环节,即成为观念的产物或宾语时才拥有实在的意义。韩立新:《从国家到市民社会:马克思思想的重要转变》,载《河北学刊》2009年第1期。

国家的意义,在于指出市民社会的欠缺与限度,以及市民社会过渡到国家的内在必然性。黑格尔通过考察市民社会的辩证法还指出,市民社会过渡到国家的内在必然性就在市民社会的内部运动之中。因此,黑格尔阐发市民社会理论,旨在揭示出伦理实体概念、国家概念发展的内在必然性,而决不是为了接受自由主义的原则。"〔1〕这一新研究范式的支持者一再表明,黑格尔试图找到一种综合方法,使世界上古老的制度和习俗所规定的客观自由与现代主体性、和谐和统一的自由相结合。黑格尔的法哲学表现在两个相互关联的方面,一方面是古代的,另一方面是对现代性原则的承认,即主体性权利。伦理与政治统一的古代城邦将不可避免地瓦解,而现代市民社会则会在其基础上得到重建。

根据新的研究范式,黑格尔的法哲学被认为是现代法治国家治理理论的一种必然。它实现了古代伦理共同体和现代自由的综合。特别是里特,他将黑格尔视为法国大革命和市民社会的哲学家,但他也让我们想起黑格尔的思想,黑格尔对自己时代的把握与他试图维护它的内在联系,其是一种形而上学动机与存在主义传统之间的联系。"众所周知,黑格尔哲学的基本任务是重建概念形而上学,他把这种形而上学叫作纯粹理性的真理。所以,概念、理性、真理和形而上学在黑格尔哲学中是一体化的。这种一体化具体来说就是:理性活动就是概念活动,只有理性概念才能成就形而上学,而只有形而上学才是最高的真理。概念、理性、真理和形而上学的这种一体化关联,并不是黑格尔的发明,而是古希腊思想的继续。"〔2〕黑格尔之所以能够在回归和革命之间保持中立地位,一方面,是因为他承认现代社会的自由和革命,另一方面,他更关心的是不确定的条件

〔1〕 郁建兴:《黑格尔的国家观》,载《政治学研究》1999年第3期。

〔2〕 王天成:《黑格尔概念辩证法中的个体生命原则》,载《天津社会科学》2005年第2期。

或获得这些条件的理由,而现代的自由和政治革命思想本身却无法提供这些条件或理由。为了说明现代自由的状况,很少有人向我们展示黑格尔的法哲学和古代自然法理论,以及理性的概念和形而上学的思想,特别是与亚里士多德传统之间的连续性。

二、政治生态场域之变与黑格尔自由主义理性

在利特尔顿,20世纪六七十年代德国学者对黑格尔法哲学的典型理解,是对政治理论的一种神学解释,它使人们注意到黑格尔的历史哲学、精神(Geist)观念和自由基督教观念,以及古希腊形而上学的根源。“至少在德谟克利特和亚里士多德那里,就对理性和感性做了严格的区分,他们都把理性规定为不同于直观能力,再现能力的判断和推理的能力。如果把真理理解为对象在认识活动中建立起来,那么,在感性和想象力中建立的便是直观和表象的对象,而在理性中所建立的就只能是非形象的概念对象。”[1]黑格尔的宗教哲学、形而上学因素为调和法哲学的两种对立倾向提供了一种可能,因为如果法哲学可以理解为一种有条不紊的哲学,那么自由的实现过程既不是回到原初状态的一种恢复古代治理方式的运动,也不是一场颠覆一切传统、权威等制度的革命的规定。相反,它是基督教教义在现实中存在的一些合理因素。黑格尔对左派宗教的批判忽略了这一点。

对黑格尔法哲学作为现代国家理论的理解,确实反映了黑格尔与古代治理理论和解的企图。然而,我们不应忽视这种解释直接或间接地受到当代西方民主观念的影响,因此,对黑格尔法哲学的解释常常包含一种辩证的思想。“从客观唯心主义出发,黑格尔把伦理看成一个精神性的、活生生的、有机的世界,认为它有自身的矛盾

---

〔1〕 王天成:《黑格尔概念辩证法中的个体生命原则》,载《天津社会科学》2005年第2期。

发展过程,这个过程分为三个阶段:第一,直接的、或自然的伦理精神——家庭;第二,市民社会——这是伦理精神丧失了直接的统一、进行分化的产物;第三,伦理精神通过分化、中介而完成的统一就是国家。市民社会表示直接或原始伦理精神的解体。它靠法律来维持市民社会个人需要的满足,保障人身和财产,以及维持特殊利益、公共福利和秩序。"[1]我们一直希望把黑格尔从保守主义、极权主义和法西斯主义的泥潭中解脱出来,使其走上现代民主的正途。例如,威尔在1830年之前认为德意志实际上是当时欧洲最进步的国家,希望能够免除黑格尔对保守主义的指控。然而,黑格尔哲学中的辩护力度非常薄弱,任何将黑格尔试图解释为现代自由民主思想的先驱的企图,都会无意中被忽略很多话语表达所体现的内容。例如,在他著名的《法哲学原理》第12章中,黑格尔多次表现出对自由的反对派、自由主义者和激进团体的批评,其批评是很重要的,因为黑格尔的批评不仅是他的政治立场,而且有其哲学原因。然而,大多数时候,当代对黑格尔的研究都忽视或避免了这些反对意见。遵循这样的防御战略,黑格尔对战争的赞扬和在"国际法"中的"放弃康德永久和平"和"世界理想",被简单地归结为一种流行的描述性评价,而不进一步讨论黑格尔在这些具体权利要求背后的哲学意义。

黑格尔法哲学的这种辩护策略恰恰揭示了这一新范式背后的原因,一种将黑格尔归于现代西方自由民主之父的旨趣。正如佩钦斯基先生今天对黑格尔的重新解释所表明的那样,那就是将黑格尔重新融入西方政治理论的主流。但是,黑格尔重新融入西方政治理论的主流,很可能导致我们忽略黑格尔的另一面,从霍布斯到费克特都对黑格尔的西方政治理论以及哲学理论提出了根本的批评。

诚然,黑格尔确实是一个现代国家的拥护者,他也试图在他的理论中吸收现代民主和自由主义的成果。黑格尔政治理论奠定的基

---

〔1〕 种枢:《黑格尔国家观述评》,载《学术界》2007年第4期。

础和倡导的权利,与自由主义和现代自然法理论力量的努力是完全不同的,这不是偶然的。“市民社会与国家的关系是各派系争论的一个焦点。极端的自由主义者批判黑格尔的国家崇拜,温和的自由主义者欣赏黑格尔首创市民社会的理论,但指责他旋即用政治国家吞噬市民社会;政治保守主义者肯定黑格尔倡导普鲁士民族国家的功劳,文化保守主义者赞扬黑格尔的国家主义维护宗教文化的传统价值观,抵制现代的个人主义价值观。从黑格尔的观点看,市民社会必然要发展为政治国家,其必然性不在于上述观点赞同或反对的理由,而在于人的自由意识和社会制度合乎理性的历史发展。”[1]黑格尔理论中的“国家”不是洛克、康德或费舍尔认可的国家。他的“国家”没有得到契约理论的证明,也没有建立在一种自然状态的基础上。他的“国家”不是以“原子化个人”的特殊意愿为基础的,也不限于建立国家所需系统内所谓的“需求”。黑格尔理论中的国家是一个伦理实体,作为一个整体,它比其各个部分的总和更多。“个人自由成为近代以来的政治理论的主旨,所谓的个人自由即贡斯当意义上的现代人的自由。古代公民的自由是一种积极的自由,是参与政治的自由,而现代人的自由是一种消极自由,是一种私人领域的自由。古代公民的公民意识是一种积极参与公共事务、视公共事务为自己的生命但相对忽视私人自由的公民意识;而现代公民意识则是追求私人领域的神圣不可侵犯性,而将公共事务委托给政府来做的公民意识。”[2]现实自由是一种具体的普遍自由,不仅仅是一种形式的自由;社区不是个人自由的限制,而是它的实现。黑格尔法哲学的许多内容不能纳入新的解释范式,这就要求我们必须寻找其他

〔1〕 赵敦华:《黑格尔国家学说的现代性和保守性》,载《社会科学战线》2015年第10期。

〔2〕 李永杰:《黑格尔市民社会与国家关系的再思考》,载《中共福建省委党校学报》2012年第10期。

方法来提高对黑格尔理论的理解。

事实上,即使人们承认黑格尔的法哲学确实有自由主义倾向,黑格尔以往的解释范式认为人类历史是自由意识的映射,并试图调和普鲁士国家的理性和现实的划分,但他只是在使用逻辑—学习的范畴来阐释绝对国家的虚构,而不是从未来人类进步的立场出发。许多黑格尔论敌抓住这一点,将黑格尔的法哲学定义为捍卫国家极权的普鲁士主义的官方哲学。但是,通过回顾当时的社会政治进程不难发现,这种对黑格尔法哲学的定义在今天看来还不足以成为一种自觉的、形式主义的批判。

黑格尔关于法哲学讲座的记录一直保存于伊尔卡廷和亨利希,借助这些讲座的出版档案,黑格尔与普鲁士的关系再次成为黑格尔研究的热点。这些课程是在1820年出版《法哲学原理》之前和之后的讲座录音,其有力地证明了该出版物是黑格尔的法哲学向普鲁士政府妥协的产物,而"真实"、自由的黑格尔往往出现在他的公开演讲中。但是,突如其来的政治气候变化、对审查的恐惧,以及对学生的迫害,使黑格尔提出了一些处理社会问题的法哲学原则,使其显得比演讲内容更为温和保守,在他的著作中,他隐藏了自己的自由主义思想,对政治形势的变化表示了一些默许。然而,伊尔廷一再强调,这种开放的黑格尔主义并不代表真正的黑格尔形象,只有在课堂上讲授的法哲学才能反映黑格尔的真实思想。

通过对《法哲学原理》在"授课"中的比较,我们可以得出一种比较直观的印象,黑格尔在他的著作中,对自由主义者和浪漫主义者进行了激烈的批判。特别是在著作的序言中,我们看到黑格尔对他的海德堡同事弗里奇的攻击,虽然此时弗里奇已经被政府从大学教学中开除了,但是黑格尔对他的攻击并没有中止,"攻击一个堕落的人"的方式似乎是不合理的。另一个经常被提到的话题是黑格尔所述说的理性与现实的一致性,为了迎合普鲁士的极权主义(或至少避免迫害),黑格尔在王权问题和君主制问题上的态度发生了重大变化,其特别强调王权具有绝对的决策权。“由于黑格尔并不信奉费尔巴哈的本体论,因此,他对市民社会的理解是建立在截然不同的前提之上的。人的个体性源于意志,而在黑格尔那里,市民社会是个人意志向社会前进发展的结果。对于黑格尔来说,市民社会是历史的产物。黑格尔的人类学以个人尤其是意志作为起点,而这一意志经过演化过程而达到了市民社会。在主观的意志实现于市民社会之前,它必须经历道德、财产和家庭三个阶段。主观意志向市民社会的发展就是一段历史进程。”〔1〕在上述比较的基础上,我们大致可以得出结论:黑格尔在他发表的《法哲学原理》中,特别强调普鲁士国家作为理性现实的存在,反对一切批评、改革实践和乌托邦思想。尽管黑格尔真正的思想倾向于自由主义,但我们在他发表的著作中看到的是一个明显保守的黑格尔。为了通过这一评论,黑格尔出版的作品的许多部分的语气明显比演讲中要柔和,使他自己显得不那么激进。其中最突出的例子之一,如在 1819 ~ 1820 年的讲座中,黑格尔的著名观点——合理性和现实性就是这样一种说法:“一切理性都是现实,现实将是理性。”同样的意思表达则在发表的《法哲学原理》中语气平淡很多:“一切理性是真实的,一切现实都是理性的。”黑格尔的学生们止是在黑格尔左派中看到了一种批评黑格尔的行动,其在未来的实际运用时,对未来目标的可能进行了改变。

三、黑格尔形而上学与理性之论

黑格尔的法哲学原则被认为是与普鲁士政府的妥协,或者将黑格尔进一步视为普鲁士极权国家的捍卫者,但是这种理解至少面临三种无法解释的情况:第一,黑格尔在柏林之前和在柏林期间的思

〔1〕 [美]诺曼·莱文:《马克思与黑格尔思想的连续性》,赵玉兰译,载《马克思主义与现实》2008 年第 5 期。

想都有连续性;第二,黑格尔的国家理论与当时的普鲁士有许多不同之处;第三,这种批判的有效性仅仅是建立在心理学、文学、道德或历史的基础上的,但它并没有深入黑格尔自己的哲学中去,语言或语调的变化并不一定会导致黑格尔的整个理论发生质的变化。“黑格尔把形式—内容的方法论运用到了法的源起中。法的内容始终是法的理念,或者说,由于内容始终是理念,而理念又是恒久的,因此,法的内容也恒常不变。不过,黑格尔认为,法的形式是变化的。他认识到,历史上形形色色的社会都具有不同的法的形式。但是,他仍然主张,这些法的内容即法的理念是永存不变的。”[1]阿尔特曼将黑格尔的政治哲学主导取向方法称为“历史、语言学”,他在分析黑格尔文本的基础上,强调了黑格尔所倡导制度的局限性,将黑格尔的妥协和顺应问题归纳为一种“理性回避”。从法哲学的角度看,黑格尔在 1820 年的著作中,大多数观念早在耶拿时期就已经形成,并没有以制度的形式表达;更重要的是,自 1800 年开始,黑格尔一直在系统地宣讲理性的现实,反对所有抽象的“应当”和“公设”。

黑格尔思想的连续性至少证明了他的法哲学原则与普鲁士极权主义国家无关,黑格尔口中的国家理论并不是指当时的普鲁士王国,而是指一般意义上的国家,即国家的理念。正如肯特·格林阿瓦尔特所说:“普鲁士不是一个宪法国家,不会有公共执行的判决,没有新闻自由,公民在法律面前不存在平等,人民也不享有立法和税收的权利,而黑格尔认为所有这些都有哲学上的必要性。”[2]当时普鲁士面临的最紧迫的问题,如预算控制,并没有引起黑格尔的注意。

〔1〕 [美]诺曼·莱文:《马克思与黑格尔思想的连续性》,赵玉兰译,载《马克思主义与现实》2008 年第 5 期。

〔2〕 [美]肯特·格林阿瓦尔特:《宗教与美国宪法——自由活动与公正》,程迈译,中国民主法制出版社 2013 年版,第 105 页。

在当今西方学术界,主流的解释方式是把黑格尔的法哲学理解为一种现代的国家理论,它从积极的角度探讨黑格尔的思想,对建设一个自由民主的社会是积极的,黑格尔思想的意义要素、资源,都是对传统政治哲学在盎格鲁-撒克逊世界的必要补充,而这种补充却是必然的。通常情况下,黑格尔的研究者们只是简单地将黑格尔纳入西方主流政治,这一理论仍在继续。而黑格尔在这种解释模式中被忽视的一面似乎更应该引起我们的兴趣:他不仅在写作上吸收了现代自由和人权运动的成就,同时他也是现代自然法理论、市民社会和自由主义最重要的批评家之一。黑格尔对以"原子化"个人的政治状态为出发点的现代自然法理论深感怀疑,他也在社会契约的基础上批判国家论,并严格区分合法性和道德观,以及康德和费希特所提倡的自律意识等,这些现代政治在黑格尔看来是试图实现目标的产物。看来黑格尔的法哲学并不像秦佩尔那样,在推理方法和理论层面上与霍布斯、孟德斯鸠或卢梭的政治理论没有根本区别。

如果进行深入的思考,不难看出黑格尔和现代国家理论之间新的前进的方向是将黑格尔与保守主义、极权主义和法西斯主义联系在一起的阐释路径,他们的内在逻辑实际上是相同的:他们都试图将黑格尔的哲学直接带入政治。它给人的印象是黑格尔的法哲学是一部政治理论著作,无论它是保守的还是进步的,它只是一部政治理论著作,对黑格尔法哲学的解读只能在这个层面展开。和理性、现实、意志、自由、法律、道德、国家一样,这些概念都有普通人在日常生活中所理解的意义,但黑格尔的法哲学并不是研究他所谓的"思想"的法哲学。如果将黑格尔哲学直接政治化,认为黑格尔只是在同一本体论、方法论和认识论层面上没有讨论真正的政治问题,那么黑格尔哲学就无法享有如此高的声誉。正如霍斯·特尔曼所指出的,黑格尔法哲学的价值只能在黑格尔哲学的特征论中看到,它依赖于黑格尔解释社会政治现象的概念是众所周知的逻辑工具,进而解释了其合理性的基础。这直接回到我们对黑格尔哲学遗产不受欢迎的那部分,即他的形而上学、方法论和知识论的观点,并只有根据这些思想的特点才能在哲学中找到,而黑格尔哲学的特点和极其神秘的思维方式和表现方式,又与他和他面临的哲学问题有鲜明的联系和现实的困境。

“乡土文化”与“法治文化”何以共促？

——以培养“乡土法治文化”为径

陈子盼*

【摘要】 “乡土文化”作为中国传统文化特征并未远去，注重“人伦”“关系”“人情”“差序格局”，成为当前法治建设中无法回避的人情现实。立法、执法与司法中，乡土文化与宣扬公平正义、中立严明、权威无私的法治形象形成张力。“法治”所要求的“整全性”“统一性”，以及“良法善治”，使乡土文化与法治文化的协调、平衡成为必要。明辨二者的互动关系，站在法治与文化的角度，培养具有过渡性质的“乡土法治文化”，是一种可资期待的选择。“乡土法治文化”有助于我国的法治文化的培养，促进乡土文化的现代转型，形塑具有中国特色的社会主义法治文化。

【关键词】 乡土文化；法治文化；文化张力；培养

费孝通先生在《乡土中国》一书中，总结传统中国的文化特点，包括“宗法体系”“差序格局”“伦理情结”“熟人社会”等，描绘出了一幅饱含人情味的文化图景；并认为乡土中国“并不是具体的中国社会的素描，而是包含在具体的中国基层传统社会里的一种特具的体系，支配着社会生活的各个方面”。[1] 例如，在对待“平等”问题

---

* 作者系中国政法大学法治文化研究中心博士研究生。

〔1〕 费孝通：《乡土中国·生育制度》，北京大学出版社 1998 年版，第 4 页。

上,具有特权身份和强势地位的人,凭此能获得更多经济利益与社会地位。“乡土中国是中国社会形态而不仅是中国农村社会形态。”[1]传统道德思维中,依然存在“尊亲”关系,在选拔用人上更多倾向关系密切或具有连带关系的人;在各种投票评比中,多利用“关系”来拉票,倾向于选择“熟人”,而忽视选拔人才的公正,评比标准在乡土文化的影响下缺乏应有的公正廉洁。有学者指责中国传统文化是中国法律信仰缺失的重要原因。[2] 依据马克思主义哲学的观点,意识是物质的产物,意识也会反作用于物质世界,这种关键为处于实践中的辩证关系。[3] 文化与人息息相关,具有“人化”“化人”作用,[4]文化的这一属性决定了乡土文化在中国当代语境下的复杂性。

我国正处于建设社会主义法治国家的重大历史时期,习近平在党的十九大会议上提出“建设社会主义法治文化”。[5] 根源于中国法治实践的法治文化,构成法治的精神特质,法治文化在于“把内涵于法治概念、法治观念、法治思维、法治理论、法治价值、法治习惯中的核心要素凝练出来”。[6] 有学者在法治文化研究的基础上,发现传统文化与法治文化间的内在张力,认为“法治在某种意义上其实是反中国‘文化’的,法治文化的提出即是说,要改变既有的规范形

---

〔1〕 王小章:《“乡土中国”及其终结:费孝通“乡土中国”理论再认识——兼谈整体社会形态视野下的新型城镇》,载《山东社会科学》2015年第2期。

〔2〕 陈会林:《现代中国法律信仰缺失的传统根源》,载范忠信主编:《中西法律传统》2006年第5期。

〔3〕 李世忠:《试论物质、意识与实践的关系》,载《理论界》2017年第3期。

〔4〕 李德顺、孙伟平、孙美堂:《家园——文化建设论纲》,黑龙江教育出版社2000年版,第3~25页。

〔5〕 习近平:《决胜全面建成小康社会夺取新时代中国特色社会主义伟大胜利》,载 http://www.gov.cn/zhuanti/2017-10/27/content_5234876.htm,最后访问日期:2018年6月19日。

〔6〕 张文显:《法治的文化内涵——法治中国的文化建构》,载《吉林大学社会科学学报》2015年第4期。

态、表达以及制度体系，以实现一种新的、与传统相悖的政治生活方式”。[1] 有学者认为法治文化与法律文化存在区别与联系，“法治文化应该包含民主、人权、平等、自由、正义、公平等价值在内的人类优秀法律文化类型”。[2] 上述争议，进一步表明法治文化与乡土文化间的复杂关系。这些争议体现出文化的复杂性，“文化是复杂的，但又是统一的”，“复杂的统一就在诸多的相反相成之中”。[3] 在传统与现代之间，法治文化与乡土文化如何实现协同共促依然是中华法律文化发展与进步需要面对的问题。笔者拟对该问题提出看法，并提出解决之道，以供批评。

一、乡土文化与当代法治的张力

（一）乡土文化的多元性与法治文化的整全性

传统中国的思想与文化，在历史潮流之中多有变化，尤其在信息网络世界，人们的观念和思维较传统思维已大有不同，但乡土文化却并未完全磨灭。秉持不同的标准，评价“乡土文化”的结论也可能不同。例如，民族主义者关注中国各个民族的现有文化特色，将乡土文化视为民族文化的一部分；自由主义者容易忽视弱势文化的保护、主张自由竞争与优胜劣汰；功利主义者注重文化是否对人们有益，是否能给个人或社会带来效益；最后的结果为答案纷呈、莫衷一是，无法给出一个具有共识的观点。在中国这样的历史文化丰富、现有矛盾繁多的时期，也是处于新旧文化交替、先进文化培育的关键阶段，如何看待乡土文化尤为关键，然而，在不同标准下存在不同、甚至冲突的答案。法治如何看待乡土文化是一项亟待厘清的问题。

---

〔1〕 杨建：《作为政治概念的法治文化：内在张力与规范诉求》，载《法制与社会发展》2018 年第 1 期。

〔2〕 刘作翔：《法治文化的几个理论问题》，载《法学论坛》2012 年第 1 期。

〔3〕 梁治平：《寻找自然秩序中的和谐》，商务印书馆 2016 年版，第 6 页。

乡土文化在实践中的影响客观存在,意味着法治建设需要直面乡土文化。现实中乡土文化存在地区性差异、程度差异,相较于农村,城市的乡土文化较单薄。乡土文化有多元化的趋势,不同地区和民族的乡土文化之内容与层次亦不完全相同。法治文化与乡土文化在乡民心目中会发生冲突与矛盾,涉及人们的文化认同、利益维护以及正义感受等。倘若缺乏有效的协调与整合,乡土文化的多元性特点难以化约为法治文化的大一统,如此,便会给法治建设带来阻碍。因此,在培植中国特色社会主义法治文化的时候,必须认真分析、考量传统的乡土文化。[1]

(二)法治价值与乡土文化存在的抵牾

法治的文化路径,体现出从文化视角研究法治的新思路,但依然立足于法治。"法治"中的"良法"与"权威",构成"善治"的基础。法治要求法律不仅是良善的,而且在适用上具有普遍性、权威性,才能实现"人人服从法律"的法治效果、维护和谐稳定的社会秩序。此外,法治的价值包含"正义"与"人性"。亚里士多德对法治的研究表明,法治应该追求正义,"法律的实际意义却应该是促成全邦人民都能进入正义和善德的[永久]制度"。[2] 法治的存在也与人性相关,包括"人性恶"与"人性善"两种认识,均对法治的塑造产生了深远影响。[3]

有学者将法治文化的要素概括为法治意识、法治信仰等法治精神,宪法和法律制度的建立和配套,法治组织的架构和运作,法治行

---

〔1〕 陈子盼:《"人情"社会的现实与"法治文化"的出路——从构建公民参与性法律机制谈起》,载《石家庄学院学报》2017年第1期。

〔2〕 [古希腊]亚里士多德:《政治学》,吴寿彭译,商务印书馆1965年版,第138页。

〔3〕 人性的善恶之分何更根本,或试图从人性中抽象出一种,主张"人性恶"或"人性善"的做法在法学研究中也较为常见。参见严存生:《"人性恶"是法律、法治的人性基础吗?》,载《河北法学》2014年第3期。

为方式的法治化渐进，法治设施和载体象征性标识化建设以及法律实施的效果追求。[1] 可见，法治的文化内容与乡土文化并不相同。乡土文化关注在“熟人社会”中，实现“差序格局”，维护“情理”与“和谐”稳定。有学者一针见血地指出，“西洋社会中存在一种‘团体格局’，而在中国的乡土社会中则存在与之不同的‘差序格局’。”[2] 西方的法治精髓意味着法治为一种团体作业，追求法律面前的平等，在法律中寻找正义的依据。与此不同的乡土文化，则在人情与法理之间的不断往返，塑造出中国特色的文化语境。作为法治文化不得不面对的文化场域，乡土文化的中的“非法治”文化内容便可能与法治文化产生张力：(1)法律面前人人平等与宗族关系、差序格局中的不平等的张力。(2)法律中的契约关系与乡土文化中的“身份”关系的并不协调。(3)“法律的统治”与“人情社会”中的“道德”之治、“人伦”之治之间的冲突。(4)法治的规范之治与乡土文化中的“法律规避”“厌讼”之间的张力。法治的价值与乡土文化均为现代中国人时常接触的文化内容，一面是规则意识与形式平等，另一面是道德人情、差序格局，在面对同一件事情时，二者的张力得以放大。例如，在四川泸州张学英的遗赠案中，若以法律规则为判决依据(优位于法律原则)，那么遗赠协议符合法律要件，理应支持原告的诉讼请求，但如此判决会违背社会的道德人情的要求，基于社会可接受性，认为直接适用法律规则不符合司法正义要求，因此才引用“公序良俗”的原则认定遗赠协议无效。

(三)化解文化张力抑或文化共存

之所以存在文化冲突，是因为文化为中性意义上之概念，“文化，就其广泛的民族学意义来说，包括全部的知识、信仰、艺术、道

[1] 王运声、易孟林：《中国法治文化概论》，群众出版社2015年版，第4页。

[2] 刘世定：《乡土中国与“乡土”世界》，载《北京大学学报》(哲学社会科学版)2007年第5期。

德、法律、风俗以及作为社会成员的人所掌握和接受的任何其他的才能和习惯的复合体”。[1] 文化是思维和行为的指导者,文化的差异在现实中客观存在,具体至不同文化下,人们的行为方式会存在区别。例如,怀有乡土文化者,在遭遇现实生活纠纷时,往往不会将“打官司”作为首选,而希望通过找人、找关系来进行处理,即使最后到了法庭仍会想方设法找些“熟人”“拉些人情”等以期增加自己的胜诉概率。但在法治文化中,“以法律方法”化解纠纷成为第一要义,对法治的认同必然将诉讼方式作为获取公正的首选,诉讼中亦不会将“人情”作为胜诉的要素,对法治保有十足的信心。可见,乡土文化与法治文化在思维上的差异明显,在具体的事务处理中时常发生冲突。是否存在化解的必要及其可能?抑或是选择文化共存进路,无视二者的冲突呢?

一方面,作为两种不同的思考问题的方式,不仅在个人的行为选择上体现,而且以“社会群体”的方式凸显出来,从而使原本仅为个人的事情发散至社会群体的行为方式。建设法治国家,培养法治文化,一项重要的任务是将法治作为人们的一种生活方式。通过融合二者,塑造具有中国特色的法治文化是必要的。两种对待法治文化与乡土文化的方式间存在张力,实际上为法治文化的普适性与文化多元性之间的张力。在研究文化差异与冲突时,“既然文化差异导致文化冲突,那么调适差异性文化之间的张力与矛盾、消解这一区隔冲突状态,自然也就落在文化差异上。”[2]

另一方面,从区域文化差异角度思考法治文化,有必要重视“区域法治文化”,“指在相邻的特定地理区域内,由该区域内的社会群

[1] [英]E.泰勒:《原始文化》,连树生译,广西师范大学出版社2005年版,序言。

[2] 周忠华、向大军:《文化差异·文化冲突·文化调适》,载《吉首大学学报》(社会科学版)2011年第2期。

体所创造的、具有相同或相似特征的、或共同享有的一种占支配地位的法治文化”。[1] 将特定区域的文化，如乡土文化视为可对法治文化产生形塑作用的原有文化秩序，在相互交流、融合中形成具有乡土性质的法治文化。法治的整体性要求，实际上不允许存在不同的法治体系，有违法治文化的内容终将被消解。法治文化符合国家法治要求的文化，无论是区域法治文化建设，还是试图化解乡土文化与法治文化的冲突，都将面临一项疑难问题——如何对乡土文化与法治文化加以整合？

二、文化张力化解方案：培养乡上法治文化

文化张力系乡土文化与法治文化间的差异所导致的，在二者未得到有效融合的情形下，得到进一步凸显。若要实现乡土文化与法治文化的互动、协调，需将双方放置在平等的地位加以审视，依赖于文化自身的交流与发展最终实现更新、融合。保持乡土文化的现状，或试图以法治文化的强势取代乡土文化，两种方式均不可取。一方面，乡土文化无法阻碍法治文化培养，它并不构成具有说服力的理由，乡土文化的客观存在提醒我们要重视法治文化的培养；另一方面，法治文化以良法善治为追求，以人民的认同为最终目标，忽视人们的乡土文化情结亦不合理。面对乡土文化的现实，法治文化该何去何从？笔者认为，正因法治具有的整体性、统一性与先进性，使法治文化成为处理社会重大问题的较优选择，有必要结合乡土文化培养具有中国特色的法治文化。中国人的乡土文化情结，尤其是人情思维，不应在法治的要求之外开辟空间，违背“法律必须得到人们的普遍遵守”这一要求。将乡土文化与法治文化的张力加以整合，融入中国特色的社会主义法治文化之中，关注乡土法治文化的

---

〔1〕 夏锦文、陈小洁：《区域法治文化：意义阐释、运行机理与发展路径》，载《法律科学》(西北政法大学学报)2015 年第 1 期。

培养,才是建构当代中国法治文化的可取之径。

(一)何为“乡土法治文化”?

为减少乡土文化与法治文化之间的冲突,有必要培养“乡土法治文化”。所谓“乡土法治文化”,是将中国的法治文化融入乡土文化语境,在乡土与法治之间寻找平衡、融合的一种文化。“乡土法治文化”既符合当代中国法治之基本精神,也认真汲取了乡土文化中的精华。

首先,乡土法治文化是融合乡土文化与当代法治的要求。乡土法治文化不规避或无视乡土文化与法治文化间可能存在的冲突,而是将二者放置在平等的地位上进行考察,其一,是通过乡土文化来反思当前我国法治建设的不足,重视乡土文化之特殊性,其二,是将法治文化作为导向,与法治文化存在冲突之处,采用权衡方式使其改进。

其次,乡土法治文化并非主张在法治之外开辟新的场域,而是附属于法治国家的建设要求。尽管乡土法治文化重视乡土文化,但并不意味着其是脱离法治的另外一种文化类型。乡土法治文化对乡土文化并非是一味排斥或全盘吸收,而是将乡土文化与法治文化放在一起实现交流互动、取长补短,成为具有中国特色的法治文化培养路径。

最后,乡土法治文化是在乡土文化的背景下展开的。乡土文化并非仅存在于中国农村地区,城镇中仍然有广泛的乡土文化。一方面,伴随农村的人口流动、他们中的很多人已进入城市成为市民,将农民的乡土文化带到城市;另一方面,城市中虽存在较多的市场经济,乡土文化在经济领域的空间可能被压缩,但城市人口的乡土文化在亲情、友情、人伦关系中依然保留。农村是乡土文化之本源,历史长河中流淌着的乡土文化基因,至今依然在人们的血液中流淌。需指出,乡土法治文化注重群体共识和共同准则,并不以法律之明文规定为唯一行动指南,而系于法治的观念、思维、信仰等基础上的法治认同，它采用个案平衡与比例原则等以实现公平正义的实质要求。“乡土法治文化”符合法治的要求，对乡土文化予以观照，以迈向“法治”为最终目标。

(二)“乡土法治文化”不是什么？

在“乡土法治文化”的培养上，应避免以下误识：

1. 不同于“送法下乡”。送法下乡是将国家的制定法规范向乡村人民宣传，提升乡村人民对法律的认识。〔1〕此方式类似于“普法”，将法律视为工具性手段，并未重视法律所具有的文化内涵。乡土法治文化不同于送法下乡，一方面，将法律与乡土文化放在共同的文化场域中进行互动交流；另一方面，注重法律的文化培养，提升人们对法治的认同感。因此，在乡土法治文化培养中，必然涉及法治观念、精神、信仰等文化内容，而非简单的“送法”。

2. 不同于“乡土法治”。“乡土法治”中的“乡土”是指“乡村”或“农村”，乡土法治研究的问题是乡村法治、农村法治中的如何落实法治要求的问题。换言之，一方面，乡土法治属于中国法治的下属概念，未牵涉相互交流、互动的问题，亦未指明可能涉及的文化内容。另一方面，乡土法治要实现“乡土的法治”，与乡土法治文化存在关联，但并不完全一致，前者关注乡村的法治实践，后者关注乡土文化中的法治应如何进行文化建构。尽管二者均将乡村视为核心，但意蕴存在本质上的差别。

3. 不同于“乡村的法治文化”。乡土法治文化以“乡村”为重点，并不局限于乡村。之所以将乡村视为重点，原因在于乡土文化在乡村地区保留的最为明显，以其说明更具代表性。但不可将乡村的法治文化与乡土法治文化相混同。乡村的法治文化涉及“三农”问题如何以法治化解，与乡土法治文化关注的核心问题，即乡土文化与

〔1〕 苏力：《送法下乡——中国基层司法制度研究》，中国政法大学出版社 2000 年版，第 27～40 页。

法治文化的互动、融合,并不完全等同。

4. 并非脱离"法治文化"的新文化类型。乡土法治文化本质上属于"法治文化"的一部分,之所以将其特别加以说明,是因为有必要将其与现实中的法治文化相区别。法治文化存在应然与实然之分,现实中的法治文化为实然,而乡土法治文化属于应然意义上"法治文化"的组成部分。所以,乡土法治文化并非在法治文化之外开辟出新的类型,而是属于"应然法治文化"的组成部分。

综上,乡土法治文化的上述澄清,有助于理解"乡土法治文化"的实质内涵。在进行乡土法治文化培养时,关注"乡村"地区,更具代表性与示范意义。乡土法治文化的核心问题是如何将乡土文化与法治文化有机结合,从冲突、张力走向互动融合。

(三)"乡土法治文化"何以可能?

融合乡土文化与法治文化的乡土法治文化,符合中国特色与发展要求。一方面,乡土文化与法治文化的张力构成协调二者关系的前提,张力带来融合的动力。另一方面,法治文化不可以脱离乡土文化进行建构,找寻二者的平衡基点,是法治建设之需,亦为乡土文化的时代发展所需。"乡土法治文化"能成为现实,其科学性与必要性存在于如下几点:

首先,乡土法治文化关注法治文化与乡土文化的张力,寻找化解二者冲突的有效路径。文化认同意味着人们的价值关怀,无视乡土文化的影响,实则忽视人们的精神家园。无视乡土文化与法治文化间的张力,无疑是将培养法治文化放置在乡土文化的对立面。此种方式,不符合当代法治之文化权利保护、正当性与可接受性要求,也不符合当代法治国家之正义与"善治"要求。正如学者所言,"我国乡土社会法治困境的真正原因在于文化的冲突,在于以公平正义为核心价值的法治文化和我国乡土社会的传统文化之间的巨大鸿沟。”[1]“乡土法治文化”的培养,在立场上将二者同等看待,直面文化冲突,在文化的大背景之下,采用平衡冲突、文化融合等方式,最终化解法治强制力带来的乡土文化损伤。于此过程中,实现乡土文化的更新与法治文化对乡土文化的借鉴。

其次,乡土法治文化最终复归于法治建设的需要,服务于中国的法治发展。之所以如此,在于“乡土法治文化”的命题之提出,便是法治的文化考察中得出的,没有法治便不会存在“法治文化”,没有“法治文化”也就不会得出其与“乡土文化”之间的张力问题,因此也就不会得出试图化解张力的“乡土法治文化”。因此,法治建设为“乡土法治文化”的目标性指引。但是,上述逻辑无法反推的,乡土法治文化并不会取代法治,它是以实现法治为目标下的一种思考,亦可算作是对现实中人们忽视乡土文化对法治影响的一种回应。在直视乡土文化之后,采用温和方式来扩散法治精神,从认识、了解法治文化发展到尊重、拥护当代法治文化,这一阶段中必然要处理好乡土文化带来的影响。乡土文化与法治文化均为现今人文社科研究的主题,而二者间的张力问题确实存在,试图缓和、融合二者的“乡土法治文化”必然也存在科学理据。事实证明,法治建设离不开文化土壤,中国的乡土文化情节对法治产生的积极或消极作用无疑是需要予以正视、研究的。

最后,“乡土法治文化”关系到“法治的文化认同”,乡土文化是人们认同的文化,而法治文化的认同于现实中存在缺位。“认同”是“寻求本体性安全、摆脱存在性焦虑的一种方式”。[2] 认同存在个

---

[1] 崔玉珍:《法治在当前乡土社会中的困境——河南省巩义市社会法庭之调研》,载《中国政法大学学报》2015 年第 1 期。

[2] 陈明辉:《转型期国家认同困境与宪法学的回应》,载《法学研究》2018 年第 3 期。

人认同与群体认同之分,认同之所以必要,在于人们在社会中存在多种角色、身份,需要得到人们的肯定、尊重。文化认同意味着人们对文化应受到尊重和肯定的一种心理需求或状态。法治的文化认同,即人们对法治中的精神、信念、信仰等文化内容的认同。如果欠缺文化认同,人们对法治难以获得内心的真实认同,则难以做到对法治的尊重与信仰。法治是治国理政的方式,更是一种文化氛围与思维方式。唯有整个社会中的大多数的人认同和尊重法治,包括原先具有乡土观念的人们,均承认和践行法治,法治建设才能实现。伴随人们的对法治的文化认同,乡土文化中的"非法治因素"会更新换代,从而融合为应然层面的法治文化。

三、"乡土法治文化"的培养路径

文化张力如不加有效疏导,任由时间打磨,最终的结果很可能并非优胜劣汰,被奉为圭臬的西方学理之"社会达尔文主义",也需在理想的条件下才得以发挥作用。历史上落后文化征服先进文化的"逆历史潮流"的情况,并不鲜见,可见引领一种文化风尚,具体的文化培养路径是必要的。"乡土法治文化"涉及文化与法治两个层面的交融,也涉及乡土文化与法治文化的良性互动。笔者拟提出如下路径:

(一)挖掘乡土文化中的法治资源

乡土文化并非一无是处,乡土文化中的"民间调解""乡规民约""公序良俗"等对化解民间矛盾、维护社会秩序具有突出作用。在某些领域,乡土文化的作用甚至较法治方式更为妥当,如在处理邻里纠纷时,重视"邻里和睦""熟人调解""仁、义、礼、智、信"的乡土文化,往往比直接对簿公堂来得更切实际、更经济。再如,乡土文化中的"尊老爱幼""见义勇为"等,都包含着深厚的优秀文化基因,亦被乡土文化所认同。如何将这些可资借鉴的资源融入现代法治文化中,是一项亟待解决的问题。此外,排斥、剔除乡土文化中的非法治因素,例如,"重男轻女”“差序格局”“迷信”等有违公平正义的文化内容。对乡土文化既不可全盘接受，亦不可一味否定，而应“取其精华，去其糟粕”。通过挖掘乡土文化中的优秀文化内容，并将其纳入法治文化之中，不仅有助于塑造中国的法治文化，而且能使优秀的乡土文化在法治文化中得以延续，也拉近了法治与人民的距离。

具言之，首先，摒弃乡土文化中的人治思想，建设符合我国国情的社会主义法治文化。[1] 传统乡土文化中包含着人治思想，并不符合现代法治的要求，尤其是“亲亲尊尊”“三纲”“父母官”等体现出对“人性”的压制，对平等、正义的社会关系的漠视，并不符合法治的思维方式，必须予以有效根除。其次，乡土文化中也体现出对人与人的亲情、友情的重视，不仅有助于将矛盾化解在萌芽阶段，而且在矛盾发生之后，“大而化小”“小而化了”，体现出人与人“对话”“说理”的良好文化，无疑对社会秩序、邻里和谐的维护有益，可为法治文化所借鉴。再次，弘扬人本价值，在乡土文化中亦有体现，即关注人的生存和发展问题，具有实用主义的乡土文化，试图为人们的现实生活提供各种各样的化解矛盾的机制，体现出人民的智慧。如以“枫桥经验”“老娘舅”“六尺巷”等为代表的乡土文化经验，对现代塑造更具生命力与亲和力的法治文化十分有益。最后，乡土文化中的“和谐”“道法自然”“与人为善”等优秀文化基因，不仅与现代法治精神相符，而且也符合人们的思维习惯，在立法、司法、执法环节中予以认可、贯彻，亦不失为一种“良法善治”的选择。

（二）文化认同的内在与外在相结合

乡土法治文化的认同方式一般包括外在和内在两个面向，前者注重以外在、可见的方式塑造培养人们的行为方式，实现人们行为上的一致性。后者主要关注人们的内心体验，即对乡土法治文化是

---

〔1〕 杨巍：《乡土社会及其法治现代化之路》，载《南昌大学学报》（人文社会科学版）2003年第4期。

否形成情感、信念、或精神等。内外结合意味着在培养乡土法治文化时,不仅要看人们的行为方式中是否体现出对法治的尊重,而且关注人们在内心深处,是否保留着对法治的深切关怀与认同。在《法律的概念》一书中,哈特对法律规则的看法采用"内在"与"外在"相结合,指明法律规则的"外在面向表现于观察者所能够记录之规律统一的行为",内在面向表现为"当偏离行为发生或发生之虞时,他们会去批判别人和要求他人遵从,并且当受到这样的批判和要求时,承认其正当性"。[1] 既然法律规则体现出内在与外在面向,法律是法治的前提,为加深人们对乡土法治文化的认同,有必要从内在、外在两个面向来培养人们对法治文化的认同。

针对外在面向,(1)"乡土法治文化"倘若得到国家和当地政府部门的重视,出台相关政策和方针进行推进,有助于从外在方面加以落实。(2)在具体的培养过程中,避免以偏概全、忽视乡土文化或法治文化,以实际行动践行法治的统一性,利用乡土文化的法治资源。(3)加强法律宣传、以案释法,提升民众对法律的了解,促进人们积极利用法律手段来化解法律纠纷。

针对内在面向,(1)关注人们的主观感受,包括"主观程序正义""司法案件中感受到公平正义",并有针对性地进行疏导、教育。(2)提升人们对待法律规则"反思批判的态度",即"人们将法律视为参与法律活动的标准",并在人们违反时提出批判。[2] (3)乡土文化与法治文化存在冲突时,关注人们是否从内心选择接受"乡土法治文化",而不是迫于外在因素才予以选择。(4)乡土法治文化的内在面向的动力来源可以多样,例如认为有利于人们的利益维护,或

---

〔1〕 [英]哈特:《法律的概念》,许家馨、李冠宜译,法律出版社2015年版,第52页。

〔2〕 哈特为说明规则具有的"内在面向",以"游戏规则"加以说明,如在国际象棋中,下棋者将已有的"游戏规则"作为标准,对违反规则者提出批评,要求下棋者遵守游戏规则。

符合人们的价值观等，但要上升为内在面向就需关注人们是否将其视作行为标准，承认其具有的正当性。

将内在与外在结合，实现“乡土法治文化”的认同，且内在面向较外在面向，地位更加突出、效果更为明显，一个从内心切实接受“乡土法治文化”的人，必然会在行为上符合乡土法治文化要求。加强区域中人民群众对乡土文化、法治文化的切实认知、了解，对“乡土法治文化”拥有足够的认可、形成多数人的共识，系培养乡土法治文化的大局所需。

（三）以循序渐进的方式培养乡土法治文化

“乡土法治文化”并非是拿来主义，非如砌墙一般可在短时间内实现建构，需通过长时间的文化培养。之所以用渐进方式培养乡土法治文化，一方面在于文化不是建构的，亦非短时间内可以培养起来的，而是一个长期的、渐进的过程；另一方面在于“培养”方式符合文化所需，类似于在“文化”这个大花园中，选择符合中国实际与乡土法治文化所需的“萌芽”，通过长期的浇水、施肥、除草，使其成长为中国的法治文化的花朵。此外，化解乡土文化与法治文化间的张力，解决乡土法治文化需要处理的复杂问题，有必要采取审慎科学的方法。“循序”说明在乡土法治文化的培养上，不是毫尢目的、缺乏目标指引的；“渐进”意味在培养乡土法治文化时，采取柔和、“人化”与“化人”的方式，形塑中国的乡土法治文化。

有必要指出，一种文化的形成，势必为长期的、实践的过程，不可能一蹴而就。就乡土法治文化而言，需长期、耐心地引导、宣传乡土法治文化的实质内容，增强人们知法、学法、懂法、用法、护法的意识。乡土文化的优秀部分与法治文化之间是一种相互改造、互动与形塑的过程。一些落后的、不符合法治精神的内容，在相互比较、交流中会逐渐消弭。于此过程中，“乡土文化习俗中不符合法治文化价值观的迷雾将被逐渐清除，其生存空间不断缩小，被法治文化覆盖,最终取而代之。"[1]

(四)提升公民的有效参与

公民的有效参与之所以重要,系因为其符合法治的基本要求,符合文化的"人化"与"化人"所需,还符合文化的良性互动。首先,作为政治文明的法治,是我国"人民民主"的体现,只有法治成为人的一种"生活方式",才能体现出中国特色社会主义的法治文化。其次,文化的基本内涵可概括为"人化"与"化人",前者说明文化的主体是"人",后者说明文化的反作用即"以文化人",在公民的有效参与中,乡土法治文化才拥有主体。最后,文化交流与良性互动的推动力,不仅在于权力机关的积极作为,而且在于公民意识的自主培育,在交流互动中人们会在不同的文化间予以权衡,在乡土法治文化上获得"共识"。

法治追求良法善治,公民并非处于被动"服从"的地位,缺乏有效参与的法律制度不利于形塑"良法",对法治秩序不利。正如诺内特、塞尔兹尼克指出的,现代社会的法治是应该为一种回应型法,"在回应型法中,秩序是协商而定的,而不是通过服从赢得的。"[2]可见,提升公民的有效参与是必要的。具体的方式包括:(1)制定公民有效参与的法律保障机制。我国的宪法中规定了"人民的主体地位",在宪法及相关法律体系中也有较多有关"公民参与"的条文,例如,《中华人民共和国公共图书馆法》第46条、《中华人民共和国科学技术进步法》第5条等,此外,公民参与立法、法制宣传教育中的公民参与、推动公民参与和行政决策民主化等均以不同形式的文件得到体现。但内容过于抽象、概括,缺乏具体的实践操作指南,有待进一步

---

〔1〕 王洁:《走在法治中国路上的乡土法治文化——河南省巩义市乡村调研》,载《中国政法大学学报》2014年第6期。

〔2〕 [美]诺内特、塞尔兹尼克:《转变中的法律与社会:迈向回应型法》,张志铭译,中国政法大学出版社2004年版,第105页。

细化。(2)培养公民有效参与的意识。公民的有效参与,离不开他们对有效参与的重视,只有积极主动、以合法有序方式维护参与的权利,才能为乡土法治文化培养提供源源不断的活力。(3)细化具体的参与选择。借鉴美国学者托马斯教授《公共决策中的公民参与》一书中的部分研究成果,并将其整合以适用于乡土法治文化的培养。采用的方法包括"关键公众接触法""公民接触法""公民调查""新技术(电子网络等)方法""公民会议""咨询委员会""协商调解"等,[1]可为公民有效参与乡土法治文化的培养提供机会。

四、结语

"法律是文化的一部分,并且是历史悠久和根深蒂固的一部分。"[2]良法善治是法治的应有之义,面对中国的乡土文化,法治文化该需解决它与人情社会之现实存在的张力,实现现代法治文化的中国转换。植根于中国的文化现实和法治理想,"乡土法治文化"可为一种选择。"乡土法治文化"属于(应然层面的)法治文化的一部分,服务于中国特色社会主义法治国家的目标。"乡土法治文化"来自我国的文化土壤,通过循序渐进、内在与外在相结合、公民的有效参与等,实现乡土文化与法治文化的良性互动。重视"乡土法治文化",不符合日常生活的法治所需,且符合良法善治的国家治理理念,有助丁将法治从冷冰冰的、以强制力示人的文化感观,深入寻常百姓的内心、感受法治带来的温情与精神家园;有助于化解"乡土文化"与"法治文化"的张力,引领社会思考、接近法治,领会法治的魅力,投入法治的怀抱。法治并非远离人民生活的政治建筑,而是与

---

[1] [美]托马斯:《公共决策中的公民参与》,孙柏瑛译,中国人民大学出版社2014年版,第74~119页。

[2] [美]约翰·亨利·梅利曼:《大陆法系》(第2版),顾培东、禄正平译,法律出版社2004年版,第151页。

每一位社会成员息息相关的文化样态。培养“乡土法治文化”,应反思“乡土文化”的利弊和现有“法治文化”的得失,通过文化交流、实践检验,使人们“认同”法治、践行“法治”。

浅析新疆哈萨克族财产继承习俗与国家制定法的冲突

——以一起草场纠纷的调查处理为例

马鸿庆*

【摘要】 哈萨克族是生活在中亚一带的一个跨境民族。在我国主要分布在新疆沿天山北部一带的伊犁、塔城、阿勒泰等地区。在悠久的历史发展进程中,他们形成了世代相传又独具特色的继承习俗。本文主要是对目前在一些边远民族自治地方仍然发挥着作用的哈萨克族的民间财产继承制度与当下国家制定法规定的继承制度的冲突进行粗浅分析。

【关键词】 财产继承习俗;国家制定法;冲突;启示

当今,在少数民族地区的基层社会中,一些传统的民族习俗虽然在某些层面与国家制定法的规定存在一定程度上的冲突,但是,在基层实际的纠纷解决过程中,它往往发挥着不可或缺的作用。甚至在某些纠纷的处理效果方面,比国家制定法发挥的定分止争的作用更明显。如同奥地利法学教授欧根·埃利西(Eugen Ehrlich)所说,在社会生活中,实际上被遵守的规则是真正的"活法"。这些规则常发挥着预防纠纷的作用,而当纠纷发生时可以起到无须诉诸国家法

---

* 作者系中国政法大学法律史学博士研究生。

律机构便能解决纠纷的作用。[1] 本文试图从一个草场纠纷的案例入手,分析基于哈萨克族特殊的财产继承习俗末子继承制度,以及伴随的亲属抚养制度——"还子制度"为何在一些地域仍然发挥作用;探索基层司法人员在具体的纠纷解决过程中,如何处理好国家制定法的规定与本地的民族习俗抵触的情况,应该如何处理才能真正发挥定分止争的作用;探究这些地方性的民族习俗存在的理论基础以及在新时期如何将其整合到统一的纠纷解决框架内。

一、一起草场纠纷背后的问题

天山北麓西部特昭盆地东端的特克斯县,隶属伊犁哈萨克自治州,是一个以牧为主、农牧结合的县。草场纠纷是当地常见的纠纷类型,尤其是近些年随着经济的发展,国家对于草场补贴的增加和全民普法工作的广泛深入开展,牧民的权利意识和依据法律维权的意识显著增强,通过诉讼、复议等救济途径维护自身权益的案件数量逐年上升。2015 年,法院在处理一件因草场权属争议引发的纠纷过程中,审查申请人提供的申请材料及证据时,发现草场使用证登记的承包人不是申请人本人,经询问核实,申请人自称,第一轮草场承包时,是其父亲与当时的村集体签订了承包合同,并办理的草场使用证。现在其父亲已经去世,该块草场由申请人继承并继续承包使用,经过调查,申请人的父亲育有四个子女。

根据我国法律的相关规定,我国的草场使用权是以家庭为单位进行承包经营的。因此,理论上至少有四位草场承包权益继承人,本纠纷就涉及申请人的资格合法性问题,故而需要确认其他家庭成员对于申请人的承包资格是否有异议。经过调查发现,申请人实际是承包人的长房长孙,而且承包人的其他子女都认可申请人的草场

[1] [英]罗杰·科特威尔:《法律社会学导论》(第 2 版),彭小龙译,中国政法大学出版社 2015 年版,第 27 页。

承包继承人地位。虽然在行政复议程序上本纠纷最终以撤销当地乡镇政府的决定为最终结果,但是,实际上真正起到定分止争作用的还是当地的民族干部,依照当地所谓的部落传统习惯,最终使争议双方达成协议,解决了纠纷。

处理完本纠纷后,经查阅相关资料,并请教民族宗教部门的工作人员,我们发现了在本地牧区仍然发挥作用的哈萨克族财产继承习俗"末子继承制"以及与之密切相关的亲属抚养"还子"制度。

二、哈萨克族的财产继承习俗

作为一个历史悠久的游牧民族,哈萨克族主要的生产方式是游牧。随着季节的变换,牧民放牧牲畜的地点也在不断变化,从春(秋)牧场到夏牧场之间往返迁徙。

哈萨克族在财产继承方面实行幼子继承制,正如哈萨克谚语所说"小儿子——家庭的主人"。[1]

哈萨克族家庭的财产继承习俗是男继女不继,尤其是在财产方面独具特色,一般按哈萨克族传统习惯,明确肯定必须由幼子继承其父母财产。幼子最终将继承"老房子"的剩余家产,同时也要肩负起赡养"父母"的主要义务。

因此,末子结婚后与父母一起生活。而已经成家单独生活的其他兄长们因感激末子对父母的抚养,末子继承父母财产的行为也不会得到其他兄弟的反对。

(一)末子继承制度简要分析

1. 哈萨克族末子继承制度存在的历史合理性分析

历史上哈萨克族均存在早婚现象,父母与长子之间的差距也就十五六岁。所以,当父母年老时,长子的年纪也近中年。为了能更好地赡养老人,并且尽到养老送终的责任,传统的哈萨克族认为由

---

〔1〕 苏北海:《哈萨克族文化史》,新疆大学出版社 1989 年版,第 371 页。

家庭中的末子来继承财产更加合理。

另外,末子继承制也是适应哈萨克牧民游牧的生产、生活方式的。游牧的生产方式要求必须达到一定的牲畜规模才能保证牧民家庭抵御一些不可防范的风险,如风雪、疫病等。因此,历史上形成了由最小的儿子继承父辈留存下来的财产(成规模的牲畜种群)并且承担为老人养老的责任,这是游牧的生产方式自然导致的结果。末子继承的思想已根深蒂固,家庭成员之间基本不会因为父母财产由小儿子继承而发生纠纷。从表面上看,哈萨克族末子继承制似乎存在继承上的不平等性,但实质上,末子继承制是相对公平的。根据哈萨克族的传统习惯,一个家庭除了末子之外的其他儿子在成家时已经实现了财产继承,女儿在出嫁时也得到了一定的嫁妆。虽然小儿子看似可以分得更多的财产,但也相应地承担起了赡养父母的义务,真正做到了权利义务的对等。因此,可以说哈萨克族末子继承制有其自身的历史合理性,至今为止,仍然被大多数从事游牧的哈萨克家庭所遵守,其自身比较完善的利益分配功能,在减少继承纠纷和维护家庭成员和睦关系方面发挥着重要的作用。

2. 哈萨克族末子制度存在的现实合理性分析

末子继承制度能持续稳定发挥作用,原因在于哈萨克的游牧的生活方式。牲畜是哈萨克游牧家庭中的主要财产。牧民需要用钱的时候就变卖家中的牲畜。当末子之外的其他儿子成家后,父母已经年老,家中的牲畜需要有人照顾,游牧的生产方式是需要一定的体力支持的。而这时年龄相对年轻的末子一般负责管理家中的牲畜,并照顾父母的起居,代替所有的子女尽赡养义务。所以,哈萨克族认为把财产分配给家庭里年纪最小的儿子是理所应当的。

这点在上述的例子中表现得十分明显,在要求其他继承人提交相关材料时,并无任何一人对于申请人的继承地位产生质疑。另外,申请人提供的个人身份证明显示,其与草场证登记的承包人系父子关系。但经过调取户籍档案,可以发现二人实际是祖孙关系。

这就是以下我们要分析的一种与哈萨克末子继承制度联系密切的亲属制度——还子制度。

(二)还子制度的简要分析

1. 还子制度概述

还子制度是一种特殊的亲属制度,主要流行于以游牧为主要生产方式的哈萨克族牧民中。其具体规则是某些哈萨克族人在结婚后,将所生育的一个孩子送给自己的父母抚养,祖父母把这个孩子作为自己的亲生儿女抚养,其关系也由祖孙关系变成了父子关系,血缘上的父母子女关系则成为兄弟姐妹关系。也就是说,“还子习俗”作为一种亲属制度,会在此过程中发生一些亲等上的变化,包括家庭地位、家庭内部辈分的改变。祖父母会把“还子”当作亲生子女一样抚养,送他上学,完成婚娶(嫁),并按照哈萨克人传统的幼子继承制,给“还子”分家产。

经过咨询民族宗教部门的哈萨克族工作人员,关于“还子”制度的表述可以概括为:大儿子将所生育的第一个孩子要“还”给祖父母抚养。在《中国少数民族婚姻家庭》一书中,关于还子的表述是:“哈萨克人的长孙,不论男女,在出生后都要送给祖父母抚养。”[1]

2. 还子制度的历史合理性

作为一项亲属制度,能够产生并且持续发挥其作用,是有其历史合理性的。作为一个历史悠久的游牧民族,哈萨克族主要的生产方式是游牧。哈萨克族的游牧地属高山草场,对外交通相当不便,冬季更是难上加难。在长期的游牧生活过程中,即使是成年人一旦不幸染病,也往往因得不到及时有效的医治,小病变为大病,最后不治而亡。在这样的自然条件下,历史上游牧的哈萨克族婴幼儿的成活率普遍不高。因为新婚夫妇年轻,缺乏养育孩子的生活经验,因此

---

〔1〕 严汝娴主编:《中国少数民族婚姻家庭》,中国妇女出版社 1986 年版,第 150 页。

有着育儿经验的父母代替年轻夫妇抚养孙辈,既有利于孩子的健康成长,又可减轻年轻夫妇的生活负担。在哈萨克族人看来这样才算尽到关心爱护晚辈的责任。[1]

因此,历史上就形成了这样一种习俗:有着丰富养育幼儿经验的祖父母承担抚育"开头"的孙子或孙女的重任,以期在良好的开端下,其他子孙也能健康成长。因此,"还子"习俗也可以看作哈萨克人的一种有着历史传统的保婴措施。

3. 还子制度存在的现实合理性分析

在哈萨克人的游牧生活中,存在一种自然的劳动分工:年轻人赶着大群的牲畜到牧草茂盛的地方放牧;老人和儿童则在毡房附近劳作。这种分工,使老人与孙辈们在一起的时间较长。在这种抚育过程中,老人与孙辈结下了深厚的感情,由于长孙或长孙女是祖父母最先接触到的,因此,他们便首先成为了被收养的对象。在地广人稀的环境里,收养孙辈给老人所带来的乐趣与益处被年轻一辈看到并记住。当年轻一辈也拥有了自己的孙辈时,他们便也效法前辈的做法,久而久之便在哈萨克人的游牧社会中推广普及开来,形成了一种惯制。

综上所述,哈萨克族的还子习俗是在特定的历史背景、社会生产、生活方式等共同作用下所产生的一种制度。"还子"所带来的"果"是在一定程度上提高了婴幼儿的成活率,在增加人口方面起到了不可低估的作用。同时,它也是哈萨克人尊老、敬老、养老的优良传统的特殊体现。

三、哈萨克族的财产继承习俗引发的法律适用冲突

(一)末子继承制度与当下国家制定法的冲突

根据我国《继承法》第10条的规定,法定继承时,可以有多个继

---

[1] 苏北海:《哈萨克族文化史》,新疆大学出版社1989年版,第491~493页。

承人。另外,《继承法》第13条还规定:"对被继承人尽了主要扶养义务或者与被继承人共同生活的继承人,分配遗产时,可以多分。有扶养能力和有扶养条件的继承人,不尽扶养义务的,分配遗产时,应当不分或者少分。"因此,可以说我们当前的《继承法》的规定是权利义务相一致原则的具体体现。

而哈萨克族的财产继承习惯主要在继承人数上与国家制度法存在差异:哈萨克族财产继承习惯属于单独继承中的末子继承制,而我国《继承法》采纳的是共同继承制,这也是两者根本的区别。

(二)还子制度与当下国家制定法规定的冲突

我国《继承法》第10条规定了两个顺位的继承人,其他远亲无法定继承权,可知我国限制继承人的范围,因此属于有限制继承;《继承法》第10条规定法定继承时,可以有多个继承人,因此可以有共同继承的情况。

"还子"制度的规定与我国《继承法》第10条关于法定继承顺序的规定存在冲突。由此,我们无法界定还子制度是属于法定继承还是属于顺序继承。当前"还子"制度的具体施行,对现行法律的财产继承分配以及经济社会的发展都产生了一定的消极影响。这一问题应当定性为民法上的不当得利?抑或还是继续适用这类特殊的继承习惯?两者之间存在一定的矛盾,如果有利益相关人启动相关请求,不当得利请求权的效力又如何在民间得到维护?目前,笔者已经接触到有类似的第一顺位继承人主张对草场的继承权现象,但是暂时还不是很普遍,这类问题如何解决尚有待商榷。

(三)哈萨克族继承习惯法与国家制定法的冲突分析

哈萨克族的继承习惯法在继承主体、继承顺位、继承份额等方面与《继承法》中的相关规定存在差异。

1.继承主体的差异

我国《继承法》基于男女平等原则规定男女继承权平等,而哈萨克族的继承习惯规定家庭财产由男子继承,更规定了末子继承制度,女性一般不参与财产的继承。哈萨克族男女继承权的不平等,是哈萨克族社会男女地位不平等造成的必然结果。这种继承规则与我国《继承法》的基本原则相悖,我国《继承法》规定配偶、子女、父母为第一顺序继承人,而在夫妻关系中,另一方即使在对方死亡后再婚,也享有继承权;此外,在儿子死亡后,儿媳对公婆尽了主要赡养义务的,也可以作为第一顺序继承人继承公婆的财产,这主要是为了保护老年人权益而规定的,同时也是继承法权利义务对等原则的体现。而哈萨克族继承习惯法中的继承主体的范围较为单一。[1]

2. 继承顺位的差异

我国《继承法》规定了法定继承,在法定继承时存在前后两个继承顺位,配偶、子女、父母作为第一顺位继承人先参加继承,在没有第一顺位继承人时,第二顺位的兄弟姐妹、祖父母、外祖父母才可以参加继承。[2]

哈萨克族的继承习惯法主要采用的是末子继承制,家中最小的儿子享有继承权,其他子女不享有继承权。继承顺位与我国《继承法》的规定存在根本性的差异。

3. 继承份额方面的差异

我国《继承法》规定同一顺序上的继承人应继承的份额相等,无论男女都有继承权。哈萨克族的家业多由末子继承,一般情况下是末子与父母共同生活,也将在父母去世后继承父母亲的大部分遗产。

---

〔1〕 齐蕾:《哈萨克族继承习惯与国家制定法的冲突与融合研究》,新疆大学2013年硕士学位论文,第19~20页。

〔2〕《婚姻法》第10条:"遗产按照下列顺序继承:第一顺序:配偶、子女、父母。第二顺序:兄弟姐妹、祖父母、外祖父母。继承开始后,由第一顺序继承人继承,第二顺序继承人不继承。没有第一顺序继承人继承的,由第二顺序继承人继承。本法所说的子女,包括婚生子女、非婚生子女、养子女和有扶养关系的继子女。本法所说的父母,包括生父母、养父母和有扶养关系的继父母。本法所说的兄弟姐妹,包括同父母的兄弟姐妹、同父异母或者同母异父的兄弟姐妹、养兄弟姐妹、有扶养关系的继兄弟姐妹。"

四、关于消弭冲突的一点建议

要解决哈萨克族习惯法与国家制定法之间的冲突，首先要正确认识少数民族习惯法与法律之间的关系。

法律是一种制度化的行为规范体系，是由国家制定或认可并由国家强制力保障实施的行为规范，它规定了人们的权利和义务，指明人们在一定条件下的行为模式，明确人们行为的法律后果，调节人们之间的利益关系，从而把社会分化、社会矛盾和社会冲突控制在一定的范围内，建立和维护社会秩序，为社会共同体的存续和发展提供制度保障。[1]

作为一种规范和调整社会关系的手段，在边远及民族自治地区，少数民族习惯法是一种历史自发形成的规范，在某种程度上仍然调控着人们的行为，成为法的重要渊源之一。习惯法是各民族历史文化的积淀，在人们心目中已经根深蒂固；一旦纳入国家认可的法律体系，人们因对其有了长期的崇奉与信仰，便会自觉遵守。高其才先生认为习惯法是“是独立于国家制定法之外，依据某种社会权威和社会组织，具有一定强制性的行为规范的总和”[2]。

处理二者关系时，一方面，要坚持国家法律的统一，维护国家制定法的权威与尊严；另一方面，也要考虑到民族习惯有利于民族地区社会和经济的发展的特点，不能一概禁止所有与国家制定法不一致的民族习惯，而应当考虑如何将其整合。

具体到本案中就是随着我们经济的发展，在国家制定法层面，我国的有关继承方面的国家制定法基本已经是西方法律规则、原则的翻版，与中华传统的法律制度几乎没有任何关联性。而民族地区的

---

〔1〕 李瑜青主编：《转型中国法律社会学研究》，华东理工大学出版社 2010 年版，第 137 页。

〔2〕 高其才：《中国少数民族习惯法研究》，清华大学出版社 2003 年版，第 8 页。

继承习俗则是根植于当地的经济生产方式,是传统的少数民族习惯的现实体现。如何整合哈萨克继承习惯与国家制定法的规定,确保当地社会的稳定、有序是当地基层司法工作者目前最关心的问题。

田先刚认为,所谓社会整合,是指通过对社会利益和社会关系的协调和调整,促使社会个体或社会群体结合为社会共同体的过程。而法律的社会整合是指运用法律制度来实现社会整合的一种方式,是指通过法律制度及其权利义务来规范人们的行为,调整人们之间的利益关系的社会整合。[1]

由于我国的现代法制理论基本上是西方的舶来品,这些理论与我国传统法律文化没有联系,当然与各少数民族的"法"(或习惯传统)差别就更大了。

中国存在地域辽阔的少数民族地区,其社会经济结构和发展水平与内地相比相对落后。同时受当地社会经济发展制约的少数民族群众的思维方式和行为方式也依然相当保守。当地人所适用的实际解决纠纷时所依据的习惯法是和本民族的特点及地方性知识一起生长的,这就意味着国家制定法中那些从西方移植过来的规范即"移植法律"的规范或原则,必定会在某些民族地区与一些体现当地民族文化的特点、价值观念的民族习惯发生冲突。因为国家制定法从西方引进的法律观念与各地方性的少数民族自身固有的特点的民族习惯无法磨合,从而使国家制定法与极富"人情味"的本地民族习惯产生了冲突。正如英国学者罗杰·科特威尔(Roger Cotterrell)在《法律社会学导论》中指出的:"不同民族的文化是决定他们地域法律的态度以及是否愿意援用法律而非采取非法律手段来解决纠纷的一个重要因素。关于法律移植效果的研究也表明,只要移植内容涉及的是工具性事项,域外法律的输入比较容易成功,

---

[1] 田先刚:《论当代中国的法律社会整合功能》,载李瑜青主编:《转型中国法律社会学研究》,华东理工大学出版社2010年版,第135~136页。

但如果涉及的是有强烈文化价值的社会关系领域（如家庭关系），研究表明接受法律移植的社会将强烈抵制体现不同文化预设的法律原则的影响。”[1]

依据创新社会管理的要求，民族习惯法与国家制定法不断融合以减少和消除冲突、达致良性并存是必须努力的方向。国家在法制建设尤其是在立法和司法实践中对于民族习惯法应兼采包容与批评的态度，吸收其内在合理的价值，以促进民族地区国法与习惯法的互动。[2]

因此对于民族习惯规则与国家制定法的关系应当从以下几个方面考虑。

（一）重视少数民族习惯法

少数民族习惯法与国家制定法分别在不同地域和不同的层面起着调节和规范社会的作用。相对于国家制定法而言，少数民族习惯法属于一种地方性知识。加之，国家制定法具有很强的普适性和抽象性，这决定了国家制定法不可能将所有有利于纠纷调处的少数民族习惯法吸收到自己的体系之中。但是，当具体的纠纷发生后，如果仅仅按国家制定法处理，矛盾不可能完全解决，还必须依少数民族习惯法再行调处。

少数民族习惯法是少数民族地区纠纷解决和社会控制中不可替代的本土资源。在建设法治国家的进程中，国家制定法如何面对少数民族习惯法是我国少数民族地区法治建设不可忽视的问题，该问题关涉法治建设的成败和少数民族文化的传承和保护。可以说少数民族习惯法是一种少数民族地区的“活法”，是少数民族地区的内

---

〔1〕［英］罗杰·科特威尔：《法律社会学导论》（第2版），彭小龙译，中国政法大学出版社2015年版，第24页。

〔2〕陶忠灵：《法史新裁：民族与历史视野中的法律》，中国社会科学出版社2016年版，第123页。

在秩序。

正如奥地利法学家欧金·埃利希(Eugen Ehrlich)在《法律社会学基本原理》中围绕"法律发展的重心不在立法、法学,也不在司法裁决,而在社会本身"这一主题,提出了"活的法"观念。他认为,真正的法律不是由国家制定的成文法,而是由各种社会联合体自发产生和为人们自觉遵守的实际起作用的法律,其本质就是联合体的内部秩序。他不仅认为"活法"比国家法出现为早,而且认为"活法"的作用也仍比国家法的作用大[1]。因此,对于少数民族习惯法应当予以重视,应该仔细分析其存在的基础。

(二)应当给少数民族习惯法的存在留出一定的空间

在少数民族地区,国家制定法在取代与少数民族生活紧密联系的习惯法的过程中时常会发生这样或那样的碰撞。如果国家制定法不为少数民族习惯法让出一定的空间,那么这一碰撞的结果往往会在一定时空上偏离国家制定法的初衷,难以达到社会的稳定和有序。同时,还会增加国家管理社会的成本,影响国家法的权威。少数民族习惯法生存空间的获得主要可以通过以下途径:

1.利用民族自治地区特有的自治权将少数民族习惯法通过变通和补充的方式纳入国家制定法体系。

《立法法》第66条规定:"民族自治地方的人民代表大会有权依照当地的政治、经济和文化的特点,制定自治条例和单行条例","自治条例和单行条例可以依照当地民族的特点,对法律和行政法规的规定作出变通规定,但是不得违背法律和行政法规的基本原则,不得对宪法和民族区域自治法的规定以及其他有关法律、行政法规专门就民族自治地方所作的规定作出变通规定"。因此,国家在立法时应该对少数民族地区的社会生活给予更多关注,明确规定民族自

---

〔1〕 严存生:《西方社会法学的法观念探析》,载李瑜青主编:《转型中国法律社会学研究》,华东理工大学出版社2010年版,第15页。

治地方的变通权，增强可操作性，使自治权真正得以落实。

2. 根据《村民委员会组织法》的规定，通过村民自治，将少数民族习惯法纳入国家法以外的村民自治体系。这样既可以为国家法和少数民族习惯法的良性互动提供空间和支持，同时也有利于国家法的实施和其权威的维护。

（三）对于民族习惯法应当辩证看待

在新时期，应该考虑的是对于民族地区的民族习惯法进行分类甄别，去其糟粕，改革创新，使其适应新的社会环境和新的社会变革，与时俱进地为维护民族地区发展、稳定发挥应有的作用。

1. 开展民族习惯法的调查汇总

从"法律移植"运动开始，中国的法律就逐渐摒弃了传统，造成许多偏误。目前，在历史上曾处于中华法系边缘地带的民族习惯法，至今在一些边远少数民族地区仍然有一定的影响；应当加强对民族（民间）习惯法的调查，在调查的基础上因地制宜地制定相关的规范，或许可以减少法律规范的水土不服现象。[1]

民族自治地方的立法机关以及基层司法机关应开展辖区内民族习惯法的调查摸底，掌握第一手资料。汇总当下仍然发挥作用的少数民族的风俗习惯，探索民族习惯在社会生活中发挥作用的条件及其变化规律，并及时上报汇总至有权制定规范性文件的部门。

2. 大力发展少数民族地区经济，促进少数民族全面发展

经济基础决定上层建筑，少数民族地区经济基础薄弱，生产力相对落后，民族习惯正是其落后经济状况的产物。因此，集中精力把经济建设搞上去是民族习惯法与国家法融合的重中之重。少数民族地区要发展，必须重点发展教育，加大对民族地区教育的投入，在资金投入和政策倾斜上都要加大，提高民族地区居民的整体文化素

---

〔1〕 陶忠灵：《法史新裁：民族与历史视野中的法律》，中国社会科学出版社 2016 年版，第 86 页。

质，使之能够对新时期的核心价值观念予以理解和认同，进而能够分享多年来社会发展的成果，促进民族地区的少数民族与内地人民一起共同进步。

3. 凝聚价值共识、弘扬公平正义

对于民族习惯法也应当以发展的眼光审视甄别，并采取不同的应对策略。对于符合当下提倡依法治国的大背景下所鼓励的有利于公平正义原则的民族习惯法，应当继承和发扬；而对于一些脱胎于落后生产方式的不利于生产发展和与新时期社会主义核心价值观相抵牾的所谓的传统习惯法，应当在纠纷解决过程中，通过说理的方式对该民族习惯法的不足以及落后之处予以阐释。

五、结 语

中国传统法文化源远流长，早在几千年前，华夏大地就建立起多民族聚居的国家，各民族在特定的历史条件下和不同的自然环境中，形成了多元法律文化格局。张晋藩先生在 1984 年的《再论中华法系的若干问题》一文中，就提出了中华法系的特点之一就是融合了以汉民族为主体的各民族的法律意识和法律原则。在统一多民族的古代中国，经过经济、政治、文化各种条件的推动，形成了多元一体的法文化。多元不仅不妨碍一体，而且是构成一体的因子；一体也不否认多元的价值，相反在不同程度上加以认定。历史雄辩地证明了中华法系是以汉族为主体，各族共同缔造的，凝聚着少数民族的法律智慧，吸纳少数民族优秀的法文化的成果。

但是随着中国法律的近代化，即对西法进行移植的开展，中华历代法典被束之高阁。而作为中华法系重要分支的民族或民间习惯法，尽管目前在某些地区仍然作为制度性结构发挥着社会控制的功能，但是毕竟深藏于远离“现代化”的民族地区和乡土社会，在国家法制建设中早已被边缘化了。在继受西方法律的基础上产生的国家制定法，不仅与传统法文化相割裂，而且与现代的民族习惯法也存在许多矛盾和冲突。[1]

少数民族地区的国家制定法与少数民族习惯法在事实上并存，至今少数民族地区纠纷解决仍在不同程度上受到民族习惯法的影响。因此，应当尊重少数民族的传统和自治，避免以现代性和国家主义寻求一元化的统合，要通过国家制定法的适度妥协和民族习惯法的不断更新式的传承，促进民族地区的稳定和发展。总之，我们要坚持实事求是的态度，既要充分认识到它对民族地区社会的重要影响力，积极挖掘积极因素，同时又要舍弃其中消极的、与现代法治社会不相符合的内容，让它为促进民族地区社会和谐、经济发展作出应有的贡献。

〔1〕 陶忠灵：《法史新裁：民族与历史视野中的法律》，中国社会科学出版社2016年版，第78～80页。

中国古代错案防范制度的历史管窥

苏鸿靖*

【摘要】 中国古代司法崇尚明德慎刑，强调公正断狱，历朝历代皆推行以法为治，要求司法官援法断罪，对失轻失重者，施以刑罚，并从立法、司法、监察、考课等方面综合为治，逐步构建起错案防范的事先预防机制、事中发现机制和事后追究机制，给司法官援法断案以规范指导，同时给枉法裁判者以威慑。其优秀的司法传统和制度创造对当代司法责任制度的发展和完善仍有借鉴价值。

【关键词】 错案防范；断狱；监察；出入人罪

古代司法制度根植于古代社会的经济基础，服务于封建君主专制统治。[1] 先秦以后，皇帝操"刑罚威狱"之大权。[2] 法家之集大成者韩非主张"上法而不上贤"，"治世须以法令为先"。《韩非子·守道》曰："立法，非所以备曾、史也，所以使庸主能止盗跖也。"[3] 其认为，贤君和暴君乃千世不出一也，绝大多数君主都是"中人"尔，中人只要"抱法处势"，纵然如桀纣者，也可以治理天下。所谓"道私者乱，道法者治"即是如此。但古往今来，无论统治者如何"抱法处势"，由于法律施行过程的复杂性使然，冤假错案具有一定的历史必

---

* 作者系中国政法大学博士研究生，北京市人民检察院第三分院干部。

〔1〕 参见陈光中：《中国古代司法制度》，北京大学出版社2017年版，第2页。

〔2〕 《汉书·刑法志》。

〔3〕 高华平、王齐渊、张三夕译：《韩非子》，中华书局2010年版，页码信息。

然性,是刑事司法挥之不去的阴影,触痛着社会的敏感神经。上至士官大夫,如赵高案治李斯,下至黎民百姓,如关汉卿笔下之《窦娥冤》,皆不能幸免于难。错案防范制度的不断完备正是为了尽可能缩小这种阴影的面积。现代刑事司法追求“打击犯罪”和“保障人权”的平衡,我国的错案防范也并非“舶来品”,尽管古代司法以皇权专断为本质,但要求司法官援法断罪,对失轻失重者处以刑罚,仍然是推行“以法为治”的历朝立法之通例。中国古代错案防范制度自春秋战国时期萌芽,定型于汉唐,后期经过历朝历代统治者的继承发展,不断制度化、规范化、多元化,诠释着从古至今司法制度螺旋式上升的发展进路,凝聚着古代统治者以法为治的经验智慧。

一、中国古代错案的表现及根源

综观我国古代司法,虽未直接使用“错案”或类似用语,但统治出于维护秩序与稳定统治的目的,在律法中大量正面列举司法官的不当行为,基本上囊括了古代“错案”的成因和类型,既达到了警示官吏的作用,也明确了错案的认定和处罚。兹究古代错案之根源,分述如下:

(一)原心定罪司法观念下拷讯的滥用

刑讯逼供从来都是导致错案的最普遍原因。原心定罪〔1〕的法律观念对中国古代司法有着深远的影响,沉重的历史惯性使中国古代司法被刻上了偏重口供和忽视形式证据的烙印。中国古代的证据制度没有经历过法定证据制度时期,法官缘情以断占统治地位。“罪从供定,犯供最关紧要”〔2〕现象盛行,这一旨在探求囚犯“主观

〔1〕 参见张琮军:《秦汉刑事证据制度研究》,中国政法大学出版社2013年版,第91页。转引自黄源盛:《两汉春秋折狱“原心定罪”的刑法理论》,载柳立言主编:《传统中国法律的理念与实践》,台北“中央研究院”历史语言研究所2008年版,页码信息。

〔2〕 (清)汪辉祖:《续佐治药言·草供求可全信》,《官箴书集成》第五册,第329页。

心念”的取证观念,以儒家的纲常伦理为标准,探究囚犯主观上的“善”与“恶”,同时要求直到被审讯者“毋解”或者“辞服”为止,即达到使被审讯者心服口服的效果,并依据主观心念来决定刑罚的轻重,必然助长了拷讯的滥用。西汉刑讯断狱之风盛行,“棰楚之下,何求而不得”,[1]官吏以苛暴为能,造成大量冤狱。[2] 成为古代司法制度残酷落后的标志性特点之一。[3]

事实上,刑讯在古代刑律中是合法化、制度化的存在,但并不提倡。秦朝虽奉行严刑峻法,却也强调“治狱,能以书从迹其言,毋治(笞)谅(掠)而得人请(情)为上;治(笞)谅(掠)为下,有恐为败。”[4]其中的“毋笞掠”即提倡不需拷打而知悉案情真意,认为恐吓犯人属失败的审案。“诘之极而数池,更言不服,其律当治(笞)谅(掠)者,乃治(笞)谅(掠)。”[5]供词矛盾或情节交代不清,可以反复诘问,如果诘问到犯人辞穷,对于多次欺骗、变供,拒不服罪者,则可以刑讯。唐朝以法治相尚,拷讯制度也趋于规范。[6] 唐律规定:“凡察狱之官,先备五听”。要求司法官在审理案件时,必须先以察色、闻声、言辞、情理、事理来判断案情,即“五听”取证。如北魏义阳太守辛祥,遇“有白壁还兵药道显,被诬为贼,官属咸疑之。”详曰:“道显面有悲色。察狱以色,其此之谓乎!”苦执申之。月余,别获真贼。辛祥因“因有悲色”而“苦执申之”,最终平反冤狱,捕获真凶。只有“验诸证信,事状疑似,犹不首实者”,才能刑讯,即“拷掠”。故拷囚之义,先察其情,审其辞理,反复案状,参验是非。[7] 此外,唐律

---

[1] 《汉书》卷五一《贾邹枚路传》。

[2] 参见张琮军:《秦汉刑事证据制度研究》,中国政法大学出版社2013年版,第90页。

[3] 参见陈光中:《中国古代司法制度》,北京大学出版社2017年版,第6页。

[4] 《睡虎地秦墓竹简·封诊式·治狱》,文物出版社1978年版,第245页。

[5] 《睡虎地秦墓竹简·封诊式·讯狱》,文物出版社1978年版,第247页。

[6] 参见张晋藩:《综论中国古代司法渎职问题》,载《现代法学》2012年第1期。

[7] 《唐律疏议·断狱律》“讯囚察辞理”条。

还以“拷囚不得过三度”条[1]等规定细化了拷囚的次数、方式、限度以及对违规拷囚的惩处等,为后世拷囚制度奠定了基础。

(二)行政司法不分制度模式下司法官不谙律例

“读书万卷不读律,致君尧舜知无术。”[2]历代科举取士鲜少重视律例的考察,且在司法权从属于行政权的制度模式下,所选之官吏首先作为“全能衙门”的长官,钱粮赋税等行政事务繁多,用以断狱审案的时间和精力皆有限,难以做到事必躬亲,故断狱过分依赖吏员的现象严重。

科举考试是统治阶级选拔官员的重要方式,但士人并不重视律法的学习。以明代为例,虽设“明法”一课专考律例,加入“考察书判”的内容,但并不为人重视,士人多以“侥幸之心,欲速之习”应付律例的考察。[3]直至明朝“八股”取士后,对律例的考察更为僵化。朝廷选官“惟取文艺,而不及招拟,以此多不习法律。”[4]此外,在“学而优则仕”的观念下,读书人只顾埋首四书五经,严重欠缺社会经验,从而使开科所取之士未必能胜任援法断狱之责。明成化七年(1471年),监察御史题奏曰:“近来在外司、府、州、县理问知州、知县、断事、推官等官,悉系新进士除授,各卫所镇抚皆系荫袭官员。多有不知律例,用刑过当,致人嗟怨。”[5]

官员“不谙律例”,地方司法只有倚重断狱的佐吏。但由于官尊吏卑,吏员们既然上升空间逼仄,往往会更加注重眼前利益,凭其通晓律例,又具体经办案件,蒙蔽地方长官,以断狱之便,换取实际利

---

[1] 《唐律疏议·断狱律》“拷囚不得过三度”条。

[2] 《苏东坡全集·前集》卷三《诗七十六首·戏子由》,中国书店1986年版,第64页。

[3] 参见朱声敏:《明代州县官司法渎职研究》,南京大学2014年博士学位论文,第178页。

[4] 《明孝宗实录》卷六四《弘治五年六月己未》。

[5] (明)戴金编:《皇明条法事类纂》卷一一《吏部类·讲读律令》,第456页。

益,司法腐败现象俯拾皆是。"妄你官清如水,难逃吏滑如油",吏的形象早已印刻在百姓的朴素认知中。即便是出身狱吏的路温舒也指斥道:"狱吏专为深刻,残贼而忘极。偷为一切,不顾国患,此世之大贼也。故俗语曰:'画地为狱,议不入;刻木为吏,期不对。'此皆疾吏之风,悲痛之辞也。"[1]至明清两朝,外放为官,必须择优聘请"刑名""钱粮"师爷襄助断狱等事宜,吏员尚且为国家命官,行事有所节制,刑名师爷则纯为幕僚或者僚属,但行断狱之事,其公正比之吏者,难出其右。

(三)司法官本人受贼、徇私

制度所致的司法官普遍"不谙律例",可以通过后期的勤勉履职加以弥补,但相当一部分错案系由司法官渎职所致,即存在主观上的故意或者过失。1975年出土的云梦秦简证实,早在秦朝已有对治狱"不直"或者"纵囚"处以"失刑罪"之规定,"罪当重而端轻之,当轻而端重之,是谓'不直',当论而弗论,及易其狱,端令不致,论出之,是谓'纵囚'。"[2]后为历代法典所沿袭。至唐朝,《唐律疏议》规定:"官司入人罪者,谓或虚立证据,或妄构异端,舍法用情,锻炼成罪。"唐律还对追捕、受理、审讯、断罪、执行、监禁等各程序中的不当行为均进行了阐述,尤其对断罪不引律条加以详细规定,与现行的司法责任制度体系已有接近。又如,《大明律》规定:"不如法谓应用笞而用杖,应用杖而用讯,应决臀而决腰,应决腿而鞭背。其行杖之人若决不及肤者,依验所决之数抵罪,并罪坐所由,若受财者计赃以枉法从重论。"[3]以上这些司法官"断罪不如法"的行为,并非完全不知法,而是有意枉法,或者至少存在重大过失而违背援法断罪的原则,故意、过失出入人罪。

---

〔1〕《汉书》卷五一《路温舒传》。

〔2〕张晋藩:《综论中国古代司法渎职问题》,载《现代法学》2012年第1期。

〔3〕《大明律·刑律》卷一一《断狱》。

早在西周,《尚书·吕刑》就对司法官员"惟官、惟反、惟内、惟货、惟来"等"五过之疵"作了专门规定。官吏审判案件若因依仗官势、私报恩怨、受人左右、接受贿赂、接受托请而影响案件公正办理的,则应对司法官处以与枉法幅度相对应的刑罚处罚。[1] 在此之前的夏商时期,虽然有类似"三风十愆"等督促官员遵纪守法的官刑,但并未专门针对司法官员,也未列出具体的行为模式。因此,"五过之疵"可以算是最早的司法渎职表现形式。其内容可以按照司法官是否收受贿赂分为两种行为模式:

一是受赇枉法。"赇者,以财物枉法相谢也。"[2]"受赇枉法"是因司法官收受贿赂而"断罪不如法"。《云梦秦简》中的"失刑""纵囚""不直"是否是司法官受赇所致无从考证,但从古至今的司法实践证明,"以财求事"是司法渎职的最大诱因。西汉时期,受赇枉法已经成为一项法定罪名,并以严刑处之。《汉书·刑法志》:"及杀人先自告,及吏坐受赇枉法,守县官财物而即盗之,已论命复有笞罪者,皆弃市。"[3]此后历代不断细化有关受赇枉法的规定,区分受赇而枉法和受赇不枉法的刑罚,对行赇者同样加以处罚,以期杜绝因司法渎职而导致的错案。

二是徇私枉法。笔者所称之徇私枉法与现代刑法意义上的徇私枉法不同,系区别于受赇的另一种"断罪不如法",包括接受他人以私事相托,以求曲法减免罪犯的处刑,以及因司法官自身挟私仇而枉法陷人于罪。《唐律疏议》规定:"凡是公事,各依正理。辄有请求,规为曲法者,笞五十。即为人请求,虽非己事,与自请同,亦笞五十。'主司许者',谓然其所请,亦笞五十,故云'与同罪'。若主司不

[1] 参见张勇:《中阅古代司法官责任制度及其法文化分析》,中国政法大学2002年博士学位论文。

[2] 《说文解字》。

[3] 《汉书·刑法志》。

许及请求之人,皆不坐。‘已施行’,谓曲法之事已行,主司及请求之者各杖一百,本罪仍坐。”〔1〕《大明律·刑律·断狱》为“怀挟私仇故禁平人”规定了杖刑,因挟私仇枉法而致死者,处以绞刑。挟私仇枉法的现象虽然并不多见,但其以权谋私陷人于罪,情节恶劣,故历代对之皆处以较重刑罚。〔2〕

二、古代错案防范之事前预防机制

“法者,编著之图籍,设之于官府,而布之于百姓者也。故法莫如显,而术不欲见。”〔3〕君主颁行法令,是希望官吏贯彻之,百姓遵守之,除了法的惩罚作用,更重视其事前预防作用。古代以立法、机构设置、职能划分等多种制度对错案进行事先防范。

(一)“断罪引律令”——立法层面的要求

中国古代制定“断罪引律令”条,要求司法官必须援法断罪。秦汉专设律博士,培养承审官。西晋时期,为防止司法官任意断案,要求援法断罪,必须完整引用法律正文,即国家正式颁布的法令。隋唐在科举制度中专设明法科,重视司法官员的选拔。《唐律疏议》第三十卷第二条规定:“诸断狱皆须引律、令、格、式正文,违者笞三十。”〔4〕即要求定罪量刑必须依律而行,按照律条的正文断罪,违反此条,不完整引用而断章取义的,处笞刑三十。宋朝提倡读书读律、君臣知法,十分重视司法,在科举中也设有刑法科,以读书读律相尚,并实行鞫谳分司制度,务使判决依法合法,在司法制度改革上卓有成效。到了明清时期,为了弥补八股取士带来的以制艺入仕之官不明了法律,难以援法断案的现象,《大明律》在《吏律》篇要求百司

〔1〕 参见张晋藩:《综论中国古代司法渎职问题》,载《现代法学》2012年第1期。

〔2〕 参见张晋藩:《综论中国古代司法渎职问题》,载《现代法学》2012年第1期。

〔3〕 参见高华平、王齐洲、张三夕译:《韩非子》,中华书局2010年版。

〔4〕 《唐律疏议》卷三〇《断狱》,岳纯之点校,上海古籍出版社2013年版,第476页。转引自杨芮:《唐律司法渎职罪研究》,郑州大学2017年硕士学位论文。

官吏务要熟读国家律令,讲明律意,剖决事务。并定期进行“考校”。不能讲解者或者不晓律意者,初犯罚俸,再犯鞭笞,三犯则降级叙用。《大清律集解附例》中也仿明律设有“讲读律令”条,这种百官习法的制度对于贯彻法令和规范司法具有积极的作用。

(二)“三司推事”——司法机构的职权分化

中国古代秉承中央司法专门化、地方行政司法合一的原则,在中央,皇帝掌握最高司法权,同时设立大理寺、刑部、御史台三个专门机构分司审判、行政、监察之责,共同行使司法权。[1] 《唐会要》第七十八卷载:“有大狱,即命中丞、刑部侍郎、大理卿鞫之,谓之大三司使;又以刑部员外郎、御史、大理寺官为之,以决疑狱,谓之三司使。”即重大案件实行“三司推事”,在司法系统中建立了监督制衡,[2]明清时期的“三司会审”制度即导源于此。明朝在继承“三司推事”制度的基础上,建立了较为成熟的疑案会审制度。出现要案重囚,都察院“会鞫于外朝,偕同刑部、大理寺谳平之。”[3]清朝承继了前朝的制度精华,进一步完善会审制度。仿效明制,在中央设刑部、大理寺、都察院,合称“三法司”,共同行使司法权,并直接对皇帝负责。刑部职掌“法律刑名”,大理寺职掌案件复审和平反,都察院职掌司法监察。[4] 三法司在司法权行使过程中分工协作、相互制约,起到防范冤假错案的作用。清朝进一步将明朝的朝审制度发展为秋审和朝审,专门制定《秋审条款》,分别针对各省督抚呈报的本省审勘完毕的斩监候、绞监候案件和京师地区的斩监候、绞监候案件,由九卿、詹事、科道官员共同复审。[5] 封建统治下的会审制度虽

---

〔1〕 参见朱勇主编:《中国法制史》,中国政法大学出版社2008年版,第169页。

〔2〕 参见张晋藩:《综论中国古代司法渎职问题》,载《现代法学》2012年第1期。

〔3〕 《明史》卷九四《刑法二》。转引自陈光中:《中国古代司法制度》,北京大学出版社2017年版,第140页。

〔4〕 参见朱勇主编:《中国法制史》,中国政法大学出版社2008年版,第269页。

〔5〕 参见朱勇主编:《中国法制史》,中国政法大学出版社2008年版,第271页。

免不了形式主义和文牍主义的弊端,但对司法官依律执法仍具有重要的监督意义。

(三)鞫谳分司——审、判活动的职权分离

鞫谳分司是宋朝冤假错案防范的特色制度,在刑事司法领域具有里程碑意义。宋朝自大理寺至州皆实行这种审、判分离的制度。即在大理寺、刑部设详断官(断司)、详议官(议司),分别职掌审讯、检法用律,而后由长官审定断案。州府设司理院,分别置司理参军"掌狱讼勘鞫之事",负责审讯人犯、传集证人等审查事务,司法参军"掌议法判刑",负责根据既定事实,检索刑律,定罪量刑,而知州以此为基础亲自决断。[1] 南宋周林评论这种审、判分离的制度设置,称:"狱司推鞫,法司检断,各有司存,所以防奸也。"[2]

三、古代错案防范体系之发现机制

"法令度量,所以禁暴止邪也。狱,人之大命,死者不可复生。吏或不奉法令,以货赂为市,朋党比周,以苛为察,以刻为明,令亡罪者失职,朕甚怜之。"[3]刑案关乎生死,不可逆转,故为历代统治者所重视,通过设置俱证奏谳、翻异别勘等制度,加强对在审案件的监督。

(一)俱证奏谳[4]——对疑狱的监督

汉初"无为而治",自武帝后又实行"德主刑辅",皆强调司法"慎刑"和"恤狱",并多次申明要"慎待疑狱"。自汉高祖以来,便制诏御史负责上报疑狱:"狱之疑者,使吏或不敢就决,有罪者久而不论,

---

〔1〕 参见朱勇主编:《中国法制史》,中国政法大学出版社 2008 年版,第 199 页。

〔2〕 《历代名臣奏议》卷二一七《推司不得与法司议事札子》。转引自朱勇主编:《中国法制史》,中国政法大学出版社 2008 年版,第 199 页。

〔3〕 《汉书》卷五《景帝纪》。

〔4〕 参见张建国:《汉简〈奏谳书〉和秦汉刑事诉讼程序初探》,载《中外法学》1997 年第 2 期。

无罪者久系不决。自今以来,县道官疑狱者,各谳所属二千石官,二千石官以其罪名当报。所不能决者,皆移送廷尉,廷尉亦当报之。廷尉所不能决,谨具为奏,傅所当此律令以闻。"[1]即县道官吏断狱如遇疑难不能决者,应当层报,各级官吏皆不能决断者,奏请皇帝解决。[2] 秦汉时期,司法监察的主要方式就是中央监察机关直接参与重案、疑案的审理和复核。汉宣帝时,设治书侍御史二人,"掌选明法律者为之,凡天下诸谳疑事,掌以法律当其是非。"[3]《汉书王嘉传》记载,"廷尉梁相与丞相长史、御史中丞及五二千石杂治东平王云狱。"[4]通过参与或干预重大案件的审判,实现对司法的监督。疑狱上报制度开启了一种新的审判原则,有利于解决疑难案件积压未决的问题,被汉以后历朝历代所传承,成为中国古代司法制度的重要内容之一。宋朝宝元年间,遇有州郡不能断决的疑案,先"付之大理,大理不能决而付之刑部,刑部不能决,而后付之御史台"。由此可见,宋朝御史台在要案、疑案中拥有最后审定权。宋太祖时,徇私受赃包庇宰相赵普的四名官员,皆奉诏"下御史府按问,悉抵罪"。[5]

(二)翻异别勘——对审判机构的监督

翻异别勘制度源于唐末五代,若犯人在录问或行刑时提出申诉,或由家属代为申冤,则必须启动复审程序。宋朝翻异别勘制度的复审案件又分为原审机关的"移司别勘"和上级机关的"差官别推"两种。"移司别勘"是指同级异司复审,即由原审机关将案件给同一级的另一个司复审;"差官别推"是指原审机关必须将案件申报到上级

---

[1] 《汉书·刑法志》。

[2] 参见张琮军:《汉代刑事证据在司法监督制度中的运用》,载《政法论坛》2013年第1期。

[3] 《汉书·百官志三》。

[4] 参见陈光中:《中国古代司法制度》,北京大学出版社2017年版,第137页。

[5] 参见张晋藩:《中国监察法制史稿》,商务印书馆2007年版,第288页。

机关,由上级机关拆派员其他机关重新审理案件,或者派差官员前往原审机关主审该案,或者将案子移送其他机关就审。在宋朝司法实践中,后者运用更多。[1] 明太祖时期的复审制度颇具特色,称为"圆审",即大理寺对于复审案件,如果认为原审适用法律错误导致含冤受屈的,可以将案件移送其他衙门审理。经二次审理后,若当事人仍然不服的,则奏请皇帝,请九卿会审,如若再不服,则请旨裁决。[2]

(三)录问——对案件事实的判前监督

录问是鞫谳分司审判制度的重要环节,可以概括的认为是结案前的复核制度。即案件经审案官推谳结案,由不需要回避的其他官员提审犯罪嫌疑人进行录问,录问翻异则案件推倒重来,选未涉案的其他官吏再次推谳,录问无翻异则检法议刑由谳司审定结案。[3] 录问制度对于防范刑讯逼供、纠正错案发挥了重要作用,例如太宗朝的王元吉案等均有赖录问得以昭雪。但录问制度也可能被枉法之吏利用,如著名的赵高案治李斯案即是如此。赵高所派之假御史即以录问为名核查案件真相,李斯信以为真,每每陈情辩解,却遭毒打,赵高再遣御史录问,最终,面对二世所派之人,李斯却再不敢吐露真言。

(四)录囚——对案件事实的事后点检

一般认为,录囚始于汉代,是皇帝和上级司法官对在押囚犯进行复核审录的制度,以检查案件是否公正,防止刑狱冤滞。录囚区别于录问,是判决后,行刑前对犯人的复核审录,是防范错案的最后一道制度保障,体现了古代的"恤刑"思想。录囚由于在平反冤狱、司法监督方面发挥了作用,故为后世所沿用。汉代以来,儒家思想逐

---

[1] 参见朱勇主编:《中国法制史》,中国政法大学出版社2008年版,第199页。

[2] 参见朱勇主编:《中国法制史》,中国政法大学出版社2008年版,第245页。

[3] 参见陈佳佳:《宋代录问制度考论》,载《政法论坛》2017年第2期。

渐成为正统思想，录囚成为汉朝司法之常例，其本身即反映了儒家“慎罚”的主张，皇帝因天象的变化、灾害的发生而亲自录囚，亦是“天人感应”理论在司法制度中的具体体现。[1] 录囚的发起主体为皇帝和各级官员，由于皇帝作为最高统治者，不可能定期、经常性的录囚，因此主要由各级官员承担。以汉朝为例，定期录囚是刺史的职责。据《后汉书·百官五》记载：“诸州常以八月巡行所部郡国，录囚徒。”[2] 汉以后，录囚官员的范围逐级扩大，不再限于刺史和太守，县一级官员也逐步参与，皇帝亲录囚徒越来越常见。至宋朝，御史负责至监狱“点检”，即检查司法文卷、审录禁囚状况。南宋时期，高宗令“诸路监司按州县亲录囚徒，以察冤滞”。在录囚过程中，如发现案件断遣不当，非法用刑将人犯拷掠致死，或者狱具违戾等情况，御史台即将原断官吏劾奏。录囚制度在平反冤狱、防止冤狱上发挥了重要作用。

（五）开受事之例——对案件的社会监督

唐永徽年间，御史台开受事之例，接受状词。开元以后成为定制。宋朝御史台也接受申诉案件。仁宗天圣七年（1029年）规定：“其称冤滥枉屈而检院、鼓院不为进者，并许诣理检使审问以闻。”[3] 但理检使受理的案件必须涉及军国大事或冤狱案，否则不予受理。清朝《钦定台规》规定，如“官民果有冤枉，许赴院辩明，除大事奏请闻外，小事立予裁断或行令该督抚复审昭雪。”[4]

四、古代错案防范之事后追究机制

韩非借孔夫子之语“吏者，平法者也”，认为“法也者，官之所以

[1] 参见陈光中：《中国古代司法制度》，北京大学出版社2017年版，第464页。

[2] 《后汉书》卷二八《百官五》。

[3] 《续资治通鉴长编》卷一百七仁宗天圣七年闰二月癸丑。

[4] 《钦定台规》卷一四《宪纲六》。

师也”,官吏的任务是固守法,不得越雷池。[1] 对于封建统治者来说,对司法官员的“错案”进行追究,固然是为了使其秉公断案,但更重要的意义在于维护国家统治,否则“邦君有一于身,国必亡”。所以自秦大一统以来,随着统一中央集权封建政权的建立,官僚队伍逐渐扩大,对引发“错案”的司法渎职问题的规制也逐步细化和完善。

(一)纠举与考课——对司法渎职的行政追究

司法监察是防范冤假错案的最后一道防线,为历代统治者所重视。中国古代通过司法监察制度纠驳、平复了诸多冤假错案,对肃清司法贪腐起到一定的保障作用。中国古代监察制度可以追溯到夏、商、周时期。古代监察制度中最重要的官称“御史”在西周时期已正式出现,但当时并不职掌监察之责,[2] 而是负责记事的史官。直至东汉末期,“省御史大夫而以中丞为合率”,自此御史台“始专纠察之任”,[3] 成为专职监察机构,可以弹劾违法犯罪的官员。唐朝监察制度臻于成熟,在三司推事制度下,御史台是最高国家监察机关。除了参与重大案件的审理外,亦职掌“纠举百僚”,巡察京城“不法之事”,负责监督大理寺、刑部的司法审判活动。[4] 如明朝御史陈选调查四川司法贿赂案件,“出按四川,黜贪奖廉,雪死囚四十余人。”[5]

除了御史的“纠举”,古代还将刑狱作为地方官吏考课的重要依据,对断狱不允当者加以处罚。唐初在继续强调“明德慎罚”的同时,将这一原则运用于对司法官的考课,要求审案“得使平允”。太宗谓之曰:“死者不可再生,用法须务存宽简。”此外,太宗时期,采大夫王珪之谏,“但选公直良善人,断狱允当者,增秩赐金,即奸伪自

[1] 参见《韩非子》,高华平、王齐渊、张三夕译,中华书局2010年版。
[2] 参见陈光中:《中国古代司法制度》,北京大学出版社2017年版,第103页。
[3] 《钦定历代职官表》卷一八《都察院表》。
[4] 参见陈光中:《中国古代司法制度》,北京大学出版社2017年版,第111页。
[5] 《明史》卷一六一《列传第四十九》。

息”，慎重选拔司法官员，以公正良善之任为先。[1] 古代弹劾、巡察是监督百官的主要手段，除此以外，上计与照刷作为考课地方官吏的重要依据，是审查地方刑狱的重要方式。上计，是指地方各级官吏将其行政管辖区域内的民政、经济及刑狱等情况，汇编成册，逐级上报，直至国君，以供审查监督，是西周至秦汉时期中央政府监督地方官员的重要途径。照刷，“照”意为明察，“刷”意为刮扫寻究，即检查文卷的规定事物是否依限完结，有无错失、遗漏、规避、侵挪款项、刑名违错的情况。自元朝开始，照刷成为地方监察机关提刑按察司（后更名为肃政廉访司）的一项重要监察职能，“以刷磨案牍，纠察官吏”。明朝监察御史照刷文卷，遇有“狱讼淹滞、刑名违错、钱粮埋没、赋役不均等项，依律究问。迟者举行，错者改正，合追理者即与追理，务要明白立案，催督结绝。不能尽职者，监察御史从都察院、按察分司从总司体察，奏闻究治。”[2]

（二）官司出入人罪——对司法渎职的刑罚惩治

早在西周时期，法律即有错案“反坐”之规定，追究裁判者的责任。唐律设置“出入人罪”，对裁判官定罪量刑之不当给予处罚。“出罪”指重罪轻判，或者有罪判无；“入罪”指轻罪重判，或者无辜归罪。“出入人罪”又以裁判者的故意、过失，分为故出、故入、失出、失入四种。唐律对故意出入人罪的刑罚类似于反坐，即以其所涉之刑罚，反坐裁判官；对于过失犯罪，则以轻罚为主。[3]

“宋代治国以文，哀矜折狱，国既南迁，累世犹知以爱民为心，虽其失慈弱，而祖宗之遗意犹未泯焉，历代皇帝无不亲录罪囚，监督司

---

〔1〕《贞观政要》卷八《刑法》。转引自张晋藩：《中国监察法制史稿》，商务印书馆2007年版，第120页。

〔2〕《明会典》卷二一〇《都察院·照刷文卷》。转引自陈光中：《中国古代司法制度》，北京大学出版社2017年版，第134页。

〔3〕参见朱勇主编：《中国法制史》，中国政法大学出版社2008年版，第171页。

法,以求荡平冤狱,构建公平正义之司法。"[1]《宋刑统》基本继承了唐律之规定,对罪当重而端轻,或者当轻而端重,当论而弗论,或者不当论而论者,以官司出入人罪论处。"诸官司出入人罪者,若入全罪,以全罪论。以轻入重,以所剩论。刑名易者,从笞入杖,从徒入流,亦以所剩论。从笞入徒、流,从徒、流入死罪,亦以全罪论。其出罪者,各如之。即断罪失于入者,各减三等。失于出者,各减五等。若未决放,及放而还获,若囚自死,各听减一等。即别使推事,通状失情者,各又减二等。所司已承误断讫,即从失出入法。虽有出入,于决罚不异者勿论。"[2]以裁判官之主观方面区别概括之,则一为故出入人罪,"或虚立证据,或妄构异端,舍法用情,锻炼成罪。"即执法官因贪贿、请托、私怨、畏权而枉法裁判,则以无罪之人被错判之刑或者重罪之人所剩之刑来处罚裁判官。裁判官以故意出入人罪,主观恶性大,且所致社会不良影响广,如上以所出入之罪为参照的重罚有其合理之处。[3] 二为失出入人罪,入者减三等,出者减五等,由此划定故意过失之别,无主观故意亦无过失者免责,是故对失轻失重者有故出人罪、故入人罪、失出人罪、失入人罪四种刑事处罚罪名,颇为完备。《宋刑统》编纂于宋太祖时期,宋朝初年刑罚宽宥,以失入人罪为例,失入死罪之责最重,然"失入死罪减三等,定断官减外徒三年",即过失错杀无辜之人,裁判官仅判处徒三年之刑。随着后期司法渎职现象日趋严重,宋朝对官司出入人罪的处罚也不断加重。太宗雍熙三年(986 年),"自今断狱失入死刑者,不得以官减

---

〔1〕 (清)沈家本:《历代刑法考》,中国检察出版社 2003 年版,第 58 页。

〔2〕 (宋)窦仪等:《宋刑统》,中华书局 1984 年版,第 486 页。

〔3〕 参见田也异:《宋代法官错案追究制的再审视——兼评我国现行错案追究制》,载《研究生法学》2014 年第 2 期。

赎”,[1]由此,失入死罪不得再适用官员减刑之特权“官当”[2]。至神宗熙宁二年(1069年),朝廷对失入死罪之严惩至顶峰,具体而言:“今后失入死罪,已决三名,为首者手分刺配千里外牢城,命官除名编管……二名,为首者手分远恶处编管,命官除名……一名,为首者手分千里外编管,命官追官勒停。”[3]以错判死刑之人数不同,将裁判官刑分三等,最重者刺配千里外牢城,是肉刑和流刑的结合,其严厉程度仅次于死刑,最轻者勒令停职,千里之外编管服役。[4]

宋初恤刑思想甚浓,对失出人罪的处罚颇微,甚至不罚。然至哲宗时,臣僚言“伏见法寺断大辟,失入一人有罚,失出百人无罪。常人之情,能自择利害,谁出公心为朝廷正法者?”官员因失入人罪之处罚严格而趋于轻判。于是宋廷以“失出死罪五人,比失入一人;失出徒、流罪三人,比失入一人”处罚失出人罪。后来的《大明律》进一步细化了出入人罪的刑责规定,到清朝关于出入人罪的各种情况与相应的刑罚等级规定的更为细密。[5]

五、结语

囿于封建制度的局限性,在司法依附于行政、有罪推定主义盛行、罪犯权利保障意识欠缺、侦查技术的落后等种种情弊的驱使下,

---

〔1〕 马泓波校:《宋会要辑稿·刑法》(下),河南大学出版社2011年版,第589页。

〔2〕 “官当”是指法律允许贵族官僚用官品和爵位抵挡徒流罪的一项法律制度,是封建等级特权在法律中的一种具体体现。参见曾宪义:《中国法制史》,中国人民大学出版社2006年版,第109页。

〔3〕 “编管”,类似于今之管制刑,是指将犯人安置到一定地区进行改造的刑罚方法,主要适用于被除名、勒停的官吏。参见马泓波校:《宋会要辑稿·刑法》(下),河南大学出版社2011年版,第586页。

〔4〕 参见田也昇:《宋代法官错案追究制的再审视——兼评我国现行错案追究制》,载《研究生法学》2014年第2期。

〔5〕 参见张晋藩:《综论中国古代司法渎职问题》,载《现代法学》2012年第1期。

错案的预防、发现实际上依赖于统治者或更高层级机构的纠错,罪犯本人及其家属在刑事审判活动中难以阐述自己的合理诉求,冤假错案在整个古代社会仍然层出叠见。但我国古代从立法、司法、监察、考课等方面综合为治,逐步构建起错案防范的事先预防、事中发现和事后追究机制,形成了刑名细密完备、机构职能清晰的错案防范体系,给司法官援法断案以规范指导,同时给枉法裁判者以威慑。这些制度在特定历史条件下对防范冤假错案发生的功绩不容抹杀,对现在错案防范机制的建立和司法责任制的完善仍具有一定的借鉴意义,同时,带有封建司法色彩的落后司法制度则需要被批判和摒弃。

礼法纠葛与复仇免罚的规范化进程

孟　祥*

【摘要】　复仇作为一种历史文化现象和法律现象，在中国古代的历史情境中被长期关注。它触及了中国古代法律理念的核心价值。复仇作为人类的共有本能，同时也植根于特定的文化心理结构，是特定的社会图景的具体体现，具有独特的社会功能。中国古代统治者对待复仇的心理，一直在法的安定性与复仇的民意基础、法律的权威性与礼所追求的更高价值之间摇摆。经过漫长的司法实践和思索，终于实现了对复仇的法制化建构的道路。律法对复仇免罚规则的规范化建构过程，同时也是对复仇施以更加严苛的法律限制的进程。

【关键词】　复仇；礼法；唐律；免罚

山东于欢的"惊鸿一刺"所引爆的，不仅仅是法律学者关于刑法正当防卫适用的诸多争论，还有社会舆论的空前关注和众说纷纭，其原因在于本案触及了人类内心最柔弱的情感和最真切的共鸣。它也说明，复仇作为人类自保性的反抗作用，作为高级生命体对危害其自身存在的刺激进行反击的生物本能，[1]即使在人类进入文明

---

* 作者系中国政法大学刑法专业博士研究生。

〔1〕［日］穗积陈重：《复仇与法律》，曾玉婷、魏磊杰译，中国法制出版社2013年版，第28页。

社会之后,依然无法完全从激情与冲动中消磨干净。其实考察人类社会的历史,复仇在文明社会之前,一直是人类处理纠纷的最常用方式,纵然进入阶级社会后,复仇的文化势能依然伴随着人类历史。复仇一直是中国古代流行的戏剧性主题,但是,对复仇的抑制,特别是从法制化的角度规制复仇,则更是中国古代法制孜孜以求的课题。这一进程同样是中国古代法制不断走向文明顶峰的一个印证。

一、复仇的社会图景与文化心理结构

世界法制史有足够的证据表明,复仇几乎是各个文明早期共有的现象,且成为文学、艺术等永恒的主题。西方的《哈姆雷特》《美狄亚》《俄瑞斯亚》等极具张力和冲突的场景给人们留下了深刻的心灵震撼。古代日本流传有曾我兄弟复仇、赤穗四十七浪士等复仇故事,尽管当事人的下场悲惨,但是依然被后人不断缅怀和讴歌,并激起了普遍的理解和广泛的同情。

复仇与刑罚的演变历史给我们观察私权公权化提供了很好的窗口。边沁曾经写道:“在物种当中,与在个体当中一样,激情时代处于理性时代之前。愤怒与复仇已经指导了最早的刑事法律。”〔1〕但是世界各地独特的民俗文化、地理环境与文化心理结构,又塑造了多样的复仇文化与法律规制模式。

(一)复仇的心理本能

中国古代的复仇种类繁多,缘起各异,为君上、为父兄、为朋友皆可复仇,且均有“礼”与道德的正当性依据,流传已久的赵氏孤儿的故事则兼容了政治复仇与血亲复仇的故事。本文主要讨论血亲复仇,因为相比其他类型的复仇——特别是政治复仇,血亲复仇的动机更单纯,因而也更易被继承与效仿。正如吕思勉先生所言:“复仇

〔1〕 Jeremry Bentham, *Theory of Legislation*, III, 10, 转引自 Michael Dalby, *Revenge and the Law in Traditional China*, 25 American Journal of Legal History 267(1981)。

之风,初皆起于部落之相报,虽非天下为公之义,犹有亲亲之道存焉。”[1]复仇是个体自保性的体现,在民智未开、国家和阶级尚未建立的蒙昧时期,各种伤害层出不穷,为了保证个体的生命、财产和其他生存权益不受侵害,对已被造成的伤害进行报复并用复仇威慑可能的侵害,是个体、种族生存的先决条件。对外界伤害进行条件反射式的反击与报复,是高等生物共有的本质性的自卫行为。

在原始社会,血亲组成家庭,家庭组成种族,种族组成部落,部落组成部落联盟。个体的复仇,是建立在血脉这一最核心的联系上的,个体的复仇行为是种族延续的必要条件。人类学家萨瑟兰说过:“在社会初期,能控制人们行为的,只有对复仇的恐惧,而且复仇绝对必要。假设有个人放纵别人殴打自己、偷窃自己财物并且毫不生气,那么他在原始社会里不是太善良就是太怯懦,根本无法生存。眼看妻子受辱、子女被杀而不怒发冲冠的人,很少能留下子嗣。”[2]个人参与血亲复仇,而种族同时为个人的生存提供庇护,复仇就成为种族和部落内部的相互道德义务,这意味着,复仇在人类社会一经出现,就开始具备社会文化的意义,并逐步发展出一套完整的社会规范。

(二)复仇的社会功能

复仇的社会功能,体现在它不仅是一种生物本能,而且已逐渐演化为亲属之间的道德义务,围绕着亲缘的内核,亲属之间不仅有复仇的权利,更具有复仇的道德义务,应复仇而不复仇的人,会被社会道德共同体所鄙夷和排斥,这和后世中国对“不孝之人”的社会惩罚是一脉相承的。

春秋战国时期作为中国正元生成的时代,《周礼》《礼记》等文献

---

〔1〕 吕思勉:《吕思勉读史札记》,上海古籍出版社 1982 年版,第 382 页。

〔2〕 转引自[日]穗积陈重:《复仇与法律》,曾玉婷、魏磊杰译,中国法制出版社 2013 年版,第 28 页。

中有关于复仇的大量记载。《周礼·秋官·朝士》称："凡报仇雠者，书于士，杀之无罪。"法律为复仇设置了免责的条款和程序，也就是说，向仇人复仇的人，只要事先向司法官报告，杀死仇人就可以无罪，这可以视为关于复仇免罚规则的最早探讨。仅仅履行了事先报告义务就可以免除追究法律责任，可见当时对复仇行为是相当宽容的。另据《礼记》记载："父之仇，弗与共天；兄弟之仇，不反兵；交游之仇，不同国。"这个记载不像是在保护复仇人的复仇权利，倒像是逼迫儿子为父亲复仇。根据复仇人与被害人关系的亲疏，设定了不同的复仇义务，其中父母之仇是复仇人最重的道德义务，到了要与仇人"不共戴天""有你无我"的地步。在《礼记》中，还有子夏与孔子关于复仇的探讨。子夏问于孔子曰：居父母之仇，如之何？夫子曰：寝苫枕干，不仕，弗与共天下也，遇诸市朝，不反兵而斗。曰：请问居昆弟之仇，如之何？曰：仕弗与共国，衔君命而使，虽遇不斗。曰：请问居从父兄弟之仇，如之何？曰：不为魁，主人能则执兵而陪其后。孔子对复仇的看重，恐怕不仅仅是因为，"在一个缺乏政治力量维持公正的社会中，允许私人自行寻求赔偿自不足为怪"，〔1〕还在于，在传统中国社会中，复仇既涵盖了维护有序社会的具体目的，又体现了对于人之最高理想的抽象追求。〔2〕在中国古代，"孝"是礼法的核心，被奉为人类生活的最终准则之一，是中国人的核心价值追求，"复仇因人之至情，以立臣子之大义也。仇而不复则人道灭绝，天理沦亡。"〔3〕复仇是天地自然之理，是人子大义，这种说法颇具有西方自然法的意味，按照西方自然法学派自然法优于实定法的主张，复仇的正当性应该不成问题，但是在中国古代，事情远比想象的

〔1〕瞿同祖：《中国法律与中国社会》，载《瞿同祖法学论著集》，中国政法大学出版社1998年版，第77页。

〔2〕明辉：《法律与复仇的历史纠缠——从古代文本透视中国法律文化传统》，载《学海》2009年第1期。

〔3〕《文献通考》卷一六六。

复杂。

二、统治者的纠葛:皇权尊严与礼法两难

在中国古代的社会文化中,老百姓对复仇一直是持同情、赞同乃至讴歌态度的,因为复仇契合了老百姓对朴素正义的追求,在皇权力有不逮的时候给了小民很好的自力救济手段,那酣畅淋漓的快意恩仇更容易引起老百姓的共鸣。更何况,普通人只是复仇的看客而不是当事人,他们不用负担复仇当事人的哀伤与仇恨。但是对于统治者而言,其对复仇的感情就复杂得多了。我们现在很难去揣测皇帝对复仇的真实态度,不过就古代法制运行的实际来说,复仇不但没有在法律上被明文禁止,反而在一定程度上被默许,甚至在特殊情况下复仇者还可以被完全免除刑事责任——这对后来者无疑是一种怂恿和暗示。统治者的纠结我们可以理解,因为复仇问题从来不仅仅是复仇问题,它触及了中国古代法制理念的核心问题与根本问题:礼法两难。历代统治者不断在皇权尊严与民意诉求,在礼与法之间摇摆不定,在漫长的司法实践中,一点点尝试对复仇规则的法制化的建构。

(一)法的安定性诉求与复仇的历史惯性

现代刑法学对刑罚权的起源有多种学说,例如契约说、社会防卫说、惩罚需要说、复仇等。在以上诸种学说中,复仇说一直是有力的学说,且具有大量史实可供佐证。复仇是法律的先驱,复仇以其相互警戒的作用满足了社会成员的共存条件。[1] 刑罚权在对复仇的逐步克制中成长、壮大,但是这注定是个漫长的历史过程。任何法律都有法的安定性的诉求,这既包括法律自身规范的稳定性,也包括法律追求的社会秩序的稳定性,而复仇行为不但冲击社会秩序,

〔1〕[日]穗积陈重:《复仇与法律》,曾玉婷、魏磊杰译,中国法制出版社2013年版,第33页。

也让法律的权威性流失,因此中国古代针对复仇的法律态度,就是在法的安定性诉求与复仇的历史惯性之间的较量。

与儒家不同,先秦法家对复仇总体持负面态度,《韩非子》说:"今兄弟被侵,必攻者,廉也者,贞也。廉贞之行成,而君上之法犯矣。"韩非虽然认为复仇是廉与贞的楷模,但是却触犯了"君上之法",在法律与道德传统之间,韩非更偏向法律。《韩非子》更是讲:"有赏不足以劝,有刑不足,则国虽大必危。"有赏赐却不足以勉励立功,有刑罚却不足以禁止邪恶,那么国家即使很大,也一定很危险。韩非很注重刑罚的令行禁止作用,不主张法外施恩,国家治理,讲究"悬衡而知平,设规而知圆;天下之事,皆须规矩。"[1]商鞅变法之后的秦国,君权空前强大,商鞅禁止百姓私自复仇,"为私斗者,各以轻重被刑大小",否定了私刑,使民"勇于公战,怯于私斗"。但是,要消除复仇,谈何容易。汉高祖时期,尽管明确规定杀人者死,并作为汉初法律改革的重要组成部分,但复仇是否作为法律处罚的例外规则一直处于模糊状态。整个汉代颇多复仇杀人的故事,主人公的命运也漂浮不定,尚没有形成统一的处理规则,在当时,"怨雠相残"竟然成为非正常死亡的重要原因,[2]可见复仇的猖獗。

(二)复仇的礼法冲突

秦汉之后,特别是汉武帝"罢黜百家、独尊儒术"之后,关于复仇的法律争议进一步增加了复杂性,有关复仇的话题被纳入了儒家学说的框架中讨论,复仇背后的孝的伦理价值与法律代表的皇权的神圣性发生直接碰撞,复仇成为礼法冲突的重要内容之一。不仅社会

---

〔1〕《韩非子·饰邪》。

〔2〕《后汉书》:"凡民有七亡:阴阳不和,水旱为灾,一亡也;县官重责更赋租税,二亡也;贪吏并公,受取不已,三亡也;豪强大姓蚕食亡厌,四亡也;苛吏摇役,失农桑时,五亡也;部落鼓鸣,男女遮列,六亡也;盗贼劫略,取民财物,七亡也。七亡尚可,又有七死:酷吏殴杀,一死也;治狱深刻,二死也;冤陷亡辜,三死也;盗贼横发,四死也;怨雠相残,五死也;岁恶饥饿,六死也;时气疾疫,七死也。"

舆论、“公共知识分子”普遍对复仇者报以同情，甚至执法的官吏也不掩饰自己对复仇的赞赏态度，因而伦理道德与法律责任经常性地处于冲突状态中，这又迫使作为最高司法裁判者的皇帝不得不经常出面，对复仇案件作出具体个案的裁决。

孝是复仇引起的礼法冲突的核心价值，董仲舒在《春秋繁露》中对孝道的思想有着较为直观的阐述，他认为存在天本、地本和人本。“三者皆奉，则民如子弟，不敢自专，邦如父母，不待恩而爱，不须严而使，虽野居露宿，厚于宫室。如是者，其君安枕而卧，莫之助而自强，莫之绥而自安，是谓自然之赏。”[1]在汉代的诸多复仇故事中，当事人不但没有受到惩罚，反而获得了表彰。与于欢案件类似的汉代刺杀辱母案件中，淮南王刘长，母亲赵姬获罪被逼自杀后，心里就一直怨恨辟阳侯审食其。异母哥哥文帝即位后，刘长入朝，前往辟阳侯府上求见。辟阳侯出来见他，他便取出藏在袖中的铁椎捶击辟阳侯，又命随从魏敬杀死了他。事后，刘长驰马奔至宫中，向汉文帝袒身谢罪：“我为天下人杀死了危害社稷的贼臣辟阳侯，为母亲报了仇，特来朝中跪伏请罪。”汉文帝哀悯刘长为母报仇，不予治罪。《太平御览》中记载了这样一则“孝子传”：一个叫魏汤的少年，与父亲相依为命，一次父亲被恶霸殴打，魏汤只能不断磕头求饶，好在被路人相助，父子俩没被打死。后来魏汤一直隐忍到父亲寿终正寝，才去实施复仇计划，最终提着恶霸的脑袋祭奠父亲。

社会舆论对复仇的表彰，并不等于复仇就是法律许可的，复仇者本人对此也是清楚的，因此在一些复仇案件中，复仇者一方面“引刀成一快”，另一方面则甘心接受法律的惩罚，这无疑增加了复仇的悲剧色彩和戏剧性效果。据《后汉书》《山东通志》等记载：安丘男子毋邱长，和母亲在街上同行，遇一醉汉辱母，毋邱长把醉汉给杀了。被抓住后，当地官员吴祐说：“母辱，人情所耻，但是白日杀人，刑汝不

---

〔1〕（清）苏舆撰：《春秋繁露义证》，钟哲点校，中华书局2007年版，第458页。

忍。”得知毋邱长还没有儿子后,吴祐让毋邱长与妻子在狱中同住,直到毋妻怀孕。毋邱长感念这位吴祐官爷的优待,最后选择自杀谢罪,还让儿子取名吴生。发生在东汉时期的赵娥案件中,在赵娥复仇之后,官员尹嘉想要放了赵娥,然后一起逃跑,但是赵娥拒绝了,说:“怨塞身死,妾之明分;结罪理狱,君之常理。何敢苟生,以枉公法!”[1]

当然,更极端的案例也不是不存在。根据《后汉书·酷吏传》所记,郡中有位官员侮辱了阳球的母亲,他就纠集了几十名少年将这个官吏及其全家杀死,阳球因此出名,还被举荐为孝廉,补任尚书侍郎。另有一位叫路芝的县令,就因为杀了复仇的孝子,被桥玄笞杀,“以谢孝子冤魂”。今人听之瞠目结舌,然而这正是古人复仇观念的真实写照。

三、礼法共存:通往复仇的法律概念化之路

汉代关于复仇的处理模式是混乱的,这反映出时人对待复仇的矛盾和纠结心理,然而这不等于国家不希望在法律框架下限制复仇,但是复仇行为的复杂性使得一直到明清时期,律法才确定了较为完善的关于复仇的处置模式,完成了复仇的法律概念化之路,从而在一定程度上调和了礼法矛盾,但此时中华法系文明也即将走入历史的陌路,有关复仇的处理被新的法制文明所替代。

(一)制定法与司法实践的背离

面对层出不穷的复仇案件,汉代试图从法律上予以规范。东汉章帝年间,有人侮辱人父,而被其子杀掉,汉章帝免除了为父报仇者的死刑,从此成为判例,称《轻侮法》。到东汉和帝时,尚书张敏提出:“夫死生之决,宜从上下,犹天之四时,有生有杀。若开相容恕,著为定法得,则是故设奸萌,生长罪隙。《春秋》之义,子不报仇,非

---

〔1〕《后汉书》。

子也。而法令不为之减者,以相杀之路不可开故也。今托义者得减,妄杀者有差,使执宪之吏得设巧诈,月卜所以导在酉鬼不争之义。又轻侮之比,寖以繁滋,至有四五百科,转相顾望,弥复增甚,难以垂之万载。”[1]汉和帝没有准许,到了汉章帝时期,张敏继续上疏,《轻辱法》得以废除。

曹魏时期,曹丕称帝后,于黄初四年(223 年)颁诏曰:“丧乱以来,兵革未戢,天下之人,互相残杀。今海内初定,敢有私复仇者,皆族之。”统治者为了维护政权初定时期的社会秩序,不惜祭出严苛刑罚。但是魏明帝制《新律》时,又规定:“贼斗杀人,以劾而亡,许依古义,听子弟得追杀之。会赦及过误相杀,不得报仇,所以止杀害也。”国家法律不得不再次向传统让步。身在在晋代还有观点认为,“父冤不报,欲活何为……”[2]

《唐律》对复仇问题不再专门加以规定。但其中还是有两项与复仇相关的规定:一是“祖父母、父母为人所殴击,子孙即殴击之,非折伤者,勿论;折伤者,减凡斗三等;至死者依常律。”这也就是说,对加害者当场反击的,只要不打死,都可以减轻甚至免于处罚,这就颇有点现代正当防卫的意味了。二是“祖父母、父母及夫为人所杀,私和者,流二千里。”意思是说,亲人被人所杀,私下和解也是犯罪行为。[3] 可见,法律还是对复仇行为另眼看待的,但是,相关的复仇案例仍然不断涌现。

贞观年间(627—649 年),山西夏县有女子卫无忌,早年其父被同乡人卫长则所杀,无忌时年仅六岁,长大后,在一次乡人的宴会上,无忌用砖击杀仇人,“既而诣吏,称父仇既报,请就刑戮”。官吏上报朝廷后,李世民嘉奖其孝烈,下令将其罪赦免,并且用驿传的车

---

〔1〕 (清)胡文炳:《折狱龟鉴补》卷一《犯义》。

〔2〕 晋代舞曲《独漉篇》。

〔3〕 殷啸虎:《我国古代是怎样处理复仇的》,载《解放日报》2017 年 4 月 18 日。

马将其徙于雍州（今西安附近），还赐予田宅，仍令当地州县官以礼嫁之。又有即墨人（今山东平度东）王君操，父在隋末为乡人所杀，君操时幼，二十年后，"密袖白刃刺杀之"，并剖开其腹，挖出心肝，啖食立尽，然后到州府向刺史自首；"州司据法处死，列上其状，太宗特诏原免。"这两个案例表明，唐太宗是肯定复仇行为的，修史者也将这种行为载入正史，以示表彰。

武则天时期，发生了徐元庆案件，这个案件引发了陈子昂与柳宗元的隔空辩论。徐元庆是同州下邽县，父亲徐爽被县尉赵师韫杀了，他最后能亲手杀掉他父亲的仇人，自己捆绑着身体到官府自首。武则天下令官员讨论此事，谏官陈子昂认为徐元庆的行为罪应处死，但是毕竟是仁孝行为，因此建议"宜正国之典，置之以刑，然后旌其闾墓"。武则天采纳了陈子昂的建议。然而时隔百年之后，柳宗元提出了反对意见。柳宗元认为："礼之与刑，其本则合，其用则异。旌与诛，不得并也。诛其可旌，兹谓滥，黩刑甚矣；旌其可诛，兹谓僭，坏礼甚矣。……礼之所谓仇者，冤抑沉痛而号无告也，月卜谓抵罪触法，陷于大戮，而曰彼杀之我乃杀之，不议曲直，暴寡胁弱而已。《春秋传》曰：父不受诛，子复仇可也；父受诛，子复仇，此推刃之道。复仇不除害。"[1]柳宗元认为，对于复仇应当结合儒家经义，分门别类处理，对于本人罪不当诛而被人杀死的情况，其子可以复仇；对于本人罪该当诛而被人杀死的情况，则不应允许其子复仇。柳宗元的观点，反映了古代法制开始对复仇的处置模式进行精细化探索。

（二）复仇免罚规则的限制与规范化

唐宪宗年间，富平人梁悦为报父仇而杀死仇人，并自诣县请罪。皇帝颁发敕令，要求尚书省召集各部官员集议此案。韩愈上《复仇状》说："伏以子复父仇，见于《春秋》，见于《礼记》，又见于《周官》，又见于诸子史，不可胜数，未有非而罪之者也。最宜详于律，而律无

---

〔1〕（唐）柳宗元：《驳复仇议》。

其复仇之条，非阙文也。盖以为不许复仇，则伤孝子之心，而乖先王之训；许复仇，则人将倚法专杀，无以禁止其端矣。夫律虽本于圣人，然执而行之者，有司也。经之所明者，制有司也。故圣人丁宁其义于经，而深没其文于律，其意将使法吏一断于法，而经术之士得引经而议也。……今陛下垂意典章，思立定制。惜有司之守，怜孝子之心，示不自专，访议群下。臣愚以为复仇之名虽同，而其事各异。或百姓相仇，如《周官》所称，可议于今者；或为官吏所诛，如《公羊》所称，不可行为于今者。又《周官》所称，将复仇，先告于士则无罪者。若孤稚羸弱，抱微志而伺敌人之便，恐不能自言于官，未可以为断于今也。然则杀之与赦，不可一例。宜定其制曰：凡有复父仇者，事发，具其事由，下尚书省集议奏闻，酌其宜而处之。则经律无失其指矣。"[1]韩愈认为，法律没有对复仇行为作出定性，不是因为法律的疏忽，而实在是复仇问题太复杂。一律不许复仇，则伤了孝子的心；允许复仇，则可能加剧社会动荡。因此对于复仇案件，应当一事一议，并运用"奏议"制度，由皇帝裁决，从而在程序上对复仇进行控制。

《宋史·刑法志》记载："复仇，后世无法。"宋神宗元丰元年（1078年），青州民王之父被人殴打致死，当时工幼小，未能复仇，成年后，杀死仇人，并截断肢体与头颅，以其尸祭父墓，自首后，当论斩。宋神宗"以杀仇祭父，又自归罪，其情可矜，诏贷死，刺配邻州"。元朝作为具有浓厚部落残留的朝代，其对复仇的态度也相对大度。《元史·刑法志》规定："诸人殴死其父，子殴之死者，不坐，仍与杀父者之家，微烧埋银五十两。"

真正实现复仇的法律化的是明清。明清两朝虽然延续了前朝关于复仇的规定，但是法律上规定了诸多关于复仇的处理规则，压缩了民间的恣意复仇行为。例如关于"私和"人命的行为，唐代之前的

---

〔1〕《旧唐书·刑法志》。

法律就规定是非法的,明清律典则规定了更为详尽和系统的处理模式。在私和人命的案件中,如果当事人收受财物,则要受到严厉处罚。“受财者,计赃准盗论,从重科断。就各该抵命者言。赃追入官。常人私和,为他人私和人命者,杖六十。受财,准枉法论。”重申了国家对刑事案件的绝对裁判权,并谴责了忽视仇恨的贪利心理,构筑了关于复仇的实在法。[1]

明代出现了类似正当防卫杀人的规定。《明史·刑法志》记载:“复仇,惟祖父被殴条见之,曰:祖父母父母为人所杀,而子孙擅杀行凶人者,杖六十。其即时杀死者勿论。其余亲属人等人被人杀而擅杀人者,杖一百。”[2]清律基本延续了该规定。《大清律例》“父祖被殴”条明确规定:凡祖父母、父母,为人所殴,子孙即时少迟即以斗殴救护而还殴行凶之人,非折伤,勿论;至折伤以上,减凡斗三等;虽笃疾,亦得减流三千里为徒二年。至死者,依常律。若祖父母、父母,为人所杀,而子孙不告官擅杀行凶人者,杖六十。其即时杀死者,勿论。少迟即以擅杀论。若与祖父母、父母同谋殴人,自依凡人首从法。又,祖父母、父母被有服亲属殴打,止宜救解,不得还殴。若有还殴者,仍依服制科罪。父、祖外,其余亲属人等被人杀,而擅杀行凶人,审无别项情故,依罪人本犯应死而擅杀律,杖一百。[3]

在肯定复仇的正当性的基础上,法律实际上对复仇施加了非常严格的限制。适用本条的前提是祖父母、父母被人殴打,子孙为救护而殴打行凶人:(1)如果没有造成损害,则不需要承担法律责任。(2)如果造成人身伤害,则按照一般斗殴罪减三等处罚。(3)如果导致人死亡,则应当承担正常的法律责任。(4)如果是救护直系长辈以外的其他亲属而造成人身伤害的,则处罚会更重。只有在一种情

---

〔1〕《大清律例·刑律·人命》“尊长为人杀私和”条。

〔2〕《明史·刑法志二》。

〔3〕《大清律·刑律·斗殴》“父祖被殴”条。

况下可以免除责任,“其即时杀死者勿论”。法律对复仇杀人设置了非常严苛的条件,只有在其祖父母、父母被人殴打的当时即时杀死行凶者的,才可以免除处罚,其情势紧迫,不得不出手,此时公权力难以有效救济,因而允许个人有限的私力救济。这一规定很有点类似当前刑法正当防卫的“紧迫性”要件。除此之外的其他情形,法律虽然规定了减轻处罚事由,但是其仍以受到处罚为前提。更重要的是,类似汉代那种复仇却可以受到社会的额外表彰的现象,在明清律法中不见了。这固然不能说明复仇开始走向消亡,但是却可以表明法律在面对复仇时更加审慎的态度。明清律法虽然无法忽视前人关于复仇的种种议论,但是对具体复仇案件的处理,则不必求助抽象的礼法,而是直接按照法律的具体规定处理即可。法律预先的标准已经对复仇行为作出了评价,这就大大增加了处理复仇行为的可预期性。

1910 年《大清新刑律》的颁布标志着两千多年中国古代法制文明的终结,中国刑法步入了近代文明的新时期。但是复仇作为一种社会文化现象不会立即消失。民国时期就发生了一起关于国恨家仇的奇情大案。直系军阀五省联帅孙传芳为扩张地盘,领兵北犯,张作霖令施从滨迎敌。施从滨在皖北固镇兵败被俘。孙将他用铁丝绑缚,在蚌埠车站割头杀害,并暴尸三日,悬首于济南城门七日。施从滨的女儿施剑翘当时才 20 岁,立志为父报仇。10 年后,施剑翘终于找到机会刺杀了孙传芳,然后去自首。法庭上,施剑翘说:“父亲如果战死在两军阵前,我不能拿孙传芳做仇人。他残杀俘虏,死后悬头,我才与他不共戴天。”施剑翘的事迹轰动全国。1936 年 2 月,河北省高等法院最后判其有期徒刑七年,11 个月后又遇特赦。这个案件,也可视为中国漫长复仇文化的挽歌。

学术聚焦

【编者按】 本卷“学术聚焦”栏内，我们聚焦于中国传统司法文化，分别选择先秦、传统帝制时代和近代三个时间段来加以讨论。第一篇是关于西周司法思想的，西周司法思想作为先秦有代表性的思想，直接影响了后来司法的走向。第二篇则是关于中华礼乐文明与传统司法理念的关系，作者认为是相通的，司法中表现出礼乐的强烈色彩。第三篇则是关于近代司法官选任的制度及其影响方面的。从本卷的三篇文章来看，可以看出中国司法的某些历史脉络。

西周时期的司法思想

陈　煜*

【摘要】　西周时期,司法日臻文明。在以人为本、明德慎罚这一总体法律原则的指导之下,西周司法思想较之于夏商时期,有了很大的发展。具体而言,主要体现为三个方面,即敬明乃罚,哀矜折狱;义刑义杀,刑兹无赦;非佞折狱,惟良折狱。

【关键词】　西周;司法思想;义刑义杀;折狱

西周时期的司法思想,是西周法律文化思想中的重要组成部分。我们这里所讨论的思想,仅限于“狭义”的司法思想,具体而言,就是指关于“折狱”方面的一系列思想。我们所用的主要材料,是《尚书》中的“周书”部分,且是今文尚书中相对可靠的材料。这些思想,在出土的西周青铜器铭文中也有所反映。关于青铜器铭文中所体现的西周法律思想,笔者拟另撰专文论述,本文立足于从传世文献中来勾勒西周司法思想。

在以人为本、明德慎罚这一西周整体法律原则的指导之下,司法思想也主要强调先教后刑,反对不教而诛,而且必须刑罚得中,罚当其罪。具体来看,主要有以下三个方面。

---

* 作者系中国政法大学法律史学研究院副教授。本文系作者主持的教育部人文社会科学重点研究基地重大研究项目“中华传统法律学术研究——以清代对此前学术的继承和发展为线索”(项目批准号:15JJD820013)阶段性成果。

一、敬明乃罚,哀矜折狱

"敬明乃罚",即执行刑罚必须严明而谨慎。《说文解字》云:"敬者,肃也。"所谓"在貌为恭,在心为敬",[1]敬明乃罚要求司法者在内心中要对司法活动真正加以慎重的对待,不怠慢不苟且。此语见于周王对卫国是始封君康叔封的告诫中:

> 王曰:"呜呼!封,敬明乃罚!"[2]

为了表明什么才算是"敬明乃罚",周王举例加以说明:

> 人有小罪,非眚,乃惟终,自作不典,式尔;有罪厥小,乃不可不杀。乃有大罪,非终,乃惟眚灾,适尔,既道极厥辜,时乃不可杀。[3]

意思是有人犯了小罪,但仍旧怙恶不悛,是一种故意的惯犯,那么即便罪小,也要杀;反之,如果有人偶犯,且是过失,能真心悔过,即便罪大,只需要对之进行适当的惩罚,而不一定要杀掉。一般的法律史学著作中,通常将之作为惯犯和偶犯的区别对待原则。实则更关键的是,这是周王对什么叫"敬明乃罚"所举的一个事,通过详细区分犯罪者的主观方面,到底是故意还是过失,到底是惯犯还是偶犯,来决定最后的处理方式,这一细致的过程,就能体现"敬"这个字的内涵,目的是实现司法的公平。

除了区分犯罪者的主观方面,司法的程序和时间保障,也能体现

---

〔1〕《礼记·曲礼》。

〔2〕《尚书·康诰》。

〔3〕《尚书·康诰》。

出司法的严明和谨慎。周王在告诫康叔封时，又说道：

> 要囚，服念五六日，至于旬时，丕蔽要囚。[1]

即要求对于囚犯，要仔细审理五六天，甚至于十天到一个季度，直到审理得没有冤屈的时候，才能判定他们的刑罚，到这个时候，才算达到“明”的地步。如此审慎的做法，在《周礼》中表现得更加明显，如“三刺”“三赦”“三宥”之法等，此点在下节讨论具体制度时再涉及。《礼记》很明显地受到了《周礼》的影响，在《王制》一篇中，同样强化了敬明乃罚的做法：

> 司寇正刑明辟以听狱讼。必三刺。有旨无简不听。[2]

它要求作为司法主官的司寇，须公正审判，法度严明。对于疑难案件，要多方质证。当事人如果口说无凭，“有旨无简”的，不能采信。“旨”即陈述或者请求，而“简”，字面上表示“简册”，引申义为证据。审判活动中注重证据，就是一种谨慎的表现。《王制》一篇，虽非西周制度实录，[3]但是当中反映的司法思想，结合其他西周材料来看，是若合符节的。《尚书》“周书”《吕刑》一篇，同样谈到了要重视证据，严明司法：

---

〔1〕《尚书·康诰》。

〔2〕《礼记·王制》。

〔3〕《礼记》一书的作者和各篇制作年代同样存在争议。但通说认为编定者是西汉学者戴德和他的侄子戴圣。戴德选编的八十五篇本叫《大戴礼记》，后来部分散佚，至唐代只剩下三十九篇。戴圣选编的四十九篇本叫《小戴礼记》，即今本《礼记》。一般认为，《礼记》是战国至秦汉年间儒家学者解释说明经书《仪礼》的文章选集，是一部儒家思想的资料汇编。但其中保留了许多西周以来的社会思想和礼仪制度。

五刑之疑有赦,五罚之疑有赦,其审克之!简孚有众,惟貌有稽。无简不听,具严天威。[1]

“其审克之”一语,可见统治者对司法慎重的强调,而“无简不听”,似乎已经成为周穆王时期的司法常态。

当然,与“敬明乃罚”相应的,则是西周“哀矜折狱”思想的萌发。“敬明”也可以说是“哀矜”的一种表现。《吕刑》云:

察辞于差,非从惟从。哀敬折狱,明启刑书胥占,咸庶中正。[2]

是说对待犯罪者的前后参差之辞,司法者应该秉承“非从口供,惟从实情”的原则。务必以哀怜矜惜之心来处理刑狱之事,包括明察其口供在内。司法者还需要明白无误地开读刑书,与众人共同参究拈准,诸狱官取得共识后,再作决定。这样,司法才能得中正而无冤滥过误。

哀矜折狱思想是与西周统治者“以德配天,敬天保民”思想在司法领域内的贯彻。与第二章中所述的夏商“天罚”相似,西周统治者在取代了殷商之后,反复地强调,灭商并非周人私心作祟,实乃“恭行天罚,吊民伐罪”。且放低姿态,强调周本小邦,商为大邑,之所以天命在周不在商,实乃因商人丧德,天命由商转移到周所致,正所谓:

予一人惟听用德,肆予敢求于天邑商,予惟率肆矜尔。非予

[1] 《尚书·吕刑》。
[2] 《尚书·吕刑》。

罪，时惟天命。[1]

殷商统治者不恤人民，残暴统治，导致商人离心离德，人民临阵倒戈等历史教训，深深刺激了后来的周统治者，所谓"殷鉴不远"，故而周统治者一上台，就鲜明地提出"保民"的观念，作为"以德配天""敬天"的落实，认为只有这样，才能保证国祚的绵延，正所谓：

若保赤子，惟民其康乂。[2]

也就是说对待人民要向小孩子一样加以呵护，这样人民就会拥护你，天下才能太平。是故商统治者在殷遗民前不以征服者面目自居，反而一直强调商人的祖先是道德的典范，自己也要效法他们：

自成汤至于帝乙，罔不明德恤祀。亦惟天丕建，保乂有殷，殷王亦罔敢失帝，罔不配天其泽。[3]

我时其惟殷先哲王德，用康乂民作求。[4]

在这一思想的支配下，司法领域中的"矜恤主义"也就水到渠成了。西周统治者在一篇文诰中对此说得很明白：

其惟王勿以小民淫用非彝，亦敢殄戮用乂民，若有功。[5]

意思就是说不要为了小民可用，就非法地尽量使用他们；就是他

[1] 《尚书·多士》。
[2] 《尚书·康诰》。
[3] 《尚书·多士》。
[4] 《尚书·康诰》。
[5] 《尚书·召诰》。

们犯了罪行,也不要用过度的刑罚去惩罚他们,只有这样才能发生功效。这段话传统上一般理解为召公之诰,但据刘起釪先生的研究,当为摄政的周公对在洛阳的召公及其他周室高级官僚所作的训诰,[1]可见这是西周正统思想无疑。上述论断中不要用过度的刑罚去惩罚,实质上就是"哀矜折狱"的另一种表述。

"哀矜折狱"表现在刑事处罚上,在文献中多有体现,例如:

> 司圜掌收教罢民。凡害人者,弗使冠饰,而加明刑焉。任之以事,而收教之。能改者,上罪三年而舍,中罪二年而舍,下罪一年而舍,其不能改而出圜土者,杀。虽出,三年不齿。凡圜土之刑人也,不亏体,其罚人也,不亏财。[2]

虽然《周礼》的说法多带有理想主义色彩,但作为思想史材料,这段对囚犯分层改造的措施,实则直观地表达了西周哀矜折狱的观念。

对受刑者,心存哀矜,古文献中最为著名的一段话谓:

> 与其杀不辜,宁失不经。[3]

此话出自伪古文尚书《大禹谟》中,而衡诸历史,宁可触犯大经大法也不杀掉无辜之人,这样强烈的矜恤主义的思想,似乎只有到西周才能实现。《周礼》中的赦宥之法,《吕刑》中的赎罪之条,都可以看作哀矜折狱思想在制度上的体现。为了表示对罪人的矜恤,

---

〔1〕 参见顾颉刚、刘起釪:《尚书校释译论》(第三册),中华书局2005年版,第1448~1449页。

〔2〕《周礼·秋官·司圜》。

〔3〕《尚书·大禹谟》。

《吕刑》中出现一个词,称为“祥刑”。“刑”本为不祥之物,何以要和“祥”连称?实则表达良善用刑,宽以待民之义,即便对待罪人,也要如此。刑罚乃阴性之物,矜恤宽容乃阳性之物,在司法过程中给予罪人罪行以适当的矜恤,乃阴阳相调合之法,“祥刑”的提法,符合古代最为正统的“中和”观。致中和,天地位,万物育。这恰恰是西周司法理性的典型体现。[1]

这一哀矜折狱思想,至春秋时,孔子又将之发挥,流传下一句名言;

> 上失其道,民散久矣。如得其情,则哀矜而勿喜。[2]

这可以理解为人民的犯罪其来有自,即便是自作自受,也得对之怀有同情之心。此一肇端于西周的司法思想,对后世影响至为深远,所谓:

> 司寇行刑,君为之不举乐,哀矜之心至也。[3]

几乎已经成为后世官僚士大夫对待司法的常态。后世每每有以“祥刑”作为律学著作名称的事例,也可证实此点。[4]

敬明乃罚、哀矜折狱,体现出自商到周,法律思想由神祇到人事的转变,散发出强烈的人文理性精神。

---

〔1〕 关于“祥刑”一词的演变与司法理性主义的联系,参见包振宇:《“祥刑”思想中的司法理性》,载《扬州大学学报》(人文社会科学版)2016年第5期。

〔2〕 《论语·子张》。

〔3〕 (晋)傅玄:《傅子·法刑》。

〔4〕 有关“祥刑”著作与传统司法思想的关系,参见邱澎生:《祥刑与法天:十七世纪中国法学知识的“信念”问题》,载“中央研究院历史语言研究所学术讲论会”文集,2002年4月29日。

二、义刑义杀,刑兹无赦

在敬明乃罚、哀矜折狱的司法思想的统率下,对待刑罚问题,西周统治者强调“义刑义杀,刑兹无赦”。

义者,宜也。义刑义杀,强调刑杀的正当性,就是说处刑杀伐时,必须是合理正当的。吴汝纶《尚书故》中,将之释为“善刑善杀”,[1]在正当性之外,又加上了“祥刑”矜恤的色彩,亦符合思想本义。

西周对待文明程度不同的地域,采用不同的治理方法。西周的国家结构详见本文第三节,早先的国家形式,是所谓的“五服”结构,这就是《国语》中所谓:

> 夫先王之制,邦内甸服,邦外侯服,侯、卫宾服,蛮、夷要服,戎、狄荒服。[2]

到西周,由于行分封,使“甸服”“侯服”“宾服”事实上已被“王化”,成为“化内人”,而“要服”“荒服”一则距离西周王庭较远,一则还未服王化,所以仍旧是“化外人”。根据这样的差别,西周王庭采取不同的治理手段:

> 甸服者祭,侯服者祀,宾服者享,要服者贡,荒服者王。日祭、月祀、时享、岁贡、终王,先王之训也。有不祭则修意,有不祀则修言,有不享则修文,有不贡则修名,有不王则修德,序成而有不至则修刑。于是乎有刑不祭,伐不祀,征不享,让不贡,告不王;于是乎有刑罚之辟,有攻伐之兵,有征讨之备,有威让之令,

---

〔1〕 顾颉刚、刘起釪:《尚书校释译论》(第三册),中华书局2005年版,第1332页。

〔2〕《国语·周语》。

有文告之辞。布令陈辞而又不至,则增修于德而无勤民于远,是以近无不听,远无不服。[1]

也就是说,对于"王化"地域,西周更多强调以礼"治"之,"祭""祀""享"都是礼的反映,是文化共同体内交流的基本方式。而对于"化外"之地,则强调以礼"待"之,或者以"礼"化之,希望将之逐渐吸收进"化内","贡""王"是周王庭与化外地方交流的形式。总之,王庭对于各地方,总的原则就是以礼来规范。只有在各地都违礼的时候,才有"刑""伐""征""让""告"的强制形式。且强制形式,也是对于"化内人"相对严,而对于"化外人"相对宽。对于"不贡""不王"者,仅仅只是用"威让之令""文告之辞"来处理。其中特别提到"序成而有不至则修刑",可见"修刑"是在其他措施用尽的情形下,才采取的手段。对"五服"相应做区别对待,就是周王庭所谓的"义"。虽然以上两段文字出自春秋战国时期的史官,是对西周历史的追溯,但是从中还是可以看出西周的"义刑义杀"的理念。

"义刑义杀"一语,最初出现于《尚书》的《康诰》一篇:

王曰:"……罚蔽殷彝,用其义刑义杀,勿庸以次汝封。"[2]

如上文所述,这是西周统治者在告诫康叔封在殷商故地卫国进行治理时,不可师心自用,而得参考殷商旧法,正当地司法。西周统治者还强调商朝的先王,从成汤到帝乙,都是明德慎罚、义刑义杀的典范:

……乃惟成汤以尔多方简代夏作民主。慎厥丽乃劝,厥民

〔1〕《国语·周语》。
〔2〕《尚书·康诰》。

> 刑用劝。以至于帝乙,罔不明德慎罚,亦克用劝。要囚,殄戮多罪,亦克用劝。开释无辜,亦克用劝。[1]

大意是说只有成汤善于取得多方人士的支持,以取代夏王做了民众的君主。商汤对于用刑一事至为谨慎,民众感念其德而勤勉向善,商汤要用刑罚,必针对有罪之人,其结果是让民众引以为戒而改过迁善。从商汤直到帝乙,莫不明德慎罚,使民向善,无论是对罪小者处以幽闭,还是对最大者处以杀戮,都能使罪刑相适应,对于无罪之人,必定开释无疑,更能劝化人心。这段话与其说是追溯商朝先王的事迹,不如说是周统治者的夫子自道。商汤至帝乙的事迹不可确考,但是西周凭借着"义刑义杀""亦可用劝"的做法,在关于西周的各种文献记载中是相一致的。

"义刑义杀"也是上述"祥刑"思想的突出表现,既强调"宜",也就是司法要得其"中",罪刑要相适应。针对不同的情形,要相应作出合理适度的处罚措施。例如:

> 上下比罪,无僭乱辞,勿用不行,惟察惟法,其审克之!上刑适轻,下服;下刑适重,上服。轻重诸罚有权。刑罚世轻世重,惟齐非齐,有伦有要。[2]

这是《吕刑》中在谈到比附量刑问题时总结的经验。是说如果所犯之罪于法无其专条之时,就可以上比其重罪,下比其轻罪,在两者之间找一个合适的尺度来判定。但不能差错妄乱其供词藉以为奸乱法,不能用不合理的理由罗织罪状,只能明察秋毫,以法为据,必须要慎之又慎。如果犯的是重罪,但有从轻情节,那么可以适当

[1] 《尚书·多方》。
[2] 《尚书·吕刑》。

从宽处罚;反之,如果犯的是轻罪,但情节恶劣,那么可以适当从重处罚。既要衡量犯罪行为人个人的情形,又要照顾到时代因素。刑罚要随着时世不同而或用轻刑,或用重刑。这样刑罚或轻或重,表面上看起来并不齐一,但实质上符合法律“公正”“齐一”的内在本质。犯罪与刑罚之间,自有伦次,自有纲要,比罪量刑,需要视具体情形而定,不能一概而论。这段话,可以看作“义刑亦杀”最好的注解,是中国传统法文化中“动态合理正义观”的突出体现。[1]

当然,并不是说敬明乃罚、哀矜折狱,或者义刑义杀,就是对犯罪者的姑息。哀矜也需要辩证地来看。对罪大恶极者的姑息纵容,恰恰是对良善百姓的不负责任,是不符合人类理性的。所以西周统治者在强调明德慎罚时,旗帜鲜明地提出也要“刑兹无赦”:

> 王曰:封,元恶大憝,矧惟不孝不友。子弗祇服厥父事,大伤厥考心;于父不能字厥子,乃疾厥子。于弟弗念天显,乃弗克恭厥兄;兄亦不念鞠子哀,大不友于弟。惟吊兹,不于我政人得罪,天惟与我民彝大泯乱,曰:乃其速由文王作罚,刑兹无赦。[2]

这段话同样是西周统治者对康叔封的告诫,强调要严惩两种人,一种是“元恶大憝”,另一种是“不孝不友”,前一种当然即指罪大恶

[1] “动态合理正义观”,是一种中国古代传统的正义观念,这个观念由张中秋先生提出。张中秋先生认为,这一传统正义观区别于形式公平的正义观,而强调内在的“合理性”,这一正义观内涵丰富,简言之要求等者同等,不等者不等,等与不等在一定条件下可以转换。即同样条件和同样身份的要齐一对待,不同条件和不同身份的要区别对待,条件和身份在一定条件下转换后,相应的对待也需要转换,只有如此才能保证事实上的合理,合理是一种动态化的平衡。当平衡被打破后,那么就会出现不正义。参见张中秋:《传统中国法特征新论》,载《政法论坛》2015 年第 5 期。更为详细的讨论,见张中秋:《原理及其意义——探索中国法律文化之道》,中国政法大学出版社 2010 年版。

[2] 《尚书·康诰》。

极之流,而后一种则是有亏孝悌之道者,都是不能加以宽宥的。并且统治者认为,如果对这类罪行加以宽容、不给予处罚的话,那么有违天理常道,所以特别提醒康叔封要按照文王所制的刑罚,来处罚这些恶不可赦的人。

文王当然被西周人视为最高德行的化身,从"速由文王作罚"一语来看,在西周统治者那里,明德慎罚和刑兹无赦是统一的。德行的发扬并不排斥刑罚的严惩。明德慎罚针对一般的百姓和一般的罪行,而刑兹无赦则针对罪大恶极者。

那么什么罪行方能达到"刑兹无赦"的程度呢,因为系统的西周法律制度并没有流传下来,所以无法对无赦的罪名作一数量的统计。但是从《礼记·王制》的相关记载中,还是可以看到一点线索:

> 析言破律,乱名改作,执左道以乱政,杀。作淫声、异服、奇技、奇器以疑众,杀。行伪而坚,言伪而辩,学非而博,顺非而泽,以疑众,杀。假于鬼神、时日、卜筮以疑众,杀。此四诛者,不以听。凡执禁以齐众,不赦过。〔1〕

《王制》虽非周王之制,而是理想化的制度,但其中应该保留有周代制度。从上面可以看到,断章取义曲解法律,擅改既有制度,用歪门邪道祸乱政令者,要杀掉。制作靡靡之音、奇装异服、怪诞之技、奇异之器而蛊惑民心的人,也要杀掉。言行不一,还要巧言令色,向民众灌输异端思想的,要杀掉。凡是假托鬼神、时辰日子、卜筮招摇撞骗以蛊惑人心者,仍旧杀掉。上述的四种被杀者,不再接受他们的申诉。推行禁令就是为了让民众一道遵守,所以对待民众的明知故犯,绝不饶恕。

上述四种行为只是"刑兹无赦"中涉及的一个方面,其他"无赦"

〔1〕《礼记·王制》。

的情形必定还有。但以上四者,可能是统治者最关心的问题。第一种是政治性犯罪,针对扰乱政令者;第二种是社会性犯罪,针对离经叛道者;第三种是思想性犯罪,针对危言耸听者;第四种则是宗教性犯罪,针对装神弄鬼者。其中第二类也可归于第一类,而第三类也可归于第四类,这样看来,上古"国之大事,惟祀与戎"的理念,在这四类不得赦的犯罪中得到贯彻。"祀"可以理解为宗教活动,而"戎"从广义上讲就是政治。西周距夏商神权政治不远,鬼神、卜筮仍有一定的市场,这对用人文理性精神来治国的西周统治者而言,无疑是一个威胁,所以在法律上特别于此加以打击,从这一点上来看,《王制》这一段言论,庶几可以代表西周"刑兹无赦"思想的贯彻。

总之,义刑义杀、刑兹无赦这一司法思想,就是要求司法者在司法活动中贯彻理性,采取合理手段或方法进行司法,罚当其罪;同时,对于严重扰乱统治秩序、破坏社会生活者,必须严惩不贷,绝不姑息。

三、非佞折狱,惟良折狱

敬明乃罚、哀矜折狱,这一司法原则要想贯彻落实,除了制度的保障外,还得仰赖司法人员的素质。所以西周统治者特别强调要择良善之士进行司法。《吕刑》篇云:

> 非佞折狱,惟良折狱,罔非在中。[1]

明确地表明了司法需择人而行的观念,奸佞之徒断不能使之断狱,而只有良善的人才担任断狱,良善之人断狱,才会使刑罚合于"中道",做到轻重不差。司法活动有其特殊性,不容差池,需要慎之又慎,《王制》云:

---

〔1〕《尚书·吕刑》。

刑者侀也,侀者成也,一成而不可变,故君子尽心焉。[1]

就是说,"刑"定型之义,而定型,就是形成的意思。判决一经形成就不可改变,所以君子对审理案件需要非常尽心。"惟良折狱"中"良"的第一要义就是要认真勤谨,即"尽心"。

西周统治者在要求臣下诸侯择贤人司法时,特别提到了一个反面的例子,要大家吸收"历史"的教训:

惟时苗民匪察于狱之丽,罔择吉人,观于五刑之中,惟时庶威夺货,断制五刑以乱无辜,上帝不蠲,降咎于苗,苗民无辞于罚,乃绝厥世。[2]

苗民不认真对待狱讼之事,不择善人(吉人)来司法,导致权贵横行无忌,官僚货贿夺法,随便变乱五刑残害无辜,终于引发上天降下惩罚,断了苗裔世系。这与其说是周王所列的历史典故,不如说是其有感于现实的危机,而"创造"出一个"历史"的教训,来警示臣下和诸侯,"惟良折狱"是其司法工作指示中的一大重要方面。

"良"的总体要求就是上文所述的"尽心",怎么才算做到"尽心"呢?《吕刑》中同样从正反两个方面来诠释何为良。

从正面而言,

典狱,非讫于威,惟讫于富。敬忌,罔有择言在身。惟克天德……[3]

[1] 《礼记·王制》。
[2] 《尚书·吕刑》。
[3] 《尚书·吕刑》。

这是西周统治者告诫职掌刑狱的官员，不应以向民众立威为终极目标，而应以造福人民为鹄的。"富"通"福"。在执行司法事务的时候，司法人员应心存敬畏，谨言慎行，这样才能肩负起行"天德"的重任。"天德"，刘起釪先生释为："决定一个人生死寿夭之命的是天德，典刑狱的人肩任着这一天德"，[1]无疑在周人那里，人命关天的理念已经形成。

要做到"非讫于威，惟讫于富"，司法官必须不畏权势，追求真相，处断时哀矜勿喜，即：

> 虽畏勿畏，虽休勿休，惟敬五刑，以成三德。[2]

就是说司法官在处理狱讼时，当不为威屈，不为势夺，遇到权势不畏惧，治理狱讼，即便讯得真相，也应当哀矜而勿喜。且对五刑之用保持敬畏，以成三德。所谓"三德"，据刘起釪先生的解释："刑当轻为柔德，刑当重为刚德，刑不重不轻为正直之德（刚、柔、正直为'三德'，见《洪范》）。"[3]

做到刚柔并济，正直无私，那么就能成就"良"了。

从反面而言，就是要避免某些行为，如果司法官员有下列行为者，即可归于"佞"之列，即"五过之疵"：

> 五过之疵：惟官、惟反、惟内、惟货、惟来。[4]

---

〔1〕 顾颉刚、刘起釪：《尚书校释译论》（第四册），中华书局2005年版，第2079页。

〔2〕 《尚书·吕刑》。

〔3〕 顾颉刚、刘起釪：《尚书校释译论》（第四册），中华书局2005年版，第2079页。

〔4〕 《尚书·吕刑》。

是哪五种行为呢?第一是“惟官”,利用权位挟势以凌下,或者只看上官的命令行事,枉法裁判;第二是“惟反”,官员滥用司法权力,公报私仇;第三是“惟内”,官员内情用事,袒护亲友;第四是“惟货”,官员贪污受贿,贪赃枉法;第五是“惟来”,官员接受请托,徇私枉法。

当然,“佞”肯定不止以上五种,不过以上“五过”,确实为司法腐败的典型体现。所以周王一而再、再而三地谆谆教导臣僚“祥刑”之道:

在今尔安百姓,何择非人,何敬非刑,何度非及![1]

是说现在你们大臣、诸侯要安抚百姓,当选择什么呢?不就是选择良善之人来进行司法嘛!当敬用什么呢?不就是既定的法律嘛!应当以什么为准绳呢,不就是事实嘛!可见,统治者将“人”“刑”“事”(“及”)均看作司法工作中缺一不可的环节。且将择人这一环节,安排在刑和事的前面,高度看重人的问题。

这一“非佞折狱、惟良折狱”的司法思想对后世同样影响深远,孔子的“为政在人”、[2]孟子的“徒善不足以为政,徒法不能以自行”、[3]荀子的“有治人,无治法”,[4]无一不强调择人的重要性。后世将择人与治法两者相结合,在此基础上形成“德法兼治”的治国方略。在司法活动中,以治法为本,以治人为用,成为中华法系的一

[1] 《尚书·吕刑》。
[2] 《论语·为政》。
[3] 《孟子·离娄上》。
[4] 《荀子·君道》。

个重要特征。[1]

综上所述，到了西周，虽然“天命”“神权”的影响仍然存在，但已经和夏商有了根本区别，在夏商“天命”“神权”是司法活动的依据，而到西周，它们已经成为“神道设教”的工具，是为人文和理性铺路的，西周鉴于夏商两朝兴亡的历史经验和教训，结合现实统治的需要，弘扬“以德配天，敬天保民”的统治思想，在此指导之下，遂逐渐形成以上司法思想，一以理性与人文为旨归。诚如西周统治者所强调的：

> 皇天无亲，惟德是辅。民心无常，惟惠之怀。[2]

总之，这三个方面是相辅相成的，在对待司法问题上，西周统治者强调要慎重，注意目的和手段的正当性。在对待严重违反秩序的犯罪上，主张除恶务尽。而要实现慎重司法和除恶务尽，还必须慎选公正严明的司法官员来主持，这三方面缺一不可。尽管西周倡导的理性和人文主义的司法思想，最终的落脚点还是为了维护统治之需，但在客观上，的确起到了“惠民”的效果，周朝国祚的绵长，莫不与此相关。

---

〔1〕 张晋藩先生认为，治法与治人是中国古代治国理政的方法、谋略与措施。中国古代政治家、思想家在长期的实践中，形成了治法为本、治人为用，二者相辅相成，综合治理国家的经验和智慧，在历史上发挥了重要作用。参见张晋藩：《论治法与治人——中国古代的治国方略》，载《法律科学》2011 年第 4 期。

〔2〕《尚书·蔡仲之命》。

中华礼乐文明与传统司法理念之融通

王石磊*

【摘要】 中华传统礼乐文明是华夏文明绵延数千年的灵魂，浸润于国人的言谈举止之间，扎根于民众的内心价值判断。传统司法强调情、理、法三者的融通，这是传统中国宗法社会结构和儒家文化传统积淀熏陶的必然结果。分析礼乐文明的文化内核，探讨其在传统司法领域的具体表象，对于理解中国古代司法文明，探索传统中国法律精神实质具有典型意义。

【关键词】 礼乐文明；传统司法；理念；表征

中国传统封建社会以儒家思想为体用并沿袭于后世，是经过选择取舍后的结果，因“老子主无名无为，不利于干涉；墨家创兼爱，重平等，尚贤任能，尤不便于专制。惟独孔学，来等差，贵秩序，与人民言服从，与君主言仁政，以宗法为维系社会之手段，而达巩固君权之目的，此对当时现实社会，最为合拍；帝王驭民之策，殆莫善于此。”〔1〕在儒家思想中，“仁”是其道德体系的核心，“礼”则是教化体系的重心。“仁”和“礼”几乎涵盖了所有封建伦理道德教育的内涵与外延。

---

* 作者系中国政法大学法律史学专业博士研究生。

〔1〕 王亚南：《中国官僚政治研究》，中国社会科学出版社1981年版，第69页。

一、中华传统礼乐文明概谈

（一）礼者理也，德之则也

从传统中国典章制度中寻求华夏民族的精神缘起，追本溯源，考镜源流，可以发现中华传统文化的基本格局，在春秋战国时期即已奠定，兹后演流至今。

中国文化以"礼"为灵魂自殷周始，"中国政治与文化之变革，莫剧于殷商之际。"[1]《礼记》载："殷人尊神，率民以事神，先鬼而后礼"。[2]《尚书》载："昔在殷王中宗，严恭寅畏天命，自度，治民祗惧，不敢荒宁。肆中宗之享国，七十有五年。其在高宗，时旧劳于外，爰暨小人。……肆高宗之享国，五十有九年。其在祖甲……爰知小人之依，能保惠于庶民，不敢侮鳏寡。肆祖甲之享国，三十有三年。自时厥后立王，生则逸。生则逸，不知稼穑之艰难，不闻小人之劳，惟耽乐之从。自时厥后，亦罔或克寿。或十年，或七八年，或五六年，或四三年。"[3]秉承恭敬、畏惧、戒惧之心的君王享国绵长；耽于享乐则短命夭亡。与之相印证的是，《史记·殷本纪》提及纣王："帝纣资辨捷疾，闻见甚敏；材力过人，手格猛兽；知足以距谏，言足以饰非；矜人臣以能，高天下以声，以为皆出己之下。好酒淫乐……厚赋税以实鹿台之钱，而盈巨桥之粟。益收狗马奇物，充仞宫室。益广沙丘苑台，多取野兽蜚鸟置其中。慢于鬼神……以酒为池，县肉为林，使男女倮相逐其间，为长夜之饮。百姓怨望而诸侯有畔者，于是纣乃重刑辟，有炮格之法。"[4]商纣王的这些庸碌无度行径，将其自身逼入绝境。

---

[1] 王国维：《殷周制度论》。

[2] 《礼记·表记》。

[3] 《尚书·无逸》。

[4] 《史记·殷本纪》。

西周时周公制礼作乐,奠定了中国文化的走向,周之典章制度皆为道德而设,“其旨则在纳上下于道德。”用道德而非宗教把上下维系起来,“而合天子、诸侯、卿大夫、士、庶民以成一道德之团体,周公制作之本意,实在于此”。[1] “礼也者,理也”,礼就是合于道德理性的规定,孟僖子说:“礼,人之干也。无礼,无以立。”[2] 子大叔说:“夫礼,天之经也,地之义也,民之行也。”[3] 自古以来,中国传统社会约束国民、管理社会主要依靠道德。公德是社会的灵魂,古代文明以人文精神为主干。

(二)处世以诚,待人以敬

1. 诚

“不诚则无物”,这是宋明理学特别强调的观点,礼是内心恭敬的真实表达。《中庸》指出:“诚者,天之道也。诚之者,人之道也。诚者不勉而中,不思而得,从容中道,圣人也。诚之者,择善而固执之者也。”真诚的人目光柔和亲切,温良恭俭让的品质是其内心的自然流露。《中庸》提及“自诚明,谓之性。自明诚,谓之教。诚则明矣,明则诚矣。”普通民众接受教育,读书明理,就能从“明”走向“诚”,成为做事清楚的明白人。《论语·学而》说“巧言、令色、足恭,左丘明耻之,丘亦耻之。匿怨而友其人,左丘明耻之,丘亦耻之。”行为举止应做到“仰不愧于天,俯不怍于地”,坦然而愉悦。

2. 敬

《礼记·礼器》说“经礼三百,曲礼三千”,礼的核心提炼成一个字——敬。《孝经》说“礼者,敬而已矣”,《礼记》说“毋不敬”,东汉郑玄对“毋不敬”的注解是“礼主于敬”,唐代孔颖达所作疏说“行五礼(吉、凶、军、宾、嘉),皆须敬也。”敬是有仁爱之心的表现,孔子说:

---

〔1〕 王国维:《殷周制度论》。

〔2〕 《左传·昭公七年》。

〔3〕 《左传·昭公二十五年》。

“君子敬而无失，与人恭而有礼，四海之内，皆兄弟也。”[1]《论语·宪问》中，孔子要求子路“修己以敬”，做人要恭敬、内敛，用“敬”来修身。同样在《论语·宪问》中，孔子教导子张约束好个人行为，“言忠信，行笃敬，虽蛮貊之邦行矣。言不忠信，行不笃敬，虽州里行乎哉？立，则见其参于前也；在舆，则见其倚于衡也。夫然后行！”《论语·子路》中，孔子向樊迟解释仁：“居处恭，执事敬，与人忠；虽之夷狄，不可弃也。”《论语》中解释忠，提到了“君使臣以礼，臣事君以忠”。

先哲提倡推己及人的爱心和胸怀，《孟子·梁惠王上》中提到“老吾老以及人之老，幼吾幼以及人之幼，天下可运于掌”。《诗》对此进一步阐明：“‘刑于寡妻，至于兄弟，以御于家邦。’言举斯心加诸彼而已。故推恩足以保四海，不推恩无以保妻子。”做到推己及人并成为妻子、兄弟的榜样，就能保住天下。《孟子·离娄下》对于君子作出这样的解释：“君子所以异于人者，以其存心也。君子以仁存心，以礼存心。仁者爱人，有礼者敬人。爱人者，人恒爱之；敬人者，人恒敬之。”荀子对“士”的定义：“志于道者之为士”，即追求真理的人可称为“士”。

3.“谦”

周公对其子伯禽说：“《易》有一道，大足以守天下，中足以守其国家，小足以守其身：谦之谓也。”[2]谦虚内敛，尊重他人是一种操守。周易的六十四卦中“乾卦”是“六爻皆吉”，胡一桂《周易本义附录纂疏》中讲：“谦一卦六爻，下三爻皆吉而无凶，上三爻皆利而无害。《易》中吉利，罕有若是纯全者，谦之效故此也。”君子谦让会有好结果，“谦：亨。君子有终。”梁章钜《楹联丛话》有联：“谦卦六爻皆吉，恕字终身可行。”

---

[1]《论语·颜渊》。

[2]《韩诗外传》卷三引。

中国人表达敬意的原则是尊老、敬长、尊师和自谦。尊老敬长的要求为“在朝序爵,在野序齿”。表达敬意通过规范使用敬语、端正姿容、着装服饰得体、知进退懂礼仪、谦恭揖让、自谦且敬人等来达成。把自己放在谦卑的位置,尊重父母长辈,长幼有序。《礼记·曲礼上》说:“夫礼者,自卑而卑人。虽负贩者,必有尊也,而况富贵乎?”用博爱的精神对待贩夫走卒是一种个人修为。

(三)文质彬彬,然后君子

中国自古疆域辽阔,东南西北四个地方的地域环境差别很大。《礼记·王制》讲:“东方曰夷,被发文身,有不火食者矣。南方曰蛮,雕题交趾,有不火食者矣。西方曰戎,被发衣皮,有不粒食者矣。北方曰狄,衣羽毛穴居,有不粒食者矣。”而在中原地区,夏、商、周三代之前,还有一个“虞”。“唐尧虞舜”,“尧”的国号叫“唐”,“舜”的国号叫“虞”。《尚书》第一部分就是《虞夏书》,《礼记》也经常提到“虞”。中华文明是从虞、夏、商、周开始发源的,古人把它们分成两段,虞、夏是一段,其特点是“质”;从商、周开始逐渐崇尚“文”。《礼记·表记》载:“子曰:‘虞、夏之质,殷、周之文,至矣。虞、夏之文不胜其质,殷、周之质不胜其文。’”

从虞到周,文明在进化。《礼记·檀弓上》载:“有虞氏瓦棺,夏后氏堲周,殷人棺椁,周人墙置翣。周人以殷人之棺椁葬长殇,以夏后氏之堲周葬中殇、下殇,以有虞氏之瓦棺葬无服之殇。”丧葬规制逐步细化,应对不同仪式的器具渐为繁复。虞、夏、商、周四代使用的礼器不同,《礼记·明堂位》载:“有虞氏之两敦,夏后氏之四琏,殷之六瑚,周之八簋。俎,有虞氏以梡,夏后氏以嶡,殷以椇,周以房俎。夏后氏以楬豆,殷玉豆,周献豆。”四代祭祀用酒也有区别,《礼记·明堂位》载:“夏后氏尚明水,殷尚醴,周尚酒。”四代的官制也不一样,《礼记·明堂位》载:“有虞氏官五十,夏后氏官百,殷二百,周三百。”

“礼”最本质、最核心的内容是德。孔子讲“质胜文则野,文胜质则史。文质彬彬,然后君子”,在儒家看来,人最理想的状态是“质”和“文”相得益彰、完美结合,既具有朴实、真诚、庄敬的本色,更兼有谦和、典雅、得体的谈吐与举止。《论语·学而》载:“子夏曰:‘贤贤易色,事父母能竭其力,事君能致其身,与朋友交言而有信。虽曰未学,吾必谓之学矣。’”曾子曰:“吾日三省吾身:为人谋而不忠乎?与朋友交而不信乎?传不习乎?”反省自己受人之托是否忠信、与朋友交往是否诚信、实践老师传授的学问是否研习领悟。

(四)三加弥尊,加有成也

《礼记·曲礼》讲:“男子二十冠而字”,《礼记·冠义》载:“成人之者,将责成人礼焉也。责成人礼焉者,将责为人子、为人弟、为人臣、为人少者之礼行焉。将责四者之行于人,其礼可不重欤?”

1. 筮日、戒宾和筮宾

为年满二十的孩子举行士冠礼,先通过“筮”选择日子,即用一种蓍草,“大衍之数五十”,用五十根草反复分与取,得出一个卦,通过筮的方式选择出士冠礼的日子,就叫“筮日”,选个好日子,求其永吉。孩子的父亲提前三天通知各位宾朋到时来观礼,这一仪节称为“戒宾”。在所通知的各位宾客中通过“筮”,选一位德高望重的人担任“正宾”,这个仪式称为“筮宾”,选定的“正宾”作为主持人届时必须到场。人选确定后,要到“正宾”家中作特别邀请,选做“正宾”的人也需要经过“谦辞”、“固谦”和“终谦”,加以推让。

2. 三加之礼、取字

冠礼最重要的是给孩子加冠,要戴三个冠:第一个冠叫缁布冠,第二个冠叫皮弁,第三个冠叫爵冠。受冠礼的孩子梳着髽鬏,穿着彩衣跪坐于地,执事者将其头发解开,按成人的样式梳发并用纚包住,挽成发髻并用簪子固定。然后把彩衣换掉,穿上成人衣裳,通过“始加”、“再加”和“三加”,最终礼成,“三加弥尊”就是希望孩子在人生的道路上越走越好。《仪礼·士冠礼》记载了三加之礼正宾所念的祝辞。始加的祝辞为:“令月吉日,始加元服。弃尔幼志,顺尔成德。寿考惟祺,介尔景福。”再加的祝辞为:“吉月令辰,乃申尔服。敬尔威仪,淑慎尔德。眉寿万年,永受胡福。”三加的祝辞是:“以岁之正,以月之令,咸加尔服。兄弟具在,以成厥德。黄耇无疆,受天之庆。”

嘉宾为受礼人取字,也要唱咏祝贺:“礼仪既备,令月吉日,昭告尔字。爰字孔嘉,髦士攸宜。宜之于假,永受保之,曰伯某甫。”

3. 冠礼之义

冠者,礼之始也。“礼义之始,在于正容体,齐颜色,顺辞令。容体正、颜色齐、辞令顺而后礼义备,以正君臣,亲父子,和长幼。君臣正、父子亲、长幼和而后礼义立。”[1]西汉学者刘向在《说苑》中,讲到冠礼之义在于“内心修德,外披礼文”,从而“既以修德,又以正容”。还引用了孔子的话:“君子正其衣冠,尊其瞻视,俨然人望而畏之,斯不亦威而不猛乎?”[2]强调君子要有尊严,“不言则已,言必有中”。

到了汉朝,皇太子若举行过冠礼,就表示国家的接班人已经有资格继位,要大赦天下,甚至还有赐予民众爵位。据《汉书·景帝本纪》,景帝后元三年(前141)正月,“皇太子冠,赐民为父后者爵一级”。又据《汉书·昭帝本纪》,元凤四年(前77),昭帝加冠,“赐诸侯王、丞相、大将军、列侯、宗室、下至吏民,金帛、牛酒各有差。赐中二千石以下及天下民爵。毋收四年、五年口赋”,又“令天下酺五日”,以示普天同庆。

4. 女子的笄礼

古代女孩子十五岁即可许嫁,许嫁之后有成人礼,称为“笄”,许嫁之后才取字,“待字闺中”的“字”即为此指,指的是女孩子尚无婚约。司马光的《书仪》介绍了女子许嫁行笄礼的仪式,《朱子家礼》记

---

〔1〕《礼记·冠义》。

〔2〕《论语·尧曰》。

载的笄礼也大体相同。女子许嫁,即可行笄礼,如果年已十五,即使没有许嫁,也可以行笄礼。笄礼由母亲担任主人,也是前三日戒宾,前一日宿宾,选择亲姻妇女中贤而有礼者担任主宾。主宾为将笄者加冠笄、取字。笄者见尊长,仪节与冠礼基本相同。

(五)风教严整,代代兴旺

中国人首重家庭观念,孟子说:“人有恒言,皆曰‘天下国家’。天下之本在国,国之本在家,家之本在身。”

1.《大戴礼记·保傅》论证教育影响国祚

子女教育关乎家庭兴衰,皇室中继承人的教育直接关系到国祚长短。《大戴礼记·保傅》中提到:“殷为天子三十余世而周受之,周为天子三十余世而秦受之,秦为天子二世而亡,人性非甚相远也,何殷周有道之长而秦无道之暴?其故可知也。”其认为原因之一是对皇朝继承人的教育出了问题。

“昔者,周成王幼,在襁褓之中,召公为太保,周公为太傅,太公为太师。保,保其身体;傅,傅之德义;师,导之教训。此三公之职也。”太保、太傅、太师三公分工负责教育和保护太子,“于是为置三少,皆上大夫也,曰少保、少傅、少师,是与太子宴者也。故孩提,三公三少固明孝仁礼义,以导习之也,逐去邪人,不使见恶行。”少保、少傅、少师负责太子日常起居,对其进行德行教育。“于是比选天下端士孝悌闲博有道术者,以辅翼之,使之与太子居处出入。”有道且有术之人与太子一起生活,“故太子乃目见正事,闻正言,行正道,左视右视,前后皆正人。”与端正的人共同生活,潜移默化受到影响,“夫习与正人居,不能不正也,犹生长于楚国,不能不楚言也。故择其所嗜,必先受业,乃得尝之;择其所乐,必先有习,乃得为之。孔子曰:‘少成若天性,习贯之为常。’此殷周之所以长有道也。”待太子年岁稍长,要分门别类地学习道德与知识,“及太子少长,知妃色,则入于小学。小者,所学之官也。《学礼》曰:帝入东学,上亲而贵仁,则亲疏有序,如恩相及矣。帝入南学,上齿而贵信,则长幼有差,如民不诬矣。帝入西学,上贤而贵德,则圣智在位,而功不匮矣。帝入北学,上贵而尊爵,则贵贱有等,而下不逾矣。帝入大学,承师问道,退习而端于太傅,太傅罚其不则而达其不及,则德智长而理道得矣。此五义者既成于上,则百姓黎民化辑于下矣。”因为太子作为皇位继承人,将来要治理天下,引导天下人都成为有道德的人。“及太子既冠,成人,免于保傅之严,则有司过之吏,有亏膳之宰。太子有过,史必书之。史之义,不得不说过,不书过则死。过书,而宰彻去膳。夫膳宰之义,不得不彻膳,不彻膳则死”为及时纠正太子的过失,设立了司过之史官和膳宰官,“于是有进膳之旍,有诽谤之木,有敢谏之鼓,鼓夜诵诗。工诵正谏,士传民语。习与智长,故切而不攘;化与心成,故中道若性。是殷周所以长有道也。”正是因为设计了这么多预防太子过错的安排,所以才能循规蹈矩,内化成其本性。

“及秦不然,其俗固非贵辞让也,所尚者告得也;固非贵礼义也,所尚者刑罚也。故赵高傅胡亥而教之狱,所习者,非斩劓人,则夷人三族也。”秦崇尚刑罚狱讼,“故今日即位,明日射人,忠谏者谓之诽谤,深为计者谓之訞诬,其视杀人若芟草菅然。岂胡亥之性恶哉?彼其所以习导非其治故也。”由此可见,不同的教育理念导致殷周与秦朝的国祚长短不一。

2. 典籍中所载教育规范

古人对孩子的教育重在行为规范,《礼记·曲礼》讲仪容仪表,“游毋倨,立毋跛,坐毋箕,寝毋伏”。讲与父母相处,“夫为人子者,出必告,反必面”。讲尊师重道,“侍坐于先生:先生问焉,终则对”。向师长请教,“请业则起,请益则起”。

《颜氏家训》是北魏时颜之推为自家制定的训诫条例,颜之推本人虽历经劫难,但还能有所作为,其原因是“吾家风教,素为整密”,日常生活中做到了“晓夕温清,规行矩步,安辞定色,锵锵翼翼,若朝严君”。他以“家训”的形式纵论治家、教子、为人、治学之道,主旨是“整齐门内,提撕子孙”,为后世垂范立训。他反对溺爱孩子,对孩子不应该"无教而有爱",若"饮食运为,恣其所欲",孩子就会愈加任性。"宜诫翻奖,应诃反笑,至有识知,谓法当尔",对于须管束教育的行为,反而加以奖励,总觉得随着成长自然会改止,结果骄慢之气逐渐变成习惯,此时再去约制则为时已晚,"捶挞至死而无威",同时孩子"忿怒日隆而增怨"。因此应当"教妇初来,教儿婴孩"。《颜氏家训》广得赞誉,陈振孙《直斋书录解题》称"古今家训,以此为祖";王钺《读书丛残》赞其"篇篇药石,言言龟鉴,凡为人子弟者,可家置一册,奉为明训";袁衷《庭帏杂录》称:"六朝颜之推家法最正,相传最远。"

贞观二十二年(648),唐太宗撰作《帝范》,包括君体、建亲、求贤、审官、纳谏、去谗、诫盈、崇俭、赏罚、务农、阅武、崇文等十二篇,纵论帝王亲政之道。太宗将此文作为遗训:"饬躬阐政之道,皆在其中,朕一旦不讳,更无所言。"

司马光是北宋名相,亲撰《家范》,按照祖、父、母、侄、兄、弟、夫、妻、妇、妾、乳母等不同的家庭身份,引经据典,一一制定行为准则,他主张"以义方训其子,以礼法齐其家"。他批评长辈"为后世谋","广营生计",给孩子"田畴连阡陌,邸肆连坊曲,粟米盈囷仓,金帛充箧笥,以为子子孙孙累世用之莫能尽也",但若只从物质上满足子孙,"适足以长子孙之恶,而为身祸也",因为"子孙自幼及长,惟知有利,不知有义故也"。

朱熹是宋明理学之鼻祖,所撰《朱子家训》出入经史、融汇精粹、倡明五伦要则、日用常行之道、尊老爱幼之法:

> 事师长贵乎礼也,交朋友贵乎信也。
> 勿以善小而不为,勿以恶小而为之。
> 见不义之财勿取,遇合理之事则从。
> 诗书不可不读,礼义不可不知。
> 子孙不可不教,童仆不可不恤。

斯文不可不敬,患难不可不扶。

清儒朱柏庐所撰《朱子治家格言》以修身、齐家为主旨,用格言警句的形式教为人处世之道,精练明快:

黎明即起,洒扫庭除。

一粥一饭,当思来处不易。半丝半缕,恒念物力维艰。

宜未雨而绸缪,毋临渴而掘井。

器具质而洁,瓦缶胜金玉。饮食约而精,园蔬胜珍馐。

祖宗虽远,祭祀不可不诚。子孙虽愚,经书不可不读。

勿贪意外之财,莫饮过量之酒。

与肩挑贸易,勿占便宜。见贫苦亲邻,须多温恤。

人有喜庆,不可生妒忌心。人有祸患,不可生喜幸心。

善欲人见,不是真善。恶恐人知,便是大恶。读书志在圣贤非徒科第,为官心存君国岂计身家?

清康熙皇帝编《庭训格言》,其中谈到"坐","训曰:大凡贵人皆能久坐。朕自幼年登基以至于今日,与诸臣议论政事,或与文臣讲论书史,即与尔等家庭闲暇谈笑,率皆俨然端正。此皆朕躬自幼习成,素日涵养之所致。孔子云:'少成若天性,习惯如自然。'其信然乎!"能否久坐,可以看出人的毅力、教养、自控能力,乃至身体状况。

曾国藩家训提及对家人的教育,谆谆告诫,多方训导,提到教育子孙"家中要得兴旺,全靠出贤子弟。若子弟不贤不才,虽多积银积钱积谷积产积衣积书,总是枉然。子弟之贤否,六分本于天生,四分由于家教。……子孙虽愚,亦必略有范围也。""以奢为尚,败家气象。余生平以大官之家买田起屋为可愧之事。凡世家子弟,衣食起居无一不与寒士相同,庶可以成大器。若沾染富贵气习,则难望有成。吾忝为将相,而所有衣服不值三百金。愿尔等常守此俭朴之风,亦惜福之道也。”

福建莆田陈俊卿为北宋名臣贤相,训导子孙“毋作非法而犯典刑,毋以众而暴寡,毋以富而欺贫,毋以赌博而荡产业,毋以谣辟而坠家声。”福建连城培田吴氏《家训十六则》内有“五戒”:“戒淫行,戒匪僻,戒刻薄,戒贪饕,戒争讼。”福建浦城章氏家训:“防家两字,曰盗与奸。败家两字,曰嫖与赌。亡家两字,曰暴与凶。”山西祁县乔致庸家训中有“六不准”:“不准纳妾,不准虐仆,不准酗酒,不准赌博,不准吸毒,不准嫖妓。”

凡是触犯戒条又屡教不改者,要送官处置,李光地《家族公约》:“有犯规条,我惟有从公检举闻于官,而与众共弃之,不能徇私庇护。”有些家族还会用死后不得入宗谱、不得葬于家族墓地的方法,例如福建浦城章仔钧家训:“败祖宗之成业,辱父母之家声,乡党为之羞,妻妾为之泣,岂可入吾祠而祀吾茔乎?岂可立于世而名人类乎哉!”

(六)洒扫应对,培根固本

1.孝亲尊老

《论语》说:“孝弟(悌)也者,其为仁之本与”,培养爱心要从孝悌起步,然后才能达成“老吾老以及人之老,幼吾幼以及人之幼”。《礼记》也讲:“立爱自亲始,教民睦也。”树立爱心从孝敬父母始,《礼记·祭义》讲:“凡为人子之礼,冬温而夏清,昏定而晨省。”时刻关注父母的健康,见诸行动中,《论语》:“父母之年,不可不知也。一则以喜,一则以惧。”具体到父母身患病症时,《礼记·曲礼上》:“父母有疾,冠者不栉,行不翔,言不惰,琴瑟不御,食肉不至变味,饮酒不至变貌,笑不至矧,怒不至詈,疾止复故。”父母的健康出现了问题,则子女没心思顾及自己的形象举止。《礼记·曲礼上》:“夫为人子者,出必告,反必面。所游必有常,所习必有业。恒言不称老。”行踪去向及时告知父母。孝顺并非仅奉养,《论语·为政》:“今之孝者,是谓能养。至于犬马,皆能有养;不敬,何以别乎?”还要心存恭敬之心,“孝子之有深爱者,必有和气;有和气者,必有愉色;有愉色者,必有婉容。”[1]自古百善孝为先,大孝无大恶。

古人讲以孝治天下,是因为孝对于人终身成长,社会安定都能起到积极作用。《礼记·祭义》讲到“五不孝”:“居处不庄,非孝也;事君不忠,非孝也;莅官不敬,非孝也;朋友不信,非孝也;站阵无勇,非孝也。五者不遂,灾及于亲,敢不敬乎?”因为礼主敬,礼使人怀有恭敬心,生活检点、努力工作、恭敬待人、诚信交往、遇事担当,就是孝。《礼记·祭义》也说,“亨孰膻芗,尝而荐之,非孝也,养也。君子之所谓孝也者,国人称愿然曰:‘幸哉有子如此!’”赡养父母是孝,但真正的大孝是对国家、对民族有担当,做出成绩并获得认可,把家国联结起来。《礼记·祭义》讲:“孝有三,大孝尊亲,其次弗辱,其下能养。”大孝能让父母安享尊荣,次一等则不让父母为之蒙羞,第三等的孝道才是赡养父母。《礼记·祭义》讲:“君子有终身之丧,忌日之谓也。”培养孝心是真情实感不断累积的过程,孔子说:“生,事之以礼,死,葬之以礼,祭之以礼。”祭祀如仪。

古代中国的尊老礼仪,在《礼记》里就有记载,虞、夏、商、周四代都用不同的养老礼,《礼记·王制》载:“凡养老:有虞氏以燕礼,夏后氏以飨礼,殷人以食礼,周人修而兼用之。”待旁人以尊长之礼,《礼记·曲礼》讲:“年长以倍,则父事之;十年以长,则兄事之;五年以长,则肩随之。”随尊长外出,“从于先生,不约路而与人言。遭先生于道,趋而进,正立拱手。先生与之言则对;不与之言则趋而退。”随父母出去,“见父之执,不谓之进不敢进,不谓之退不敢退,不问不敢对”。

2. 日常礼仪规范

仪容仪表的规整端谨,表里如一,“常视毋诳”,“立必正方”。行为举止要“游毋倨,立毋跛,坐毋箕,寝毋伏”。与人对视,“凡视,上

[1] 《礼记·祭义》。

于面则放,下于带则忧,倾则奸"。"凡与大人言,始视面,中视抱,卒视面,毋改。"行止坐卧,要"居不主奥,坐不中席,行不中道,立不中门"。捧提物品时,"奉者当心,提者当带"。餐桌上的礼仪规范,《礼记·曲礼上》讲:"毋抟饭,毋放饭,毋流歠,毋咤食,毋啮骨,毋反鱼肉,毋投与狗骨,毋固获,毋扬饭。饭黍毋以箸。"落座敬馈的礼仪,"虚坐尽后,食坐尽前"。"主人亲馈,则拜而食;主人不亲馈,则不拜而食。"待客和拜访的礼仪:"当食不叹,共食不饱","尊客之前不叱狗","君子不尽人之欢,不竭人之忠,以全交也"。宾客之礼,《礼记·曲礼上》讲:"凡与客入者,每门让于客。客至于寝门,则主人请入为席,然后出迎客。客固辞,主人肃客而入。""户外有二屦,言闻则入,言不闻则不入。""户开亦开,户阖亦阖。有后入者,阖而毋遂。"

二、德为中华传统礼乐文明之本源

礼的修为,分为外在和内在两方面。外在主要是指礼仪,言谈举止要中规中矩合于礼;内在是要有正确的道德理想和人生信念。章太炎评价孔子编《春秋》的功绩在于,"令人人不忘前王","令国性不坠",他提倡学习和践行《礼记》中的《儒行》篇:"今欲卓然自立,余以为非提倡《儒行》不可。"因《儒行》是专讲气节之书。严复在《读经当积极提倡》一文中说:"夫读经固非为人之事,其于孔子,更无加损,乃因吾人教育国民不如是,将无人格,转而他求,则无国性。无人格谓之非人,无国性谓之非中国人,故曰经书不可不读也。"梁启超认为,"《论语》为二千年来国人思想之总源泉,《孟子》自宋以后势力亦与相埒,此二书可谓国人内的外的生活之支配者,故吾希望学者熟读成诵,即不能,亦须翻阅多次,务略举其辞,或摘记其身心践履之言以资修养"。[1]

加强道德修养,注重道德实践。"德者,本也。"蔡元培先生说

---

〔1〕 梁启超:《读书指南》,中华书局2016年版,第5页。

过:“若无德,则虽体魄智力发达,适足助其为恶。”道德之于个人、之于社会,都具有基础性意义,做人做事第一位的是崇德修身。德是首要、是方向,一个人只有明大德、守公德、严私德,其才方能用得其所。修德,既要立意高远,又要立足平实。道不可坐论,德不能空谈。于实处用力,从知行合一上下工夫,核心价值观才能内化为人们的精神追求,外化为人们的自觉行动。《礼记》中说:“博学之,审问之,慎思之,明辨之,笃行之。”“天下难事,必作于易;天下大事,必作于细。”

三、礼乐文明融入中国传统司法观念

中国传统礼乐文明在成为道德和行为是非曲直准绳的同时,也成为全社会最普遍适用的权威性规范和调整各类重大人文关系的最高准则,因而具有了法的意义和功能。司法官作为传统中国秉承儒家政治理念的官僚体系组成人员,在司法实践中如何贯彻“哀矜同情”的情感表达,是中国传统礼乐文明在清代司法领域的具体表象。通过司法裁判回应传统中国的政治理念和法治理想,一方面是司法官作为执法裁判者的职责所在,另一方面也间接表达了文人群体的文化理念和人文情怀。

(一)墨子的天志与兼爱论

墨子认为“天”具有类似人格神的神秘力量,它永无息止地运行着并具有“相爱相利”的品德,“天之行广而无私,其施厚而不德,其明久而不衰,故圣人法之。……天必欲人之相爱相利,而不欲人之相恶相贼也。……故曰:爱人利人者,天必福之;恶人贼人者,天必祸之。”[1]墨子以为,人们各以己利为利而忽视他人利益之存在的做法必然导致君臣父子之间礼义悖乱、奸佞群起。那么解决方式就是:“子墨子言曰:‘以兼相爱、交相利之法易之。’然则,兼相爱、交相利

〔1〕《墨子·法仪》。

之法，将奈何哉？子墨子言：‘视人之国，若视其国；视人之家，若视其家，视人之身，若视其身……’”[1]但墨子学说的死穴在于，人与人之间的和谐必本于一种秩序，秩序的表象又一定是错落有致的，墨子将所有人毫无差别地混同在一起，正如孟子所诘责的：“杨氏为我，是无君也；墨士兼爱，是无父也。无父无君，禽兽也。”[2]

（二）汉初经学对礼乐秩序的考量

汉初自上而下“逐利”之风日盛，“今大王嫚而少礼，士之廉节者不来。然大王能饶人以爵邑，士之顽顿耆利无耻者亦多归汉。”[3]商业的兴起导致礼制混乱、道德低下，不同阶层间界限逐渐消弭，礼的调节不仅不能奏效，反而为富人所贬。“今俗侈靡，以出伦踰等相骄，以富过其事相竞。今世贵空爵而贱良，俗靡而尊奸；富民不为奸而贫为里侮也，廉吏释官而归为邑笑；居官敢行奸而富为贤吏，家处者犯法为利为材士。故兄劝其弟，父劝其子，则俗之邪至于此矣！”[4]

董仲舒把儒家伦常概括为“三纲”，即“君为臣纲、父为子纲、夫为妻纲”，其中“孝”是儒家伦常的核心，因此他认为祭天的仪式——郊祭是非常关键的。“《春秋》之义，国有大丧者，止宗庙之祭，而不止郊祭，不敢以父母之丧废事天地之礼也。父母之丧，至哀痛悲苦也，尚不敢废郊也，孰足以废郊者。”[5]董仲舒认为“圣人之道，众堤防之类也，谓之度制，谓之礼节。故贵贱有等，衣服有制，朝廷有位，乡党有序，则民有所让而不敢争，所以一之也”。通过礼治构筑一种上下有别的秩序框架，在框架之内，任何个人都有与之地位对应的服饰、仪容、用语等。他也并未以“义”排斥“利”，只是强调在逐利时

[1]《墨子·兼爱中》。
[2]《孟子·滕文公下》。
[3]《史记·货殖列传》。
[4]《新书·时变》。
[5]《春秋繁露·郊祭》。

不应忽视"义"而不择手段。

(三)宋明理学对礼乐与司法的关系辨析

程颢、程颐认为礼乐制度本身体现"天地之序、天地之和"的社会和谐状态:"天下无一物无礼乐。且置两只椅子,才不正便是无序,无序便乖,乖便不和。"[1]二程也认为礼理合一,在解《中庸》中说道:"《中庸》始言一理,中散为万事,末复合为一理。"[2]

朱熹在传承儒家传统德主刑辅的治国方略基础上,进一步提出德礼政刑理论。区分德礼与政刑,德礼为本、政刑为末。进而区分了德为本,礼为末,政为本,刑为末。主张德礼政刑综合为治,相为终始,互补偏废,从而大大丰富了儒家传统的德主刑辅思想。

1. 德与礼

朱熹认为德是"义理"即道德原则,而礼则指"制度品节",是体现德的礼仪规则和行为规范。"德者义理也,义理非礼不行,故欲以德道民者,必以礼齐民。"[3]德靠礼来推行,礼是德的保障,德为本、礼为末。朱熹强调礼治的重要性,"言躬行以率之,则民固有所观感而兴起矣,而其深浅厚薄之不一者,又有礼以一之,则民耻于不善,而又有以至于善。"[4]以礼齐民,树立区分善与不善的标准,从而辅助道德教化。

2. 德礼与政刑

朱熹主张德礼是治国之本,"德礼则所以出治之本",[5]政刑是治国之末,因为刑政不能根除为恶之心,但政刑也是治理国家必不可少的手段,提出"明刑以弼教,以期于无刑"的儒家"无讼"社会的美好愿景。

---

[1] 《二程集》,中华书局2004年版,第225页。

[2] 《二程集》,中华书局2004年版,第140页。

[3] 《朱文公文集》卷七〇。

[4] 《论语集注》卷一。

[5] 《朱子语类》卷二三。

3. 德礼政刑相为终始

朱熹认为刑罚是仁至义尽、理所当然的必要统治手段，并认为刑罚是“教之不从，刑以督之，惩一人而天下知所劝诫，所谓辟以止辟。虽曰杀之，而仁爱之实已行乎其中。”〔1〕刑罚不仅直接辅政，也间接辅助礼，最终为德创造条件。但同时需要德行教化来从根本上去除为恶之心。从而形成由德中经礼、再政而刑，又由刑而至德循环且互为始终的治国策略运作模式。朱熹认为礼法同源于天理，德礼政刑四种治国方式亦以天理一以贯之，互相依存。

四、结语

人类社会发展的历史表明，对民族和国家来说，最为持久且深层的力量是全社会共同认可的核心价值观。核心价值观承载着民族和国家的精神追求，体现着社会评判是非曲直的价值标准，核心价值观等同于传统意义上的德，国无德不兴，人无德不立。华夏文明绵延数千年，有其独特的价值体系。文化传承是民族共同体的重要组成部分，内化为国民的人生信念，“仓廪实则知礼节，衣食足则知荣辱。”〔2〕优秀传统文化已经成为中华民族的基因，植根在国人内心，潜移默化地影响着国人的思想方式和行为方式。随着时间推移和时代变迁，国人的价值体系不断与时俱进，又有其自身的连续性和稳定性。

〔1〕《朱子语类》卷七八。

〔2〕《管子·牧民》。

论近代司法官选任对法官遴选的历史镜鉴

慈海威*

【摘要】 晚清末年确立起以考试方式来选任司法官的模式，后续的南京临时政府和北京政府均对此作出承继发展，并最终形成一套契合我国社情民意的司法官选任体系。近代司法官选任中构设配套立法制度、精选选拔机关人员、严格限定应试资格以及实行全方位考察的经验做法，对于现今法官员额遴选改革的推进具有显著借鉴价值。建议从配套立法的刚性设定、遴选委员的高标严选、应试资格的明确统一、考察内容的科学设定等层面着手，有针对性地实现对法官遴选制度的优化完善。

【关键词】 司法官选任；法官遴选；制度优化；历史镜鉴

党的十九大以来，以司法责任制为核心的新一轮司法体制改革得到深入推进，全国范围内四级法院的法官员额遴选均已初步完成。截至2017年11月，"（全国法院系统）经过严格考试考核、遴选委员会专业把关、人大依法任命等程序，从原来的211,990名法官中遴选产生120,138名员额法官。"〔1〕诚然，法官员额改革取得的成效毋庸置疑，但局部地区在改革过程中所暴露出的诸多不足同样不容

* 作者系中国政法大学政治与公共管理学院2016级纪检监察学博士研究生。

〔1〕 周强：《最高人民法院关于人民法院全面深化司法改革情况的报告》，载最高人民法院官网：http://www.court.gov.cn/zixun-xiangqing-66802.html，最后访问日期：2018年6月20日。

忽视。“有关法官任用的议题,不仅关乎法治基石的司法独立问题,同时也涉及历史、司法制度等文化条件及政治环境的交互作用,影响至为深远。”〔1〕纵览域外法治诸国,尽管普遍建成了一套运转自如、沿袭有序法官的选任机制,但鲜有从现任法官群体中“二次遴选”员额法官的做法,对于我国法官员额改革可资借鉴之处相对有限。在域外模版相对匮乏的情况下,对本土法治资源的挖掘成为破解现实困境的应然之举。鉴于此,本文即选取我国近代司法官选任模式作为考察对象,以期为当前法官员额遴选改革推进提供镜鉴参考。

一、近代司法官选任制度的经验梳理

“鸦片战争后,清王朝的统治危机逐步加深,原有的司法体制已经不能适应维护统治的需要。”〔2〕为支撑摇摇欲坠的政权体系,当权者制定并出台了有关司法官选任的法规,并在法部的主持下举行了第一次法官考试,对缓解法律人才短缺的情况起到了一定成效。但是,随着清朝的灭亡,以考试的方式来选任司法官的模式随之戛然而止。南京临时政府建立后,主政者们认识到司法官的素养对于保障审判独立的重要性,孙中山先生更是提出了“通过考试制度来挑选国家人才……根据这种办法,最严密、最公平地选拔人才,使优秀人士掌管国务。”〔3〕随着北洋政府建立,1913 年 6 月,司法部在继承清末和南京临时政府司法官选任制度模式的基础上,对相关制度作出了承继和发展,并据此建立了一支职业化的司法官队伍。不可否认,上述做法是时任当权者为标榜审判独立、社会民主,以应对内忧

〔1〕 许政贤:《法官法草案关于法官任用之评析》,载《法官协会杂志》2008 年第 10 期。

〔2〕 张晋藩:《中国司法制度史》,人民法院出版社 2004 年版,第 480 页。

〔3〕 中国社会科学院近代史研究所中华民国史研究室:《孙中山全集》,中华书局 1981 年版,第 131 页。

外患时局的权宜之策。但改革中的部分举措,现今依然值得借鉴。

(一)制度为本,配套律令先行

无论清末、南京临时政府抑或是北洋政府时期,以考试的方式选任司法官的模式一经确立,即被以法律法规的方式加以明确。清末宣统元年十二月二十八日(1910年2月7日),宪政编查馆在《法院编制法》颁布实施的同时,将法部和大理院共同制定的《法官考试任用暂行章程》作为附件一并颁布,以促进《法院编制法》的相关规定在实践中能够得以具体实行。1910年5月和6月,《法官考试任用暂行章程施行细则》和《考试法官主要科应用法律章程》也相继出台,对法官考试的机构、应试资格、考试程序及内容作出规定。

南京临时政府甫一成立,法制局就拟制了《法官考试委员官职令草案》《法官考试令草案》等法规,对法官的考选和任用作出了制度性规范。[1] 1912年3月,孙中山在《咨请参议院审议法制局拟定法官考试委员会官职令草案等文》中,再次强调"所有司法人员,必须应司法官选任,合格人员方能任用。"[2]尽管,由于时局变动,相关草案法规未能如期审议颁布,但却为后继的北洋政府吸纳借鉴。

1913年11月8日,北洋政府公布并实施了《甄拔司法人员准则》,以选拔司法人员,充实司法队伍。而后,在上述制度规范的基础上,逐步完善司法官选任任用制度。1915年6月20日,北洋政府司法部援用清末制定的《法院编制法》实行四级三审制。按照该法的规定,各级审检机构中的推事和检察官,必须经过两次考试合格,方可任用。同年9月30日,袁世凯以大总统令的形式,颁布了《司法官选任令》和《关于司法官选任令第三条甄录规则》,对司法官选任

〔1〕《南京临时政府公报(第四十八号)》,载《辛亥革命资料》,中华书局1961年版,第404页。

〔2〕中国社会科学院近代史研究所中华民国史研究室:《孙中山全集:第二卷》,中华书局1982年版,第281页。

的科目、内容和规程作了明晰规定。随后,1917年10月18日,北洋政府重新公布实施了《司法官选任令》,整合并优化了旧有的来自考试令、甄录规则以及文官高等考试令中的相关内容,有利于实际操作。同年11月14日,司法部公布实施了《司法官再试典试委员会审议免试规则》,对免试的资格、程序作出详细规定。12月10日,司法部又以"部令"的形式颁布了《司法官选任令施行细则》和《司法官选任规则》,使考试的具体实施办法以及监考规则有了明确的规定。1919年5月15日,北洋政府又颁布了《修正司法官选任令各条》,对应试人的资格限制、甄录试、典试以及再试委员会的组成作了修正。纵览由清末到北洋时期的司法官遴选过程,尽管不时为时局之动荡所打断,但总体依循了相关制度规范推进。

(二)专设机构,精选组成人员

"清末司法官选任考试统一由法部组织,考官由法部奏请钦派,其中考试襄校官必须是法学专业人士,由法部从下列人员中选任:一,在京师法科大学、法政法律学堂或各省官立法政学堂充当教习或曾充任教习者;二,在京师法科大学、法政法律学堂正科毕业及在外国法政大学或法政专门学堂毕业得有文凭者;三,京师司法各部门深通法律富于经验者。"〔1〕然而,由于未设专门的考试机构,充任考官的条件又具有很大的伸缩性,加之符合条件者寥寥,以至于法部在考官实际选任过程中敷衍了事。

北洋政府以此为鉴,根据1917年颁布的《司法官选任令》和1919年的《修正司法官选任令各条》〔2〕的相关规定,设立典试委员会组织并主持司法官选任。同时,对于典试委员会组成人员设置了

〔1〕《宪政编查馆奏核订法院编制法并另拟各项暂行章程折并单》,载《政治官报:第826号》,清宣统二年正月初九日。

〔2〕《修正司法官考试令各条》,载《东方杂志:第16卷第6号》,1919年6月15日。

严苛的选任条件,并对具体的选派程序作出了明确细化的规范。司法官选任典试委员会分为两类:一类为甄录试及初试典试委员会;另一类为再试典试委员会。其中,甄录试及初试委员会设委员长一人,由司法总长于司法部次长和参事司长、大理院庭长、总检察厅检察长和首席检察官、法律馆副总裁和总纂、高等审判厅厅长及高等检察厅检察长中遴选,经国务总理呈请大总统简派;典试委员和襄校委员,由司法总长于司法部参事司长、大理院推事、总检察厅检察官、法律馆纂修、高等审判厅推事及高等检察厅检察官中遴选开列,经由国务总理呈请大总统派充;监试委员二人至六人,由司法总长于高等检察厅检察官、地方检察厅检察官中遴选,经由国务总理呈请大总统派充。每次考试结束后,甄录试及初试典试委员会即行裁撤。再试典试委员会设委员长一人,由司法部次长担任。再试典试委员八人,其中半数为常任,由司法总长于司法部参事司长、大理院推事、总检察厅检察官中选任,另外半数,由司法总长于司法部佥事、法律馆纂修、高等审判厅推事、高等检察厅检察官中遴选,临时呈请大总统派充;再试监试委员二人,由司法总长于各级检察厅检察官中遴选派任。一系列与选任机构、人员相关的制度设计,使司法官选任主管机构的实践运行趋于科学严密,一定程度上抵御了外界的干扰和内部的腐败滋生。

(三)高标优选,限定应试资格

晚清政府对参选司法官的资质要求明确而具体,除年龄在20岁至60岁外,还需要具备下列资格之一:"一,凡在法政法律学堂肄习三年领有毕业文凭者;二,举人及副拔贡以上出身者;三,文职七品以上者,以实官为限,虚职不得与考;四,旧充刑幕确系品端学裕者,以历充五年以上,并以现充刑幕者为限。"[1]上述条件中,官宦履历

[1] 《法部奏酌拟法官考试任用施行细则折并单》,载《政治官报:第911号》,清宣统二年四月初六日。

被列为参选司法官的重要资格之一,此举旨在吸纳旧时官吏进入司法官群体。同时,还设定了同等条件,即在京师法科大学毕业及在外国法政大学或法政专门学堂毕业,经学部考试,给予进士、举人出身者,视为第一次考试合格。在设置参选积极要件的同时,还设定了不允许参选的消极要件,即"有下列情况之一者,不准参加考试:一,因褫夺公权,失为官吏资格者;二,曾处三年以上有期徒刑或监禁者;三,破产未偿债务者。"[1]

后续的北洋政府在此基础上颁布法令对此作出优化,扩大了应试人员的范围。1917 年的《司法官选任令》规定:"中华民国男子,年满二十岁以上,有左列各款资格之一者,得应司法官选任。一,在本国国立大学或高等专门学校,修法政学科三年以上毕业,得有毕业证书者;二,在外国大学或高等专门学校,修法政学科三年以上毕业,得有毕业证书者;三,在经教育部或司法部认可之公立私立大学或高等专门学校,修法政学科三年以上毕业,得有毕业证书者;四,在国立或经教育部或司法部认可之公立私立大学或专门学校,教授司法官选任主要科目,继续三年以上,经报告教育部有案者;五,在外国大学或专门学校,学习速成法律法政一年半以上,得有毕业文凭,并曾充推事检察官办理审判检察事务一年以上,或在国立或经教育部或司法部认可之公立私立大学、专门学校,教授司法官选任主要科目,继续二年以上,经报告教育部有案者;六,曾应前清法官考试及格者。"[2]上述要件一定程度上弥补了清末司法官选任条件中对新式教育学历的重视不够,有助于吸纳新式知识分子参加法官考试。此外,《司法官选任令》第 4 条在清末政府设置的消极要件的基础上,对应试资格作出限制性的规定。"有左列各款情事之一者,虽

[1] 《宪政编查馆奏核订法院编制法并另拟各项暂行章程折并单》,载《政治官报:第 826 号》,清宣统二年正月初九日。

[2] 《司法官考试令》,载《东方杂志:第 14 卷第 11 号》,1917 年 11 月 15 日。

具有前两条资格,不得应司法官选任及免试。一,曾犯法定五等以上有期徒刑者;二,受禁治产或准禁治产之宣告后,尚未有撤销之确定裁判者;三,受破产之宣告后,尚未有复权之确定裁判者;四,其他法令有特别规定者。"[1]1919年的《修正司法官选任令各条》将第4条第1项内容修正为"曾受五等以上有期徒刑之宣告者"[2],这一表述无疑更为妥帖确切。

(四)综合评判,优化考察内容

清末司法官选任考试分为笔试和口试两类科目。笔试科目包括,第一次法官考试的科目:(1)第一场:奏定宪法大纲一题、现行刑律二题、现行各项法律及暂行章程二题。(2)第二场:各国民法、商法、刑法及诉讼法各一题(准由各人于报考时呈明就所学种类至少选择两题)、国际法一题、主要论说一题。第一、二场录取合格考生,仍须口试。口试以上述主要科目为考察内容。第二次法官考试仍分笔试和口试。笔试以诉讼案件为题,应详叙事实理由,并拟订判决。口试科目与第一次考试相同。[3] 值得注意的是,清末时期多数法律法规尚在制定或尚未颁行,考试内容更侧重于当时已有的宪法、刑律以及西方各国法律。

北洋政府建立后,在清末法制改革的基础上,除颁布宪法性文件和刑律之外,根据时世的发展又制定并颁布了商法、诉讼法、法院组织法等法律法规,因此相应调整了司法官选任的内容。譬如,在第一道考试甄录试中,以笔试的方式测试国文、法学通论等科目,旨在考察考生的写作功底和法律基础知识水平。甄录试及格者,方可参加初试。第二道考试为初试,又分为笔试和口试两项,主要测试考

[1] 《司法官考试令》,载《东方杂志:第14卷第11号》,1917年11月15日。

[2] 《修正司法官考试令各条》,载《东方杂志:第16卷第6号》,1919年6月15日。

[3] 《宪政编查馆奏核订法院编制法并另拟各项暂行章程折并单》,载《政治官报:第826号》,清宣统二年正月初九日。

生对中西法律尤其是现行法律掌握的程度。唯有笔试及格者，方可参加口试。笔试之科目包括宪法、行政法、刑法、国际公法、民法、商法、民事诉讼法、刑事诉讼法、法院编制法、国际私法等内容。口试科目包括民法、商法、刑法、民事诉讼法、刑事诉讼法等内容。笔试、口试，均以考试各科目平均满七十分以上者为及格。第三道考试为再试。再试以考验学习成绩为主，分为笔试、口试两种，笔试及格者，得应口试。笔试以两件以上诉讼案件为题，令应试人详细叙述事实及理由，拟具判词作答，口试方法则由典试委员会临时决定。[1]再试是对考生依法断案水平的检测以及考生熟练运用现行法规随机应变处理实际问题的能力测试。再试及格者，授以司法官再试及格证书。以甄录试、初试、再试为流程的司法官选任，不仅流程设置缜密，考试内容更是基本涵盖了当时中外部门法的基本范畴，且还对准任司法官的实践操作水平作出了考察。经由这一考选模式选任的司法官，基本符合任职专业化的要求。

二、近代司法官选任制度与现代法官遴选制度设置之比较

现代的法官遴选与近代司法官选任的时间跨度相隔近百年，世情、时况均发生了翻天覆地的变化，然而这并不妨碍现今的改革从百余年前的史料记载中吸取经验。尤其在以比较法的探究模式将二者进行比对时，我们可以更为清晰地明辨出近代司法官选任过程中的闪光之处。

（一）配套立法层级的高下立判

为保障司法官选任模式的顺利推行，无论是晚清政府、南京临时政府抑或是北洋政府，均颁布了一系列立法层级的敕令法规作为制度依循。以北洋政府为例，先是制定颁布《司法官选任令》，为司法官选任提供了基本的法律依据；而后是制定《司法官选任实施细

〔1〕《司法官考试令》，载《东方杂志：第14卷第11号》，1917年11月15日。

则》，使司法官选任的组织实施有章可循；最后又颁布《司法官选任规则》，内容涉及考生入场、座位排列、试卷发放、考场纪律及违纪处理等内容，从制度层面上明确了司法官选任的具体操作规程。三项分属不同阶段的相关立法，从原则到措施渐次展开，基本涵盖了司法官选任的方方面面。更为关键的是，随着司法官选任的辅助实施，这些法规又根据实践中的具体情况及时修正，使制度设计得以契合实践需求，一定程度上保障了司法官选任能够始终在制度化、法制化的轨道上运行。

相比之下，作为新一轮司法改革重要内容的法官员额遴选的推进，更多是依赖于中央深化改革领导小组审议通过的《关于建立法官检察官逐级遴选制度的意见》，以及由此派生出的各省市遴选委员会章程、人员分类管理改革试点方案、实施办法等。上述规定本质上属于行政指令。法官遴选改革的推进不仅在根本法《宪法》中明显缺位，即便在《人民法院组织法》《法官法》以及三大诉讼法中同样疏于体现。这就造成法官员额遴选改革，缺乏明确而有力的法律支撑。综观当今社会，法官无疑是法律素养最高、法律意识最强的一个群体。倘若没有坚实的法律依据为后盾，不仅难以令广大法官信服，相应的改革也会陷入困境。

（二）遴选委员选任标准的宽窄不一

如前文所述，作为晚清时期司法官选任考试组织者的襄校官的选任标准，体现了对必要的法学专业背景、较高的学历文化层次和丰富的司法实务经验等的综合评定。北洋政府时期的典试委员会组成人员选任更是设置了严苛的筛选程序和标准，确保用以选任司法官的人员是优中选优、精益求精。与襄校官、典试委员会一脉相承的是，现今的法官遴选委员会委员同样起到从专业角度对法官的专业化、职业化进行把关，从而实现将“优秀法官留在审判一线”〔1〕的改革目标。

〔1〕《人民法院第四个五年改革纲要（2014—2018）》，第49条。

“中立、权威、多元、专业、透明”[1]自然成为法官遴选委员会的应有价值属性。然而,现阶段法官遴选委员会的委员构成却引发了部分人士的质疑。

中央深改组审议通过的《关于司法体制改革试点若干问题的框架意见》(以下简称《意见》)明确作出设立省一级法官遴选委员会的改革部署,但于法官遴选委员会的委员构成,《意见》仅作出“由法官代表和社会有关人员参与”的表述。具体何为“社会有关人员”则未予说明。对此,原中央司改办负责人姜伟同志曾作出解读,指出“遴选委员会的组成……既有经验丰富的法官和检察官代表,又有律师和法学学者等社会人士代表。”[2]这一解读为其他群体人员进入法官遴选委员会预留了空间。实践中,法官遴选委员会委员的选任大都是由各省市依据各自的工作规则、实施办法自主制定的。这一做法固然充分调动并发挥了地方的首创精神,但也客观上造成了法官遴选委员会委员选任标准的宽窄不一,进而引发委员选任过程中的混乱无序,尤其是造成部分省市法官遴选委员会的委员构成中,具备法律专业背景以及法官工作经历的人员的比例普遍偏低。

(三)应试资格设定的粗疏有别

纵览晚清民国时期对司法官选任应试资格的设定,普遍分为准许报考的积极要件和禁止参选的消极要件。其中,积极要件部分,除年龄和学历等要求外,更侧重于对司法实务经验、西学教育经历等要素的考察。消极要件部分,在将一定程度的行政处分、司法惩戒纳入其间的同时,更是创造性地将个人经济条件乃至诚信状况一

---

〔1〕 何帆:《法官遴选委员会的五个关键词》,载《人民法院报》2014年6月27日,第5版。

〔2〕 梁福龙:《司法体制改革方案:6省试点设立法官检察官遴选委员会》,载新华网:http://www.guancha.cn/politics/2014_06_15_237972.shtml,最后访问日期:2018年6月8日。时任中央司法体制改革领导小组办公室负责人、中央政法委副秘书长姜伟在接受新华社记者采访时对法官遴选委员会的设置加以解读。

并列入考察范围。更为关键的是,无论是晚清还是北洋政府时期的司法官选任考试,其应试对象的标准在全国范围内都是整齐划一的。换言之,任何参与司法官选任的人员,无论身处何地,均参照既定标准量度。相比之下,现阶段的法官员额遴选设置,在参选标准的设定、执行等层面较于前者均相去甚远,尤其在部分相关制度的设定层面无疑显得有些粗线条。其一,缺乏统一明确的法官员额遴选标准。《人民法院第四个五年改革纲要》中,尽管设定了"确保高素质人才能够充实到审判一线"〔1〕的改革目标。但对于何为"较高素质"、如何"真正符合条件"均语焉不详。各省市法官员额遴选的标准,更多是由当地法官遴选委员会自行制定。不同省份之间、同一省份不同时期的法官遴选标准均不尽相同,这既导致了员额遴选过程的混乱无序,更造成了入额法官素质的良莠不齐。其二,在具体的法官员额遴选标准设置方面,相较于百余年前的司法官选任标准同样逊色不少。其三,缺乏禁止参与法官遴选的消极要件。法官员额遴选过程中,各省市自行制定的实施方案、工作规则等文件,普遍缺乏对禁止参与遴选的消极要件。但在改革的具体实施过程中,诸如临近退休、参加工作不久等时间要件,身体状况欠佳等健康因素均成为事实上的阻滞因素。但鉴于相关要件缺乏制度规范,往往导致本就尖锐的改革矛盾变得更加激化。

(四)考察方式内容迥然有异

在司法官选任过程中的考试方式和考察内容设置方面,同样有诸多要件值得参考借鉴。一方面,晚清政府将司法官选任划分为笔试、口试两科,对于文字写作和口头表述作出了综合考察。北洋政府更是将考试过程细化为甄录试、初试、再试三个流程,对应试者的专业知识、业务素养和实践能力作出了全方位考察。反观现今的法

〔1〕 江必新:《最高人民法院司法解释与指导性案例理解与适用》,人民法院出版社 2016 年版,第 770 页。

官员额遴选，固然在对法律专业知识考察的广度和深度等层面较于百余年前取得较大改观，但依然存在较多亟待改进之处。在考试形式方面固然有笔试的流程设计，但是各省市普遍疏于对待遴选人员口头表达能力和实践操作尤其是庭审驾驭能力的考察。通过此种考察方式遴选出的法官，理论上存在文字功底过硬，口头、实践能力不足的潜在风险。另一方面，相较于司法官选任考试将中外法律法规、应变能力、处理实际问题能力作为考察内容的设置，现今法官遴选则往往局限于对立法条文及裁判文书拟写等片面要素的考察。无论在考察的覆盖面抑或是深入度等维度，较于司法官选任考察均存有一定差距。

三、近代司法官选任制度对现代法官遴选的启示

恰如前文所述，百余年前植根于本土的司法官选任制度，在部分环节对于现代法官遴选具有较为深远的启示意义，建议有针对性地对现今法官遴选制度作相关优化修正。

（一）配套立法的刚性设定

借鉴近代司法官选任制度规章法制化的经验做法，逐步将与法官遴选制度相关的政令、规章等改革依据纳入立法体系。建议首先在与法官职业发展息息相关的《法官法》《人民法院组织法》等立法中，增设专门条款对从现任法官群体中二次遴选法官的做法作出明确规定，为相关改革的深入推进提供坚实立法基础，尽可能降低改革推进的潜在阻力。其次建议制定并颁行专门的“法官遴选法”，在将前述遴选规定纳入其间的同时，对法官遴选委员会委员和员额法官的选任标准、选任程序、免职撤职条件等一一作出明确规定。最后待相关条件成熟后，建议将由遴选法官以及员额法官的条件标准等，纳入宪法体系，以根本法的层次标准，实现对相关制度的刚性规范。

(二)遴选委员的高标严选

法官遴选任委员会委员对于法官员额资格的选任起到至关重要的作用。鉴于此,百余年前的司法官选任制度中对典试委员会组成人员设置了近乎严苛的选任标准。建议吸纳上述本土化的制度经验,全面提升对法官遴选委员会委员的选任标准要求。尤其要侧重于考察委员个体的法学专业背景、司法实践经验以及学历文化层次等要素,并适当提升前述要素在考察标准设定中的权重。除此之外,还建议对法官遴选委员会委员的个人品行、职业道德以及社会诚信度等相关要件作不低于法官标准的层次要求。倘若上述要件要求中存在瑕疵,则对相关委员的选任结果作一票否决。更为关键的是,待条件成熟后,建议将相关标准要求适时纳入配套立法以及专门的“法官遴选法”当中。

(三)应试资格的明确统一

相较于其他国家和地区,我国基于历史因素,形成了独特的法官生态体系和人员结构特征。[1] 受经济社会发展不平衡的因素影响,不同省市地区的法院、同一省市地区的不同法院之间,在法官数量、素质等人才储备状况方面的马太效应现象十分明显。这一状况也诱发了各省市自行设定应试标准,搞“闭门遴选”的改革动向。建议借鉴近代司法官选任的经验做法,在全国范围内设定明确统一的法官遴选应试资格标准要求。诚然,这一标准的设定势必会造成人才储备较多的法院有相对多的人员符合标准,而人才储备较少的法院达标人数较少的两极分化现象。但这一问题,已有学者给出了解决方案,即通过跨省市、跨地区的法官异地遴选调配模式加以解决。[2]

---

〔1〕 苏力:《制度是如何形成的》,北京大学出版2007年版,第211页。

〔2〕 田源:《铁打的“员额”流水的“官”——司改浪潮激荡下“法官自由转院”模式之构建》,载《法治论坛》2016年第1期。文中作者提出设置全国统一的法官遴选应试资格、选任标准,实行员额法官地区间调配以及允许符合条件的未入额法官赴省内异地担任法官,或赴外省再次参加员额遴选考试等系统化方案。

上述方案的提出，在实现底限公平的同时，有助于从缓解地区之间法官素质的良莠不齐的问题。

(四)考察内容的科学设定

现阶段，不同省、市法官遴选的难度系数的千差万别，导致遴选后的入额法官综合素质的参差不齐。建议参照司法官选任过程中的经验做法，由最高人民法院会同各省、市法官遴选委员会研究出台一套统一的考核标准框架，经试点推行并系统完善后再形成一套全国范围统一适用的标准化考核内容。在具体的考核内容的设置方面，涵盖对法学理论知识、实务办案能力、职业伦理操守等三大领域。其中，以笔试考试来考察法学理论功底，以模拟庭审来考察实务办案能力，以民主评议和查阅档案等方式来考察职业伦理操守。同时，建议对上述三大领域的考察内容设置不同的权重分值，实现对考试、考核结果的量化，实现优选法官的初衷。

四、结　语

毋庸置疑，限于时代境遇条件和经济社会发展水平，近代司法官选任考试制度同样带有明显的历史局限性。例如，女性无权参与司法官选任考试；又如，大量免试特权的存在，一定程度上削弱了司法官选任考试的权威性和公正性；再如，极端化的精英治国思路，使普罗大众被排斥在司法官备选群体之外，拉大了民众与司法之间的距离。但正所谓瑕不掩瑜，百余年前的司法官选任制度模式中的诸多闪光之处，不仅在当时开辟了一条由专治到法治的全新路径，更为后世及今的改革推进提供了镜鉴参照。

法治人物

【编者按】 本卷“法治人物”栏中，我们选了一篇文章，这就是号称司法鼻祖，也被民间传统上视为“狱神”的皋陶。皋陶是如何成圣成神的，他的主要事迹和思想究竟是什么，皋陶殁后享受到了何种祭祀，重新认识皋陶对今天的法制有何意义？种种缘由，文章中都有所交代。

狱神皋陶崇拜考论

邓长春*

【摘要】 在中国传统法文化中,狱神皋陶崇拜是一个非常具有特色的文化现象。皋陶本为某上古部落或其首领的名号,经过汉代人的塑造而成为法官始祖和断狱之神,享受后世的香火祭祀。自汉至清,狱神皋陶祭祀礼仪形式虽有变迁,整体格局却一直延绵不绝,非常值得考察研究。通过皋陶崇拜,可以窥见中国古代法律思想观念的演变、狱吏职业的自觉认同与民间法律信仰的多重特质,更可从中开掘出构建现代法文化所不可忽视的重要传统资源。

【关键词】 皋陶;狱神;祭祀;职业认同;民间法律信仰

皋陶其人,不仅名字传之后世,而且还被后人崇拜祭祀。向他供奉人间香火的,除了血脉上的后裔之外,还有司法事业的传人和寻求他神灵庇佑的监牢在押之人。而皋陶之所以成为古代司法相关人群顶礼膜拜、按时祭祀的对象,乃是由于其享有"狱神"之名。

一、成为狱神:皋陶崇拜的观念基础

(一)最初的身份

皋陶在古代文献中多见记载,但名字写法各有不同,如咎陶、咎繇、臯陶、皋繇、臯繇等。根据《尚书》《史记》《帝王世纪》等书记载,

* 作者系洛阳师范学院副教授。

皋陶经历尧、舜、禹三个时代。虞舜时,皋陶与禹、弃、契、伯夷、夔、垂、益、龙等同为其功德大臣。他被后人追认为与尧、舜、禹齐名的"上古四圣"之一。然而,若古籍记载为真,尧、舜、禹三位圣王都年寿超长,皋陶历仕三朝之说恐怕并非历史真实。况且,上古禅让制度本身的真实性也早已有人提出有力质疑。[1]

那皋陶的真实身份又是什么?在古文献和传说中可以觅得些许端倪。

据《史记正义·夏本纪》引皇甫谧《帝王世纪》称:"皋陶生于曲阜。曲阜,偃地,舜帝因而赐皋陶为偃姓。"相传偃地为"少皞之墟",故皋陶极有可能是东夷部落的首领之一。《路史》引《年代历》云:"皋陶,少昊四世孙。"《路史·后纪七》又载,舜帝封皋陶于皋,故称皋陶。对此,何光岳先生说:"皋陶所封的皋,当为少皞氏之墟,亦即皋陶的生地曲阜,舜帝封他于皋,是命他为少皞氏部落的酋长。"[2]

《淮南子·修务训》曰:"皋陶马喙,是谓至信;决狱明白,察于人情。"此处"马喙"当为"鸟喙"之讹。而皋陶的这种奇异长相与东夷部落崇拜鸟并以之为图腾的文化特性颇有暗合。童书业先生经过考证指出:"皋陶盖为淮夷族之祖,亦东方民族之祖先神也。"[3]可见,皋陶在东夷部落内已经有了被神化的倾向。他的这种神话色彩对于其在后世文化中的角色定位具有重要影响。

当然,皋陶也未必是确指某一个人,更有可能是指某一部族或其首领世代沿用的称号。《周礼·考工记·韗人》记载:"韗人为皋陶。"又载:"为皋鼓,长寻有四尺,鼓四尺,倨句磬折。"据郑玄解释,

---

〔1〕 例如,顾颉刚先生就曾撰文指出,禅让制乃是战国学者尤其是墨家学派所创立的乌托邦学说,不能视之为真正的古史。参见顾颉刚:《禅让说起于墨家考》,载《古史辨》(第七册下编),上海古籍出版社1981年版。

〔2〕 何光岳:《东夷源流史》,江西教育出版社1990年版,第20页。

〔3〕 童书业:《春秋左传研究》,上海人民出版社1980年版,第28页。

皋鼓以皮为面，以木为腔，制鼓用的鼓木就叫“皋陶”。[1] 由此可以推测，皋陶族应是一个以制鼓工艺著称的部族。后来，皋陶族后裔络绎南迁，在江淮一带建立了不少小国。[2] 近年来的考古发现也在不断印证此说。[3]

综上所述，皋陶的身份同其他古史人物一样，也经历了“层累造成”的过程。原本作为东夷集团一个部族或其首领名号的“皋陶”，经过后世的装扮与演绎，最终成为具有神性的上古圣人。一个是原始身份，一个是历史身份，这就是皋陶最初的两重身份。

（二）法官身份的确立

对后世而言，皋陶的历史身份显然更有意义。因为它更符合新时代的崇古心理与文化需求，故而成为被不断塑造和演绎的历史模型，最终又形成新的角色定位。

《尚书》之《舜典》《大禹谟》两篇记载，舜帝和大禹先后命皋陶作“士”，这成为关于皋陶所任职官最早、最主流的说法。而《淮南子·主术训》《史记·五帝本纪》《说苑·君道》则称其为“大理”。汉代纬书《春秋元命苞》将两说加以糅合，提出“尧得皋陶，聘为大理，舜时为士师”之说。

“士”为何官？其与“大理”有什么关系？西汉孔安国认为“士”即“理官”。[4] 东汉马融则释“士”为“狱官之长”。[5] 唐代孔颖达

---

〔1〕 作为鼓的一个组成部件，“皋陶”的用法在后世一直被沿用。例如，《元史》卷六八《礼乐志二》“宫县乐器”条记载：“晋鼓一，长六尺六寸，面径四尺，围丈有二尺，穹隆者居鼓面三之一，穹径六尺六寸三分寸之一，面绘云龙为饰，其皋陶以朱髹之，下承以彩绘趺座，并鼓高丈余。在郊祀者，鞔以马革。”

〔2〕 龚维英：《论东夷族团的分化及奉响族的南徙》，载《江汉考古》1989 年第 1 期。

〔3〕 参见姚治中《皋陶文化与巫觋活动》一文，该文分为上、下两篇，分别载《六安市专学报》1996 年第 1 期和第 2 期。

〔4〕 《尚书正义·舜典》注引孔安国传。

〔5〕 （宋）裴骃：《史记集解·五帝本纪》。

认为“士”是《周礼》“司寇”之属,和理官、狱官基本同义。张守节更将“士”等同于唐代最高专职司法长官“大理卿”。[1] 也就是说,在汉以后学者看来,皋陶的官职与法律尤其是刑事法律密切相关,认为就是司法官或监狱官,也就是古人所谓的“法官”。[2] 但疑问在于,这是否就是“士”的本义呢?

在上古文化之中,“士”本为武士之义,与军事活动密切相关。《汉书·刑法志》曾指出,三代是兵刑合一时代,士官同时具有司法官与军事官的双重含义。反观《尚书》所载,亦是如此。《尚书·舜典》载:“皋陶,蛮夷猾夏,寇贼奸宄。汝作士,五刑有服,五服三就。五流有宅,五宅三居。惟明克允。”很显然,皋陶所担任的“士”也是兼具司法官与军事官的双重含义。在《尚书·皋陶谟》中,皋陶为大禹所谋划的治国理政基本政策涉及“五教”“五礼”“五刑”“九德”“九族”等各方面问题,绝不仅限于法律问题。

况且,如若《尚书》所载属实,皋陶身为“士”而在舜、禹两代被委以重任,甚至一度成为舜、禹之下的二号人物,自然绝不可能仅仅担任司法官员那么简单。至少直到春秋时,皋陶都被人们拿来与尧、大禹、子产等圣王贤人相提并论。[3] 正如有学者所说:“传统的说法,皋陶‘造法律’,是‘理官’‘狱长’,因此被尊为司法的祖神。其

---

[1] (唐)张守节:《史记正义·五帝本纪》。

[2] 在中国古代,“法官”是一个宽泛的概念,凡是职掌删正或传习律令、审判、纠劾、监察、复核、狱政、行刑等事务的官员皆可称为“法官”,基本上涵盖今日所称的立法、检察、审判、司法行政四大系统的各级公职人员。如《商君书·定分》曰:“天子置三法官,殿中置一法官及吏,丞相置一法官,诸侯郡县,皆各为置一法官及吏。”又曰:“吏民(欲)知法令者,皆问法官。”虽皆为“法官”,以今人眼光观之,却承担着不同方面的法律职能。

[3] 《史记·孔子世家》记载:“孔子适郑,与弟子相失,孔子独立郭东门。郑人或谓子贡曰:‘东门有人,其颡似尧,其项类皋陶,其肩类子产,然自要以下不及禹三寸,累累若丧家之狗。’”屈原也曾在《离骚》中盛赞皋陶的功绩:“汤禹严而求合兮,挚咎繇而能调。”

实,这些头衔只能反映他在历史上的部分业绩。我们把《皋陶谟》与《尧典》合起来看,就会发现尧舜时期许多政治措施大多与皋陶谋划有关。"[1]

汉人对孔子所传"六经"深信不疑,然而却将《尚书》所载皋陶其他方面的功业、思想加以忽略,而独独聚焦于其法律职权。这种看法的形成自然有其观念渊源。《左传·昭公十四年》记载:"夏书曰:昏、墨、贼,杀,皋陶之刑也,请从之。"《管子·法法》亦称:"舜之有天下也,禹为司空,契为司徒,皋陶为李,后稷为田,此四士者,天下之贤人也。"此"李"即"理",也就是法官。可见,春秋战国时就已经有将"皋陶作士"理解为"皋陶担任法官"的说法。汉人只不过是将这种说法固定下来并加以发扬而已。

汉人之所以会将之固化为定式思维,恐怕与汉人崇经重律之风有关。

一方面,汉人崇经,而《尚书》等上古文献所载皋陶事迹,在法律方面的内容确实占有较大篇幅。例如,《舜典》《大禹谟》载皋陶"五刑有服""明于五刑"。《皋陶谟》载皋陶对大禹说"天讨有罪,五刑五用哉"。《大禹谟》也记载皋陶说:"临下以简,御众以宽;罚弗及嗣,赏延于世。宥过无大,刑故无小,罪疑惟轻,功疑惟重,与其杀不辜,宁失不经。"如此等等,都是后世法律制度和法律原则极重要的文献依据。

另一方面,汉人重律,社会普遍尊崇律令之学,经律兼修更成为两汉学术普遍流行的治学风格。于定国、张汤、杜周等西汉著名法官都以治律之学传家,甚至有人凭此专长而做到三公级别的高官。东汉以后,律学更盛。郭躬"少传父业,讲授徒众常数百人……三世

[1] 刘和惠:《重读〈尚书·皋陶谟〉——兼论皋陶的历史地位》,载《安徽史学》1998年第2期。

廷尉,为法名家”,[1] 钟皓“世善刑律……以诗律教授门徒千余人”。[2] 在学术界更形成“叔孙宣、郭令卿、马融、郑玄诸儒章句十有余家,家数十万言”[3]的空前盛况。在此浓烈的重律风气下,汉人解读皋陶而特别强调其法官角色,自然完全可以理解。

如此看来,皋陶与法律的紧密关联,既有时代风气的喜好倾向,又有必要的历史资源,一切顺理成章。可见,皋陶法官角色的定位是历史性选择和时代塑造的结果。

(三)法官角色的升华

汉人既已形成皋陶为法官的思维定式和一般观念,势必顺此方向进一步发扬光大。这是“层累的历史”演进的必然规律。在此规律之下,汉代以后,皋陶的法律色彩进一步丰富、充实起来,并日益展现出神性色彩。三种关于皋陶法官角色的说法日益盛行。

一是“皋陶作刑”说。如前所述,此说始见于春秋战国。《左传》中已有“皋陶之刑”之说。《竹书纪年》也载:“命咎陶作刑。”[4] 尽管该书早已亡佚,直至西晋才再现人间,但这并未影响“皋陶作刑”说在汉代的流行。战国末年赵人所作的《世本》同样记载:“皋陶作五刑。”[5]《吕氏春秋·审分览·君守》亦曰:“皋陶作刑。”而《太平御览》转引此句作“皋陶作士刑”,[6] 可能是把“皋陶作士”与“皋陶作刑”相混淆而成的结果。

然而无论如何,到汉代“皋陶作刑”之说已被当作客观事实来使用。西汉时人就已将“皋陶之法”与“今之刑”相提并论。[7] 东汉张

---

[1] 《后汉书·郭躬传》。
[2] 《后汉书·钟皓传》。
[3] 《晋书·刑法志》。
[4] 《北堂书钞·帝王部十七》。
[5] 《世本·作篇》,张澍萃集补注本。
[6] 《太平御览·刑法部二》。
[7] 《汉书·礼乐志》。

敏上疏时也提到“皋陶造法律”。[1] 汉末律家应劭所著《风俗通》的佚文说：“《皋陶谟》：‘虞始造律。’萧何成以九章，此关诸百王不易之道也。”[2]“虞始造律”所指应该就是《尚书·舜典》所载舜命皋陶为士、五刑有服的事。其后，曹操也说：“舜流四凶族，皋陶作士。汉祖除秦苛法，萧何定律。”[3]可见，汉人已将皋陶之刑视为汉律之源。这种说法甚至一直传播到后代。《太平御览》卷八三八摘引《傅子》“律是咎繇遗训，汉命萧何广之”之言，即为明证。

二是“皋陶断狱”说。前已述及，汉人普遍认为皋陶为理官或大理，亦即法官，必然要有参与狱讼的事迹。《诗·鲁颂·泮水》曰：“矫矫虎臣，在泮献馘。淑问如皋陶，在泮献囚。”郑玄解释其中的“淑问如皋陶”说：“又使善听狱之吏如皋陶者献囚。言伐有功，所以任者，得其人也。”[4]《白虎通·圣人》说：“听狱制中者，皋陶也。”可见，善于听狱是汉人对皋陶的一般看法。

汉人关于皋陶断狱的另一个重要创造，更使皋陶披上了神秘的巫师色彩，那就是神兽裁判。东汉许慎说：“獬豸，兽也，似牛，一角，古者诉讼，令触不直者。”[5]其实神兽裁判之说并不始于汉代。齐庄公“神羊判决”的故事，早在《墨子·阴鬼》中就有记载。秦代将原为楚国王冠的“獬豸冠”定为执法官专用服饰。到了两汉之际，神兽断狱的故事开始与皋陶联系在一起。王充《论衡》记载当时儒生的一种说法曰：“觟者，一角之羊也，[青色四足，或曰似熊，能知曲直]，性知(识)有罪，皋陶治狱，其罪疑者，令羊触之，有罪则触，无罪则不触，斯盖天生一圣兽，助狱为验。故皋陶敬羊，起坐事之。”[6]觟也就

[1] 《后汉书·张敏传》。

[2] (汉)应劭撰、王利器校注：《风俗通义校注》，中华书局2010年版，第584页。

[3] 《三国志·高柔传》。

[4] 《毛诗正义·鲁颂·泮水》。

[5] 《说文解字·廌部》。

[6] 黄晖：《论衡校释》，中华书局1990年版，第760页。

是獬豸。王充将此说视为荒诞不经、故弄玄虚的不实之词加以批判,却从反面证明此传说在汉人中的广泛影响。从“神羊”到“獬豸”,再到皋陶以神兽断疑狱,其中经历过怎样一个联想和加工的演绎过程,我们已经不得而知。然而,皋陶作为法官所具有的神秘色彩日渐加强,这却是事实。

三是“皋陶造狱”说。西汉黄门令史游所作《急就章》里就有“皋陶造狱法律存”的文字。[1]《急就章》是汉代教授学童识字的初级读物。“皋陶造狱”说亦因此而获得广泛传播。《新语·道基》更是对皋陶造狱的细节详加描绘:“乃立狱制罪,悬赏设罚,异是非,明好恶,检奸邪,消佚乱,民知畏法。”王充也曾说当时“皋陶作狱”之说非常流行。[2] 同“皋陶作刑”说一样,该说也和“皋陶作士”记载有关。如前文所述,东汉马融就曾将“士”解释为“狱官之长”。狱官之长主掌造狱,似乎为情理中事。汉末训诂学家刘熙著《释名》也明确讲到“皋陶造狱”之说。这种说法后为《唐律疏议》所采用。[3] 北宋官修韵书《广韵》更将“狱,皋陶所造”[4]作为客观史实加以采用。这更增加了“皋陶造狱”说的影响。

总而言之,这三种说法皆顺着皋陶即法官的思路而来,将皋陶与立法、司法、执法三大法律职能紧密连接在一起,把皋陶推上古代法文化的神坛。尤其是其中的“刑”“狱”因素,更将皋陶的法律角色进

---

〔1〕《后汉书·张敏传》李贤注引。《太平御览》卷六四三《刑法部九》则引作“皋陶造狱”。

〔2〕《论衡·谢短》曰:“法律之家,亦为儒生问曰:‘《九章》,谁所作也?’彼闻皋陶作狱,必将曰:‘皋陶也。’”

〔3〕《唐律疏议》卷二九《断狱》篇疏议曰:“《断狱律》之名,起自於魏,魏分里悝《囚法》而出此篇。至北齐,与《捕律》相合,更名《捕断律》。至後周,复为《断狱律》。释名云:‘狱者,确也,以实囚情。皋陶造狱,夏曰夏台,殷名羑里,周曰圜土,秦曰囹圄,汉以来名狱。’然诸篇罪名,各有类例,讯舍出入,各立章程。此篇错综一部条流,以为决断之法,故承众篇之下。”

〔4〕《广韵·入声三烛》。

一步定格在刑事司法官和监狱长官始祖的形象上，这就为确立皋陶的“狱神”地位提供了观念基础。

二、香火不绝：皋陶崇拜的时代流变

（一）汉代：皋陶祭祀之始

作为狱神的皋陶得享后世香火，绝不仅仅来自血亲苗裔，还来自一群全无血脉关联的后人。宋代笔记《泊宅编》卷四记载：“今州县狱皆立皋陶庙，以时祀之，盖自汉已然。”汉代祭祀皋陶最典型的事例发生在汉末党锢之祸期间。

《后汉书·党锢列传·范滂传》记载：

> 后牢脩诬言钩党，滂坐系黄门北寺狱。狱吏谓曰：“凡坐系皆祭皋陶。”滂曰：“皋陶贤者，古之直臣。知滂无罪，将理之于帝；如其有罪，祭之何益！”众人由此亦止。

范滂受汝南太守宗资之请而出任掌管人事的功曹，因为“严整疾恶”而遭人怨恨，被诬告结党。范滂与他的“党徒们”刚被收押到黄门北寺狱，狱吏就提出，要他们祭拜皋陶，并说“凡坐系皆祭皋陶”。这段材料告诉我们以下几层信息：

首先，汉代黄门北寺狱等监狱中必定有专供祭祀皋陶之所。汉代各级行政长官都有部分的刑狱权限，所以各级官署之内都设有监狱。由于深受阴阳观念影响，汉代监狱通常设立于廷府之北。[1] 祭祀皋陶之所也当在廷府之北。此外，《论衡·是应》记载，为使各级官吏都不敢违法，当时官府都有画有皋陶、觟形象的壁画，从而起到警示作用。由此推断，汉代皋陶祭祀的祭拜对象也极有可能采用皋

---

〔1〕 应劭曰：“廷者，阳也，阳尚生长。狱者，阴也，阴主刑煞。故狱皆在廷北，顺其位。”（汉）应劭撰、王利器校注：《风俗通义校注》，中华书局 2010 年版，第 585 页。

陶与獬豸画像的形式。尽管祭祀皋陶的设置布局、礼仪规范都不能详知,也可能各有差别,未有统一要求,然而却可以据此推断,皋陶祭祀处应是当时各级监狱的一般配置。

其次,凡是被关押之人,往往都会祭祀皋陶,而且不限时段,这应该已经是不成文的惯例。由于古代监狱以关押审讯之前的嫌犯为主,其功能相当于今日看守所与监狱之结合体。故而当时相当一部分在押人员祭拜皋陶应该是一种主动行为,以祈求狱神皋陶保佑洗刷冤屈为目的。故而狱吏所提出的只是建议,而非强制要求。至于狱吏是否会有祭祀活动,材料没有显示。据常理推测,应该有。

最后,通过范滂之言也可探知皋陶在汉人心目中的地位和形象。他说皋陶是“贤者”“古之直臣”。而据《太平御览》所引《续汉书》记载,该材料中“帝”之前还有一个“上”字。也就是说,范滂的原话当是“知滂无罪,将理之于上帝;如有其罪,祭之何益”。[1] 这显示出,当时一般人都认为皋陶已经是半人半神的存在,既是古代的直臣贤者,也是上帝身边的神灵。而其之所以能够成为神灵,则源于他公正神明的法官身份。一同被关押的众人听到范滂的话之后,也都没有去祭拜,可见范滂的话及其背后的潜在观念为众人所普遍认同,包括狱吏在内。

通过该段材料对狱吏、范滂及众人言行的记录,一个公正、神明并且已经被请上祭坛的狱神皋陶形象,呼之欲出。宋人方勺所谓“皋陶祭祀始于汉”之说,即是以此案为据。至于此案之前的情况,在未见新的材料之前,只能付之阙如。

接下来要讨论的是促使皋陶走上祭坛的时代背景,即是什么因素促成从圣人皋陶到狱神皋陶的转变。

众所周知,汉代社会思想观念杂糅多端,头绪纷纭。汉初奉行道家黄老学说,法家思想也很强势。自武帝时期开始,经过董仲舒改

---

〔1〕《太平御览·刑法部九》。

造之后的儒家学说开始占据正统位置,但此时的儒学吸收阴阳五行之学,鼓吹天人感应之说,显得杂而不纯。尤其是,附会儒家经典的谶纬神学日渐大行其道,使经学走向神秘化和庸俗化。伪造出来的谶纬著作甚至编造出各种传说神化孔子。这在当时引起群起效法的效应,各种神话故事大量涌现,甚嚣尘上。王充《论衡》对此就多有反映。

与此同时,皋陶在汉人心目中地位日益尊隆。班固作《古今人表》将皋陶列为上中"仁人"之列,[1]与伊尹、姜尚、管仲、子产等古代名人并列,可以为证。谶纬造神运动当然不会放过皋陶这个上好素材。汉代纬书《春秋元命包》编造皋陶生而天有异象、长而明于刑法的精彩故事,就是一个显著的例子。[2] 而汉人将獬豸神兽和皋陶断狱联系在一起,也是同样的道理。

总之,汉人对皋陶之尊崇,加之对其法官身份的认同,再加上谶纬造神运动的风气影响,因此而有法律界和社会上的皋陶崇拜。法官狱吏们逐渐树立起自己的职业神加以祭祀,在押囚犯及其亲朋故交通过祭祀祈求皋陶大显神灵、辨白正污,也就成为理所当然之事。

(二)西晋皋陶祭礼之议

皋陶自汉代始成为狱神,祭祀活动一直未断。至西晋时,关于皋陶祭祀之礼又引发一场小小的争议。通过史籍对此次皋陶祭礼之争的记载,又可看到皋陶祭祀在汉晋之间的演变。

---

〔1〕《汉书·古今人表》称为"咎繇"。

〔2〕例如,《艺文类聚》卷九九《祥瑞部下》:"《春秋元命包》曰:尧为天子,季秋下旬,梦白虎遗吾马啄子,其母曰扶始,升高丘,睹白虎,上有云感已,生皋陶,索扶始问之,如尧言,明於刑法,罪次终始,故立皋陶为大理。"《太平御览》卷三九七《人事部三十八》所载略同:"《春秋玄命苞》曰:尧为天子,梦白帝遗吾马喙子。其母为扶,始升丘,睹白帝上有云虎,感已生皋陶。(此尽梦所见告之辞也。云虎,有云状如虎。)尧聘,索状如。问之如尧言,徵与语,明於刑法。"

清人沈垚说:“六朝人礼学极精……史传上所载多礼家精粹之言。”[1]西晋初年,荀顗、羊祜等人受命制定新礼,完成165篇的《晋礼》文本。这是对汉魏以来的五礼制度进行系统总结和大胆改革的一种尝试。太康初年,晋武帝灭吴。完成统一大业之后,开始着力讨论国家制度,于是掀起议礼热潮。尚书郎挚虞对新礼提出若干纠正意见,其中就涉及皋陶祭祀的礼仪问题。

《晋书》卷一九《礼志上》记载:

> 故事,祀皋陶于廷尉寺,新礼移祀于律署,以同祭先圣于太学也。挚虞以为:“案《虞书》,皋陶作士师,惟明克允,国重其功,人思其当,是以狱官礼其神,系者致其祭,功在断狱之成,不在律令之始也。太学之设,义重太常,故祭于太学,是崇圣而从重也。律署之置,卑于廷尉,移祀于署,是去重而就轻也。律非正署,废兴无常,宜如旧祀于廷尉。又,祭用仲春,义取重生,改用孟秋,以应刑杀,理未足以相易。宜定新礼,皆如旧。”制:“可。”

《太平御览》卷二三一《职官部二十九》也记载:

> 挚虞《新礼仪》曰:故事,祀皋陶于廷尉寺,祀以社日,新礼改以孟秋之月,以应秋。

依据这两则史料可知,在西晋之前,皋陶祭祀的礼仪规范已经日渐完备。就中央这一层次而言,皋陶祭祀的仪式、时间、地点都已被固定下来。

其一,皋陶祭祀的时间已经确定。依照汉魏惯例,即所谓“故

---

〔1〕(清)沈垚:《落颿楼文集》卷八《与张渊甫书》。转引自陈寅恪:《隋唐制度渊源略论稿·唐代政治史述论稿》,三联出版社2001年版,第7页。

事”,祭祀时间为每年的社日。社日是古代祭祀土神的日子,汉之前只有春社,汉以后开始增加秋社。故皋陶祭祀有春祭和秋祭之分。据挚虞所说,时间大体上应该在仲春和孟秋。

其二,皋陶祭祀的地点也已经确定,即廷尉寺狱。廷尉寺是汉魏以来的最高审判机关,同时还设有监狱。笔者认为,祭祀皋陶处当在监狱之内或者附近,因为这与其狱神身份相匹配。

其三,皋陶祭祀的主体更加明确。汉代祭祀皋陶者多为在押囚犯,他们想要通过祭祀来为自己洗脱罪名。而狱吏是否参与祭祀,并无直接史料证据。而此则材料则明确说明,当时的祭祀队伍中既有私人在押犯也有官方狱吏。其中,后者是把皋陶作为司法行业鼻祖来加以祭祀。这就如同太学祭祀孔子一样。

按照常理来讲,在遵循传统的中国古代社会,既然前代已有固定制度,且已成为“故事”,后代自觉遵守也就是了。然而西晋为表明新朝新作为,非要制定新礼。可是,通读《晋书·礼志》即可发现一个现象,新礼中有大量的新规定都引起了礼学家的争议,而最终的处理结果通常都是“如旧”,亦即恢复传统做法。皋陶祭祀之礼也是如此。

新礼对皋陶祭祀之礼最大的改革就是,将祭祀地点由原来的廷尉寺,转移到“律署”。律署是什么机构?史书并无记载。根据前文材料中“同祭先圣于太学”之语,可以推断律署应该是负责传授、研究或制定法律的机构。[1] 这从挚虞提出的反对意见中也可以找到

〔1〕“律署”究竟是什么样性质的机构?限于文章体例,不宜在正文多费笔墨,故将笔者的猜想与判断列在注释中,以供有识君子批评指正。依据挚虞之言可以得到关于律署的三条信息:涉及律令创设、职位卑于廷尉、废兴无常。用这三个条件加以衡量,笔者认为应该指的是定科曹。魏晋时都曾在尚书台置有定科郎之职,主要担任修订律令的职责。西晋裴楷就曾以此身份参与泰始律的制定。南朝官制承袭两晋,设置尚书删定郎行使定科郎的职权。南梁尚书删定郎蔡法度主持制定律令有功,被梁武帝擢拔为廷尉卿,以示褒奖。由此可推,魏晋定科郎地位俸秩也应该低于廷尉卿。而且这个官职并不常设,故而在《晋书·职官志》《宋书·百官志》中都没有定科郎或删定郎的记载。综上可以推测,西晋定科曹参与制定律令,地位低于廷尉,而且兴废无常,应该就是此处所说的律署。

依据。挚虞反对改变祭祀地点的理由有二:其一,皋陶之所以被尊为狱神,是由于他断案如神,公正严明,而非创设律令有功。换句话说,他在司法领域的贡献远大于立法领域的贡献。所以祭祀地点还是应该留在负责司法的廷尉寺,而不是负责研究或制定法律的律署。其二,太学地位甚高,比太常还要隆重,所以在太学里面祭祀孔子,足以显示对孔子的尊崇。而相比之下,律署地位卑于廷尉,如果将祭祀地由廷尉转移到律署,实际上是降低了皋陶祭祀的规格级别。而且律署兴废无常,不足以保证祭祀的常规化。由于挚虞的反对理由十分充分,因而得到朝廷采纳。

此外,挚虞也提出改革旧礼的意见。即将祭祀时间由一年两次改为一次,取消春祭,保留秋祭。其理由来自于阴阳观念。他认为,春属阳,秋属阴,仲春祭祀是为了体现春天的生机,秋天祭祀是为了体现秋天的肃杀。而皋陶掌管司法刑狱,自当属阴,与春祭不符。他的建议,也得到朝廷采纳。自此以后,中央官方举行的皋陶祭祀就确定为每年的秋季在廷尉寺举行。

(三)南北朝以后的皋陶崇拜

南北朝以后,皋陶的法官和狱神形象依然光辉高大,皋陶崇拜与皋陶祭祀也被一直保留下来,直到清末。

南朝社会轻视法律等实务工作,故而史籍中很少见到皋陶祭祀的记载。但这并不意味着皋陶祭祀就已经绝迹于南朝。因为皋陶狱神观念由来已久,已经形成深厚的法律文化而融入民间信仰之中,自然不会轻易断绝。与南朝形成鲜明对比的是,北朝君臣重视法律,当时的法官也喜欢以皋陶标榜。北魏孝文帝拓跋宏就曾当众表扬任城王拓跋澄“寻其罪案,正复皋陶断狱,岂能过之”。[1] 北魏律学名家高允也曾感慨“皋陶至德”。[2] 崔浩更被道士寇谦之赞为

---

〔1〕《魏书·任城王云传附子澄传》。

〔2〕《魏书·高允传》。

"当今之皋陶"。[1]

而在南北朝时,皋陶崇拜又增加了新的内容,即皋陶的忌日成为司法机关暂停审讯囚犯的日子。《太平御览》引《杂五行书》曰:"皋陶以壬辰日死,不扣坷罪人成罪也。"[2]前半句提到皋陶死的日子是壬辰日。但是后半句文义不通,无法知道皋陶的忌日在当时有何意义。但据《敦煌文书》可知,这句话的准确说法应为:"皋陶以壬辰日死,不得此日劾罪人。"[3]由此可知,在南北朝时,每到壬辰日这一天,官方司法机构有不得审讯犯人的惯例或者规定。而这是由于壬辰日是皋陶的忌日。当时的法官和狱吏就以此来作为对狱神皋陶的纪念。

唐代的统治者自称是皋陶、老子之后,开元年间还曾追尊皋陶为德明皇帝。[4] 但是,皋陶终李唐之世都没有被请入皇室宗庙。可能李唐皇室自己对这种牵强附会的说法都不甚自信吧!因此,皋陶祭祀仍以狱官祭祀为主,其身份仍被定位为狱神。

到了宋代,关于皋陶造律听狱的说法仍然很流行。[5] 依据前引《泊宅编》记载,宋代州县狱都立有皋陶庙,以时祭祀。宋人袁文在《瓮牖闲评》卷二中也记载:"今州县狱皆立皋陶庙,以时祀之。盖皋陶,理官也,州县狱所当祀者。"这是首次出现在祭皋陶处单独立庙的记载。这种方式为后世所延续,并成为中国传统司法文化的一个重要内容。

从明清以来存留下来的府县衙门遗迹,仍可以看到皋陶祭祀的

---

〔1〕《北史·崔宏传附子浩传》。

〔2〕《太平御览》卷六四一《刑法部七》。

〔3〕李德范:《敦煌西域文献旧照片合校》,北京图书馆出版社2007年版,第104页。

〔4〕《旧五代史·礼志上》。

〔5〕例如,南宋杂史《路史·少昊记》记载:"大业取少典氏女曰华,生繇,虞帝求旃以为士师,繇一振褐而不仁者远,乃立犴狱,造科律听狱中为虞之氏,而天下无冤,封之于皋,是曰皋陶。"

传承。例如,明代地方州县志中所记载的州县衙署建筑的布局构造中,多数都有狱神祠或狱神庙的设置。[1] 明人沈鲸撰写的传奇昆剧剧本《双珠记》第十八回《处分后事》中说:"误婴缧绁属皋陶,咫尺天光不照。"应该就是以狱神皋陶庙代指整个监狱。而清人施闰章纂修的《登州府志》卷一一《庙坛》也记载:"狱神庙,一在府治狱内,一在县治狱内。岁一祀。"可见,当时狱神祭祀的礼制仍然延续着西晋以来一年一祭的惯例,而且可以推断其祭祀的时间应该是孟秋时节。其后,在清末新政中出现的按照近代监狱理念建立起来的新式监狱——天津习艺所,也仍然保留着狱神庙的设置。[2] 而今存河南省南阳市内乡县衙内的狱神皋陶庙,则为今人所能见到的狱神庙的实物真容。

据现有资料显示,明清时期的监狱多处于地方衙署建筑布局中的西南方,其附近就有狱神庙、衙神庙、萧曹庙、土地祠等祭祀性建筑。[3] 监狱官长经常在这些场所中进行各种祭祀活动,一来表示对刑狱事务的恭敬审慎,二来警示狱吏恪尽职守,起到"神道设教"的作用。[4] 对于这些祭祀活动,曾德昭《大中国志》记载:"(明朝)每座监狱都有一座或两座庙,每月阴历初一、十五狱吏都要去献祭,祭品一般有一只鸡、一块猪肉、两条鱼、馒头、果品及其他物品。他们把其中一些祭品用水略煮一下,那只鸡仅煮到可以把它直立在庙前的桌上,其他东西则整齐地放在它的四周,摆一个时辰后,他们就把

[1] 参见何朝晖:《明代县衙规制与日常政务处理程序初探》,载《安徽大学学报》(哲学社会科学版)2005年第6期。

[2] 黄卫:《天津老监狱　皋陶做狱神》,载《天津青年报》2003年11月12日。

[3] 参见张海英:《明清时期山西地方衙署建筑的形制与布局规律初探》,太原理工大学2006年硕士学位论文。

[4] 清代震钧《天咫偶闻》卷二《南城》摘录濮文暹所著的《提牢琐记》中文说:"诸神朔望则祀,履任则祀,报赛日则祀,勾决日则祀,必躬亲,香帛虔洁,宜专厥司,庶几覆盆之中,亦有临质。神道设教,用佐官箴。"

这些东西拿走,重新烹调鱼和肉,味道鲜美,然后他们举行一次宴会。"[1] 这里的庙应该就包括狱神庙等祭祀场所。狱神祭祀的过滥则反映出当时地方狱政的黑暗。

关于狱神信仰,有学者曾指出,明清以后的狱神信仰又增加了新的祭祀对象:萧何、亚薵、杨继盛等人。[2] 然而实际上这些都不足以冲击皋陶的狱神地位。

首先,萧何的受祭身份值得辨析。萧何是西汉开国功臣,因制定《九章律》而名垂法史,成为后世祭祀的对象也并不足为奇。例如,南宋学者洪迈《夷坚志·支乙》卷九"宜黄青蟗"条记载:"宜黄县狱有庙,相传奉事萧相国,不知所起如何也。"明代姚宗仪《常熟私志》也记载:"萧王,邑之土地也,祀于县狱。"但是,这并不等于萧何就自然成为狱神。其理由,前文提到的西晋礼学家挚虞早已言明。狱吏祭祀狱神,不在于其能够制定法律,而在于其能断案如神。据此,萧何被奉为狱神的说法并不属实。明清以来,地方衙署中的监狱附近确实有祭祀萧何的建筑,但那并不是狱神庙,也不是土地祠,而是称作鄼侯庙、萧王堂或者衙神庙。[3] 至于有后人乃至当时人将二者混淆的情况,则是另外一回事。

其次,明代的亚薵、杨继盛、王世贞、史朝宾、刘时宁和清代康熙年间的阿世图成为狱神的事迹则分别记载于清代王士禛的《香祖笔记》、李渔的《谈异》和濮文暹的《提牢琐记》。但这些人物的事迹都局限在特定的时间和区域范围内,传播并不广泛,因而影响并不大。而《提牢琐记》更是写道:"狱有神,有总司,有分司,统尊之曰狱神。在祀典者,若关帝、龙神、门神。他若佛典之大士、阎罗、社公;若道

---

〔1〕 [葡萄牙]曾德昭:《大中国志》,何高济译,上海古籍出版社1998年版,第166页。

〔2〕 贡振羽:《狱神信仰初探》,载《中北大学学报》(社会科学版)2012年第2期。

〔3〕 张海英:《明清时期山西地方衙署建筑的形制与布局规律初探》,太原理工大学2006年硕士学位论文,第27页。

流之太乙、药王、瘟部、火部,皆为位以祀。"这里所说的"狱神",实际上是指监狱附近所供奉祭祀的各种神祇,是一般意义上的泛称,绝不是特指司法狱吏始祖。因而这并不能证明皋陶狱神地位的淡化或者消失。不过这也说明,明清以后的狱神祭祀确实增加了新的时代因素,受到佛道宗教乃至于民间信仰中神仙体系的影响,展现出狱神系统化的趋势。

三、神道设教:皋陶崇拜的法文化意蕴

皋陶崇拜纵贯二千年之久,在中国古代法制史和法文化史上,是一个非常值得重视和讨论的现象。概而言之,皋陶崇拜现象与祭祀制度的传承,折射出中国传统司法中丰富而又深刻的法文化意蕴。

(一)皋陶崇拜与古代狱吏的职业认同

从中国传统法律职业尤其是司法职业的角度来说,皋陶祭祀是其从业人员的职业归属感和自我认同感的集中体现。清人纪昀说:"百工技艺,各祠一神为祖。"[1]行业神最起初的来源就是自己行业的开创者。皋陶成为狱神,首先满足的是司法审判职业和监狱职业追根溯源的行业需求。皋陶作为上古圣贤,本身就享有崇高地位。同时又兼具从事司法断狱工作的经历,因而也就被后世的法官和狱吏认定为行业祖师爷来加以祭拜。而后,皋陶的身份角色进一步抽象化、简易化和单一化,成为监狱所独有的祭拜神。这里面所暗藏的深层次原因,需要从古代司法职业的社会地位和职位属性来加以理解。

传统皋陶祭祀的主体人群是狱吏。在中国传统社会中,官、吏自古有别。相比于高级司法官职业定位的模糊性而言,下层狱吏的职业前景则显得更加简明和清晰。作为收入微薄、职位卑贱、身处浊流的底层公务人员,狱吏自始就基本上断绝了仕途升迁的可能。他

---

〔1〕(清)纪昀:《阅微草堂笔记》卷四《滦阳消夏录四》。

们掌握着法律的专业知识，操纵着当事人的生死命运，承担着最为繁杂、琐碎的司法实务工作，整日面对最为残酷、血腥的审讯和行刑场面。然而他们却遭到上层官员的鄙视和儒生学者的讥讽，同时又常被普通百姓所惧怕乃至于憎恶和怨恨。而在他们身后更是紧跟着一个“刑官无后”的心理阴影。[1] 专业知识和生杀大权带给他们自负的荣誉感的同时，社会其他阶层的种种负面评价又给他们带来极大的挫败感乃至于精神压力。在这样的扭曲和刺激之下，他们便加倍显示出苛酷刻薄这一本属于法律职业的特有气质，甚至大量出现刑讯逼供、枉法定罪、罗织罪名的丑恶现象。这就使这个职业更加恶名远扬。

秦代法密政苛，刑罚峻急。汉人认为重用狱吏是秦短命而亡的弊端之一，[2] 然而汉代仍是酷吏横行的时代。曾经统领百万汉军的周勃受辱之后才知“狱吏之贵”的感慨，[3] 太史令司马迁“见狱吏则头枪地，视徒隶则心惕息”[4] 的惊悚，大将军何进在处理宦官问题上由于不认同曹操“一狱吏足矣”[5] 主张而遭遇的惨祸。这些留在后人脑海之中的狱吏事迹，所树立起来的却是“负面的高大形象”。

在此舆论环境中，寻找行业创始人，树立行业祖师爷，并以此确立行业自信，强化职业认同，增加行业荣誉感，也就成为整个狱吏行业十分迫切的心理需求。同时又恰是在汉代，皋陶不仅地位崇高，而且他与法律的密切关系更被汉人不断强调和渲染，狱吏们也就顺理成章地选择皋陶作为自己的祖师爷和职业神。

[1] 张建伟：《司法迷信与司法公正》，载《法制资讯》2013 年第 11 期。

[2] 西汉著名的司法官路温舒曾上《尚德缓刑书》称：“臣闻秦有十失，其一尚存，治狱之吏是也。”事见《汉书·路温舒传》《汉书·刑法志》。

[3] 《史记·绛侯周勃列传》。

[4] 《汉书·司马迁传》。

[5] 《三国志·魏书·武帝纪》注引《魏书》。

(二)皋陶崇拜与民间法律信仰

皋陶狱神地位的确立,既有狱吏群体的职业自觉,也离不开民间法律信仰的推动。而且,同一个"狱神"皋陶在两个不同视角中所展示出来的形象也有显著差异。狱吏在祭拜皋陶的仪式中寻求的是自己职业的神圣性和自尊感,而刑狱当事人则将洗刷自身冤屈的美好期望寄托在虔诚的祭祀之中。这种发自内心的虔诚心态,同时带有为私的目的和非理性的色彩。正是在这样的文化背景之中,范滂充满理性逻辑的言辞不仅征服了在场的狱吏和"众人",也获得了史家的欣赏,并因此而在史册之上留下了自己的名字。

然而不可否认的是,皋陶的狱神崇拜在民间信仰的整体氛围之中,最终还是难免虔诚、非理性的特质。不过,它却也因此深深扎根民间,展现出与狱吏祭拜不一样的法文化属性。

首先,皋陶断案如神的司法官形象,在民间深入人心。尽管狱神庙常被放在监狱之内或者附近,一般百姓很难接触得到,但这并不影响其在民间信仰中的地位。而在民间法律信仰之中,参与祭祀皋陶的人群,除了狱吏最主要的就是在押囚犯或者与他们相互关联的人。正因如此,狱神皋陶在狱吏那里是"监狱之神",在百姓那里却是"断狱之神"。

汉代皋陶用神兽断案的故事在民间广为流传,大大增加了他在审案断狱过程中的神性色彩。西晋挚虞也说皋陶的功绩最主要的是断案,而非制定律令。1976 年在江苏省淮阴市泗阳县(今属江苏省宿迁市)发掘出土的打鼓墩樊氏墓中,有画像石作品《皋陶治狱图》(见附件 1、2),以鲜活生动的线条形象展示出魏晋时期民间法律信仰中的皋陶断案形象。[1]

此后,皋陶神断的司法官形象,更多出现在历代文学作品中。唐

---

〔1〕 张春宇、刘振永:《浅析魏晋时期画像石〈皋陶治狱图〉的艺术特色》,载《江苏教育学院学报》(社会科学版)2010 年第 3 期。

代李白的《鲁郡尧祠送窦明府薄华还西京》诗中说:“何不令皋繇拥篲横八极,直上青天挥浮云。”清代黄遵宪的《赤穗四十七义士歌》则说:“国家明刑有皋繇,定知四十七士同作槛车囚。”可见在古代民间的法律观念中,皋陶更多是以带有神性的司法官形象而为人所牢记。即便到了近代,皋陶仍被作为善断的神明法官而加以崇敬。鲁迅《故事新编·理水》说:“你竟这样的侮辱我!说我不是人!我要和你到皋陶大人那里去法律解决!”由此可以清晰地感觉到,相比于狱吏的职业认同,民间更加强调狱神皋陶在明辨是非、证人清白上的神奇能力。这透露出民间社会对于司法公正的汲汲渴望与殷切期待。

其次,在民间演绎中,皋陶的神话色彩不断加重,并对其他法律文化与民俗信仰形成深刻影响。

皋陶形象的神化首先体现在对其外貌形象的描绘和演绎上。《荀子·非相》记载:“皋陶之状,色如削瓜。”《淮南子·修务训》则称皋陶嘴似鸟喙而又声音沙哑。对皋陶异于常人甚至于带有生理缺陷性质的外貌的描绘大大增加了皋陶的神性。在明清小说《水浒传》第40回中,宋江、戴宗在行刑之前被带到“青面圣者神案前,各与了一碗长休饭、永别酒”。这里的“青面圣者”指的就应该是皋陶。而其青绿色的面庞更与后世黑脸包公的形象存在千丝万缕的联系。[1]

皋陶形象的神化还体现在民间误传的迷信邪说。《宋史·忠义传九·何时传》记载,南宋末年的临江军郡狱相传,有一个贼寇被斩杀之后,他的尸体仍能行走一里路。盲目轻信这个说法的狱吏都认为这件事情很神奇,于是就把这个寇贼的尸体用泥土塑成一座“肉身皋陶”。恰在此时出任司理参军的何时认为,这个寇贼杀人越货,

〔1〕 尚琤:《皋陶的青面和包公的黑脸——中国古代文化中法官的形象》,载《人民法院报》2005年12月15日。

干尽坏事,怎能与神圣的狱神皋陶一样得到祭祀呢! 于是他就命人对其进行鞭尸,然后沉入河水之中。这个例子所反映出的,就是皋陶被神化在民间社会所造成的一种法律观念的扭曲。

此外,皋陶形象的神化还与民间的宗教信仰存在观念上的联系。例如,佛教神仙系统中的地藏王菩萨,他的坐骑名叫谛听。据说这只神兽能分辨世间一切善恶贤愚,因而在《西游记》中成了真假美猴王最终的裁判者,可见谛听有神奇的折狱能力。而今存九华山文物馆的清康熙年间青铜谛听像,其头顶上的独角形象也让人浮想联翩。[1] 地藏王菩萨的通灵神兽谛听,与皋陶的断狱神兽獬豸,二者之间如此相似,想来绝非偶然。由于文献不足的缘故,我们不能直接断言谛听就是受到獬豸影响的产物。但这其中所渗透出来的传统法律文化与佛教文化在民间信仰层面上的交集与对接,却是十分显见的事实。

最后,正是由于皋陶祭祀所展现出来的法律观念深深扎根于民间的信仰世界,因而才使皋陶祭祀和皋陶崇拜在漫长的岁月中延续不绝。今山西省洪洞县甘亭镇有士师村(又称皋陶村)、羊獬村,附近有始建于元代之前的虞士师祠、皋陶陵冢,当地人每年按期进行祭祀。而据北魏郦道元《水经注》、唐人李泰《括地志》等书记载,安徽省六安市也有皋陶墓。清同治八年(1869 年)在此地立有"古皋陶墓"碑,1989 年被安徽省政府定为省级重点文物保护单位。这些都可以说是皋陶祭祀在民间留下的另一种文化遗产。

(三)皋陶法文化的时代价值

"破除迷信是作为一种整体性的改造计划出现在现代中国兴起过程中的,因此,身处变迁时代的行业神崇拜必定也构成了被批判

[1] 今安徽省池州市青阳县境内九华山文物馆存有清代康熙年间铸造的谛听像。长 84.5 厘米,高 72.5 厘米,重 125 公斤,独角、犬耳、龙身、虎头、狮尾、麒麟足。尤其是其独角形象尤为令人浮想联翩。

的一端。"[1]近现代以来的反迷信运动,使皋陶祭祀的传统走向没落。在中国存在近二千年的皋陶祭祀现象在今日中国早已销声匿迹,无影无踪。然而,需要言明的是,皋陶祭祀并不等同于迷信,其所蕴含的法文化价值至今仍有其意义。

狱神皋陶祭祀的法文化价值最主要的还是体现在思想意识层面,而非制度层面。皋陶祭祀庄重严肃的现场气氛和烦琐程式的礼仪安排,所透露出来的是对狱神皋陶的由衷敬佩和虔诚皈依。《论语·八佾》说:"祭如在,祭神如神在。"祭祀这种事情本即以"信则有、不信则无"的心灵反应为前提。而且,祭祀氛围感染的力量是无穷的,正所谓"以礼义事神明谐众志"。[2] 皋陶祭祀的礼仪留下的更多是"慎终追远,民德归厚"特殊情境下的群体认同和民间对公正司法的朴素信念。

明清时期,狱神庙之类的祭祀性场所常被用作囚犯作誓言和抽签的地方。[3] 正如作家刘心武所说:"狱神庙是个具有特殊心灵感应的神秘空间。"[4]在神灵面前的誓言或许更能保证真实性和证明力。尽管这是在利用人的迷信观念,但是这种神道设教的誓证法即便在今天的西方国家也不稀奇。可见其与现代法治文明远没达到水火不容的地步。

近百年来,科学观念和理性主义的大潮冲刷着中国的传统文化,一些优秀的法文化传统竟然也被捆绑在迷信的包装内一起扔进垃圾箱。这就是"把洗澡水和孩子一起倒掉"的悲剧。结果你倒掉的

---

[1] 沈洁:《仪式的凝聚力:现代城市中的行业神信仰》,载《史林》2009 年第 2 期。

[2] 上海博物馆图书资料室编:《上海碑刻资料选辑》,上海人民出版社 1980 年版,第 281 ~ 282 页。

[3] [葡萄牙]曾德昭:《大中国志》,何高济译,上海古籍出版社 1998 年版,第 167 页。

[4] 刘心武:《见识狱神庙》,载《文汇报》2007 年 1 月 25 日。

孩子,别人又会捡回去。例如,韩国人把中国神兽獬豸拿去当作其首都首尔的城市象征。这难道不是一件令人深思的事情吗?

当然,"迷信"只有被当作辅助某种价值观念的借助力量的时候,它才能显示出更多的正价值。如果单纯依赖迷信的观念,最终不但不能维持其背后的价值观念,反而会对这种价值观念本身造成损害。

而且更加吊诡的是,"迷信不能永远维持,最先失去迷信的,有时竟是宗教神职人员"。[1] 在中国古代,"审判官员亦可能和一般民众一样信仰狱神能主持司法审判的公正,但在他的司法实践中,作为一个受过教育的知识分子,更多的是根据事实和理性,而不是依据所谓神的预示、暗示之类去做判决"。[2] 而作为狱神祭祀最忠实的坚持者和最积极的宣传者,狱吏阶层同时也是最先破坏皋陶信仰的人群。由于狱政的败坏,宣扬公正忠直精神的狱神庙竟往往成为狱吏皆以谋取私利的工具。"狱神庙内有不同于监狱的特优室,而特优室正是封建时代'牢头'们营私敛财的产物。"[3] 这与今日公正司法的价值追求更是背道而驰。

今传《红楼梦》脂砚斋批语中多处出现的"狱神庙"字眼,揭示出后40回中的重要情节:贾府被抄没之后,贾宝玉和王熙凤被押狱中待审。小红、茜雪借助各种关系通融、贿赂狱吏,才得以在狱神庙见到贾、王二人。这既反映出狱神庙可供囚犯与亲旧见面的职能,同时也说明狱神庙成为狱吏谋取私利的重要工具。这个实例,再加上前文所引的曾德昭《大中国志》中对狱吏假借皋陶祭祀对囚犯进行盘剥勒索的记载,都可以反映出狱神庙实际作用的异化与扭曲。这对于皋陶祭祀的初衷与价值追求,无异于一个巨大的反讽。如果皋

〔1〕 张建伟:《司法迷信与司法公正》,载《法制资讯》2013年第11期。
〔2〕 吴晓龙:《"狱神庙"脂评新探》,载《红楼梦学刊》2005年第4辑。
〔3〕 张建智:《狱神庙闻录》,载《读书》1998年第7期。

陶祭祀的迷信观念所维护的只是这种司法的黑暗与腐朽,它所传递出来的法文化价值也终究会大打折扣。

因此,经过民主思想和理性主义洗礼的现代法文化,其所依赖的应该是科学、完善的制度和透明、合理的程序。在这方面,传统法文化所能提供的资源比较有限。至于思想意识层面上,应否以及如何对传统法文化进行衔接与改造,则需要审慎的态度和智慧的转化。对于像皋陶祭祀这样的司法传统,究竟应该如何吸取其中的正价值,而尽可能限制其负价值,仍是值得今人悉心思索的重大时代命题。

附件1:皋陶治狱图(宽34厘米,长120厘米)

图片来源:张春宇、刘振永:《浅析魏晋时期画像石〈皋陶治狱图〉的艺术特色》,载《江苏教育学院学报》(社会科学版)2010年第3期。

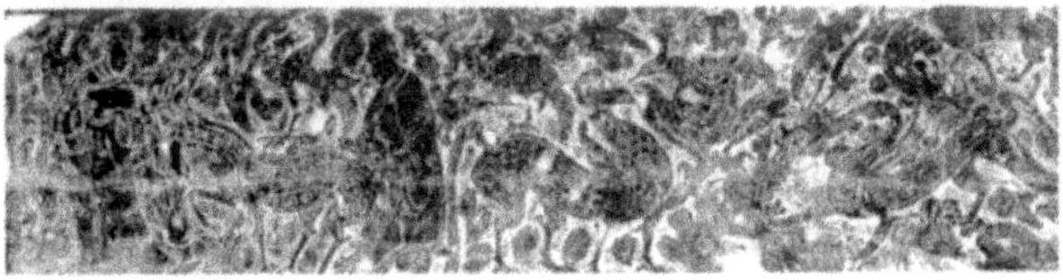

附件2:皋陶治狱图(局部)

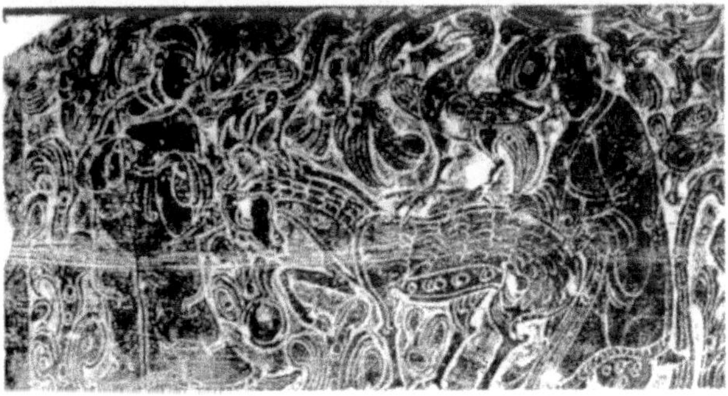

学术新人

【编者按】 本卷"学术新人"栏中，我们选编了两篇文章，皆为法律史学专业的硕士研究生所作。一篇从《名公书判清明集》着手，研究南宋户绝财产继承制度。另一篇从《大清律例》入手，研究清代"报官锁锢例"。两篇文章都能从最基础的法律史料出发，精心研读，发现有价值的论题，展现了两位作者良好的学术态度，且所论皆有创获。

从《名公书判清明集》看南宋户绝财产继承制度

贾安琪*

【摘要】 户绝财产继承作为一种特殊状态下的财产继承情况，在继承纠纷中占据了很大的比重。两宋时期经济繁荣，民事立法更为细密，尤其在户绝财产继承方面，更是建立了一系列比较完善的制度。本文以南宋经典判例汇编《名公书判清明集》中涉及户绝财产继承的判例作为主要研究材料，通过对《名公书判清明集》中的判例进行整理分析，提炼户绝财产继承的相关规则，了解法的实施情况，探究司法实践中官府对此类案件审理的特点，挖掘南宋户绝财产继承制度的真实样态。

【关键词】 户绝；命继；财产继承

“继承”在中国传统社会中具有宗祧继承和财产继承两层含义，唐宋以前财产继承以男性为中心的宗祧继承为前提，与宗祧继承不可分离，可谓宗祧继承决定了财产继承。直至宋代，由于商品经济发展，私权意识强化，不仅在立法上将立嗣进一步区分为立继和命继，而且注意保护女子的财产权益，宗祧继承与财产继承日益呈现分离之态势。

户绝作为继承的一种特殊情况，因其户主死而无后的特殊性，自

---

* 作者系中国政法大学法律史学专业硕士研究生。

古以来争讼不绝。特别是在南宋时期,由于宗祧继承与财产继承的分离,使其在继承人的选择、继承份额的分割等方面表现的更为复杂,冲突尤为激烈。探究这一特殊时期的户绝财产继承状况,特别是通过典型判例来研究户绝财产继承纠纷,对于挖掘当时户绝财产继承制度的真实样态、还原实际审判中户绝财产继承纠纷的本来面貌具有重要意义。

《名公书判清明集》(以下简称《清明集》)是南宋判词与官府公文的分类汇编,收录了南宋中后期,主要是南宋宁宗后期到理宗时期,朱熹、真德秀、吴毅夫、刘克庄、蔡抗等28位"名公"所作的470余篇书判。《清明集》中的判词由诉讼双方诉词和官府查证组成,并注意法律条文的引用,每一判都是当时生活中具体发生过的真实事实,体现了法律制度和条文在官方思想指导下的具体运用,较为真实地反映了南宋时期的户绝继承纠纷情况,是本文所应用的主要研究素材。

一、户绝概念的界定

对于户绝的概念,《唐律疏议》在卷一二《户婚律》"立嫡违法"条中疏议曰:"无后者,为户绝。"[1],结合唐代开元二十五年(737)《丧葬令》"诸身丧户绝者……余财并与女"[2]的规定来看,强调的是男性子孙的断绝,女儿则是户绝财产的继承者。但《唐律疏议》及《丧葬令》对户内其他成员(如祖父母、父母、寡妻)在户是否为户绝均未作出明确的界定。《宋刑统》户绝资产门沿袭唐旧,准《丧葬令》,对户绝概念也没有进一步展开。

这一模糊的表述使学界对户绝的概念也存在不同范围的界定。

---

〔1〕(唐)长孙无忌等撰:《唐律疏议》,岳纯之点校,上海古籍出版社2013年版,第199页。

〔2〕[日]仁井田陞:《唐令拾遗》,栗劲等译,长春出版社1989年版,第770页。

部分学者将户绝概念理解的侧重点放之于“绝”字上，认为“男子死而无嗣，法律上称为‘户绝’。”[1]以滋贺秀三为代表的学者则将其侧重点放在“户”字上，强调作为纳税单位的“户”的断绝。滋贺秀三在《中国家族法原理》一书中指出：“户绝说的是一户之中男性以及他的妻子一个都不存在的状态。”[2]他强调如果家中还有其他的直系尊亲属或同居的旁系亲可以继续维持家计，他和他的妻子死亡后没有发生质变也不能算作户绝。还有学者结合以上两种观点，认为户绝是指“没有男性继承人的人户”，[3]家中是否有妻子及其他尊亲属并不影响户绝的认定。

对于“户绝”概念的不同界定，不仅影响一房绝嗣是否认定为户绝，还直接影响了户绝财产的继承主体。按照滋贺秀三的观点，户绝是一户之中男性和他的妻子一个都不存在的情形。在这一“户绝”概念之下，户绝财产的继承主体就不包括夫亡妻在时由寡妻所立的立继子。若按其他两种观点，则继绝方式有立继和命继两种。立继子与命继子都可以继承户绝财产。

笔者在对《清明集》相关判例引用的法律条文和判决结果进行梳理后认为南宋时期的户绝并不是一个单一的概念，有两层含义。

1.广义上的户绝

结合《清明集》判例来看，已经别籍异财单独拥有家计的男子死亡且绝嗣即可被称为户绝。这一定义是从宗祧继承的角度得出的一个重男轻女的结论，指代的是已经别籍异财单独拥有家计的男子死亡且没有男性继承人的状态。

广义上的户绝需同时满足两个条件：其一，该男子已经别籍异财

---

〔1〕 薛梅卿、赵晓耕：《两宋法制通论》，法律出版社2002年版，第316页。

〔2〕 [日]滋贺秀三：《中国家族法原理》，张建国、李力译，法律出版社2013年版，第408页。

〔3〕 戴建国、郭东旭：《南宋法制史》，人民出版社2011年版，第155页。

单独拥有家计。这也就排除了祖父母、父母尚存而未别籍异财,仅一房绝嗣的情形。“诸祖父母、父母在而子孙别籍、异财者,徒三年。”[1]两宋时期实行依人户财产划分户等的制度,政府为增加财产收入一直倡导同居共财。在一个同籍共产的家庭中,尽管有数房,但全家只有一个户籍,家长(祖父)是唯一的户主,所有财产都登记在他的名下。在这种一户一籍一主的户籍制度下,某个人后嗣断绝并不能直接影响整个家庭的存立。因此,祖父母、父母尚存仅仅一房无后而绝嗣并不认为是户绝。[2] 其二,该男子死亡且绝嗣。这里的绝嗣指的是男子生前没有亲子、孙、遗腹子[3]及合法养子(孙)。亲子孙自不必论,生前合法收养养子的,其财产分配依亲子孙法,也不能认为是户绝。在《夫亡而有养子不得谓之户绝》一案中,“阿甘见在,虽招到接脚夫,而有三岁以下收养之子,非户绝分明。”[4]在《立继有据不为户绝》一案中更是进一步对收养条件加以明确,指出了异姓养子需符合在三岁以下收养并申官附籍等法律规定。但值得注意的是,义子与养子的性质不同,有义子的情况并不影响户绝的认定。[5]

---

〔1〕(宋)窦仪详定、岳纯之校证:《宋刑统校证》,北京大学出版社2015年版,第165页。

〔2〕值得注意的是,这种祖父子孙的亲情关系是一种相对关系,随着时间推移会自然更替。祖父母死后,各房异籍,令立新户,别籍异财之后,绝嗣一房如始终没有确立继承人,则所得财产依照户绝法处理。

〔3〕在《女婿不应中分妻家财产》一案中,主审官员刘克庄认为遗腹之男亦男也,并按照儿子的份额给遗腹子分了财产。由此可以看出,遗腹子也按照亲子孙法继承家业。参见《名公书判清明集》,中国社会科学院历史研究所、宋辽金元史研究室点校,中华书局1987年版,第277页。

〔4〕《名公书判清明集》,中国社会科学院历史研究所、宋辽金元史研究室点校,中华书局1987年版,第273页。

〔5〕在《立即有据不为户绝》一案中,吴琛的女儿们为侵夺财产而以吴有龙是义男为由告官诉求认定吴琛死后为户绝,官府也将吴有龙身份的认定作为本案的争议焦点来判断吴家是否是户绝可以侧面证明这一点。参见《名公书判清明集》,中国社会科学院历史研究所、宋辽金元史研究室点校,中华书局1987年版,第215~217页。

2. 狭义的户绝

狭义的户绝是指在户绝财产继承语境下的户绝。除上述条件外，还需满足妻子尚未为亡夫立继就死亡或改嫁。

"妻者，齐也，与夫齐体，自天子至庶人，其义一也。"[1]根据夫妻一体原则，在夫亡妻在的情况下，妻子是丈夫人格的延续，可以在丈夫死后代管家业、为亡夫立继，立继法律效力等同于其夫在时，其财产继承依"子承父分"之法。因此，作为户主的该男子死亡并不必然导致其家庭发生质变，该男子死亡后的遗产并不直接转化为户绝资产，只有当他的妻子还没有给他立继就改嫁或者去世，该户绝之家的财产才能作为户绝资产以户绝法分产。在叶宪所审理的《夫亡而有养子不得谓之户绝》一案中就引用了这样一条户令："寡妇无子孙并同居无有分亲，召接脚夫者，前夫田宅经官籍记讫，权给，计直不得过五千贯，其妇人愿归后夫家及身死者，方依户绝法。"[2]在这种意义上，未给丈夫立嗣的妻子死亡或者改嫁才是户绝财产继承的真正开始。这也是《宋刑统》"户绝资产"门没有把妻子及所立继子列入其中的原因。

由于本文探讨的是南宋户绝财产继承制度，因此将户绝概念放于狭义的语境下。

二、户绝财产继承的法律规定

宋代户绝财产继承法部分沿用唐律，但较唐律更为细致、完备。《宋刑统》在卷一二《户婚律》新增"户绝资产"一门，其条文准用唐《丧葬令》和唐开成元年（836）七月五日敕，并附当朝的"臣等参详"。确立了户绝资产的处理原则及女子继承权。"[准]丧葬令：

〔1〕（汉）班固：《白虎通德论》，上海古籍出版社1990年版，第74～75页。

〔2〕《名公书判清明集》，中国社会科学院历史研究所、宋辽金元史研究室点校，中华书局1987年版，第273页。

诸身丧户绝者,所有部曲、客女、奴婢、店宅、资财,并令近亲(亲,依本服,不以出降)。转易货卖,将营葬事及量营功德之外,余财并与女(户虽同,资财先别者,亦准此。)无女,均入以次近亲。无亲戚者,官为检校。若亡人在日,自有遗嘱处分,证验分明者,不用此令。"[1]并进一步区分了在室女、出嫁女、归宗女[2]的继承份额。"有出嫁女者,三分给与一分,其余并入官",[3]归宗女则同在室女例。

仁宗天圣四年(1026),审刑院提出详定《户绝条贯》的建议,新法条的规定扩大了户绝财产继承人的范围。户绝之家如无出嫁女,被继承人出嫁的亲姑、姊妹、侄及在被继承人死前与之同居、营业、佃莳三年以上的亲属、入舍婿、义男、随母男等均享有不同程度的继承权。[4]但是这一规定使民间户绝财产纠纷迭出,针对这一现象,天圣五年(1027)对该条文作出修正,"切缘户绝之人,有系富豪户,如无遗嘱,除三分给一及殡殓营斋外,其余店宅财物,虽有同居三年以上之人,恐防争讼,并仰奏取指挥,当议量给同居之人,余并纳官……"[5]

---

[1] (宋)窦仪详定、岳纯之校证:《宋刑统校证》,北京大学出版社2015年版,第169~170页。

[2] 归宗女指"出嫁亲女被出及夫亡无子,并不曾分割夫家财产入已,归还父母家"。参见(宋)窦仪详定、岳纯之校证:《宋刑统校证》,北京大学出版社2015年版,第170页。

[3] "臣等参详:请今后户绝者,所有店宅、畜产、资财、营葬、功德之外,有出嫁女者,三分给与一分,其余并入官。如有庄田,均与近亲承佃。如有出嫁亲女被出及夫亡无子,并不曾分割夫家财产入已,归还父母家后,户绝者并同在室女例,余准令、敕处分。"《名公书判清明集》,中国社会科学院历史研究所、宋辽金元史研究室点校,中华书局1987年版,第170页。

[4] "今后户绝之家如无在室女有出嫁女者,将资财、庄宅、物色除殡葬营斋外,三分与一分。如无出嫁女,即给予出嫁亲姑、姊妹、侄一分,余二分,若亡人在日亲属及入舍婿、义男、随母男等自来同居营业佃莳,至户绝人身亡及三年以上者,二分店宅、财物、庄田并给为主,如无出嫁姑、姊妹、侄,并全与同居之人。若同居为及三年及户绝之人截然无同居者,并纳官。庄田依令文均与近亲。如无近亲,即均与从来佃莳或分种之人承税为主。若亡人遗嘱证验分明,依遗嘱施行。"参见(清)徐松辑:《宋会要辑稿》,中华书局1957年版,第5902页。

[5] (清)徐松辑:《宋会要辑稿》,中华书局1957年版,第5902页。

把原来规定分配给同居人等的三分之二改为“议量给同居之人”,而扩大了没官的范围。

哲宗元符元年(1098),对户绝之家诸女儿的继承份额作出调整,较之《宋刑统》规定,进一步区分了出嫁女与在室女、归宗女并存时的财产分配份额:

> 户绝财产均给在室及归宗女。千贯以上者,内以一分给出嫁诸女。止有归宗诸女者,三分中给二分外,余一分中以一半给出嫁诸女,不满二百贯给一百贯,不满一百贯全给。止有出嫁诸女者,不满三百贯给一百贯,不满一百贯亦全给,三百贯以上三分中给一分。以上给出嫁女并至两千贯止。若及两万贯以上,临时具数奏裁增给。[1]

南宋时期,户绝继承法更趋详备。南宋绍兴二年(1132),命继子的财产继承主体资格合法化,继承份额也得以明确。“户绝之家依法既许命继,却使所继之人并不得所生所养之家财产,情实可矜。”[2]确立了依户绝出嫁女法三分给一,至三千贯止的继承份额。南宋中后期,户绝财产继承法基本定型,《清明集》中保存了大量户绝财产继承法律,可以一窥南宋户绝财产的继承规则。

1. 继承主体

根据上文对于户绝概念的分析,在户绝财产继承语境下的户绝指的是已经别籍异财的男子死亡且绝嗣,他的妻子未给他立继就已经死亡或者改嫁的情况。在这样一个家庭中,可能存在如下继承主体:女儿(在室女、归宗女、出嫁女),由近亲尊长按照“同宗昭穆相当”原则命立的命继子、帮助户绝之家增殖财产的赘婿、同居人等。

---

〔1〕 (宋)李焘:《续资治通鉴长编》,中华书局1993年版,第11935页。

〔2〕 (清)徐松辑:《宋会要辑稿》,中华书局1957年版,第5905页。

根据《清明集》涉及户绝财产继承的判例来看，主要涉及命继子（背后是近亲尊长）与诸女儿争产的情境，另有一则判例涉及赘婿，鲜有判例涉及其他近亲及同居人等，反而是官府没官事由与数额增多。下文主要就以上《清明集》判例中涉及的主体进一步讨论其所应得份额。

2. 继承份额

（1）只有命继子的情况

《清明集》中有三则判例中涉及了仅有命继子的情况下法律对财产分配的规定，具体内容见表1：

表1 《清明集》中所引法律对仅有命继子情况下继承份额的规定

书判名	所引法律规定
《罗棫乞将妻前夫田产没官》	在法，诸已绝之家而立继绝子孙，谓近亲尊长命继者，于绝家财产，若无在室、归宗、出嫁诸女，以全户三分给一分，余将没官
《命继与立继不同》	命继者于诸无在室、归宗诸女，止得家财三分之一
《处分孤遗田产》	准法：……若无在室、归宗、出嫁诸女，以全户三分给一，并至三千贯止，及二万贯，增给二千贯

按照《清明集》所引的法律规定，可以看出，在没有在室女、归宗女、出嫁女的情况下，法律规定命继子可以分得全户财产的三分之一，上限是3000贯，如家产超过20,000贯，则上限为5000贯，其余的没官。

（2）只有女儿的情况

女儿可能存在在室女、出嫁女、归宗女三种情形。笔者也将《清明集》所涉及的相关法律列明如下：

表2 《清明集》所引法律对仅有诸女儿在户时继承份额的规定

书判名	所引法律之规定
《立继有据不为户绝》	诸户绝财产尽给在室诸女，归宗者减半
《继绝子孙止得财产四分之一》	考之令文：诸户绝财产尽给在室诸女
《孤女赎父田》	户绝财产尽给在室诸女，而归宗女减半

由表2可以看出,户绝之家如果只有在室女的,可以得到全部的户绝财产。如果只有归宗女的,则减半给之,其余的没官。可以看出,归宗女的继承份额较之于北宋大幅减少。对于只有出嫁女的情形,《清明集》中援引的法律则无明文规定只有出嫁女时对户绝财产的继承份额。

(3)命继子与诸女儿并存的情况

对于命继子与诸女儿并存的情况,是户绝财产继承中较为复杂的情形。故在《清明集》中所引法律较为复杂,具体规定如表3所示:

表3 《清明集》中命继子与诸女儿并存时法律对其继承份额的规定

书判名	所引法律之规定
《继绝子孙止得财产四分之一》	诸已绝而立继绝子孙,于绝户财产,若止有在室诸女,即以全户四分之一给之
《命继与立继不同》	又准户令:诸已绝之家立继绝子孙谓近亲尊长命继者,于绝家财产者,若止有在室诸女,即以全户四分之一给之,若又有归宗诸女,给五分之一。止有归宗诸女,依户绝法给外,即以其余减半给之,余没官。止有出嫁诸女者,即以全户三分为率,以二分与出嫁诸女均给,余一分没官
《处分孤遗田产》	诸已绝之家而立继绝子孙,谓近亲尊长命继者。于绝家财产,若只有在室诸女,即以全户四分之一给之,若又有归宗诸女,给五分之一。其在室并归宗女即以所得四分,依户绝法给之。止有归宗诸女,依户绝法给外,即以其余减半给之,余没官。止有出嫁诸女者,即以全户三分为率,以二分与出嫁女均给,一分没官

可以看出,在命继子与在室女并存的情形,命继子可以得到财产的四分之一,而其余四分之三则归在室女;又有归宗女的,命继子只能得到财产的五分之一,而在室女、归宗女则可共同继承户绝之家五分之四的户绝资产,归宗女得在室女一半份额。

户绝之家除命继子外,只有归宗女的,归宗女可以得到户绝资产的二分之一,命继子可以得到其余户绝资产的一半,即四分之一;只有出嫁女的,命继子和出嫁女各得三分之一,其余三分之一没官。

(4)其他情形

在《清明集》中还提到了赘婿的继承权。"在法:诸赘婿以妻家财物营运,增置财产,至户绝日,给赘婿三分。"[1]若户绝之家没有命继,赘婿为妻家经营,可以分得妻家财产。

除此之外,《清明集》判例中还可以看到在有合法遗嘱的情形下,官府尊重男子生前对于户绝财产的处分权,"在法:诸财产无承分人,愿遗嘱与内外缌麻以上亲者,听自陈,官给公凭。"[2]

3. 没官份额

户绝资产没官的情况北宋初年就已存在,北宋中期之后,官府对户绝财产的没官的项目、数额均呈上升趋势。到南宋中后期,根据《清明集》中收录的判例所引用法律的规定来看,政府已将没官的份额规定的非常细密。

在户绝之家既无女儿承分,又没有近亲与之命继的情况下,"律之以法,尽合没官。"[3]在只有命继子时,命继子继承三分之一的户绝资产,余皆没官。即便是户绝之家还有亲生女儿在户的情况,除在室女在户时不予籍没之外,官府也并没有放过对户绝资产的侵夺。具体分配情况见表4:

〔1〕《名公书判清明集》,中国社会科学院历史研究所、宋辽金元史研究室点校,中华书局1987年版,第216页。

〔2〕《名公书判清明集》,中国社会科学院历史研究所、宋辽金元史研究室点校,中华书局1987年版,第304页。

〔3〕《名公书判清明集》,中国社会科学院历史研究所、宋辽金元史研究室点校,中华书局1987年版,第110页。

表4　亲女、命继子、官府的户绝资产分配份额

户绝财产继承人	亲女之份额	命继子之份额	没官份额
无	—	—	全部
仅有命继子	—	三分之一	三分之二
仅有在室女	全部	—	无
仅有归宗女	二分之一	—	二分之一
仅有出嫁女	三分之一	—	三分之二
命继子＋在室女	四分之三	四分之一	无
命继子＋归宗女	二分之一	四分之一	四分之一
命继子＋出嫁女	三分之一	三分之一	三分之一
命继子＋在室女＋归宗女	五分之四	五分之一	无

除此之外，就《清明集》所引用的法律来看，在北宋时期还可以继承户绝资产的近亲、同居人、佃户所享有的财产继承权亦已剥夺殆尽。

通过上述援引的法律可以看出，在南宋中后期，户绝财产继承法已经规定得非常细密、完备。较之北宋呈现出如下特点：其一，官府与民争利加剧。通过剥夺其他同居人、佃户的继承权，扩大户绝财产的没官份额。其二，归宗女继承份额进一步缩减，从北宋初期的同在室女例变成了只能得到在室女份额的一半。其三，命继子继承权合法化，继承份额法定化，成为与户绝之家诸女儿分产的主要竞争者。

三、从《清明集》看司法实践中的户绝财产分配情况

如前文所见，南宋时期，对于户绝财产如何分配的法律规定已经十分细密、清晰，在司法实践中名公们也有意识的援引法律规定判决，但是引用了法律之后真的以法律为准绳吗？

在《清明集》中依法判决的案件并不少见。在《处分孤遗田产》案中，解汝霖一家因为战乱，夫妇俱亡，家中没有男性子嗣，仅有未婚

抱养女(生前收养,与亲女同)与亲孙女秀娘在户,沦为户绝。其后,族人命继伴哥为嗣,与二女分产。审理本案的官员范西堂引用户绝法,为解汝霖家分产,判决"今解汝霖只有幼女、孙女,并系在室,照户绝法均分……伴哥继绝,合给四分之一,其余三分,均与二室女为业。"[1]此判决是符合法律规定的。

又如《罗棫乞将妻前夫田产没官》一案。罗宁老之母阿王在前夫死后改嫁给前夫同曾祖之弟罗棫,罗宁老无子女,罗棫在罗宁老死后将其的财产当作户绝财产献官。今宁老之叔罗岙欲以长兄罗昷次男为兄命继,遂起财产纠纷。本案中阿王与罗棫属于违法成婚,司法官给予了违法成婚的寡妇选择权。判决若阿王愿归前夫家,则当用夫亡从其妻之法,听阿王为主,免与没官。若不再归前夫家,则按户绝法,由罗岙以长兄之子立为罗密后,将罗密家业给予三分之一,其余没官。本案中司法官引用户绝法分配的财产亦符合法律规定的份额。

但是,社会生活是复杂的。案件事实具有复杂性、特殊性。《清明集》中也有不少司法官虽然注意到了对法律条文的引用,但是并没有完全做到依照法律审理案件。在这类案件中,更多的是将法律作为一种参照,综合考虑当时的情况另行判决。笔者选取了几则明显违反法律规定分配户绝财产的判例,制作表格见表5:

表5　实际审判中没有按照法律规定来分配户绝财产的判例

书判名	利益相关者	法律规定户绝财产的分配情况	实际判决中户绝财产的分配情况
卷之四《户婚门·争业上·熊邦兄弟与阿甘互争财产》	夫兄弟(争相立命继子)、再嫁妻、官府	律之以法,尽合没官	夫兄弟和再嫁妻各得三分之一

〔1〕《名公书判清明集》,中国社会科学院历史研究所、宋辽金元史研究室点校,中华书局1987年版,第288页。

续表

书判名	利益相关者	法律规定户绝财产的分配情况	实际判决中户绝财产的分配情况
卷之七《户婚门·立继·探阄立嗣》	赘婿（出嫁女）、命继子、官府	赘婿(出嫁女)得三分之一，命继子三分之一，官府三分之一	一半给所立之子，一半给所赘之婿
卷之七《户婚门·立继·官司斡二女已拨之田与立继子奉祀》	命继子、在室女	命继子四分之一，在室女四分之三	命继子继承了黄家三分之一的家产，而两个在室女共得家财的三分之二
卷之七《户婚门·女受分·阿沈高五二争租米》	命继子、在室女	命继子四分之一，在室女四分之三	四分之三给予命继子，四分之一给在室女
卷之八《户婚门·立继类·命继与立继不同》	争立命继子、官府	命继子三分之一，余皆没官	三分之一给命继子、三分之一做义庄，三分之一没官

在对表5中“法律规定户绝财产的分配情况”一栏和“实际判决中户绝财产的分配情况”一栏进行对比之后，可以看出在实际审判中出现了以下几种情况：扩大了命继子的继承份额、赘婿（出嫁女）的继承份额；减少了在室女、没官的份额；还存在为了平息族内纷争而拨付一份财产建义庄的情形。

下面通过具体的判例来看当时判决的情况：

其一，本应没官而没有没官，均分家产给夫兄弟和再嫁妻。

在《熊邦兄弟与阿甘互争财产》一案中，熊振元有子三人，熊邦、熊贤、熊资，熊资亡故，其妻改嫁，户有田三百五十把，价钱不满三百贯。熊资只有一个在室女，按法律财产应尽付在室女，但是后来在室女也死亡，熊资的兄弟熊邦、熊贤为夺田争相以其子为熊资立嗣，阿甘也以自己购置内田百把为由想分得财产,遂有此纠纷。

本案中熊资户绝,阿甘也早已改嫁,仅存在室女也已经死亡。但现在存室女死后,熊资二兄争相以其子为熊资命继,改嫁妻阿甘也提出了要回自己购置的百把田的意图。如果照法律规定,在户绝之家既无儿女,又没有近亲与之命继的情况下,"律之以法,尽合没官","纵是立嗣,不出生前,亦于绝家财产只应给四分之一",[1]则熊资家产应当全部没官,纵是在室女生前命继也不过只能分得财产的四分之一。但是若是依法没官,便绝了熊邦兄弟为熊资命继的念想,使熊资彻底绝后,若是分四分之一给熊邦兄弟所命继之子,分给谁也会争讼不绝,族内也因此不睦。同时对自己购置百把田的阿甘也稍显不公,与情理不合。

官府最后以"此非法意,但官司从厚为由,将见钱十贯足埋葬在室女,馀田均作三分各给其一"来平息了这场诉讼。

其二,减少没官份额,赘婿与命继子均分家产。

《探阄立嗣》一案中,蔡氏宗族中有汝加、汝励兄弟二人,各生梓、杞二子,梓、杞俱亡,各有女赘婿而无子。杨梦登是蔡梓之婿,奉其岳父生母范氏之命,于蔡氏家族的山上斫伐柴木,族内子弟以"蔡氏之木,不应杨氏伐之"为借口,群然将杨梦登等责打,状告官府。审理此案的吴恕斋认为蔡氏立嗣、斫木之诉,虽然是两件事,但其实有因果关系,是由于立嗣未定,才会有斫木之争。从而先解决蔡氏的立嗣之事。

本案中范氏并不是正妻而是汝加的婢女,再加上范氏说:"只欲依二孙婿以养老身,不愿为杞、梓立后。"[2]所以不能按照"夫亡妻在从其妻"之法为之立继。此外,族内纷争不断,以梓有二婿,杞有一婿

[1] 《名公书判清明集》,中国社会科学院历史研究所、宋辽金元史研究室点校,中华书局1987年版,第110页。

[2] 《名公书判清明集》,中国社会科学院历史研究所、宋辽金元史研究室点校,中华书局1987年版,第205页。

之故，争相为杞命继。最后官府出面主持命继之事，组织当场拈阄确立嗣子。按照法律，命继子与出嫁女并存，应各得三分之一，余皆没官，但是吴恕斋考虑到“女乃其所亲出，婿又赘居年深”，[1] 劳苦功高，判决“一半与所立之子，一半与所赘之婿”，[2] 扩大了赘婿（出嫁女）所应当继承的份额，使之与命继子均分家产。实际上还是保护出嫁女的财产承分权益，使出嫁女能得到家产的二分之一。

其三，减少没官份额，建立义庄来赡养宗族孤寡贫困者。

《命继与立继不同》一案中，江齐戴死而无子，江禧、江瑞争相为继，审理后查明江禧昭穆不顺诚不当立，可立者唯有江瑞，但族内又因立江瑞纷争不断，故审理本案的官员在查明族内纷争的原因之后发现因为江渊（江瑞之父）曾经让江瑞继齐孟之后，现在又要让他继齐戴之后，如此江氏三房物业江渊得占其二，族内皆不满。本案在判决时先说明了命继与立继的不同，判定江瑞为命继子，命继不能像立继一样继承全部财产。同时，为了平息族内纷争，判决将江齐戴财产从公检校，作三分均分：将一分给江瑞以继齐戴后，但特别强调要由官司检校，族长主管，候江瑞成年给之，江渊不得干预；将一分附与诸女法，拨为义庄，以赡宗族之孤寡贫困者；余一分没官。

本案中江齐戴分明没有女儿，理应三分之二的财产没官，但官府还是将一份财产比附与诸女法拿出来，用于建立义庄，赡养宗族的孤寡贫困者，这样便可以减少族内对江瑞继承诸多财产的不满，使人情、法理两得其平。

其四，扩大命继子份额，减少在室女份额。

《官司斡二女已拨之田与立继子[3] 奉祀》一案中，黄行之死后无

---

〔1〕《名公书判清明集》，中国社会科学院历史研究所、宋辽金元史研究室点校，中华书局1987年版，第206页。

〔2〕《名公书判清明集》，中国社会科学院历史研究所、宋辽金元史研究室点校，中华书局1987年版，第206页。

〔3〕此处执法者误将“立继”与“命继”混用。

子,有女二人,本为户绝,财产拨付二女。现选立命继子,重新分产。本案审判官将二女所继承之户绝资产称为“奁具”(嫁资),判决从二女已拨付的“奁具”中拨出三分之一给命继子作为“蒸尝之俸”。依照法律,命继子与在室女并存,命继子只得财产四分之一,这里审判官却拨付了其三分之一,反而减少了在室女的份额。按照审理该案的司法官的说法,“其于继绝之义,均给诸女之法两得之,而黄氏一脉可续。”笔者推测,这可能与审判官将在室二女所继承的资产仅看作“嫁资”而认为命继子承担祭祀之责有关。或许在他认为,对嫁资稍作减损而增加命继子祭祀之资有助于户绝之家血脉祭享,更能符合存亡继绝的传统价值取向。

与之类似的还有《阿沈高五二争租米》一案,官府毫无根据的在分产时擅自颠倒了命继子和在室女的法定继承份额,“以四分之三与高六四,存一分于公孙,令阿沈逐年收租,为抚养公孙之资。”[1]对于这一判例的分配,甚是匪夷所思,既写“官司照条”,应是依照法律分配财产,但后文却将命继子与在室女份额颠倒,使在室女只得到四分之一的财产。若说是因为其母(婢女)阿沈携女改嫁,官府不认可其在室女身份,那命继子也只应得三分之一。笔者认为,此种可能性不大。对此,柳立言认为“有可能是传抄之误”。[2]

通过以上几则判例来看,除最后一则判例原因不明,可能是传抄错误外,其余判例多是基于现实“情理”的考量对户绝财产继承份额作出的调整。这种情理在户绝判例中则主要表现在存亡继绝、宗族和睦、怜悯弱者等方面,主要涉及家族之间的尊卑秩序、伦理规范和断案者的道德观念。

---

〔1〕《名公书判清明集》,中国社会科学院历史研究所、宋辽金元史研究室点校,中华书局1987年版,第238页。

〔2〕柳立言:《宋代的家庭和法律》,上海古籍出版社2008年版,第488页。

四、法律与情理之间：名公的价值取向和审判艺术

通过上文分析，可知多数没有依照户绝法分配财产的判例是由于司法官员基于“情理”的考量，但是我们却不能就此轻易地得出一旦法律与情理相冲突，或者司法官在审判中为了追求“和谐”“公正”的感觉就能轻易地不顾法律规定，径行援情略法的结论。事实上，通过判词来看，实现“情法允协”才是名公们最理想的价值追求。

在《命继与立继不同》一案中，两篇判词均多次提到必使“情法两尽”“人情法理两得其平”。在《立继有据不为户绝》《孤女赎父田》等案件中更有比较详尽的对于情和理的论述。比如在《立继有据不为户绝》一案中写道：“照得户婚讼牒，不一而足，使直笔者不能酌情据法，以平其事，则无厌之讼炽矣，家不破，未已也。事到本司，三尺具在，只得明其是非，合于人情而后已。”[1]可见审判官员认为，审理案件要明是非、尽人情、合法意，只有酌情据法才能平息诉讼。

从具体司法实践来看，为了追求“情法两平”，名公们也做出了诸多努力。

其一，对纠纷解决方式进行变通，注重调解。如在《命继与立继不同》一案中，对于江瑞作为江齐戴的嗣子候选人在宗族内部存在争议，官府在最开始的时候拟定将此争议交由在宗族内硕德雅望的集撰侍郎游公决断，希望可以由族长或者族内有威望的尊长进行调和解决纠纷，以避免以法伤情、全其族党之义。直至最后因为侍郎回答与族长陈词不一才在参考宗族内部意见之后才由官府审断的。

其二，审判依据上，情理与法律兼顾。就上述五篇没有依法分配户绝财产的判决来看，司法官均有明确的法律意识，如“律之以法，尽合没官”，《命继与立继不同》《探阄立嗣》中更是直接引用了法律规

〔1〕《名公书判清明集》，中国社会科学院历史研究所、宋辽金元史研究室点校，中华书局1987年版，第215页。

定。同时,将情理也作为重要的审判依据,酌情据法,甚至不惜"屈法以循情"对法定分配份额进行调整。从其具体分配情况来看,并没有完全将法律束之高阁,大多数判例没有随意减损命继子或诸女儿的财产继承份额,而是通过减少没官份额来增加命继子与诸女儿的财产、协调财产分配,牺牲官府小利,以实现情法两全的目的。

除此之外,在审判实践中,名公们还常常运用审判技巧对案件中的矛盾加以调和。比如在《命继与立继不同》一案中通过拨付一份财产建立义庄以赡养宗族之孤寡贫困者来平息族内纠纷。又如在《罗棫乞将妻前夫田产没官》中给予了违法成婚的寡妇以选择权,在判决书中按照法律规定分情况讨论了阿王选择之后的结果,让在这起案件中起关键作用的寡妇自行选择。无论其作何选择都有得有失,堵住了族内争讼者悠悠之口,审判官员可谓十分开明、机智。

名公们这种在审理案件时将"情理"作为重要考量,情法并用的做法有利于弥补法律自身的不足,更好的实现实体正义。在具体案件中起到了维系宗族关系,缓和社会矛盾的效果。但是,其带来的消极影响不容忽视。"情理"在作为裁断依据的基准时主要体现为一种感觉,而这种感觉建立在"天理""人情"所体现的道德含义之上,与审判官员个人有密切联系。因此,可能会导致同案异判或者审判官员根据自己的"感觉"随意"屈法"的情形。不仅损害了法律的权威性和可预测性,也不利于一个独立法体系的形成。

五、结语

宋代继承法部分既因袭唐旧又因其商品经济之发展富有时代特色。特别是从保护家庭私有财产出发而制定的户绝继承法,使户绝财产继承有了更加详尽的规定。本文通过《清明集》记载的典型判例对户绝概念加以界定,对宋代,特别是南宋时期户绝财产继承的法律规定进行了梳理,并将动态的司法与静态的立法作对比,较为全面地展示了户绝财产继承制度的真实样态。

从名公们对于户绝财产分配的具体判例来看,宋代详尽的法律没有完全被审判官严格遵循,在司法实践中存在许多没有依照户绝法分产的判例。笔者在对各类判例进一步分析后发现,其原因在于官府基于现实情理的考量,“情法两尽”是其最理想的价值追求。因此,为了实现情法允协,他们在审判时将情理与法律均作为审判依据,并综合运用各种审判技巧调和矛盾。根本目的是解决纠纷,调整人际关系、维护社会安定,实现儒家所倡导的和谐社会秩序,法律与情理不过是外化的手段。

遗憾的是,由于《清明集》是当时“名公”之判,乃精挑细选之后收录的判例,审判者均代表了当时较高的司法水平,所选之案例的判决结果也多符合“公道人心”,故其既不能完全代表南宋时期司法队伍的整体素质,也不能代表每一起户绝财产继承纠纷的处理情况。仅有“管中窥豹,可见一斑”之用,不可达“一览无余”之效。

试评清代"报官锁锢例"

沈秀荣*

【摘要】 清代创设了针对疯病之人的犯罪预防措施,即"报官锁锢例"。自康熙朝萌芽,乾隆朝定型,至光绪朝废止,"报官锁锢例"前后存续了168年之久,但在实施过程中流于形式,几成具文。"报官锁锢例"因何产生,如何衍变?又因何难以有效施行?它保留在律典中是何缘故?这些都值得我们思考,并能对我们认识清代法律制度有所启示。

【关键词】 疯病;报官锁锢;清朝

引 言

有清一代,疯病之人的犯罪行为被给予前所未有的关注。针对疯病杀人者,清廷先后制定、删改十余条例文,"康熙年间,始有照过失杀人之例。雍正、乾隆年间,又定有照斗杀拟绞之例。此外,二命有例,三命以上有例,尊长卑幼莫不有例,例文愈烦,案情益多矣。"[1]诸多例文在唐明律等前朝法典中均不载,是为清朝首创。其实,疯病杀人现象并不为清朝独有,却只有清朝详细地明确了对疯

* 作者系中国政法大学法律史学专业硕士研究生。

〔1〕(清)薛允升著,胡星桥、邓又天主编:《读例存疑点注》,中国人民公安大学出版社1994年版,第601页。

病之犯的法律制裁。不仅如此,清朝统治者还规定了严厉的强制措施,对未实施犯罪行为的疯病患者进行“报官锁锢”,要求亲属或邻佑将疯病患者报与地方管官知晓并按照官府规定将患者严加锁禁。

于是,罹患疯病,不再仅仅是患者个人或其家族(家庭)内部的事情,而被纳入地方官员的职责范围。有学者将之解读为清代官府努力延伸权力,打破行政区划并进入家庭生活的表现。[1] 按照官府的指令,人们必须通过遵行“报官锁锢例”来保障疯病患者与自身的安全。而官方所强调的“安全”能在多大程度上被人们认可并影响人们的决定?这一旨在预防犯罪的强制措施是否行之有效?有哪些因素会阻碍“报官锁锢”落地?本文尝试对前述问题做出些许探讨。

一、防患于未然:“报官锁锢例”的出世

清朝关于疯病之人管理的最早规定见于康熙二十八年(1689)。刑部覆准山东巡抚的建议,规定“疯病之人,应令父祖叔伯兄弟或子侄亲属之嫡者防守。如无此等亲属,令邻佑、乡约、地方防守。如有疏纵以致杀人者,照不应重律杖八十。”[2] 这条规定笼统地将防范疯病患者犯罪的责任归于亲属邻佑等,但并未被纳入律典之中,既非钦定处分,必难遵守,故而实施效果不彰。

雍正九年(1732),四川省南川县发生一起疯人杀死一家四命的严重案件。四川总督在具题刑部时称:“南川县民韦巨珍因疯病杀死邓士圣陈氏及子女四命一案,照律免抵,按各追埋葬银十二两四钱二分,给付尸亲领埋。臣思疯病免抵,本系原病者之无知,而定例严加禁锢,正所以预防其意外妄行。其如病者亲属骨肉不加锁禁,

---

〔1〕 参见 Vivien W. Ng, *Madness in late imperial China: from illness to deviance*, Norman, London: University of Oklahoma Press, 1990, Preface。

〔2〕 昆冈等修:《钦定大清会典事例卷六二九·刑部·人命》,载《近代中国史料丛刊·第三编第69辑》,文海出版社1992年版,第2633页。

而邻里俱瞻顾情面劝望不言,地方官又因无关考成,率多漠视,以致害及无辜,将无底止。且凶恶之徒,奸险莫测,安保将来必无诈伪,惟有禁锢严密,则实病者可以防闲,而诈伪者亦无从肆志。”并议请:“嗣后各省及八旗有疯病之人,其亲属邻佑人等即报明该地方官该佐领处,令伊亲属严行锁锢看守。如无亲属,即责令邻佑、乡约、地方、族长人等严行锁锢看守。倘亲属、邻佑、乡约、地方、族长等容隐不报不行看守,以致疯病之人自杀者,照不应重律杖八十;致死他人者,照知人谋害他人不即阻挡首报律,杖一百治罪。如亲属、邻佑人等已经报明,该地方官、该佐领不严饬亲属、邻佑人等严行锁锢看守,以致疯病之人自杀者,将该地方官该佐领照看守疏忽例,罚俸三个月;若致杀他人者,将该地方官该佐领照防范不严例,罚一年。”[1]其真正的用意是通过给予地方官处分,来督促官员主动介入此类事件当中去。

这一建议经刑部议准定例,后于乾隆五年(1740)稍加删改、纂入《大清律例》:

> 各省及八旗凡有疯病之人,其亲属、邻佑人等即报明地方官、该佐领处,令伊亲属锁锢看守。如无亲属,即令邻佑、乡约、地方族长等严行看守。倘容隐不报,不行看守,以致疯病之人自杀者,照不应重律,杖八十;致杀他人者,照知人谋害他人不即阻当首报律,杖一百。如亲属、邻佑人等已经报明,而该地方佐领各官,不严饬看守,以致自杀及致杀他人者,俱交部议处。[2]

这是第一条明列于律典中的“报官锁锢例”,但其表述多有模糊之处,使“报官锁锢”的实际操作多有滞碍不便。乾隆三十二年

---

〔1〕(清)薛允升:《唐明清三律合编》,载《中国珍稀法律典籍续编》(第八册),黑龙江人民出版社2002年版,第430~431页。

〔2〕《大清律例》,田涛、郑秦点校,法律出版社1999年版,第434页。

(1767),清廷依据乾隆二十七年(1762)、[1]三十一年(1766)刑部奏议[2]增定新例,于乾隆三十三年(1768)纂入《大清律例》:

疯病之人,如家有严密房屋,可以锁锢的当,亲属可以管束,及妇人患疯者,俱报官交与亲属看守,令地方官亲发锁梏,严行封锢。如亲属锁禁不严,致有杀人者,将亲属照例严加治罪。如果痊愈不发,报官验明,取具族长、地邻甘结,始准开放。如不行报官,及私启锁封者,照例治罪。若并无亲属,又无房屋者,即于报官之日,令该管官验讯明确,将疯病之人严加锁锢监禁,具详立案。如果监禁之后,疯病并不举发,俟数年后诊验情形,再行酌量,详请开释,领回防范。若曾经杀人者,除照例收赎外,即令永远锁锢,虽或痊愈,不准释放。如锁禁不严,以致疯犯在监扰累狱囚者,将管狱有狱官严加

[1] 乾隆二十七年(1762),刑部奏称:“疯病之人原有分别看守禁锢之例,惟是疯者之亲属、邻佑不必力皆充裕,概有空屋间房可容锁锢。且夫妇子女朝夕同居,不忍见其被锁形状,势必私为松脱,往往防范疏懈,致有他虞”,提出:“疯病之人其家有严密房屋可以锁锢得当,亲属可以管束,并妇人有患疯者,仍照例报官,交与亲属看守。但若听其自行锁锢,仍故为松脱,亦未可定。应令地方官亲发镣铐,严行封锢。如果痊愈不发,取具族长、地邻甘结,始准开放。如不行报官,及私启锁封者,照例治罪。其余并无亲属,又无房屋者,即于报官之日,令该管官验讯明确,将犯严加锁锢监禁,具详立案。如果监禁之后,疯病并不举发,俟数年后诊验情形,再行酌量详请开释,领回防范。”参见(清)薛允升:《唐明清三律合编》,载《中国珍稀法律典籍续编》(第八册),黑龙江人民出版社2002年版,第431~432页。

[2] 乾隆三十一年(1766),刑部奏称:“疯病杀人人案,旧例但凭地方邻佑呈报验详,并无治罪之文,立法尚未严密,应请嗣后如有此等案件呈报到官,该地方官务取被杀之事主,切实供词,并取邻佑地方确实供结,该管官详加验讯。如有假疯妄报,除凶犯即行按律治罪外,将知情隐匿之地方、邻佑、亲属人等,照隐藏罪人知情者,减罪人一等律问拟。至实系疯发无知,并无假捏,如未经杀人者,报官之后,仍照旧例交与亲属看守,官发锁封,严加锁禁。亲属看守不严,致有杀人,即将亲属照例严加治罪。若曾经杀人者,照例永远锁禁,虽痊愈亦不释放。如有锁禁不严,以致疯犯在监扰累狱囚者,将管狱有狱官严加参处,狱卒照例治罪,仍令地方官时加查访晓谕,实力奉行。”参见(清)薛允升:《唐明清三律合编》,载《中国珍稀法律典籍续编》(第八册),黑龙江人民出版社2002年版,第432页。

参处。狱卒照例严加治罪。地方官遇有疯病杀人之案,呈报到官,务取被杀之事主切实供词,并取邻佑地方确实供结,该管官详加验讯。如有假疯妄报,除凶犯即行按律治罪外,将知情捏报之地方邻佑、亲属人等,照隐匿罪人知情者,减罪人一等律问拟。[1]

新例细化了“报官锁锢”的程序及开释的条件,一定程度上弥补了原例的空泛性。同年,为适应新例,使例文简约和谐,乾隆五年例被修改为:

疯病之人,其亲属邻佑人等容隐不报,不行看守,以致疯病之人自杀者,照不应重律杖八十。致死他人者,照知人谋害他人不即阻挡首报律,杖一百。如亲属、邻佑人等已经报明,而该管官不严饬看守,以致自杀,及致杀他人者,俱交部议处。[2]

此后,咸丰二年(1852)对前例内容有所修改,[3]但修改部分无

---

〔1〕《大清律例》,张荣铮等点校,天津古籍出版社1993年版,第459页。

〔2〕《大清律例》,张荣铮等点校,天津古籍出版社1993年版,第459页。

〔3〕咸丰二年将前例修改为:疯病之人,如家有严密房屋可以锁锢的当,亲属可以管束,及妇女患疯者,俱报官,交与亲属看守。令地方官亲发锁梏,严行封锢。如亲属锁禁不严致有杀人者,将亲属照例严加治罪。如果痊愈不发,报官验明,取具族长、地邻甘结,始准开放。如不行报官,及私启锁封者,照例治罪。若并无亲属又无房屋者,即于报官之日,令该管官验讯明确,将疯病之人严加锁锢监禁,具详立案。如果监禁之后,疯病并不举发,俟数年后诊验情形再行酌量,详请开释,领回防范。若曾经杀人之犯,到案始终疯迷不能取供者,即行严加锁锢监禁,不必追取收赎银两。如二三年内偶有病愈者,令该地方官讯取供招,出结转详,照复审供吐明晰之犯,依斗杀律拟绞监候,入于秋审缓决。遇有查办死罪减等恩旨,与复审供吐明晰之犯一体查办。如不痊愈,即永远锁锢,虽遇恩旨,不准查办。若锁禁不严,以致扰累狱囚者,将管狱、有狱官严加参处。狱卒照例严加治罪。地方官遇有疯病杀人之案呈报到官,务取被杀之事主切实供词,并取邻佑地方确实供结,该管官详加验讯。如有假疯妄报,除凶犯即行按律治罪外,将知情捏报之地方、邻佑、亲属人等,照隐匿罪人知情者减罪人一等律问拟。参见(清)薛允升著,胡星桥、邓又天主编:《读例存疑点注》,中国人民公安大学出版社1994年版,第598页。

涉“报官锁锢”。故,“报官锁锢”的法律规定自乾隆三十二年已成定制,沿至清末,再未更改。

“报官锁锢例”的萌芽、发展、成型历经康、雍、乾三朝,其出世绝非“一时之计”或“一日之功”。直到清末变法修律时,此例方才废改,不行于文。从文本考察,“报官锁锢例”经住了时间的检验,一直存留于《大清律例》中。但其究竟是行之有效,抑或仅为一纸具文?

二、难行于世:窒碍的法理与人情

尽管“报官锁锢例”昭明于律典中,但疯病杀人案件仍禁而不止。笔者在中国历史第一档案馆检索发现疯病杀人案178件,[1]其中乾隆朝14件,嘉庆朝30件,道光朝34件,光绪朝88件,发生在亲属间的疯病杀人案有104件。若民间对“报官锁锢”的规定遵行不悖,确实约束疯病之人,那么疯病杀人案件应当不会屡屡形于案牍。可以推测,清朝针对疯病患者的犯罪预防措施——“报官锁锢”并未得到有效施行。究其原因,大抵此例于法理抵牾不合,于人情窒碍不通。晚清律学家薛允升在研读“报官锁锢例”时,曾力辟其谬:

> 亲属律得容隐,祖父虽实犯罪名,尚不科子孙以隐匿之条,一经染患疯病,即预防其杀人,责子孙以报官锁锢,违者,仍行治罪,似非律意。不报官锁锢,以致疯犯杀人,故照例拟杖一百。若并未杀人,似无罪名可科。不报官锁锢,及私启封锁之亲属人等,亦云照例治罪,究竟应得何罪之处?亦未叙明。至无亲属,又无房屋即行监禁锁锢,尤为不妥。轻罪人犯尚不应监禁,此等疯病之人,有何罪过而严加锁锢,监禁终身,是直谓疯病者断无不杀人之事矣,有是理乎?因有疯病杀人之案,遂将疯病之人,一概恐其杀人,定为此例,是因一人而波及人人,而其实为万不

---

〔1〕 检索源包括内阁全宗、宫中档案全宗、刑部—法部、军机处全宗。

可行之事,此例亦属虚设。[1]

诚如薛允升所言,“报官锁锢例”在法理上难以贯通,颇多可堪攻讦之处。首先,患疯之人未必尽有杀人之事,不以危险性的表现为标准,迳行规定将疯病之人一概锁锢,这或者暗含了“疯病者断无不杀人之事”的错误推定,或者暗示了宁枉勿纵的价值立场。试想轻罪人犯尚不应监禁,毫无罪过的疯病患者却被严加锁锢、监禁终身,罹患疯病本就是极大的不幸,疯病者还得无端承受人祸。这种“因一人而波及人人”的做法失于妥当,难逃矫枉过当之嫌。

其次,清朝统治者强行将“报官锁锢”的责任分配给亲属邻佑与地方官员,规定杀人疯犯未及“报官锁锢”时对亲属邻佑科以杖刑,却没有规定疯患者未致害时其不行“报官锁锢”的亲属邻佑该当何罪。这一立法纰漏很可能导致:守法者使其亲人饱受锁禁之苦,“藐法者”反而使其亲人免于锁禁之难。另外,故斗杀人,罪仅及凶手,并不波及亲属、邻佑、地方官;患疯之人偶致杀人,则累及亲属、邻佑,并罪及地方官。薛允升对此评价称:“第本犯照过失杀收赎,嫌于太轻,是以罪及亲属人等,后经改为绞罪,且有秋审入于情实者,是本犯已经实抵,亲属人等即不应再科罪名。”[2]

再次,“亲属相隐”是清律由前代继承而来的重要法理念。除谋反、谋叛、谋大逆等极其严重的犯罪外,清律允许亲属相互隐匿罪行。若卑幼告发尊长情节属实,尊长得减免刑罚,卑幼则治以干名犯义之罪。隐瞒亲属罪行不为罪,但隐瞒亲属病情则可能被科以刑罚,这与“父子相隐,直在其中”的传统法价值观轩轾不合,其有悖法

〔1〕(清)薛允升著,胡星桥、邓又天主编:《读例存疑点注》,中国人民公安大学出版社1994年版,第599页。

〔2〕(清)薛允升著,胡星桥、邓又天主编:《读例存疑点注》,中国人民公安大学出版社1994年版,第601页。

理的地方显而易见。

最后,疯病杀人例对家庭伦理提出了极大的挑战。它要求亲属主动将家人患疯的隐私报与管官,对疯患之人严加锁锢,且无论病患是否痊愈皆不能自行释放,而官府的开释条件十分严格,难以实现。对疯病患者实施"报官锁锢"相当于将一位受疾病折磨的家庭成员残忍地隔离出家庭生活。这对于重视亲情的中国人来说是极困难的事。国家试图使用法律暴力使民众做出违背其朴实价值观与感情观的行为,遂在"报官锁锢例"上国家权力与传统的较量终以失败落幕。

三、如履薄冰:虚弱的保甲乡约基础

比较不同时期的例文,笔者发现"报官锁锢例"的责任主体发生了耐人寻味的转变。乾隆五年例规定疯病之人由亲属锁禁,若无亲属,则由邻佑、乡约、地方族长等严行看守。行至乾隆三十二年,例文改定由官府代替邻佑、乡约、地方族长等对无亲属的疯病患者实施锁禁。为什么"报官锁锢例"在设立之初将邻佑、乡约、地方族长等列为监管主体,承担颇重的监管责任?为什么后来地方官府取而代之?

作为征服王朝,清朝为了巩固政权,一直致力于对社会实施全方位的控制。清朝统治者高度重视乡村治理,通过推行保甲乡约制度将国家政权逐步伸向乡村基层社会。保甲与乡约是当时治理乡村社会的主要手段。推行保甲是雍正初年的新政,经过三年实践,雍正四年(1726)清廷严饬全国力行保甲。雍正七年(1729)清廷又力行乡约,与保甲制度共同深入基层社会。二者很容易融合交叉,并融入宗族中,宗族被保甲、乡约进一步组织化,出现"族正""族约"的"族保"系统。[1] 清朝统治者利用保甲乡约制度逐步建立乡(保)、

---

[1] 参见常建华:《乡约·保甲·族正与清代乡村治理——以凌(火寿)〈西江视臬纪事〉为中心》,载《华中师范大学学报》(人文社会科学版)2006年第1期;常建华:《清代宗族"保甲乡约化"的开端——雍正朝族正制出现过程新考》,载《河北学刊》2008年第6期。

甲(村)两级的地方基层组织,将保正、甲长、牌头、乡约等乡村负责人改造成听命于官府的准行政化职役,保证了州县政府能够顺畅地对乡村行使职权,并通过对乡村负责人严格控制与压榨,实现对乡村的统治。

雍正以及乾隆初期,是清朝治理宗族与乡村的重要时期。产生于这一时期的"报官锁锢例"将乡约、族长等乡村负责人列为监管疯病患者的责任主体,正是以保甲乡约制度为其依托。如果没有保甲乡约制度织出有效的乡村管理网络,难以想象偌大的清朝能针对散落各地的疯病个体实施锁锢的预防性措施。

但是,尽管清朝皇帝对于保甲制度信心满满,自始至终不遗余力地督促实行,其推行却不顺利,竟至于"数百年来此举几视为具文矣"。由于辖区地域广阔、乡村人口通常分布零散,地方官府编联保甲的工作受到各种客观条件的制约,难以落到实处。州县长官囿于精力,无暇专顾编联保甲之事而托之于衙门中的书役。朝廷并无专款供办理保甲之需,而向百姓摊派相关费用,书役等借机侵渔百姓、层层需索,百姓深受其苦,不堪其扰。"小民因得一纸门牌,未曾安保身家,已先耗费囊橐,情何能堪?"缺乏人、财、物等保障的保甲乡约制度并未像统治者所设想与期待的那样良好运行,它给百姓生活所带来的限制与不便使人忽略其本身的美好初衷——"弭盗贼、缉逃人、查赌博、诘奸宄、均力役、息武断、睦乡里、课耕桑、寓旌别,无一善不备",[1]而奉行故事,视为具文。

保甲乡约制度施行无力,使以之为基础的"报官锁锢例"亦难见成效。由于乡约、族长未按照"报官锁锢例"的规定有效锁锢疯病患者,乾隆三十二年修例时才以官府监禁锁锢取而代之。但虽然例文中免去了邻佑、乡约、族长等的监管责任,对患疯之人实施锁锢或开

---

〔1〕 彭鹏:《保甲示》,载《古代乡约及乡治法律文献十种》(第2册),黑龙江人民出版社2005年版,第286页。

释仍需要这些人的参与。笔者查档时发现了不少由乡约、牌头等乡村负责人出具的甘结,保证患者疯病痊愈、不复举发。

四、何以保留?

"报官锁锢例"于乾隆五年正式被纂入《大清律例》,几经增改,光绪三十四年方被废止。此间,疯病杀人案屡见不鲜,其中一些极其恶劣的疯病杀人案甚至推动了新的例文产生。清朝统治者通过定例对疯病之人严加锁禁以预防其意外妄行的目的毫无疑问落了空。关于清代疯病杀人规制制度的宽严走势,薛允升有一概括之言:"疯病杀人之犯,从前治罪甚宽,而锁禁特严,近则治罪从严,而锁禁甚宽,殊觉参差"。[1] 这种宽严变化,一方面说明官方对杀人疯犯的处置愈发严厉,另一方面也说明官方对于"报官锁锢"的有效性越发失去信心。既然官方对"报官锁锢例"缺乏实效心知肚明,何以"报官锁锢例"一直在《大清律例》中保留?

马若斐[2]在《传统中国法的精神》一书中提出"不可执行现象"[3]这一术语,用于描述到他观察到的这一现象:中国传统法典中有许多不可执行的条款——或者"被认为不能执行",或者"不愿执行"。马若斐认为,不可执行的条款保留在法典中是因为其具有某种象征意义,可能象征着遵循国法与遵守家庭秩序具有内在一致性,可能象征君主的良善治理,其重要性在于确认人们的基本道德义务,强调统治者的基本责任。正因为它们表达了立法者所期望的目的及其所倡导的价值,所以,这些条款即使从未被真正执行,也得

[1] (清)薛允升著,胡星桥、邓又天主编:《读例存疑点注》,中国人民公安大学出版社1994年版,第600页。

[2] 马若斐(Geoffray MacCormack),1937年生,英国阿伯丁大学教授,著有《传统中国法的精神》《中国传统刑法》等。

[3] 参见[英]马若斐:《传统中国法的精神》,陈煜译,中国政法大学出版社2013年版,第36~38页。

以保留在法典之中。[1] 笔者认为,不妨借用马若斐的观点解释“报官锁锢例”的存在。

清廷规定“报官锁锢例”,是期望通过对疯病之人严加锁禁以预防其意外妄行。何种意外妄行呢?——自杀或杀人。“报官锁锢例”的设立初衷在于预防杀人(包括自杀)罪行,其背后蕴藏着“重生”的传统法精神,不仅包含对无辜被害者生命的尊重,更是对疯病患者生命的怜惜。受“报复”与“报偿”的刑罚观念影响,“杀人偿命”原则为传统刑法所遵守,并在不同的案情中调整着适用:“凡谋杀人,造意者,斩;从而加功者,绞”;“凡斗殴杀人者,不问手足、他物、金刃,并绞”;“故杀者,斩”;“凡因戏,而杀伤人,及因斗殴而误杀伤旁人者,各以斗杀伤论。其谋杀、故杀人,而误杀旁人者,以故杀论”;“若过失杀伤人者,各准斗杀伤罪,依律收赎,给付其家”。[2] 当杀人者为疯病患者时,似乎不能简单地直接运用“杀人偿命”的原则,统治者及官员们不可避免地陷入“用辟原以止辟,而不以施于无可惩创之人,疯发狂迷犯实无知,即罪所难加”与“遇有疯病杀人之案,未当不为被害者惨然”的矛盾。平衡这一矛盾,实现刑罚的正义实在艰难,疯病杀人者的刑罚变化过程就生动地体现了立法者是如何谨慎小心地处理着这种矛盾。这正反映了对疯病患者生命价值的珍视。或许,“报官锁锢例”的保留是由于它凝结了“重生”的儒家传统法精神。通过征服建立政权的清王朝一向以“儒治天下”维护其统治正统性,在法律上十分重视对儒家传统法精神的贯彻。大概“报官锁锢例”的存续也与政权对于儒家精神的强化需要有所关联。

---

〔1〕 参见[英]马若斐:《传统中国法的精神》,陈煜译,中国政法大学出版社2013年版,第38~41页。

〔2〕 《大清律例》,田涛、郑秦点校,法律出版社1999年版,第420~433页。

学术动态

【编者按】 本卷《中华法系》“学术动态”专栏部分刊载有两篇译文。第一篇讨论雅典帝国民主制的衰落之因，作者不同意原先史学界的普遍观点，而认为民主制是从内部崩坏的，且在战争失败之时，民主制事实上已经衰弱很久，别有新意。第二篇则讨论法治国家概念的形成和发展，认为德国的这一概念，与其归因于英美法治的理论，不如说是归因于德国的国家理论。这两篇译文都反映了近年学界对传统命题的反思和新的阐释，对我们研究法律史，不无启发。

雅典帝国民主制的衰落*

[美]特鲁斯德尔 S. 布朗** 著 顾 元*** 译

【摘要】 雅典帝国曾经达到了古代民主制最高峰，并成为西方民主的一个模板。以往有观点认为，如果雅典帝国没有在战争中失败，其民主制度可以长期延续。但是本文认为，即便雅典帝国在战争中一直胜利，但是其民主制内部确实已经慢慢变质，最终免不了崩溃的局面。

【关键词】 雅典帝国；民主制；衰落

古代希腊的历史提供了一些关于现代欧洲历史的预览，尽管其规模要小得多。每个城邦国家皆强烈地以成为单独的实体而自豪，并尽一切所能维护其独立地位。但是，这些类似的城邦国家对拥有共同的语言、宗教机构以及生活方式，有着同样强烈的依恋，这些将它们与其未开化的邻居区别开来。整个希腊历史可以解释为两种相互冲突的忠诚之间的斗争：一种是对自己出生的城市的忠诚，另一种是对更广泛的希腊社会(Hellenic community)的忠诚。公元前421年，

---

* 本文节选自美国斯坦福大学教授刘易斯·W. 斯皮茨和理查德·W. 李曼主编的《西方文明的主要危机》(第一卷：从希腊至1660年)(Lewis W. Spitz & Richard W. Lyman, *Major Crises in Western Civilization I: The Greeks to* 1660, Harcourt, Brace & World, INC. 1965)。该书由8个相对独立的部分组成，论述了西方文明自雅典民主制时代至17世纪英国革命期间所经历的主要危机。本文节录的是第一部分。

** 作者(Truesdell S. Brown)系美国加利福尼亚大学洛杉矶分校教授。

*** 译者系中国政法大学法律史学研究院教授。

实行民主制的雅典及其帝国通过在一个政府之下联合各希腊城邦,为解决这种内在的冲突提供了最良好的愿景。为了理解其利害攸关者之所在,我们必须回溯一下雅典早期的历史和帝国民主制的发展。

在希波战争(Persian War)以前,雅典仅仅是诸多著名城邦中的一员,而且并不特别受到邻居们的欢迎,它们对于其民主制度和不断增长的海军实力都抱持着某种程度的不信任。斯巴达(Sparta)则更加广泛地被承认为希腊诸国的领袖。但是,在公元前480年萨拉米斯战役(Battle of Salamis)之后,所有这些开始发生改变。在这场战役中,波斯舰队遭到毁灭性的打击,薛西斯(Xerxes)的远征注定失败。在雅典人迪米斯托克利(Athenian Themistocles)的努力游说之下,联盟力排斯巴达人的意见,终于达成在萨拉米斯进行一战的决定。这是一个英明的决定,因为雅典人宁可撤离他们的城市和阿提卡的所有地区,也不愿意接受薛西斯(波斯国王)为迫使其放弃希腊的事业而提供的慷慨条件。当危险过去,野蛮人的军队撤离希腊时,斯巴达总是不愿意让其士兵在伯罗奔尼撒以外冒险,这使雅典在解放希腊诸岛和仍处于波斯人统治之下的小亚细亚沿海国家的事业中处于领导地位。这是雅典的重大机遇,她抓住了。

并不是说雅典比他们的邻居更自私,或者更高尚,而是民主制度在雅典已经发展经年,外加一系列偶然因素,使她能够比其坚定的南方同盟制定出更富有想象力和冒险精神的政策。在早期的年代,她在不间断地承认外来人以公民权利方面已经显示了令人惊异的自由度——通过强迫其大量的人民放逐海外,正如她的对手叙拉古(Syracuse)[1]曾经做的一样。旧贵族家庭在历史的种种变革中幸存下来,而最值得信任的民

[1] 叙拉古(Syracuse),又译锡拉库萨,古代希腊城邦,位于西西里岛东岸,阿纳普河口东北部。公元前734年由希腊城邦科林斯移民所建。因地处东西地中海及意大利和北非的交通要道,很快成为地中海岸的一个重要城市。公元前5~前4世纪势力强盛,为西西里岛东部霸主。在第二次布匿战争(公元前218—前201年)中,曾抵抗罗马侵略,公元前212年为罗马所灭。——译者注

主领袖皆脱胎于旧贵族阶层。当我们读到“旧的寡头”(Old Oligarch)——一个修昔底德(Thucydides)同时代的事物时,我们看到,雅典人已经创造出了一种植根于民主制度和海洋控制的帝国主义的理论。一个依赖于其舰队既保卫自己又剥削他人的国家,也取决于下级阶层的意愿。因为那个时代的战舰需要两百人操作桨,或者说在大海上需要两万人操控一百艘船舰。在第五世纪,划桨手并不属于贵族阶层。

伴随着这些优势,雅典的权威年复一年地稳步增长,而越来越多小的希腊城邦在寻求雅典的保护,或者他们被迫接受不请自来的雅典提供的保护。成立于薛西斯战败后不久(公元前478年)的提洛同盟(Delian Confederacy),作为反对波斯的自由城邦的自愿同盟组织,已经事实上变成雅典帝国的附庸,其使命就是提供金钱、舰船和人力,只要这个帝国城邦需要。尽管因雅典人保持着海上航线对于商船的开放畅通和对海盗的警戒,致使参加同盟的城邦物质繁荣不断增长,但他们仍然强烈抱怨其自治权的丧失。抱怨主要——尽管不全是——来自于有产者阶层,他们担忧他们的城邦发生民主的暴乱。当起义发生之时,就会被镇压,更多的情况是,被征服的城邦通过一部民主宪法被重新接纳为联盟的一员。雅典人势力范围以外的城邦越来越多地寻求斯巴达的帮助,而斯巴达,长期以来致力于处理其国内问题——尤其是希洛人(helot population)即农奴危险的骚乱——从外面的危险中醒来。她相信只有战争才能阻止雅典在希腊的一家独大,而如果战争有任何成功机会的话,那么它一定会旋踵而至。第一次战争在公元前446年通过缔结《三十年合约》(*Thirty Years Peace*)[1]而结束,但

〔1〕《三十年和约》,是公元前445年古希腊城邦雅典和斯巴达签订的条约,结束了于公元前460年爆发的第一次伯罗奔尼撒战争。但是这三十年和约只维持了13年。公元前432年雅典在波蒂迪亚战争(Battle of Potidaea)中攻击并打败了斯巴达联盟;这次胜利加上斯巴达的同盟国迈加拉(Megara)认可雅典贸易,激起斯巴达对雅典违反和约的指责,因而向雅典宣战。和约终于流产,而开始了第二次伯罗奔尼撒战争(一般所称的伯罗奔尼撒战争)。——译者注

这仅仅令雅典宣布放弃在希腊大陆的土地征服,而致力于建立纯粹的海上帝国和扩大对外贸易。至公元前 431 年,雅典显然比过去任何时候都更加危险,斯巴达遂在中途撕毁了《三十年合约》,再次宣战。

在民主制度形成的过程中,伯里克利(Pericles)通过空前地掌握公民大会(popular assembly)——他每年都被公民大会选举为十将军委员会的首席将军(board of ten generals)——从而真正地决定着雅典的政策(公元前 461—前 431 年)。伯里克利是伯罗奔尼撒战争(the Peloponnesian War)计划的设计者,这使雅典能够在公元前 421 年签署《尼西亚斯和约》(*Peace of Nicias*);尽管伯里克利本人于公元前 429 年死于瘟疫,但是帝国及其舰队保留完好。不幸的是,无人能够取代他的位置。十年的战争证明斯巴达是第二位最好的,这给了雅典人超出其实力的信心;公民大会很容易咬牙切齿,态度决绝,否决负责任的领导人提出的谨慎建议,转而支持更为激进的演说家们。大多数的公民并无农场可被入侵的军队掠夺,他们期待通过入侵敌人的领土获得战利品,以及获取荡桨摇橹的报酬。即使在陆地上,斯巴达也失去了他们战无不胜的声誉,因为在公元前 425 年的斯法克蒂里亚(Sphacteria)战役中,三百名斯巴达人向雅典人投降了。一些斯巴达的同盟者,对和平不再抱有幻想,他们感到自己的利益成为斯巴达利益的牺牲品,于是焦躁不安起来,并转而寻求新的联合。阿尔戈斯(Argos)即为其中之一,她长久地嫉妒斯巴达,总是希望恢复早期在庇东王(King Phidon)统治时期所拥有的荣光。阿尔戈斯远离伯罗奔尼撒战争的第一阶段(公元前 431—前 421 年),受到即将到期的五十年和平合约的约束;同样,作为一个民主国家,阿尔戈斯对雅典抱持一种天生的同情。

当斯巴达无法说服其昔日的盟友执行和平条款时,事情就到了紧要关头。在雅典,不择手段的阿尔西比亚德斯(Alcibiades)和其他人利用这一失败,成功地对斯巴达的善意提出了质疑。斯巴达不是唯一的违犯者:雅典首先推延俘虏的放回,接着抛弃了她在伯罗奔尼撒的根据地皮勒斯(Pylos)。当雅典的同盟者不能公开地表达他们的意见时,如同在松散地组织起来的伯罗奔尼撒联盟(Peloponnesian League)[1]中的成员那样,他们就会对在最近的战争中所受到的待遇心怀不满。人力和资源的消耗是相当大的,雅典官员变得越来越傲慢自大和愤世嫉俗。多数城邦受到民主的管理,这一事实增加了它们对于民主母体的怨恨。来自波斯的危险似乎已经远去,为什么他们要继续为那个暴君(僭主)城邦而战斗,并且还要称颂她呢?

那种认为斯巴达已经失去了赢得战争胜利能力的假定,在公元前418年的曼提尼亚(Mantinea)战役中被粉碎。在这个城邦发生的战役中,阿尔戈斯,现在雅典的盟邦,遭到彻底痛击,被迫成为寡头政体统治下的斯巴达阵营中的一员。尽管这是暂时的,但是雅典人已不再有任何可能在伯罗奔尼撒建立起与斯巴达的军事均势。接着,公元前416年,雅典人对于一个毫无军事重要性可言的岛屿米洛斯(Melos)犯下了罪行,他们将所有达到服兵役年龄的男人处死,将其他居民卖为奴隶,以作为对岛上居民的严厉警告。第二年,雅典人投票决定派出一支无敌舰队抵达西西里岛(Sicily),以应微不足道的小城邦塞杰斯塔(Segesta)的请求帮助抵御叙拉古(同雅典一样大的城邦),而对发生于家门口迫在眉睫的险情置若罔闻——这种危

[1] 伯罗奔尼撒联盟,古代希腊以斯巴达为首的伯罗奔尼撒半岛大部分城邦组成的军事同盟。公元前6世纪中叶成立。在同盟内部,斯巴达享有召集全体成员国会议的特权,并在战时任盟军统帅。结盟各邦内政独立。同盟的和战大计在盟国代表会议上由多数票决定,每国一票。只有得到盟国代表会议的同意,斯巴达才有权要求盟国出兵。希波战争中,同盟各邦曾与雅典联合抗击波斯入侵。之后,伯罗奔尼撒同盟和提洛同盟对抗,对整个希腊历史产生了重大影响。公元前431年至公元前404年,伯罗奔尼撒同盟与雅典及其同盟者之间爆发伯罗奔尼撒战争。失败的雅典一度被迫入盟。公元前394年,忒拜联合雅典、科林斯等城邦共同反对斯巴达。公元前371年,斯巴达在留克特拉战役中大败于忒拜,同盟于公元前366年解散。斯巴达霸权亦告终止。——译者注

险够大了。

如何解释这一重大决定并不容易。初看起来阿诺尔德·汤因比(Arnold Toynbee)将其解释为“自杀”颇有道理。但是未免过于简单化了。可供选择的替代方案是什么呢?假如雅典拒绝了请求,塞杰斯塔可能会求助于迦太基(Carthage),就如后来她所做的那样(公元前410年),给西方希腊化(Hellenism)的未来带来令人震惊的后果。雅典只有将手伸到西西里,充当保护者的角色,因为那里是其帝国的基地。在某种程度上来说,继续向前而不是回头往后,对她而言是更为自然的选择。行动的成功将会使东部的希腊和西方的希腊联合成为一个国家共同体,而假若给予雅典时间发展出更多管理其海洋帝国的良好方法,她或许会长治久安,阻止一系列血腥的小规模战争的发生——每一个城邦都在同外部的邻居和内部的不满因素进行无休止的争斗。这并不是要否认雅典的动机是完全利己主义的,而是要表明,即使雅典的敌人也允许她拥有勇敢和想象力的品质,最终可能会在自由和放纵之间找到一种可以接受的妥协。

修昔底德本来可以告诉我们更多,但是他的沉默增加了即使是漫不经心的评论的重要性。公元前416年的一个清晨,就在伟大的西西里航海远征之前不久,雅典人一觉醒来发现,在诚实的公民们熟睡之际,全城奉献给赫尔墨斯(Hermes)的神圣石柱被毁坏殆尽。对于亵渎神灵的这种行为,可谓人神共愤,每个人都要求要查出元凶,严加惩处。一些年轻富有的寡头政治家受到牵连,遭到逮捕。修昔底德说,雅典出现了很多强烈抗议将赫尔墨斯头像事件与颠覆民主制度的阴谋相联系的声音,我们必须相信修昔底德之言。这一点,再结合修昔底德后来在斯巴达的演说,他将一切都归因于阿尔西比亚德斯,将民主制称为公认的邪恶,表明在雅典历史这一至关重要的时期,穷人与富人、寡头与民主主义者之间的紧张关系在增长,这将有助于我们理解公元前411年的寡头政治革命(Oligarchical Revolution)。假设雅典拒绝了塞杰斯塔的请求,就没有理由相信像安提丰(Antiphon)、庇山大(Pisander)和普律尼科司(Phrynichus)这些寡头在努力颠覆民主政府方面会不那么活跃,或者阿尔西比亚德斯会平稳地致力于实施“小雅典”(little Athens)的政策。真正的悲剧在于,在冒着远征西西里的风险之后,对于阿尔西比亚德斯及其朋友感到不信任的雅典人,应当转而坚持让深信远征将会失败的尼西亚斯(Nicias)担任三位将军之一,来领导这个国家。似乎这还不够,阿尔西比亚德斯被召回(尽管他逃到斯巴达,并泄露了雅典人的计划),而在第三位将军拉马楚斯(Lamachus)于一场小规模的战斗中被杀死以后,尼西亚斯成为剩下的唯一的指挥官。当德摩斯梯尼(Demosthenes)[1]于公元前413年二度率军出征西西里岛时,一切为时已晚。接下来的灾难是彻头彻尾、无可挽回的:整个舰队没有一艘舰船返航;全部军队仅有个别人幸免于难——没有一支部队幸存下来。

尽管这次打击可谓沉重,但是雅典还是坚持了八年的战斗,直到进一步的抵抗已无可能,然后她就投降了。雅典垂死挣扎的期间可以很好地作为一个案例,来研究这个民主制国家的优势和缺陷。在英格兰和美国,我们已经发展了我们的民主制度,但在这两个国家都没有找到雅典民主的感觉。在这两国,人们的意愿通过选举的议会代表间接地得到体现。而在雅典,每一个公民都自由地参加公民大会,对于提出的任何议案表达赞成或不赞成的意见,甚至提出自己的反对提案。在英格兰和美国,我们依赖于潜在的权力(latent power)“将坏蛋逐出去”,但是在雅典,一位将军可能会被公民大会的任何一个会议免除职务或者处以罚款。这些会议每一个五百人议事会会期(prytany,会期36天)至少举行4次,并在露天召开;虽然我们并没有可靠的关于出席会议人数的记录,但是有些场合是需

[1] 德摩斯梯尼(Demosthenes,公元前384—前322年),又译狄摩西尼,古希腊著名的政治家、演说家和雄辩家,希腊联军统帅。原文疑似有误。——译者注

要6000公民为法定出席人数的。在这种情况下,公开演讲的艺术往往成为通向权力之路。因此,难怪像高尔吉亚斯(Gorgias)这样的精通修辞的教师,其服务要价高昂。

尽管公民大会(Ecclesia)总是最高的机构,但还有一个由五百人组成的立法会议(Boule)为公民大会准备议程,并在这个最高权力机构闭会期间处理日常事务。五百人议事会每年通过一种复杂的抽签系统选出,如此安排议员资格实际上是整个阿提卡(Attica)地区的一个代表。这500人被分为10个组,10个部落中每个部落产生50人,每一组对一个会期负有特殊的责任,而雅典人的一年由10个会期构成。这就是为什么我们在雅典的法令中读到:"如此这般是执掌会期的部落(prytanizing tribe)"在五百人议事会中,成员的资格仅限于声誉良好的公民,年龄至少30岁,并且以前担任该职务不超过一次;参加公民大会者最低年龄为20岁。在阿吉纽西(Arginusae)审判期间,苏格拉底(Socrates)成为主持雅典公民大会的会期成员之一,纯属偶然。尽管五百人议事会为公民大会准备提交的议案,但任何雅典人都能增补自己的修正案。

除了五百人议事会和公民大会之外,还有一个由9位执政官(archon)组成的委员会,其职责大部分是正式的,以及一个由10位将军(strategi)组成的委员会,他们是国家真正的领袖。这些选举产生的将军,任期一年,但他们有可能被免职,也有可能无限期地担任职务,就如伯里克利那样。如果他们能够明智地利用其与公民大会关系的影响力,雅典就会得到很好的治理;但是,当一位演说家将其雄辩的说服能力与糟糕的判断力或唯利是图相结合的话,国家就会陷入险境。诚然,有一些针对鲜廉寡耻的顾问的检查监督。事后,这样一位顾问可能会因欺骗人民而被指控非法行为——如同在阿吉纽西审判中所发生的那样。没有人比雅典人对这种特权更嫉妒的了。甚至伯里克利都对他们的怨愤倍感压力。

在叙拉古的灾难发生时,统治雅典的政府就是这样。当第一次冲击平息下去以后,公民大会准备应对策略。最为紧迫的问题——保护粮食运输路线和防止暴动——只有通过建立一支新的舰队才能应付。雅典的现金盈余立即为此目的而使用起来,船舰的龙骨遂开始铺设建造。与此同时,幸亏听从了阿尔西比亚德斯的建议,一支斯巴达军队永久地占据了阿提卡陆地上的德西尼亚(Decelea)。这一占领鼓舞了大约两万名奴隶——主要是熟练工人——横渡投到敌人阵营,从而使雅典丧失了一部分重要的劳动力。

在这种不幸之中,尚存一线希望。令斯巴达满怀期待和雅典忧心忡忡的是,凯旋的叙拉古舰队向东航行进入爱琴海(Aegean)水域,给予其致命一击(Coup de Grace)。相反,叙拉古只满足于派遣赫墨克拉底(Hermocrates)率领一支大约20只舰船的分遣队作为先遣。其后不久,叙拉古宪法被修改,新政府召回了这支分遣舰队,以帮助抵御迦太基人对西西里的攻击。但是,因叙拉古撤军而赢得的优势不久就被那则令人震惊的消息所抵消:波斯宣战,并且站在斯巴达一边。这意味着资金会不断地募集给斯巴达人,用以建造船舰和雇佣船员,因此,即使斯巴达现有的船只被毁,也会得到替补;反之,如果雅典失去了现有的舰队,她就没有资源建造另一支。未来确实显得暗淡无光。同时,尽管有一些可喜的例外,但越来越多的雅典盟邦抛弃了他们的效忠,邀请斯巴达人取而代之。

到目前为止,不仅极端的寡头——他们总是时刻准备背叛民主政体——而且像塞拉门尼斯(Theramenes)这样的温和派也认为是到了改变政府的时候了,其理论依据是负担战争财政重担之人也应该决定雅典的政策,并寻求与斯巴达的和解。接下来还有阿尔西比亚德斯。这位以前决定雅典政策的可怕顽童(enfant terrible)已经老去,但是其个性并未改变。自从被雅典放逐以后,他就把全部精力放到尽其可能地伤害雅典的事情中去,告诉了斯巴达他所知的一切,并提出其军事战略上的建议。在斯巴达,他过着简朴的生活,比斯巴达人有过之而无不及,放弃了自己一生奢华的生活习惯。但是,同阿吉斯国王(King Agis)妻子的婚外情令阿尔西比亚德斯再次踏上旅途,这一次去的是亚洲,在那里,他不久即讨得吕底亚(Lydia)极有权势的总督替萨斐尼(Tissaphernes)的欢心。从这个有利位置出发,阿尔西比亚德斯与驻扎在萨摩斯(Samos)的雅典舰队的朋友们取得联系,宣称他对于替萨斐尼有很大影响以至于可以令其改换到雅典阵营中,条件是雅典采用寡头政体形式的政府。

各种政治反对派的溪流汇聚一处,而舰队缺席,其水手是赞成民主制的。雅典宣布放弃民主政体,赞成建立由四百位富有公民组成的紧急政府,称为"四百人会议"(Four Hundred),他们由选举产生,前提是以后他们的统治将取决于由5000人组成的公民团体的同意。这5000人须符合最低限度的财产资格条件。在萨摩斯的强力赞成民主制的水手们拒绝承认新政府,而阿尔西比亚德斯成为了他们的领袖;即使对他来说,口是心非也是不寻常的。阿尔西比亚德斯劝说他们为了推翻雅典的寡头统治不要放弃职守,结果是不久后他领导他们在公元前410年的昔齐库斯战役(Battle of Cyzicus)中,取得对斯巴达舰队的重大胜利。这一胜利导致了民主制度在被颠覆后不到一年得以恢复,而阿尔西比亚德斯也官复原职。

但是,在事物表面之下,本质并未真正改变。波斯继续向斯巴达人提供资助,而希望从阿尔西比亚德斯那里得到更多保证的雅典人失望了。当一场海军交战——由一位违背阿尔西比亚德斯命令的下属军官发动——以小小的失败告终时,雅典人的耐心已经消耗殆尽。这一次阿尔西比亚德斯再次被流放,永远不得返回。

波斯并没有改变立场,她为斯巴达人提供吝啬的财政支持,而被雇佣的船员——食不果腹并且报酬低下——无精打采地为斯巴达而战。具有讽刺意义的是,雅典在战争中——阿吉纽西战役(公元前406年)——取得的最伟大的海军胜利,竟标志着结束的开始。斯巴达舰队司令卡利克拉提达斯(Callicratidas)曾表达过激烈反对向波斯人卑躬屈膝的意见,声明当其重返斯巴达之时,目的就是要努力带来与雅典的和解。但他并未能重返斯巴达，而在阿吉纽西失掉了生命。接替他的莱桑德（Lysander），观点大异其趣，他与波斯王子居鲁士（Cyrus）相处得很好，后者给予斯巴达慷慨大方的支持。新的舰船建造起来，资金得到筹集以支付报酬和提供给养，士气重新聚集于斯巴达舰队。

在雅典，一场针对得胜将军们的严厉控告正在上演，因为他们未能在阿吉纽西战役后的一次风暴中成功救起幸存者。雅典暴民的危险情绪对于任何正义的判断都不予理会，尽管苏格拉底和其他有些人保持着镇定沉着，但将军们以一票的优势被判有罪，闻所未闻。真正的失败在于领导力。小人物们，他们是现代意义上的煽动家，满足于被唤醒的公民们最轻微的突发奇想，缺乏直率坦言的性格或能力。现在是接受某种条件——任何条件——的时候了，只要留下某种帝国的遗迹就行，雅典可能以此期望有朝一日能够重返昔日的强盛。事实上，每一次雅典人胜利之后，斯巴达都会提出一些条件，但是雅典人民总是拒绝面对现实，希望时来运转，有无法估量、不可思议的好处降临。雅典对得胜将军的挑剔，对斯巴达无时不在的猜疑，不断盲目且愚笨地战斗着，虽然抱持极大的勇气，但最终难以避免彻底的失败。足够令人称奇的是，决定性的海军战役主要是在雅典船只周围的陆地进行的。他们停靠在达达尼尔（Dardanelles）海峡边阿戈斯波塔密河（Aegospotami）岸，这时莱桑德突然率领斯巴达（Lacedaemonian）舰队出现了。阿尔西比亚德斯，现在是一个旁观者了，曾经警告过雅典人在位置上的危险性，但是无人对他加以理睬，即使是他给出了很好的建议。雅典海军实际上被莱桑德摧毁了。

在阿戈斯波塔密河战役之后，一支斯巴达舰队封锁了雅典的海上通道，而阿吉斯国王从陆上控制了所有的交通要道。饥饿的灾难开始了。数月之后，因为无法突破敌人的封锁，雅典人——那些幸存者——同意接受斯巴达的条件。考虑到斯巴达盟邦们要将这个暴政城市奴役的呼喊声，这些条件并不算太苛刻，但它们让斯巴达人的目标得到了完全充分的实现:拆毁长墙,仅仅保留12艘船只,承诺将来无论在陆上还是海上都须服从斯巴达——所有这些都发生在伯里克利死后的仅仅25年!

历史的进程由于事物的本性而具有必然性。可能发生了什么,是想象力的问题,属于小说世界的范畴;而发生了什么,则是无可动摇的事实的问题,属于历史学家的事情。一旦建立起来事件的次序(这在希腊的历史上并不总是容易的),人们越来越难以想象,最终结果——雅典城邦的衰落——或许可以避免。一方面,我们拒绝采用纯属巧合的方法来解释——那种"因为缺少一只鞋,这匹马丢了"的方法——因为这样的解释方法将历史降低至轮盘赌游戏。另一方面,当我们寻求一个更为理性的基础来判断过去的关键时代时,我们面临两个障碍:我们生活在一个不同的世纪,有着不同的动机,这些施加于我们身上的限制,以及因缺乏时代自身的充分的证据之局限。对雅典帝国民主制的危机而言,我们的证据是片面的。来自那个时代对我们说话的声音,并不是雅典民主派的声音;修昔底德、阿里斯托芬(Aristophanes)、安多西得斯(Andocides)、色诺芬(Xenophon)和柏拉图(Plato)都不属于这一类。或许仅有的例外就是那些大理石残片,我们依然可以读到带有提案公民个人姓名的雅典公民大会的法令,但这些只是样本。然而,我们确实也有一个优势。不像修昔底德和其他人那样,我们知道所有事情的结果如何。他们不知道。而我们不知道的是——假若当可供选择的方案是开放的,而雅典在不同情况下采用了不同的政策,可能会发生什么。

当公元前404年雅典的城墙被拆除的时候,没有人会预见到这是这个希腊城邦衰落的重要一步,而希腊再也不会和从前一样了。但是三年之内,这种模式开始出现。负责任的政府这一寡头政治的梦想,被当权贵族们令人难以置信的愚蠢行为变成了一场噩梦——统治雅典的是斯巴达恩护下的三十僭主(Thirty Tyrants)。即使他们被推翻,旧的民主制度也不可能恢复了,因为雅典的精神已经崩溃;

她的人民从来没有恢复过其祖先特有的那种伟大自信。然后，斯巴达人也证明了他们在胜利中并不像预期的那么善良。莱桑德自己曾经说过，他们不知道如何统治自由的人们。随着时间年复一年地过去，波斯——在战争后期的出现保证了斯巴达的胜利——正变成越来越重要的因素。年轻的居鲁士甚至在用希腊雇佣兵来为重新确立波斯人的影响力指明道路。波斯黄金对于希腊的历史有重要的——有时可谓最重要的——影响。诚然，亚历山大(Alexander)毁灭了波斯帝国，但是，他自己的马其顿人(Macedonians)对于希腊的独立构成了更可怕的威胁。当他于公元前323年逝世之时，没有希腊的城邦或城邦集团有能力恢复雅典帝国民主制在更幸福的日子里所掌握的主动权。

法治国家概念的形成与发展

[德]恩斯特·沃夫冈·博肯福德* 著 王银宏** 译

【摘要】 德语中的"法治国家"(Rechtsstaat)概念不同于英语中的"法治"(rule of law)的概念。在德国,这一概念的出现是德国国家理论的产物,源于德国早期自由主义的、受理性法影响的国家理论。基于不同时期法律思想的发展和法律实践的影响,"法治国家"的概念经历了从形式法治国到实质法治国、从自由法治国到社会法治国的发展。而无论其发展如何,"法治国家"的本质性内涵是不变的:限制和约束国家权力与政治统治,保障和维护个人的自由与权益。

【关键词】 法治国家;形式法治国;实质法治国;自由法治国;社会法治国

在德国,1945年之后——阿道夫·阿恩特(Adorf Arndt)出于内心信念、以巨大热情参与的——政治改革的一个中心任务,是恢复

---

* 作者(Ernst-Wolfgang Böckenförde),系德国著名的公法和法哲学学者,曾任海德堡大学、弗莱堡大学教授,1983年至1996年任德国联邦宪法法院法官。

** 译者系中国政法大学法律史学研究院副教授,法学博士。本文原文载Ernst-Wolfgang Böckenförde, Recht, Staat, Freiheit: Studien zur Rechtsphilosophie, Staatstheorie und Verfassungsgeschichte, Frankfurt am Main: Suhrkamp 1992, SS. 143 – 169。本文的翻译得到了作者的书面授权,但作者因语言原因未审读译稿。本文系国家社会科学基金青年项目"纯粹法理论的实践性问题研究"(16CFX004)暨中国政法大学第五批青年教师学术创新团队(18CXTD10)的阶段性成果。

和重建法治国家。法治国家的重建，一方面是以承继德国的国家和宪法思想之传统为宗旨，其中法治国家的概念自19世纪初即已居于重要地位；另一方面是这一传统的发展与革新：实质法治国代替形式法治国，社会法治国代替自由法治国。[1] 这为区分不同类型的法治国家提供了可能，但这并非本质上的区分，它们在组织结构上各具特色，同时也显现出法治国家概念与其他国家和宪法理论中基本概念所共有的特征。法治国家的概念属于那类字义模糊不清且不能明确阐释的概念类型，这类概念源于其"客观性"，且从未被明确界定，它毋宁是开放性的——向不断发展变化的国家和宪法理论观念及其不同类型的具体表现形式开放；若非如此，其内容会完全改变，这意味着它会失去连续性而空有其表。[2] 因此，我们应首先了解其历史发展，以系统认识这一概念。

以下思考和论述主要集中于"法治国家"这一法律概念在其历史发展中出现的特色鲜明且关系密切的相关内容的典型特征以及与此相关的国家和宪法理论方面的基本观念；而法治国家思想的共性及其与西方国家理论和宪法发展传统相联系的具体表现则不予重点阐述，[3] 因其并非法治国家思想的特有特征。

一

"法治国家"(Rechtsstaat)是德语中特有的语词组合和特性概

[1] 见恩斯特·福斯特霍夫(E. Forsthoff)编:《法治国与社会国》，达姆斯塔特(Darmstadt)1968年版，其中收录了关于这一主题的所有重要论文。

[2] 这类概念的其他例子还有宪法中的"自由与财产条款"、警察法中的"公共安全与秩序"的概念以及基本法意义上的"自由—民主的基本制度"。

[3] 这与乌尔里希·舒内尔(Ulrich Scheuner)的表述相近，《德国法治国家的新发展》，载《德国法律生活百年》(第2卷)，卡尔斯鲁厄(Karlsruhe)1960年版，第235页以下。

念,在其他语言中未发现与之相应的概念。[1] 以这一概念来描述的事物是德国国家理论的产物。法治国家的概念源于德国早期自由主义的、受理性法影响的国家理论:罗伯特·冯·莫尔(Robert v. Mohl)在《符腾堡王国的国家法》(1829年)中首次对一般国家法和政治进行了准确详细地探讨。[2] 卡尔·托德·威尔克(Carl Theodor Welcker)于1813年首次使用这一概念,[3]约翰·克里斯托夫·冯·阿莱汀男爵(Johann Christoph von Aretin)而后于1824年在《立宪君主国的国家法》中使用过。[4] 这三位作者都未将法治国家理解为一种特殊的国家形式,比如在混合形式的意义上,或者作为政府形式来理解,而是将其视为一种特殊的国家种类。法治国家——如威尔克[5]所言——是"理性的国家"、"理智的国家"(莫尔)、[6]"依据理性的整体意志进行统治且仅以普遍的共同利益为目的"(冯·阿莱汀)。[7] 由此存在一种可能性解释:法治国家是理性法国家,在这样的国家中,理性的原则——如同在理性法理论传统中存在的那样——在公众的共同生活中实现并且是为了公众的共同生活而实现。

法治国家的基本内容包括如下几个方面:

---

[1] 盎格鲁-撒克逊法律中的"法治"(rule of law)在内容上并非与之并行的概念构成,而法语的法律用语中根本没有与之相应的语词组合或概念构成。

[2] 罗伯特·冯·莫尔:《符腾堡王国的国家法》(第1卷),图宾根1829年版,第8页。这也涉及H.克鲁格尔(H. Krüger)的评论,《国家理论》,斯图加特1964年版,第776页。

[3] 卡尔·托德·威尔克:《法、国家与刑罚的最终基础》,吉森(Gieβen)1813年版,第一部,第6章,第25页。

[4] 约翰·克里斯托夫·冯·阿莱汀男爵:《立宪君主国的国家法》(第1卷),阿尔滕堡(Altenburg)1824年版,第163页。

[5] 威尔克:《法、国家与刑罚的最终基础》,第25页。也见克鲁格尔:《国家理论》,第777页。

[6] 莫尔:《符腾堡王国的国家法》(第1卷),第11页。

[7] 冯·阿莱汀:《立宪君主国的国家法》(第1卷),第163页。

1. 摒弃那些超越个人的国家观念和国家目标;国家并非神的馈赠或者神圣的制度,而是关涉所有个人的幸福和利益。国家制度应以自由、平等、自主的个人及其尘世生活目标为基准和出发点;其具体实施则系于国家的目的和具有合法性的理由。"人的先验趋向、德行和宗教不属于法治国家的范域。"[1]

2. 相对于个人的自由、安全及其财产保障,国家的目的和任务有其限度,即保障个人自由和实现个人的自由发展。这并不意味着国家的权利保障功能是有限度的;就此而言,威廉·冯·洪堡(W. v. Humboldt)并非早期法治国家思想的代表人物。在"消除外在障碍"的意义上,警察的职责即抵御危险和促进社会福利之职责也为法治国家确认为合法的国家目的。[2]

3. 国家的组织机构和国家行为的规定符合理性的原则。其中最重要的是肯认公民的基本权利(所谓的社会状态),[3]如公民的自由(保障人身自由、信仰和良心自由、新闻自由、迁徙自由、契约自由和职业自由)、法律上的平等、对(所取得的)财产的保障;此外,还有法官的独立性(司法保障、刑事陪审)、责任(立宪)政府、法律统治、人民代表及其参与立法的权利。[4] 仅就立法权的独立性而言,我们就应支持和维护"权力分立";时人更多的是依据孟德斯鸠的理论按

---

[1] 莫尔:《符腾堡王国的国家法》(第1卷),第9页;冯·阿莱汀:《立宪君主国的国家法》(第1卷),第163~164页。

[2] 莫尔:《符腾堡王国的国家法》(第1卷),第8~9页;《法治国家原则的警察学》(第1卷),图宾根1866年版,第4~7页;约翰·克里斯托夫·冯·阿莱汀男爵、约翰·卡尔·冯·罗特克(Johann Carl von Rotteck):《立宪君主国的国家法》(第2卷),阿尔滕堡1827年版,第177页及以下页;也见克鲁格尔:《国家理论》,第780页。

[3] 详见莫尔:《符腾堡王国的国家法》(第1卷),第63节,第268~269页。

[4] 莫尔:《符腾堡王国的国家法》(第1卷),第451页及以下页(第453~454页)、第529~530页;冯·阿莱汀:《立宪君主国的国家法》,第165~168页。

政治——社会力量的不同对国家权力进行分配,[1]这不仅是出于功能划分的需要,同时亦可——艰难地达至——避免统一的国家权力之危险。[2]

法治国家概念的这些基本内涵已在理性法的国家理论中表现出来,[3]尤其是伊曼努尔·康德(Immanuel Kant)的著作。康德先验地(依据启蒙运动时期的理性)将国家定义为"公众依据法律组织起来的联合体",[4]他所阐释的法律规则实质上已经是理性的原则,这些原则显现出早期法治国家概念的形成特征并由国家法理论不断地予以发展和具体化。

> 公民的状况,仅就法律状况而言,以下列原则先验地确立:
> (1)作为人,享有社会每个成员所享有的自由;
> (2)作为臣民,享有与其他人同样的平等;
> (3)作为公民,享有每个国家成员所享有的独立自主。
> 这些原则不是已建立的国家所制定的规范,而是完全依据人权外在的纯粹理性的原则即应在一个国家实现。[5]

众所周知,康德将法律上的自由看作公民的"固有属性",这意

---

[1] 见M. 德拉特(M. Drath):《现代德国国家法上的分权》,载《权力形成的因素》,柏林1952年版。

[2] 莫尔:《符腾堡王国的国家法》(第1卷),第18页;冯·阿莱汀、罗特克:《立宪君主国的国家法》,第168~169页;路德维希·冯·勒内:《普鲁士帝国的国家法》(第1卷),1881年版,第345页。

[3] 盖德·克莱因海耶(Gerd Kleinheyer):《法律中的国家与公民:C. G. 苏亚雷茨(C. G. Suarez)为普鲁士王储的演讲集(1791—1792)》,波恩1959年版,第29~52页,第143页以下。

[4] 伊曼努尔·康德:《法的形而上学原理》,柯尼斯堡(Königburg)1797年版,第45节,此外也见第43节,特别是第52节。

[5] 伊曼努尔·康德:《论格言》,1793年版,第二部分:"从理论关联到国家法实践"(驳霍布斯)。

味着,“他只遵从自己所赞同的法律”并享有公民的平等权和独立自主权,即其生存和生命的维持不依赖或从属于任何其他人(工人、雇工等),而只是基于其财产或职业。[1]

从“国家哲学”的角度看,法治国家概念的实质在于国家之目的(仅仅)依顺于对公民自由和财产的保障,旨在增进个人的幸福,这是“国家”的特性之一。人类生活的核心由以前的公开和公共区域转移到私人领域,这一领域亦与国家的公共职能相联系。个人主观上的自我满足取代对超个人(überpersönlich)财产的调整成为国家制度的应有之义。[2] 由此,国家应在保障自由和财产方面(并非社会平等方面)创造使个人达至自我满足的条件,并以此塑造法治国家中公民(与职业和财产相关)的特性。

最初的法治国家概念的一个特征是,不可将其归结为是实质法治国抑或形式法治国。它提出了一个统一的、在实质和形式方面都颇具特色的国家原理(正是国家种类),并奠定了一个新的国家“精神”之基础,它的实现使传统的国体与政体具有了相对性。其争论的相对概念不是君主政体或贵族统治,而是神权政治与专制政体。[3] 此二者都不与理性原则相关并受其限制;神权政治在宗教统治中有其原则,而专制政体之统治则基于统治者的专断意志。专制政体并非仅以纯粹君主统治的形式出现,同样也会以不受限制的纯粹民主政体的形式出现。法治国家的概念具有自由的倾向,但并非一定是民主的趋向。公民的政治自由和积极参与国家生活,被视为

---

〔1〕 康德:《论格言》,第46节;康德:《论格言》[韦施德尔(Weischedel)编],第8卷,1968年版,第151页。

〔2〕 黑格尔的“道德国家”(《法哲学原理》,第257节及以下节)中没有法治国家的位置;法治国家与黑格尔的“需要和理智的国家”相对应,第183节以下。

〔3〕 卡尔·托德·威尔克:《法、国家与刑罚的最终基础》,第3章,第11页;冯·阿莱汀:《立宪君主国的国家法》,第1~2页;莫尔:《符腾堡王国的国家法》,第2节。

对公民自由的尽善保障;[1]以此可以发现侵害公民自由的界限,而非公民自由受到更多保障的界限,可以看出怂恿情欲的界限,而非增进理性的界限。[2]

“法律”的概念对于法治国家概念的形成及其具体化具有重要意义;它是法治国家宪法的轴心。法治国家的法律概念不是实质或形式的概念,而是一个统一的概念;它将实质—内容与形式—程序之特性联结为一个不可分割的整体:法律是由人民代表经过讨论和公众认可的程序而制定出来的具有普遍性的规则(普遍适用的规范)。[3] 法治国家概念中的所有重要原则都为这种法律的概念所涵括,其形成亦以此为基础。人民代表的赞同权维护了自由原则和公民的主体地位,法律的普遍性可以阻止相关行为超越同样具有效力的限制性和排他性规定而有目的地侵入公民和社会的自由领域,经由讨论和公众确定的程序使理性的法律成为人类普适的准则。依此制定的法律对于行政行为亦有约束力,行政行为以此受到拘束与限制(行政行为的合法性)。而仍需解决的问题是,法律究竟在何种

[1] 冯·阿莱汀:《立宪君主国的国家法》,第 159~160 页;莫尔:《符腾堡王国的国家法》(第 1 卷),第 453~454 页。莫尔以整章篇幅独具特色地介绍了人民代议机构(议会)的地位和权限,该章的题目是:《通过等级代表会议捍卫人民权利》,第 451 页。

[2] 见约翰·卡斯帕·布伦施利(Johann Caspar Bluntschli):《一般国家法》(第 1 卷),1863 年版,第 318~324 页。人民的政治权利应由理性的统治通过各阶层的协商而确立。由此存在一种辩解,该辩解声称基于财产而享有的选举权得到各方的普遍接受。

[3] 莫尔:《符腾堡王国的国家法》,第 36~37 节;约翰·克里斯托夫·冯·阿莱汀男爵、约翰·卡尔·冯·罗特克(Johann Carl von Rotteck):《立宪君主国的国家法》(第 1 卷),1838 年版,第 139 页;卡尔·托德·威尔克:《“法律”条款》,载冯·罗特克、阿莱汀编:《国家百科辞典》(第 6 卷),1838 年版,第 739、743 页;洛伦茨·冯·斯坦因(Lorenz von Stein):《行政理论》(第 1 卷),1869 年版,第 74~75 页、第 85~87 页。法治国家的法律概念中实质—内容与形式—程序特征之间密不可分的特性并未在卡尔·施密特的宪法理论中显现出来。其中法治国家的法律概念(仅仅)与“普遍的规范”、理性与意志,而形式的法律概念与“政治的”法律概念相对应。(《宪法理论》,1928 年版,第 138~141 页,特别是第 142 页以下。)

程度上是行政行为的界限或者其前提,[1]无论如何,这是立法权对人民自由与君主—官僚行政之交合处的立法范围问题。[2] 法治国家的法律代表了"自由的"国家意志和公共意志,个人的自主权仅由其本人行使;法律的统治意味着"公民自由原则的统治"。[3]

二

这种法治国家概念决定了市民阶层的政治思考和三月革命前*的立宪活动及其之后的持续发展。[4] 法治国家概念在19世纪的继续发展受到所谓的形式法治国概念的影响。当然这一运动本身并非统一的,因其在过渡时期受到各种因素的影响,并且部分政治趋向在一定程度上也是对立的;具有积极意义的形式法治国概念的形成亦是如此。

斯塔尔(F. J. Stahl)对于法治国家的经典表述也为其反对者所赞同:"一个国家应该是法治国家,这是其口号,也是近代发展的要求。它应像法律中规定公民自由的范围那样详细规定其权能范围,并始终不渝地予以保障,同时其不应以国家的名义继续(强制)实现道德观念,因为法治国属于法律的范畴,除非达至最必需的界限。法治国家的概念意涵着国家不带有行政目的地纯粹实施其法律规定或者完全保护个人权利,而这并非国家的目的及其内容,而仅是

---

〔1〕 参见舒内尔:《德国法治国家的新发展》,第243页。但我们也应接纳沃尔夫(Hans J. Wolff)区分"消极意义上的合法性"的观点[见其《行政法》(一),1967年版],问题是,"积极意义上的合法性"即法律的保留条款在多大程度上是有效力的。

〔2〕 见恩斯特-沃夫冈·博肯福德:《法律与法律制定权》,柏林1958年版,第130~131页。

〔3〕 冯·斯坦因:《行政理论》,第87页。

* 该时期一般是指1815年至1848年德国三月革命爆发之前的时期。——译者注

〔4〕 这首先体现在两部重要的关于公民自由的国家百科全书中:罗特克与威尔克的《国家百科全书》,共16卷,曾出版3次;布伦施利和布拉特(Brater)的《国家百科全书》,共11卷。

实现此目的及其内容的方式与特征。"[1]这一论述的前半部分否定了道德国家和直接的神权政治;其着重点在于该句的后半部分。法治国家不是新创立的国家原理中的一个国家种类,而是与国家目的及其内容有别的——政治统治权是另一种类型——可自我克制的、"非政治性的"要素形态。[2]

斯塔尔的这一定义被公认为阐释了法治国家概念的核心内容。应予注意的是,其影响(首先)应归于立宪制宪法其时已在全德国传播开来——两个梅克伦堡(Mecklenburg)地区的情形除外。法治国家概念最初的诸多要求成为了现实:保障公民自由的多数决原则、法律上的平等、法治国家中法律概念的内容和组织方面、法官的独立性、法治国家的刑事诉讼程序等。尽管不是所设想的自由主义形式,但立宪国家亦将此视为一个"国家"的有益组成部分。通过法治国家概念所具有的程序特性,我们更易理解法治国家的特征与目的。实际上,这首先表现在形式—诉讼程序方面,特别是与行政相关的领域;法治国家概念也必须包含这方面的内容。法律信仰和法律的优先地位原则亦适用于行政管理和"对双方都有约束力的行政法"之形成——类似于民法,面对行政权力存在实效性和司法性的权利保障、为实现公民自由而在行政法的实体和组织方面不断增多的立法保障,这些都是法治国家概念的本质特征。[3] 在此意义上,奥托·迈耶(Otto Mayer)将法治国家定义为"良序的行政法国家",[4]宪法层面的法治国家也以此为前提。斯坦因以其"特殊的

---

〔1〕 弗里德里希·尤利乌斯·斯塔尔(Friedrich Julius Stahl):《法律哲学》(第2卷),1856年版,第36节。

〔2〕 在此意义上,人们是否将法治国家看作一种"非政治性的"要素形态,取决于对政治这一基本概念的认识。这一问题在此不予深论。

〔3〕 详见奥托·迈耶:《德国行政法》(第1卷),慕尼黑与莱比锡1895年版,第61~65页,当时的文学也提供了明证。

〔4〕 奥托·迈耶:《德国行政法》(第1卷),1924年第3版,第58页。

定义"为始阐释法治国家,"在……公民依宪法控制国家权力而使自己地位得到确认时,每个人都有权以法律的名义享有法律权利并以此对抗行政权。"[1]法治国家不是"国家概念中的特殊种类和类型",而是"自由的国家生活发展过程中的特定阶段"[2]——这一阶段随着自由(法治国家)宪法的实现而来。

然而,我们不应忽视具有积极意义的"形式"法治国概念在其形成方面的差异。

1. 在斯塔尔看来——依照斯塔尔以保守主义和宗教为基础的国家思想——仅在法治国家的形式规定方面,早期的法治国家概念对理性法—个人主义目的取向的反对应予以重视。一个国家不仅是法治国家,同时也是"道德帝国",上帝的世界秩序奠定了国家制度的基础。[3] 以超越个人的国家之创立为基础而产生的任务及其目的(作为"政府当局")应保障早期的法治国家概念中自由权利之实现。法治国家概念仅关涉国家的"外在"层面。

2. 鲁道夫·冯·格内斯特(Rudolf v. Gneist)的法治国家概念以斯塔尔的定义为基础,[4]但其特别之处在于其中包含了一种遵章循制的国家机构的形成。这是由他和冯·斯坦因男爵(Lorenz von Stein)思想中所接受的"社会国制度"观念所决定的。基于对英国自治形式的研究,他反对1789年之思想意义上"国家的社会制度"中

---

〔1〕 洛伦茨·冯·斯坦因:《法治国家与行政司法》,载《格伦胡特私法与公法杂志》1879年第6卷,第50页。

〔2〕 斯坦因:《法治国家与行政司法》,第55页。

〔3〕 斯塔尔:《法律哲学》,第138页;迪特尔·格罗塞(Dieter Grosser):《弗里德里希·尤利乌斯·斯塔尔的国家理论的基础与结构》,科隆与奥普拉登(Opladen)1963年版,第54页及以下页、第74页及以下页、第101页以下。

〔4〕 鲁道夫·格内斯特:《德国的法治国家与行政法院》,1879年版,第33页。

对自由—民主的设想。[1] 他同样也因此摒弃了国家目的中的自由主义—个人主义规定。对于格内斯特而言,一方面,法治国家意味着"缘法而治",但法律并非基础,而是基于自身的权威而形成的对行政和行政范围的限制;另一方面,法治国家中存有一个行政"自治"形式的"组织架构",它不是脱离国家对自身事务的自治,而是依据国家法律通过国家官员的社会自治而实现地区性的国家任务,[2] 最终由从行政中发展出的、独立的行政诉讼制度——不仅是独立的法官和司法形式,而且通过与案件和地点相关的程序——依据其组织和程序来对行政权进行必要的控制。[3] 格内斯特在其法治国家概念中增加了关于宪法的构想,尤其是奠定了议会制宪法之基础的宪法构想;在他看来,只有社会的力量与国家在地方的县(区)和地区层面上产生制度上的积极联系并且通过市民阶层(名义上)参与国家事务来对公共义务与个人利益进行调节亦是如此的情形下,上述制度措施才具有可操作性。[4] 因此,法治国家的实现对于格内斯特所处的时代而言,首先是行政法上的经常性事务以及乡镇和区县的改革,对此他在普鲁士有着重要影响并建立了独立的行政法院。[5]

3. 奥托·巴尔(Otto Bähr)和奥托·冯·吉尔克(Otto v. Gierke)

---

〔1〕 鲁道夫·格内斯特:《行政、司法与法律诉讼》,柏林 1869 年版,第 57 页。也参见格奥尔格·克里斯托夫·冯·乌恩鲁(G. Chr. v. Unruh):《公民法治国与社会法治国中的国家管理与自治》,载《国家》(1965 年),第 442 ~ 444 页。

〔2〕 格内斯特:《德国的法治国家与行政法院》,第 286 页以下。

〔3〕 格内斯特:《德国的法治国家与行政法院》,第 270 页以下。

〔4〕 格内斯特:《德国的法治国家与行政法院》,第 278 页以下,特别是第 317 页以下。

〔5〕 例如,格内斯特的法治国家概念中一个重要目的的实现是 1872 ~ 1886 年进行的大普鲁士行政改革。其中进行了区县改革(1872 年)和行省改革,通过了《邦行政法》(1883 年)和《管辖法》(1886 年),在柏林设立了独立的(最高)行政法院(1875 年)等。

也对法治国家概念进行过论述。巴尔及其之后的吉尔克以法治国家的名义所要求的、针对行政权进行权利保护的“司法国家”与格内斯特关于法治国家设想之间的不同,今日观之,可能更像在细节与权限方面的争论。产生这种不同的原因在于,与宪法政治观念相适应的具体国家理论的不同。

巴尔和吉尔克以共同体的国家理论为出发点;他们认为,国家与其他团体,特别是国内的民众联合体属同一类型,国家是最高层级的人民共同体,而非统治者管理或者统治臣民的机构。〔1〕因此,行政法至多是具有一种有别于其他共同体法的外在形式,其实质并无二致。作为法治国的国家也像其他共同体一样要受法律的约束,而非超越于法律之上。在这一意义上,“国家与法律的统一”属于法治国家的范畴,其“组织构造”,即国家机构的设立及其相互间的关系,“本身就是法律”,所有国家权能的存在与实施仅依据法律的基础即具体的宪法,公法是作为“现实中的法”而得到承认与保障。〔2〕行政权受司法权的监督控制显现出国家组织构造方面的尽善尽美和国家对法律统治的保障。尽管巴尔和吉尔克对此未明确阐明,但这种法治国家的概念中涵括了司法—法院形式的宪法审查;最高国家机构也像其他机构一样须“在法律范围内”活动,因为宪法与其他社会团体的组织规章属同一类型——依据主权和国家权力主体原则,这个问题消解于“国家与法律的统一”之中——(在多数人看来)并

〔1〕 奥托·冯·吉尔克:《德国共同体法》(第1卷),1868年版,第831~832页;也见格奥尔格·冯·巴塞勒(Georg von Beseler):《民间法与法学家的法》,1843年版,第159~160页、第169页以下。

〔2〕 吉尔克:《德国共同体法》(第1卷),第831页;这一观点的详细阐释及其他,见阿尔贝特·汉奈尔(Albert Haenel):《德国国家法》,1892年版,以及胡果·普劳斯(Hugo Preuβ):《作为区域组织的乡镇、国家与帝国》,1889年版。

无异议。[1]

4. 君主立宪制后期的国家法理论力图将所有的国家与宪法理论观念从法治国家的概念中剥离出来。在这一时期的国家法理论看来,这些观念是打着法律实证主义统治之旗号的"政治推理",应当将它们从法学研究中分离出来。[2] 所有的目的性因素以此从法学上的国家概念中祛除。自此真正开始法治国家概念的理论归纳和严格法学意义上的准确表达。法治国家从一个国家理论与宪法政治意义上的概念转变为国家法—教义学上的概念。如安许茨(Gerhard Anschütz)所言,它是"规制法律、行政与个人之间关系的特定制度",也就是说,"行政部门既不能违反法律,也不能不以法律为依据侵入个人的自由空间。"[3] 与之相对的概念不再是专制政体或神权政治(作为其他国家种类),而是 18 世纪的警察国家(Polizeistaat),在这样的国家中,法律、行政与个人之间的关系以另一种基本形式存在。[4] 作为公民自由之保障的"法律统治"永存于法治国家概念之中;可将其集中(归结)为"依法行使行政权",它与司法形式的保障共同构成法治国家的核心内容。[5]

与此同时,这一领域的实证主义因素也在不断减少。这种法治

---

〔1〕 此外,吉尔克的国家理论中(有机的)整体人格(代替作为整体的法人)对于法治国家中"国家受法律之统治"产生了广泛影响,其中建立了国家机构特别是宪法机构作为法律主体以及其相互间的关系作为法律关系的结构基础。也见恩斯特 - 沃夫冈·博肯福德:《法律与法律制定权》,第 234 ~ 235 页及注释 46、第 246 页以下。

〔2〕 见卡尔·弗里德里希·格贝尔(Carl Friedrich Gerber):《公法论》,图宾根 1852 年版,第 27 页。

〔3〕 格哈德·安许茨的论述,载梅耶 - 安许茨(Meyer-Anschütz):《德国国家法教科书》,1919 年版,第 29 页,注释 b;也见《德国国家法》,载霍岑多夫 - 科勒(Holtzendorff-Kohler)编:《法学百科辞典》(第 2 卷),1904 年版,第 593 页。

〔4〕 安许茨的论述,载梅耶 - 安许茨:《德国国家法教科书》;奥托·迈耶:《德国行政法》(第 1 卷),1895 年版,第 53 ~ 54 页。

〔5〕 里夏德·托马:《法治国家与行政法学》,载《公法年鉴》(JöR) 1910 年第 6 卷。

国之所以是形式的,亦在于对立法者的法律万能论的任何限制都会被断然拒绝:法律之间的理性关系、早期法治国家概念中"法律统治"之内在合法性都不属于法学的范畴;现实中的法律仅是立法机关的意志行为,法律的普遍性至多是法律概念的一个特性,而非其本质。[1] 人们毫不迟疑地将纯粹形式的法律概念视为法律的基本概念,表明了法治国家意识的改变。[2] 里夏德·托马(Richard Thoma)将"人类的任何一种法律制定权都不能改变一个国家的绝对法律"视为对法治国家理念的背弃。[3] 他坚决支持——与卡尔·施密特的意见相左——有权修宪的立法者在法律上的绝对地位。[4] 然而,人们可能错误地理解了托马明确的自由和民主的基本态度,将其这一观点仅理解为法律实证主义的阐述。由于不再存在社会经济和意识形态方面同质的社会,在这种社会中诉诸"绝对法律"和"绝对价值"暗含着为实现特定的团体观念和团体目的的政治特权,诉诸其法律观念的绝对性是为了摆脱立法程序中规定的普遍约束,这就需要考虑到实证法和立法者的最终决定权所具有的保障和平的功能。

随着形式上和程序上对法定自由保障的确立,形式法治国概念的重要性大不如前,但仍具有积极意义,直至魏玛共和国末期,形式法治国概念仍居于优势地位。其"形式的"特征绝非意味着"空洞的

〔1〕 保尔·拉班德(Paul Laband):《德意志帝国的国家法》(第2卷),1901年版,第2页;格奥尔格·耶利内克(Georg Jellinek):《法律与命令》,1887年版,第239页;持不同意见者,如格奥尔格·梅耶(Georg Meyer):《法律的概念与国家财政预算的法律性质》,载《格鲁浩特杂志》(Gruchots Zeitschrift)1881年第8卷,第15页。里夏德·托马至少偏向于将与特殊规定相对的一般规则视为法治国家之"要求"(第213页)。

〔2〕 参见博肯福德:《法律与法律制定权》,第三部分。

〔3〕 托马:《法治国家与行政法学》,第204页。

〔4〕 托马:《从总体上看德意志帝国宪法基本法律原则的法律意义》,载H. C. 尼帕迪(H. C. Nipperdey)编:《帝国宪法中的基本权利与基本义务》(第1卷),1929年版,第42~44页。

形式”,而是法治国家的发展在其基本原则方面的形式化和具体化:自由与财产的安全。就此而言,形式法治国也是公民法治国;它保障财产的分配,而非改变财产的分配,并且禁止以社会再分配的目的在形式与程序上直接侵犯个人财产。〔1〕 在社会的共同财产分配中,如魏玛共和国所宣示的,它是“形式的”,但绝非政治中立的;它稳定了现存的财产制度。〔2〕

三

在经历了纳粹统治对法治国家的践踏和蔑视之后,〔3〕现代的法治国思想力求从两个方面来重新确定法治国家的概念:一方面是以社会法治国代替自由(公民)法治国,另一方面是以实质法治国的概念代替形式法治国的概念。

1. 自由(公民)法治国作为一种宪法形式,如其来源于最初的法治国家概念一样,不能从其原则中得到任何关于社会问题的答案。法律上的平等、公民(职业)自由与所得财产保障的三体合一是法治国家保障的主要部分,这不仅仅是从等级—封建和团体的禁锢中解放出来,同样也确认所获得的利益而且——由于等级制法律桎梏的废除——承认个人之间天生的差异性并且仅通过使其享有与其他人

〔1〕 法治国家的“财产征收法”具有独特性,这些法律承认个人的财产权,但基于公共利益在可预见的情形下可以征收个人的财产:征收财产意味着财产所有权的转移,而非财产的充公或没收,且仅在(之前)完全补偿的情形下方可进行。如洛伦茨·冯·斯坦因所著《行政理论》(第7卷),1868年版,第76~77页,法治国家的财产征收是基于财富与价值的可分性。财产中的财富可以被转移,而其价值则是不可侵犯的。参见卡尔·施密特(Carl Schmitt):《宪法法文集》,柏林1958年版,第119页以下(论文的后记:《1929年财产征收概念的消亡》)。

〔2〕 因此,赫尔曼·海勒(Hermann Heller)的批判性评论(《法治国家抑或独裁专制》,图宾根1930年版,第9~11页)不仅针对实质法治国,也针对形式法治国。

〔3〕 1933年之后,德国的法治国理论中对法治国家批判的学术评价还有其他原因。

同样平等的自由来保障其充分自由的发展。自由平等地依据法律取得资产的原则已成为所有民法的原则之一。[1] 但因此而进行的历史运动不仅必然导致社会财产占有不均，而且在其稳定性和尖锐化之间形成了社会的阶级对立以及随之而来的以法律上的平等为基础的、新的社会上的不平等，斯坦因与卡尔·马克思在历史辩证法方面首次完整地阐释了这一历史运动。[2] 此外，工业的发展还导致自我支配的生活空间受到侵害（福斯特霍夫）。[3] 这二者之指向都超越了公民法治国并且需要一个在社会经济方面适度干预、保障充分和分配适当的国家，此国家能主动防止社会不公，使法治国家所保障的个人自由和法律上的平等不至于因公民人数的不断增多而流于空洞的形式。

这一问题本身就表明其很难得到解决。基于社会法治国概念的社会吁求是普遍的。[4] 如同气氛热烈同时也绝不会终止的学术讨论[5]所指出的那样，在法治国家的宪法结构中存有多少"社会性"的结构要素并无统一意见，同时也未指明法治国家中基本的宪法性要素以及社会性的结构要素应以何种方式呈现。这些观点涵括了——仅列举几种观点——从作为社会法治国特征的"宪法层面上

〔1〕 洛伦茨·冯·斯坦因：《德国法学与社会科学的现在与未来》，斯图加特1876年版，第141页。

〔2〕 见恩斯特-沃夫冈·博肯福德：《作为从国家和社会到社会国运动中的理论家的洛伦茨·冯·斯坦因》，载《古代欧洲与现代社会：布鲁内尔纪念文集》，哥廷根1963年版，第263~264页。这一卷的第190页以下。

〔3〕 恩斯特·福斯特霍夫：《社会国的宪法问题》，明斯特1966年版。

〔4〕 基本法的形成史对于阐释"社会法治国"的概念毫无助益；参见维尔纳·韦伯（Werner Weber）的论述：《法治国家需求之宪法法的限度》，载《国家》（第4卷），1965年版，第411~436页。

〔5〕 直至1965年，维尔纳·韦伯所记录的关于社会国或社会法治国概念的观点，参见前注。晚近的克劳斯·斯特恩（Klaus Stern）："社会国"论文，载《新教国家百科辞典》，1966年版；彼得·巴杜拉（Peter Badura）：《社会法治国中行政的使命及其限度》，载《国家行政》，1968年版，第446页以下。

法治国与社会国的互斥”(福斯特霍夫)、“社会救助”(门格尔,Menger)、“社会发展义务”与“社会和经济缺陷”之预防(尼帕迪,Nipperdey)到广泛的社会再分配和经济规划任务(阿本德罗特,Abendroth)。[1]

讨论不应在没有实质—概念关联且语义不明的情境下进行,因此我们需明确:与社会国属同一层级的法治国的基本要素是否应保留在社会法治国的概念中,若此,社会国的需求及其组织必须嵌入法治国的保障内容、形式与程序之范域;或者具有法治国家特征的社会国是否被看作一种更新的、与法治国家相对的宪法型式。

若人们以前者为出发点,那么福斯特霍夫关于宪法层面上法治国与社会国互斥的观点显得更为重要。这绝非针对社会国的合理性或必要性,而仅仅表明,在(继续存在)法治国家的条件下,社会国的实现不是在宪法层面上,而是可以——和必须——仅仅且恰恰在立法和行政层面。[2] 法治国家中保障自由的组织结构与直接的宪法保障相联系,特别是对法律上的平等、职业自由与财产权的三体合一的保障。若没有法治国家为后盾,旨在增进社会福利和保护公民权益的宪法保障是不可能实现的。

宪法对“劳动权”的保障包含着国家在缺少工作机会、没有职业选择引导和缺乏工作岗位管理情形下的相关义务,对此,《基本法》

---

〔1〕 恩斯特·福斯特霍夫:《社会法治国的概念与本质》,载《德国国家法教师协会会刊》(12),1954年版,第8~36页;克里斯蒂安·弗里德里希·门格尔(Christ. Friedr. Menger):《波恩基本法中的社会法治国概念》,图宾根1953年版;汉斯·卡尔·尼帕迪(Hans Carl Nipperdey):《人格的自由发展》,载《基本权利》[第4卷(2)],柏林1962年版,第806、808页;沃夫冈·阿本德罗特(Wolfgang Abendroth):《德意志联邦共和国基本法中民主与社会法治国的概念》,载《贝格斯特拉塞尔纪念文集》,1954年版,第279页以下。

〔2〕 恩斯特·福斯特霍夫:《社会法治国的概念与本质》,也见《转变中的法治国家》,斯图加特1964年版,第38页以下;托马斯·托曼德尔(Thomas Tomandl):《实证主义法律中社会基本权利的确立》,图宾根1967年版,第12页以下。

第12条第1款的基本性限制,从经济的角度看,是为了保障其实施。生产资料的公有化使相应的工作进程和决策过程要由国家或社会—集体组织来决定并受其直接控制。

这一事实的内在原因是什么?斯坦因[1]曾指出,自由的形态已通过法治国家的宪法得以实现。因此,社会中的社会对立不可能在宪法层面得到解决,我们必须寻求这种社会对立是如何产生的:在资产、工作与工作机会之间的关系制度中,通过工作来获取资产。人们可能会以基于财产而享有选举权时代的自由形态来否定这一宪法命题,认为它与实现了普遍和平等的选举权之法治国—民主的宪法相适应。法治国家的自由不应受到剥夺或限缩,因此社会国的意义只在于为实现所有人的法治国家之自由提供社会条件,特别是消除社会不均。这也因此显现出行政与立法层面的必要性,同时也应充分发挥其效能。

直至现在,联邦宪法法院都是依循这种观点进行裁判。[2] 多数学者指出,社会国的信条在《基本法》中首先涵括了立法者应在宪法范围内实现社会公平和社会正义的宪法使命。此外,作为国家的目的性规定,这也是宪法和法律的解释原则,但并不能从中——在没有立法机关解释的情形下——推导出直接的宪法权利或宪法机构。[3] 社会国的原则需要立法者和行政权在内容方面作出明确阐释,这与宪法中法治国家的保障紧密相关。

---

〔1〕 洛伦茨·冯·斯坦因:《1789年至当代的法国社会运动史》(第3卷),达姆斯塔特再版,1961年版,第193~195页,第143页;也见博肯福德:《作为从国家和社会到社会国运动中的理论家的洛伦茨·冯·斯坦因》,第271页。

〔2〕 见韦伯对联邦宪法法院此方面裁判的深入论析,载《法治国家需求之宪法法的限度》,第419~443页。此外,彼得·巴杜拉:《社会法治国中联邦宪法法院关于经济政治立法之宪法限度的裁判》,在《公法档案》1967年第92期,第382页以下。

〔3〕 维尔纳·韦伯:《法治国家需求之宪法法的限度》,第430~432页;联邦宪法法院最近在关于青少年福利和社会救济法相关规定的合宪性判决中确定了这一基本观点,《联邦宪法法院判决》(22),第187页(204)。

人们不能认为,通过这种与法治国的联系,社会国的要素就能产生效用和影响,而社会法治国本身徒有其名。在德意志联邦共和国,立法者在社会国方面的活动表现得与此相反;它仅使人们忆起重要的平等立法、包括社会自治在内的退休与社会保险立法以及社会救济法的重新修订。人们毋宁可以认为,社会国趋向于自由发展且倾向于增进制度中的社会福利和法律关系,尽管这种制度未在形式上保留法治国家对自由的保障,但在内容方面仍在施行。

尽管如此,这种社会法治国从两个方面渗入法治国家的宪法机制。一是摒弃给付行政(leistende Verwaltung)领域中作为普遍性规范的法律的概念,这有利于具有特殊性、具体—调整性和调控性的所谓具体措施法(Ma-nahmegesetze)的制定和实施。这些具体措施法是立法者所必需的措施手段,为实现社会国的目的,需在立法者的引导和支持下干预经济和社会;它们在形式上可能是抽象—普遍的,但法治国家的法律概念意义上的客观—内容的普遍性却被弃置。[1] 二是国家征税权与财产保障原则上的分离。[2] 在社会产品和收入所得作为“财产”受到法治国家的财产保障之前,国家可依征税权予以征税,以之作为社会国的立法与行政活动的必要基础,特别是立法者所始终坚持的社会财富再分配的具体措施之必要基础,其目的在于抵制社会不均和确立所谓的社会平衡。这也是联邦宪法法院所坚持的观点,即税收和其他的公共税务原则上不受法治国家中财产保障的影响,[3] 这是民众为国家保障社会安全和促进社会

---

〔1〕 这基本上是康拉德·胡贝尔(Konrad Huber)的问题:《法律法与具体措施法》,柏林 1963 年版;卡尔·蔡德勒(Karl Zeidler):《传统法与具体措施法》,卡尔斯鲁厄 1961 年版。

〔2〕 福斯特霍夫首次强调此点,见《社会法治国的概念与本质》,第 52 ~ 53 页及第 9 页。

〔3〕 对此,韦伯带有批判的语气,《法治国家需求之宪法法的限度》,第 436 ~ 438 页。

发展所必须付出的代价,并由社会国的宪法确认为合法。若国家无权支配此种社会财富及其分配,则不能保障社会与民众的财产安全。[1]

促进“税收国家”(Steuerstaat)的发展是实现社会法治国的一个必要条件。然而,法治国与社会国的持续并存问题并未得到解决。为了社会财富的再分配而无限度地运用国家的征税权同样会破坏法治国家的财产保障制度,损害法治国家的自由保障体系。在这两种情形下,合理的限度是非常重要的;只有保持这些法律措施的合理限度及其法律上的具体化,才能保障社会国的主动性与法治国的不可侵犯性之间的法律关系及其相互间的界限,并显现出何为社会法治国。从这一角度对“社会法治国”的概念继续进行讨论,使其成为一个简明易懂的法律概念是一个广阔和卓有成效的领域。[2]

2. 法治国家的概念之转向实质法治国要归因于在魏玛共和国末期即已超出德国范围的、对法律实证主义的摈弃。纳粹统治时期对法律的滥用更加促进了这种转变。因此,在表达形式的多样性背后,实质法治国概念所展现的特征是,国家权力首先与某些最高位阶的法律原则或法律价值相联结,国家活动的重心,首要的是注重确立实质正义的法律状态,而非形式上对自由的保障。[3] 对自由的

[1] 卡尔·施密特对此也论及:《宪法法文集》,1958年版,第496页以下,第503~504页(论文《占有、分配、享用》及后记)。

[2] 洛伦茨·冯·斯坦因为社会国行政的法治国界限及其必要性研究奠定了基础,他在这方面所做的尝试令人印象深刻,现今也应予以重视:《行政法理论手册》,1883年版,第3卷:《社会行政》。目前的资料汇编参见沃尔夫:《行政法》(一),第50页以下。

[3] 参见维尔纳·凯基(Werner Kaegi)的诸多论著:《法治国家与民主》,载《民主与法治国家:贾克麦迪纪念文集》,苏黎世1953年版,第107~142页(第133页以下);载毛茨-杜里希(Maunz-Dürig):第20条的边码59~60、72~73;舒内尔对于将实质法治国释义为正义之国持批判性意见,见其《德国法治国家的新发展》第248页,他认为,首先要让实质价值的信条合乎欧洲法律的发展。

保障是此种法律状态应含的要素之一,当然这具有相对性。宪法不再囿于确定与公民自由相对的国家权力之界限和规定(分权与受到限制的)政治决策与行使政权的组织机制,而是以法律的形式确定共同体生活秩序的"基本价值"。[1] 这无疑会在新的权利要求中表现出来。[2] 若宪法的实在性规定被理解为"客观的价值制度"或者超实证的正义原则之表现,那么——如同联邦宪法法院对宪法的理解——合乎逻辑的表达是,这种价值体系要求"适于所有的法律领域"。[3] 按照价值与正义思想的逻辑,实质法治国所构想的宪法提出了绝对适用的要求,要求适用于社会生活的所有领域;同时认可一定的政治—伦理方面的基本观念,赋予其普遍的法律效力并贬低与此相对立的其他观念。它对自由的保障不再是无限制的,而是仅在宪法的价值基础之内:谁逾越了这种所谓的价值基础[此价值基础也为其他不可违犯之条款所确定(例如,《基本法》第79条Ⅲ与第20条)],就不再享有政治自由的法律资格(《基本法》第21条Ⅱ与第18条)。[4]

通过这种方式不可避免地会减弱传统法治国的宪法结构的作用并且不断地产生与最初的法治国家概念中保障自由的基本思想相

---

〔1〕 这方面的基础性研究:鲁道夫·斯门德(Rudolf Smend):《表达自由之法》,载《德国国家法教师协会会刊》(4),1928年版,第46~48页,第51页以下;《宪法与宪法》,1928年版,第44页以下;《国家法论文集》,1955年版,第160页以下。此外,杜里希,载毛茨-杜里希:第11条的边码5~26。

〔2〕 见赫尔姆特·夸利施(Helmut Quaritsch):《教会与国家:当代国家教会法学说中的宪法理论与国家理论问题》,载《国家》(第1卷),1962年版,第184~185页。

〔3〕 《联邦宪法法院判决》(7),198(205)。

〔4〕 夸利施的恰切论述,见其《教会与国家:当代国家教会法学说中的宪法理论与国家理论问题》第185页:"宪法法对现实生活的规定没有商量的余地,对于法律上的重要规定,人们不能接受或拒绝,而只能遵守——若不遵守,将失去法律上的权利资格……"

对立的思想观念。[1] 然而,具有重要价值基础和价值意义的实质法治国概念还是广受赞同,尤其是法治国家必须防止其内容和形式的空洞无物的观点。[2] 对实质法治国的这一要求忽视或低估了其本身的意义,即形式上的法律保障和正当程序本身的实质意义。形式上的保障及其程序旨在保护和捍卫个人与社会的自由,防止纯粹以所制定或信仰的实体性内容的名义或者以所谓价值的名义直接侵犯个人或社会团体;在这方面,它们已表明其是自由的制度,与形式主义或者实证主义关联甚少。极权政体对自由的剥夺和侵犯绝非始于对形式保障及相关程序的充分运用,而是始终诉诸具有更高位阶的、实体性的和前实证主义的法律而对这些形式保障及其程序置之不理,这种法律是"真正的宗教"之法、"同质的人民共同体"之法抑或"无产阶级"之法。仅在第二个方面,当一个新法成为革命变革的统治手段时,就会产生极权统治的实证主义和法家的法治主义(Legalismus)。

当超出对所有人平等自由之保障与有序的共同生活之需求时,伦理—道德要求或实质价值(materiale Werte)就会被赋予法律拘束力,由此,个人的自由与自治是必要的;它屈从于政权统治,统治者垄断了对该需求或价值的解释权。在诉诸实质价值时尤其如此,因

〔1〕 例如,从法律自由的角度看,自由—民主法治国家的《政党法》比俾斯麦帝国时期的《反社会主义非常法》还要差。依据《基本法》第21条第2款,联邦宪法法院可以通过其判决禁止意图妨碍或废除自由—民主的基本制度的政党活动,甚或取缔他们,其候选人不能继续参与选举且其现有的议会席位也会被取消(《联邦选举法》第49条)。而君主—独裁的俾斯麦帝国并不会因为社会民主党不同的政治目的和价值基础而禁止该政党团体的存在及其集会与宣传品印制,不会剥夺民众对所支持的社会民主党候选人的投票自由,也不会禁止其参与政治选举或撤销其已获得的帝国议会席位。

〔2〕 如舒内尔:《德国法治国家的新发展》,第243~244页;凯基:《法治国家与民主》,第133页以下;康拉德·黑塞(Konrad Hesse):《基本法宪法体系中的法治国家》,载《国家宪法与教会制度:鲁道夫·斯门德纪念文集》,图宾根1962年版,第78~79页、第84~85页,虽然他试图将形式法治国与实质法治国联结起来,但法律上的自由概念失却其形式与特性(重点参见第85~86页)。

为这种价值本身并非不同主体间沟通交流的理性基础,[1]毋宁说是,最终源于阅历、价值感受、特定的经验及由此而产生的协商共识,这有利于个人形成(意识形态方面的)意见和看法以及对实证主义的经常性评判。此外,其原因还在于为相互冲突的价值建立一个合理可信的基础体系亦非易事。[2]

当然,这不同于阿道夫·阿恩特所表达的观点:作为政治决策形式和法律形态的表决是将不协和一致者统一起来的前提。[3] 这当然是正确的。但问题是,必须有国家参与的统一是否是其必需的前提。若是有争议的,它是否完全可以由基于多数通过的宪法规定或法律规定而建立或维持。这不是宪法极权主义的开端吗?[4]一个民族有何种自信可以认为,他们必须为自己和将来的后代以法律强制规定其生活秩序和政治制度所谓不可违反的基本价值?其成年人何以事先剥夺其后代的权利?产生这种状况的前提情形是无政府状态或彻底的变革状态,在这样的状态下一切都是可支配的,自不待言。假若事实上确实存在如此情形,则必然存在对此情形的抗拒,若此,国家才能存续。这里的问题是,在何种程度上关涉法治国家的自由的制度?可以确定的是,通过抵御外在侵害而受到保障的法治国家之自由亦需要内在的规制力以保障自由继续存在。人们不可认为,法治国家可基于个人的道德本体和社会的同质性自动确

〔1〕 阿诺德·布莱希特(Arnold Brecht):《政治理论》,图宾根1959年版,第155页以下、第342页以下。也见阿达尔贝特·伯德莱希(Adalbert Podlech):《基本权利与国家》,载《国家》(6),1967年版,第348页以下。

〔2〕 也参见卡尔·施密特:《价值的僭政》,载《世俗化与乌托邦:埃尔巴赫研究》,斯图加特1967年版,第57页以下。

〔3〕 阿道夫·阿恩特:《基督教信仰与政治裁决》,慕尼黑1957年版,第157页;《民主——法律的价值体系》,载《紧急状态法》,科隆1960年版,第12页。

〔4〕 黑格尔关于宪法可行性的论述很有价值,进一步的思考:“关于谁、哪一个机构、怎样使组织化的权威获得权力来制定宪法的问题,与谁有权代表民族精神是同一个问题。”(《哲学科学全书纲要》,1830年版,第540节。)

立规则，而后建立其制度。这种观念被证实是一种幻想，人们必须尝试以法律的强制来保障此种规制力；如此，方可实现法治国家的自由。

四

尽管法治国家的概念具有不同的内容特性，这些内容展现出人们对其历史发展的思考，但它始终保持其特性，这一特性需突出强调：面对政治统治（现象）的困境。法治国家旨在保障个人的自由和利益，同时限制和约束国家权力与政治统治，旨在消除人治而增进“法治”；（相对于政治而言的）法律至上似乎是法治国家思想的经常性假设。[1] 然而，对法治国家的思考并不是以实现法治国家的自由制度为首要前提，即作为政治权力统一体的国家存在及其对于相关事务的合法性作出有约束力的最终裁决权以及由此建立和保障国内和平秩序的权能。[2] 法治国家思想趋向于认为，现代国家自始仅由法律奠定基础和宣告成立，[3] 但国家并非同时是法律形成的决定性基础，国家在正常情形下——国内的和平状态——首先为法律规范的适用创造条件。[4] 如同法律与国家的关系一样，法律与权力之间的辩证法并未在法治国家的概念中反映出来。因此，法治国家不（只）是国家制度的一个部分，而是国家制度之整体，因此产生一种

---

〔1〕 见黑塞：《基本法宪法体系中的法治国家》，第 75 页。

〔2〕 关于现代国家保障国内和平秩序的前提条件，而非“自然”确立的人类共同生活的前提条件，见伊曼努尔·康德：《道德形而上学》，第二部分，第 52 节 A。

〔3〕 阿恩特：《基督教信仰与政治裁决》，第 10 页：“国家并不能从法治国家的原则中找到，也不是仅由法律预先规定，国家是从法律中产生，通过法律并与法律共同成长。”

〔4〕 关于国家作为法律形成的决定性基础以及实现正常状态下法的规范性保障，详见赫尔曼·海勒：《国家理论》，莱顿 1934 年版，第 183 页以下、第 253 页以下；以及黑塞关于这方面的论文，同前注 1，第 75 页，但没有进一步的推断和结论。

“内向型的”法治国家思想,[1]这一思想并不考虑实现法治国家的前提条件。今天,法治国家对自由的保障对于一个国家制度来说仍很重要,没有一个国家不是以保障法治国家的自由为基础而建立或维持。[2] 法治国家需要一个统一的纽带与保持同质性的力量,以优先保障自由和维持作为政治统一体的国家。[3]

---

〔1〕 参见恩斯特·福斯特霍夫:《内向型法治国家及其规则》,载《国家》(2),1963年版,第385页以下;也见《转变中的法治国家》,1964年版,第213页以下。

〔2〕 这使人想起黑塞的相关论述,见其《基本法宪法体系中的法治国家》,第88~89页。

〔3〕 魏玛共和国是一个很好的例子。引致魏玛共和国覆亡的原因并非由于缺失法治国家的自由,而是缺乏政治同质性以及各团体和人民自身对民主的忠诚。美国由于自始即存在的种族问题,现在也陷入类似的危机。

教育部文科重点研究基地·中国政法大学法律史学研究院集刊《中华法系》

约稿启事(修订版)

《中华法系》由教育部文科重点研究基地·中国政法大学法律史学研究院主办,为我国面向国内外发行的专门研究中华法系及相关问题的学术性半年出版物。本着“弘扬中华法律文化,探讨现代中国法治;比较中外法律传统,构建新型中华法系”的目的,恪守“坚持学术自由,鼓励学术创新;守护学术经典,培育学术新人”的宗旨,致力在法律制度、法律思想、法律人物、法律文化、法律作品等方面向社会贡献出优秀的研究成果,推动社会主义法制建设。现面向国内外广大作者诚挚约稿,具体栏目设置如下:

一、学术研究

关于中国传统法律、中国近现代法律、中外法律比较等方面的学术论文。特别注意发掘中国古代优秀法律传统、分析中国近代法律发展在理论与实践方面的经验与教训。

二、学术聚焦

结合学术界的学术热点以及社会关注的法律学术问题,邀请相关学者进行多视角探讨,对于热点问题进行学理分析和文化解读。

三、法治人物

介绍、分析在中国历史上有重要影响的法治人物,包括在法律思想、法律学术方面提出过重要观点,在国家法治进程中发挥重要作用的法律人物。

四、经典案例

介绍、分析国内外经典案例。通过经典案例分析，探讨法律发展的实证轨迹，展示法律发展的多元图景。

五、学术新人

本着培育学术新人的宗旨，为法律史学的年青学者(包括青年教师、在读法律史专业博士研究生、硕士研究生)提供专门园地，发表其研究成果。

六、学术动态

介绍法律史学著作和相关作品、法律史学界的著名学者、法律史学重要的学术活动、法律史学研究机构等。

投稿须知

一、来稿必须为原创作品，未经其他书籍、报刊、网站等媒体以整体或部分的形式公开发表。请勿一稿多投，来稿应注明专投本书，坚决反对抄袭、剽窃等一切学术不端行为。

二、稿件格式请参阅本书文章的体例。文章首页请标明题目、内容摘要(200～300字)、关键词(3～5个)，以及作者的基本信息，包括作者姓名、工作单位、职务职称、联系地址、电话、邮编和电子信箱等内容。

三、对决定采用的稿件，本书有权更改格式、润饰文字。如有必要，将请作者根据审读意见进行修改。

四、本书收到来稿后，将尽快审读处理，采用与否，均在3个月内告知作者。

五、来稿应采用Word文档格式，页码自首页按顺序编排。注释采用页下脚注，格式请参照本书体例。

稿件的电子文本请以附件形式发到本书电子信箱：lawchen1978@163.com；也可同时邮寄文字稿(A4纸打印)，邮寄地址：北京西土城路25号中国政法大学法律史学研究院《中华法系》编辑部收。邮编：100088。

六、从第四卷开始，本书对于除中国政法大学法律史学研究院研究人员以外的来稿，按照50元/千字支付稿酬。具体支付方法，由本书编辑部与出版单位协商后通知作者。

格式体例

一、内容提要和关键词

请在来稿首页的题目、姓名下面列出文章的内容提要和关键词。内容提要一般不应超过300字,但也不宜过短,关键词2~5条。

二、正文格式

1. 小标题及子目序列方式 正文小标题以及不同部分的子目可依照如下顺序标列:一,(一),1,(1),a,(a)等。

2. 引文 出现在正文和注释之中的引文,加双引号“”,引文之中的引文加单引号‘’。引文的注释序号加在引号之外;如果引文是完整的句子或段落,应在句子或段落的结尾加上句号或问号等,再加引号和注释序号。

3. 附加说明 正文和注释中涉及外文人名、地名、著作、短语和专用术语等,一般应以通行的译法译成中文,为准确和便于查证起见,必要时可在中文之后以圆括号加上原文。

4. 注释

(1)本书采用页下注(脚注),每页依序重新编号。

(2)中文文献的注释:

A. 中文著作各个类项的标注次序为:著者/编者,书名,出版社及版次,页码。

B. 中文译著各个类项的次序为:(可以标明著者国别)著者,书名,译者,出版社及版次,页码。

C. 中文文章的注释:

如果引用刊物上的文章,各类项次序为:作者,文章题目(加双引号),刊物名称及期号,页码。

若为报纸上的文章,则在作者、文章题目后注明报纸的名称和日期。

如果引用文集中的文章,则次序为:作者,文章题目(加双引号),文集编者名称,文集(书)名,出版社及版次,页码。

D. 研讨会论文,则格式为:作者,论文题目(加双引号),研讨会名称(加双引号)论文,地点,时间。

E. 学位论文 其格式为：作者，论文题目（加双引号），发表地点：学校（名称）博（硕）士论文，年份，页码。

（3）外文文献的注释：

A. 注释外文著作，各个类项的标注次序为：著者／编者，书名（斜体），出版社及版次，页码。外文作者名字一律以名前姓后的顺序书写。

B. 外文文章的注释 文集中的文章，其各类项次序为：作者，文章标题（加双引号），文集编者，文集名称（斜体），出版社，版次，页码。

刊物上的文章，则各类项次序为：作者，文章标题（加双引号），刊物名称（斜体），期号，页码。报纸上的文章，则标注作者、文章标题（加双引号）、报纸名称（斜体）、时间即可。

（4）互联网资料 如实有必要，可以使用互联网资料，标注时著作者、文献名称等类项同上述相应体例，同时注明详细的互联网网址和登录的具体时间。

（5）重复引用 在同一篇文章中，如重复引用同一文献，则标注格式如下：

A. 连续引用。中文文献，标注为：同上（书），第×页。外文文献，则标注为：Ibid. ，p. ×。

B. 非连续引用同一文献，不论中外文，皆只需注明著作者、文献名和页码。

5. 图表 图示和表格应该分开，如图1，图2…… 表1，表2……如果图表系出自其他书刊，应在图表下方说明其出处。也可以给图表附加说明。

6. 数字 原则上，准确的数目字都应以阿拉伯数字表示，如年代、数量、年龄等，但在某些特定情况下，也应遵循汉语数量词的惯用法。

三、参考文献

作者根据来稿的情况，可以列出参考文献（不包括注释中已经出现的文献），但本书一般在所刊发的文章后面不另开列“参考文献”。

中国政法大学法律史学研究院
《中华法系》编辑部

图书在版编目(CIP)数据

中华法系. 第十二卷 / 朱勇主编. -- 北京 : 法律出版社, 2019
ISBN 978-7-5197-3032-1

Ⅰ. ①中… Ⅱ. ①朱… Ⅲ. ①法系-思想史-研究-中国 Ⅳ. ①D909.2

中国版本图书馆 CIP 数据核字(2019)第 018852 号

中华法系(第十二卷)
ZHONGHUA FAXI(DI-12 JUAN)

朱 勇 主编

策划编辑 黄琳佳
责任编辑 黄琳佳
装帧设计 李 瞻

出版 法律出版社
总发行 中国法律图书有限公司
经销 新华书店
印刷 北京虎彩文化传播有限公司
责任校对 马 丽
责任印制 陶 松

编辑统筹 学术·对外出版分社
开本 A5
印张 14.25
字数 363 千
版本 2019 年 3 月第 1 版
印次 2019 年 3 月第 1 次印刷

法律出版社/北京市丰台区莲花池西里 7 号(100073)
网址/www.lawpress.com.cn
投稿邮箱/info@lawpress.com.cn
举报维权邮箱/jbwq@lawpress.com.cn
销售热线/010-83938336
咨询电话/010-63939796

中国法律图书有限公司/北京市丰台区莲花池西里 7 号(100073)
全国各地中法图分、子公司销售电话:
统一销售客服/400-660-6393
第一法律书店/010-83938334/8335 西安分公司/029-85330678 重庆分公司/023-67453036
上海分公司/021-62071639/1636 深圳分公司/0755-83072995

书号:ISBN 978-7-5197-3032-1 **定价**:59.00 元
(如有缺页或倒装,中国法律图书有限公司负责退换)